Feldmarschall Otto Ferdinand Graf Von Abensperg Und Traun, 1677-1748: Eine Militärhistorische Lebensskizze

Andreas Thürheim

Feldmarschall

&

Otto Ferdinand Graf von Abensperg und Traun.

1077—1748.

Eine militär-historische Lebensskizze

von

A. Grafen Thürheim

Verfasser des „Feldmarschall Karl Joseph Fürsten de Ligne" und mehrerer anderer
historischer Schriften.

Wien, 1877.

Wilhelm Braumüller
k. k. Hof- und Universitätsbuchhändler.

Historische Werke

aus dem Verlage

von **W. Braumüller**, k. k. Hof- und Universitätsbuchhändler in **Wien**.

Von demselben Verfasser:

Feldmarschall Carl Josef Fürst de Ligne, die „letzte Blume der Wallonen". Eine Lebensskizze. gr. 8. 1877.   3 fl. 50 kr. — 7 M.

Arneth, Alfred Ritter von, k. k. Hofrath. **Prinz Eugen von Savoyen.** Nach den handschriftlichen Quellen der kaiserlichen Archive. 1663—1736. Mit Porträts und Schlachtplänen. Neue Ausgabe. 3 Bände. gr. 8. 1864.   10 fl. — 20 M.

Helfert, Josef Alex. Freiherr von. Maria Louise, Erzherzogin von Oesterreich, Kaiserin der Franzosen. Mit Benützung von Briefen an ihre Eltern und von Schriftstücken des k. k. Haus=, Hof= und Staats= Archives. Mit 2 Bildnissen u. 2 Facsimile. gr. 8. 1873. 6 fl. — 12 M.
In Leinwand gebunden: 7 fl. — 14 M.

— — **Napoleon I. Fahrt von Fontainebleau nach Elba,** April—Mai 1814. Mit Benützung der amtlichen Reiseberichte des kaiserlich=öster= reichischen Commissars General Koller. gr. 8. 1874.   1 fl. — 2 M.

— — **Der Rastadter Gesandtenmord.** Studie. Mit einem Uebersichts= kärtchen. gr. 8. 1874.   4 fl. 50 kr. — 9 M.

Hellwald, Fr. von. Maximilian I. Kaiser von Mexico. Sein Leben, Wirken und sein Tod, nebst einem Abriß der Geschichte des Kaiserreichs. 2 Bände. 8. 1869.   4 fl. — 8 M.

Hirn, Dr. J., Gymnasial=Professor in Krems. **Rudolf von Habsburg.** Zur Erinnerung an die vor 600 Jahren stattgehabte Krönung des ersten Habsburgers. gr. 8. 1874.   2 fl. — 4 M.

Janko, W. Edler von. Wallenstein. Ein Charakterbild im Sinne neuerer Geschichtsforschung auf Grundlage der angegebenen Quellen. In drei Büchern. gr. 8. 1867.   2 fl. — 4 M.

— — **Lazarus Freiherr von Schwendi,** oberster Feldhauptmann und Rath Kaiser Maximilians II. Nach Original=Acten des k. k. Haus=, Hof= und Staats=Archives, der Archive der k. k. Ministerien des Innern, der Finanzen und des Krieges. Mit Schwendi's Bildniß. gr. 8. 1871.
2 fl. — 4 M.

Künzel, Dr. Heinrich, weil. großh. hessischer Hofrath in Darmstadt. **Leben und Briefwechsel des Landgrafen Georg von Hessen-Darmstadt,** des Eroberers und Vertheidigers von Gibraltar. Ein Beitrag zur Geschichte des spanischen Successionskrieges, zur Memoirenliteratur des 17. und 18. Jahrhunderts und zur hessischen Landesgeschichte. Mit dem Bild= nisse des Landgrafen Georg und einer Karte von Gibraltar. Neue, mit einer Biographie des Verfassers vermehrte Ausgabe. gr. 8. 1877.
4 fl. — 8 M.

Feldmarschall

Otto Ferdinand Graf von Abensperg und Traun.

1677—1748.

Eine militär-historische Lebensskizze

von

A. Grafen Thürheim

Verfasser des „Feldmarschall Carl Joseph Fürsten de Ligne“ und mehrerer anderer
historischer Schriften.

Ce jeune homme commandera des armées!

Guido Starhemberg.

Wien, 1877.

Wilhelm Braumüller

k. k. Hof- und Universitätsbuchhändler.

Inhalt.

Vorwort.

Unter den zahlreichen ruhmvollen Heerführern Oesterreichs nimmt unstreitig der heldenmüthige Vertheidiger von Capua, der Oesterreichs Banner noch mit fester Hand hochhielt, als Alles umher schwankte und fiel, — der Sieger von Campo Santo: Feldmarschall Otto Ferdinand Graf Abensperg-Traun eine ausgezeichnete Stelle ein. Kaum dürfte ein Feldherr mit so vielen moralischen und physischen Schwierigkeiten und Hemmnissen zu kämpfen gehabt haben, wie Traun. — Ein Schüler Guido Starhembergs und selbst eminenter Stratege, ließ sich Feldmarschall Graf Traun nie zur Annahme einer Schlacht zwingen, sobald er deren Erfolg als einen unsicheren, oder diesen selbst als problematischen Gewinn erkannte. Ein treuer Diener seines Herrn, väterlicher Führer seiner Krieger, hingebender Sohn seines Vaterlandes, und endlich ein mit kalter Ruhe und nüchterner Klarheit die jedesmalige militärische und politische Situation bis in die geringsten Nebenumstände genau abwägender Feldherr, setzte er nie das Wohl seines Souverains — der Armee — und des Staates in leichtsinniger Weise auf das Spiel, um etwa egoistischen Gelüsten der Eitelkeit oder des Ehrgeizes nachzugeben; — ja selbst erhaltene höhere Befehle — (unter den damals schwierigen, und lange Zeit erfordernden Communications-Verhältnissen oft schon, ja meist im Momente des Ertheilens von den

Thatsachen und Ereignissen auf dem weit entfernten Kriegsschauplatze überholt) — konnten ihn nicht dazubringen seiner Kriegs-Erfahrung, seinen innersten Ueberzeugungen entgegen zu handeln, sobald er in deren Befolgung einen offenen Nachtheil seines Herrschers, einen Schaden oder den Ruin des ihm anvertrauten Heeres erkannte.

Willig war Graf Traun in solchen Fällen stets bereit, alle Vortheile des Ranges und der Stellung hinzuopfern, lieber in den Hintergrund zu treten, — als auch nur einen kleinen Schritt von dem zu weichen, — was er als recht, mit seinem Gewissen als Unterthan, als Soldat und als Mensch vereinbar erkannte! — Solche Charaktere sind zu jeder Zeit und in allen Stellungen selten, — und werden es von Tag zu Tag mehr! Das schönste und werth-vollste Lob als Feldherr und Soldat gab ihm sein großer Gegner Friedrich II., der ihn wiederholt seinen Lehrer in der Kriegskunst nannte, nach allen fruchtlosen Versuchen der Campagne 1744: Traun zum schlagen zu bringen! denn ohne Schwertstreich hatte dieser das Königs-reich Böhmen vom Feinde befreit!

Aber, wie so viele große Männer, im eigenen Vaterlande hatte der Feldmarschall seine mächtigen und einflußreichen Gegner und Widersacher, die Alles aufboten, Traun zu stürzen. — Doch diese scheiterten an dem festen, klaren und hochherzigen Sinn der großen — Oesterreichs Völkern unvergeßlichen Herrscherin! — jener erlauchten und erhabenen Fürstin mit dem edlen Frauenherzen und der kräftigen Mannesseele! — der unübertrefflichen damaligen Königin Maria Theresia! — Mit dem ihr eignen Scharfblicke in der Wahl ihrer Diener, mit dem Rittermuthe und der angebornen Seelengröße, wußte die erlauchte Frau und Herrscherin den Feldmarschall Traun, einen der treuesten ihrer Diener, gegen unzählige Anfeindungen und Intriguen ihrer Umgebung zu schützen, — und allen Anschuldigungen gegenüber den reinen biedern Charakter des unter den Waffen ergrauten, bewährten Generals und tapfern Soldaten zu würdigen,

seine Stellung hoch und festzuhalten! — Ja! nur der Kaiserin
Maria Theresia! — nur der Selbstständigkeit und Kraft — der
richtigen Erkenntniß dieses großen Herrschers verdankt Oesterreich eine Reihe seiner berühmtesten Männer, Helden, Gesetzgeber,
Staatsmänner und Jünger der Wissenschaften, auf die noch heute
unser Vaterland mit gerechtem Stolze zurückblicken kann! — und die
der Mittelmäßigkeit zum Opfer gefallen wären, ohne dem mächtigen,
sie allein haltenden Schutze ihrer unsterblichen Kaiserin! Wir erinnern,
die Geschichte eines Helden schreibend, im vorliegenden Falle nur an
Feldmarschall Baron Loudon, dem einzig und allein die Kaiserin Maria
Theresia und Fürst Kaunitz die künftige Siegesbahn, aller Gegenintriguen
ungeachtet, durch ihren mächtigen Schutz eröffneten.

— — —

Betrachten wir den Feldmarschall Grafen Traun in seinen
Charakter als Mensch, so erscheint er stets als väterlich sorgender Führer
seiner Truppen, als Wohlthäter der Armuth und als von den seiner Obhut anvertrauten Völkern vielgepriesener Verwalter und Administrator!
In Sicilien, in der Lombardei und Siebenbürgen wurde sein Andenken
hoch gehalten, — und in der Unterdrückung des Aufstandes der
Kuruzzen bewies Traun gleich viel Energie und Kraft — als Einsicht
und Mäßigung.

Das Leben dieses hochverdienten Heerführers und edlen Mannes,
in einer, wenn auch für ein so reiches Leben immer noch zu kurzen, aber
mindestens selbstständigen Skizze aufzuzeichnen, dessen ruhmvolles Andenken, als das, eines der besten Söhne seines Vaterlandes wieder auf-
zufrischen, haben wir uns in diesen Blättern um so mehr zur Aufgabe
gestellt, als keine größere selbstständige Biographie des
Feldmarschall Grafen Traun existirt, deren umfangreichste
von dem um die kriegsgeschichtliche Literatur hochverdienten Oberstlieutenant
von Schels verfaßt, in der Militär-Zeitschrift Jahrgang 1842, Band II

nur 24 kleine Octavseiten zählt, sowie jene im 17. Bändchen des Oesterreichischen Plutarch von Freiherrn von Hormayer gar nur 20 Seiten umfaßt.

In Deutschland, Spanien, Sicilien, Neapel, Ober-Italien und Böhmen, an den Ufern der Donau, des Rhein und Mainstromes, — des Tajo und Ebro, des Volturno, Panaro und Po, der Moldau und Elbe hat Graf Traun das ruhmvolle Banner, die ehrwürdigen Fahnen Alt-Oesterreichs hochgehalten, siegreich geschwenkt, und mit Lorbeeren geschmückt! Ein solcher Kriegsheld verdient es gar wohl in der Erinnerung der Armee, der er einst zur Zierde gereichte, und zu deren Glorie er so wesentlich beitrug, nach hundertdreißig ereignißvollen Jahren wieder wachgerufen zu werden! — Ist dieser Zweck mit vor-liegender, wenn auch flüchtiger Schilderung auch nur in Etwas erreicht, so ist der die Abfassung dieser Blätter leitende Gedanke und Wunsch verwirklicht und erfüllt.

Nach den wichtigern Lebens-Epochen, einzelnen Feldzügen ist diese Skizze in zehn Abschnitte eingetheilt, denen zur größeren Bequemlichkeit des Lesers 81 historische Noten beigegeben sind. — Schließlich folgt eine Liste sämmtlicher Generäle, der Regimenter und Corps in der an Kriegsbegebenheiten so reichen Epoche vom Aus-bruche des spanischen Erbfolgekrieges 1701 bis zum Abschlusse des Aachner Friedens 1748, welche mithin nahezu die erste Hälfte des 18. Jahrhunderts umfaßt. Wir glauben hiemit dem Geschichtschreiber jener Zeitperiode, einen kleinen militärhistorischen Beitrag geliefert zu haben, der die Mühe eines oft Zeit raubenden Nachsuchens mittelst einiger beigefügter Schlagwörter-Notizen etwas erleichtern soll!

———

Endlich erlauben wir uns für die wohlwollende Beurtheilung unserer jüngsten Schrift: Feldmarschall Fürst de Ligne der Allgemeinen Militärzeitung zu Darmstadt, diesen ehrenvollen geachteten ältesten Veteranen aller deutschen Militärblätter; — ferner der Allgemeinen Zeitung zu Augsburg, den Oesterreichisch-Ungarischen Militärischen Blättern zu Teschen u. s. w., sowie auch dem Herrn Obersten Ritter von Latterer und dem Herrn Alois Hammerle, Vorstand der Salzburger Studienbibliothek, für die so freundliche Gestattung der Benützung dieser und der Bibliothek des k. k. 59. Linien-Infanterie-Regimentes Erzherzog Rainer, hiemit unsern wärmsten Dank öffentlich auszusprechen.

Im Sommer 1877.

Der Verfasser.

I.

Abstammung und erste Kriegsdienste des Grafen Otto Ferdinand
Traun. — Belagerung von Cardona. — Ernennung Trauns zum
Obersten und Inhaber eines Fuß-Regimentes. — Rückkehr aus
Spanien. — Friedens-Garnison.

1677 bis 1718.

Das gräfliche Haus Abensperg und Traun leitet seine Abstammung von den berühmten Grafen von Scheyern-Wittelsbach ab,
und zwar von Babo II. von Scheyern in Abensberg 1029 † 1040,
der von der Stadt und dem Schlosse Abensberg und dem Flüßchen Abens
in Oberbaiern sich den Namen gab. Von seinen Söhnen setzten nur
Eberhard I. † 1097 und Wolfram I. † 1094 ihren Stamm fort.

Eberhard gründete das Geschlecht der Grafen von Abensperg und Rohr, welches 1484 mit dem Grafen Nicolaus erlosch,
worauf ihre Güter als erledigte Reichslehen vom Kaiser Maximilian I.
an Baiern verliehen wurden. Wolfram ließ sich in der sogenannten
baierischen March, dem heutigen Erzherzogthume Oesterreich ob der
Enns nieder, wo er das noch gegenwärtig seinen Nachkommen gehörige
Schloß Traun erbaute und sich nach demselben nannte. Dieses
Stammschloß liegt an der Welserhaide unfern des Traunflusses.
Wolfram besuchte das von Kaiser Heinrich III. zu Halle in Sachsen
abgehaltene siebente Turnier 1042 und kommt in Sigmund Feyr-
abends zu Frankfurt am Main Anno 1578 gedruckten Turnierbuche
unter dem Namen „Landherr von Traun" vor.

Von Wolframs Söhnen war Conrad von 1106 bis 1147 Erzbischof von Salzburg; Bernhard und Dietrich von Traun, beide Ministerialen des Markgrafen Ottokar von Steyer erscheinen als Zeugen 1169 in einem vom Markgraf Ottokar II. dem Kloster Krems= münster über mehrere nachgesehene Vogteirechte gegebenen Diplom. Hoheneck, Hübner und von den neuern Genealogen, Dr. Carl Hopf führen als Wolframs Söhne, außer dem erwähnten Erzbischof Conrad noch Wolfram II. und Otto I. † 1127 an, erwähnen aber nicht die beurkundeten Bernhard und Dietrich von Traun.

In dem Wurmbrandischen: Collectanea genealogico historica ex archivo inclytorum statuum inferioris Austriae ut ex aliis privatis scriniis, documentisque originalibus excerpta (Wien 1705 beim Universitäts=Buchhändler Johann Schöwetter), wird auch eines Friedrich von Traun gedacht, der in einem vom Herzoge Welf von Baiern dem Kloster Lambach Anno 1073 ertheilten Confirmations= briefe über dessen Privilegien mit noch fünf Anderen als Zeuge erscheint.

Otto I. von Traun, Wolframs dritter Sohn, setzte den Stamm bleibend fort.

Heinrich und Ernst von Traun werden in den vom Her= zoge Leopold von Oesterreich 1208 dem Kloster St. Florian ertheilten Privilegien als Zeugen aufgeführt und haben beide dahin gestiftet. 1223 und 1227.

Berchtold Herr von Traun war 1216 Hofmarschall des Herzogs Friedrich von Oesterreich; Wilhelm von Traun besuchte das vierzehnte von der fränkischen Ritterschaft abgehaltene Turnier zu Würzburg 1235.

Hartneid und Otto III. von Traun erhielten 1283 die Herrschaft Eschelberg im Mühlviertel von dem Grafen Wernhard von Leonberg zu Lehen. Otto II. von Traun war Hofherr bei dem Herzoge Friedrich II. dem Streitbaren gewesen und starb 1276 zu Vöslau.

Bernhard von Traun war mit dem Herzoge Albrecht I., späteren Kaiser, am fünfzehnten zu Regensburg 1284 abgehaltenen Turniere, und starb? zu Krems an einer im böhmischen Kriege empfan= genen Wunde, er wurde zu Wilhering, in welches Kloster die Trauns häufig stifteten, begraben.

Die Herren von Traun sind nicht zu verwechseln mit dem ebenfalls im 12. und 13. Jahrhunderte ansässigen Geschlechte der Herrn von Trauner, welche eine uralte, ursprünglich reichsfreie Familie und schon Ministerialen des Herzogs Leopold IV. von Oesterreich waren. Sie saßen auf Kürenberg und waren von den Schaumbergern mit dem Gerichte im Donauthale belehnt. Ihr Ahnherr war Pernhart I. der um 1130 beurkundet erscheint.

Einer der berühmtesten Kriegshelden des Mittelalters war Hans I. von Traun. Er war viele Jahre Pfleger zu Freistadt, 1362 Landeshauptmann von Oberösterreich, starb 1363 und liegt im Kloster Wilhering begraben. Durch 36 Jahre zog er überall hin wo es Krieg und Kampf gab. — Er focht in den damaligen Kriegen in Deutschland, Frankreich, England, Polen, Böhmen, wider die Venetianer und die Schweizer. In der Schlacht bei Crecy am 26. August 1346 bedeckte sich Hans von Traun, der im Heere des Königs Eduard von England kämpfte, mit vielem Ruhme. Er führte das englische Banner im Schlachtgewühl, schlug das französische nieder, und trug wesentlich zum Siege bei. Es wurde ihm die Auszeichnung bei der auf der Wahlstatt abgehaltenen Mahlzeit, zwischen König Eduard und dem gefangenen König von Frankreich, seinen Ehrenplatz an der Tafel angewiesen zu erhalten. Der König von England schenkte ihm hundert Mark Silber, und versprach ihm jährlich auf Lebensdauer dieselbe Summe. — In einem Gefechte des Herzogs Albrecht von Oesterreich bei Weißenburg gegen die Zürcher, wurde Hans Traun so schwer verwundet, daß man ihn Anfangs zu den Todten zählte, und als solchen vom Kampfplatze wegtrug. Auch hatte er Kaiser Carl IV. auf dessen Römerfahrt, im Auftrage Herzog Albrechts begleitet. Im Jahre 1350 zog der tapfere Held im Dienste des deutschen Ordens nach Liefland, war Hauptmann unter den St. Georgsfahnen, und erschlug in der Schlacht eigenhändig „den Reußischen Herzog". Seine Fahrten und Waffenthaten wurden in vielen Ländern jener Zeit besungen. Er hatte noch 1320 in die Pfarrkirche nach Hörsching gestiftet.

Von seinen Söhnen Hartneid, Leuthold und Johann II. setzte dieser letztere, gestorben 1386, den Stamm fort. Leuthold war Domherr von Passau und nach einem Donationsbriefe von 1379 Pfarrherr in Amstedten in Niederösterreich.

Johann des II., vierter Sohn: Wolfgang von Traun, 1430 bis 1456, erhielt 1456 eine Lehensbestätigung vom Könige Ladislaus von Ungarn und Böhmen, Erzherzog von Oesterreich.

Wolfgangs, ihren Vater überlebende Söhne: Johann IV. von Eschelberg und Michael II. in Meißau theilten 1482 das väterliche Erbe und die Herrschaften unter sich, und gründeten eine Eschelbergische und eine Meißauische Hauptlinie.

Die von Johann IV. (gestorben 1500) abstammende ältere Eschelbergische Hauptlinie erlosch im achten Gliede mit dem Grafen Ferdinand Joseph Traun, welcher am 5. April 1807 ohne Nachkommenschaft gestorben ist. Aus dieser Linie hatten im vierten Gliede Otto Maximilian (gestorben 1658) und zugleich seines 1652 verstorbenen Bruders, Johann Chyriacus Sohn: Johann Wilhelm (gestorben 1690) für sich und ihre Nachkommen s. d. 15. August 1653 vom Kaiser Ferdinand III. die Reichsgräfliche Würde erlangt.

Die von Michael II. (gestorben 1508) gestiftete Hauptlinie zu Meißau, einem Schlosse und Städtchen in Niederösterreich blüht allein noch fort. Aus ihr war Ernst III., Herr von Traun auf Meißau, Traunsberg, Wolfpassing und Pockfließ, gestorben 1668, zuletzt k. k. Vice-Kriegspräsident und Stadt-Commandant zu Wien, Oberster eines Regiments, Kaiser Ferdinands III. Kämmerer, General-Haus-, Hof- und Landzeugmeister und Landmarschall in Niederösterreich. Derselbe wurde mit seinen Brüdern und oben erwähnten Vettern aus der Eschelbergischen Hauptlinie, mit dem Namen „Abensperg-Traun" von Kaiser Ferdinand III. in den Reichsgrafenstand, s. d. 15. August 1653 erhoben. Nach Ankauf der reichsunmittelbaren Herrschaft Egloffs in Schwaben 1656 erhielt er 1658 Sitz und Stimme im schwäbischen Grafencollegium. Das Stammschloß Traun löste er von den Grafen Tilly, die es eine Zeit lang pfandweise besaßen, wieder ein, und erhob es nebst den Herrschaften Egloffs und der von seiner Gemalin, einer gebornen Freiin von Weber, ihm zugebrachten Herrschaft Petronell zu einem großen Majorats-Fideicommiß um das Jahr 1668. Nach dem Tode seines Enkels Joseph, 1690, überging es auf den Sohn seines Bruders Ehrenreich, nämlich auf den Grafen Otto

Ehrenreich I., gestorben 1715. Letzterer erhielt für sich und seine Nachkommen s. d. 29. Juli 1705 vom Kaiser Leopold I. das Oberst= Erblandpanier= und Fähndrich=Amt im Erzherzog= thum Oesterreich ob und unter der Enns. Durch zwei Söhne desselben, Franz Anton in Egloffs, gestorben 1741 und Johann Adam I. in Meißau, gestorben 1786, theilte sich das Haus Traun in die noch gegenwärtig blühenden beiden Geschlechts= linien, welche jetzt der Oesterreichische (jüngere) und der Ba= ben'sche (ältere) Stamm genannt werden.

Der ruhmvolle Feldherr, dessen Andenken diese Blätter geweiht sind, Otto Ferdinand Graf von Abensperg=Traun, ge= hörte der älteren Eschelbergischen Linie an.

Sein Vater, Graf Otto Lorenz von Traun, ein Sohn des in den Reichsgrafenstand erhobenen, bereits genannten Otto Maximilian, war zweimal vermält. Am 24. August 1662 hatte er zu Nürnberg die Gräfin Anna Dorothea von Geyersperg geehlicht, welche, nachdem sie ihm drei Söhne und vier Töchter geboren hatte, starb (1672). Otto Lorenz vermälte sich nun am 6. Juli 1673 zum zweiten Male mit Eleonora Susanna, Tochter des Herrn Ferdinand Rueber Freiherrn zu Pixendorf und der Anna Herrin von Jörger, aus welcher Ehe drei Söhne, unter denen unser Held, und drei Töchter entstammen.

Auf einer Reise aus dem Zipser Lande nach Wien, als die Gräfin Traun in Oedenburg einen zufälligen Aufenthalt machte, kam sie am 27. August 1677 mit einem Knaben nieder, welcher in der Taufe den Namen Otto Ferdinand erhielt. Alle seine Ge= schwister, mit Ausnahme einer Stiefschwester aus der ersten Ehe seines Vaters, Namens Eva Maria (welche den 12. August 1668 geboren, sich am 15. Februar 1688 mit dem Grafen Johann Ernst Tattenbach vermält hatte), waren in frühester Kindheit Opfer der herrschenden Krankheiten, insbesondere der Blattern, geworden. Otto Ferdinand blieb demnach seines Vaters einziger Sohn, auf dem alle Hoffnungen seiner Familie beruhten. Seine Erziehung wurde von den geschicktesten Lehrern jener Zeit, vortrefflich geleitet und von des Vaters Sorgfalt strenge überwacht.

Wie der rühmlich bekannte Militärschriftsteller und jahrelange Vorstand der k. k. Kriegsbibliothek, Redacteur der einstigen Militär-Zeitschrift, Oberstlieutenant Schels, in seiner kurzen biographischen Skizze des Feldmarschalls Grafen Traun (Oesterreichische Militär-Zeitschrift, Jahrgang 1842, VI. Heft S. 302) ausdrücklich bemerkt, sind für die Jugendjahre des Grafen Otto Ferdinand Traun nur wenig sichere Angaben vorhanden; die ebenfalls spar-samen, in gedruckten Werken zerstreuten Daten, sind nicht immer ver-bürgt, theils widersprechen sie sich offenbar. Von der ausgestorbenen Eschelberger Linie des gräflichen Hauses Traun sind gar keine Schriften und Urkunden auf die beiden noch blühenden Stämme über-gegangen. Ein reiches Familien-Archiv soll bei der Meißauer Linie bestanden haben; dasselbe wurde aber größtentheils beim Brande des Schlosses im Jahre 1768 von den Flammen verzehrt. In dem wohl-geordneten Archive zu Petronell finden sich über unsern Feld-marschall nur äußerst wenige Angaben, die Schels in seiner drei-undzwanzigseitigen Skizze gewissenhaft und sorgfältig benützt hat. In seiner Stellung als Vorstand der Kriegsbibliothek waren diesem ver-dienstvollen Militär-Schriftsteller auch die Feldacten und Protokolle des Kriegsarchives zur Einsichtnahme offen und er konnte selbst aus diesen nur wenige Daten über die früheren Lebensereignisse des Grafen Otto Ferdinand schöpfen. Es kommen in diesen Papieren mehrere seiner andern Namensverwandten vor, welche gleichzeitig mit ihm im kaiserlichen Heere dienten; so ein Graf Franz Anton Traun, der am 19. Mai 1696 zum General-Adjutanten, jedoch ohne Gage, resolvirt wurde. Diesem ist dann am 9. März 1705 auch die General-Adjutantens-Gage verliehen worden, und am 23. April des nämlichen Jahres wurde derselbe zur Armee des Markgrafen Ludwig von Baden nach Deutschland beordert. Am 4. Mai 1707 wurde der nämliche Graf Franz Anton wieder als General-Adjutant nach Ungarn geschickt. (Derselbe trat später aus dem Militärdienste, über-nahm nach dem Tode seines Vaters Otto Ehrenreich I. im Jahre 1715 das Majorat, wurde Stammvater der ältern, ehemals Petroneller jetzt Baden'schen Linie und ist 1741 gestorben.)

In dem noch vorhandenen Officiers-Standesausweise vom Jahre 1699 kommen aus irgend einem Zufalle weder Graf Franz Anton noch Graf Otto Ferdinand von Traun vor, obwol beide damals in der Armee dienten. Dagegen fand sich ein Johann Wilhelm Graf Traun (gestorben 1739) als Hauptmann beim gegenwärtigen 54. Infanterie-Regiment (damals Ernst Rüdiger Starhemberg) und ein Ernst Graf Traun, Hauptmann im Dragoner-Regimente Herbeville (1801 reducirt).

Daher kann auch die erste Lebens- und Dienstzeit des Feldmarschalls Grafen Otto Ferdinand Traun nur in leichtem Umriß dargestellt werden; und erst vom Jahre 1719 an, in welchem dieser als Oberst ruhmvoll in Sicilien kämpfte, stehen reichere Quellen für die Schilderung seiner Thaten zu Gebote.

Nach dieser Angabe des vorhandenen Mangels hinreichender authentischer Daten für die ersten Blätter unserer Skizze, kehren wir zur Erziehung und Jugend unseres Helden wieder zurück.

Graf Otto Ferdinand Traun, der in vielen wissenschaftlichen Fächern einen umfassenden Unterricht erhielt, machte in seiner Ausbildung die glänzendsten Fortschritte. — Als einziger übrig gebliebener Sohn, war er von seinem Vater für die friedlichen Würden des Staates bestimmt, und nach einer sorgfältigen häuslichen Bildung, betrat er mit schönen Vorkenntnissen, die eben neu errichtete hohe Schule zu Halle, mit welcher für Deutschland im Fache der Philosophie und Rechtsgelehrsamkeit eine neue lichtere Periode begann. Bei der feierlichen Einweihung ward dem jungen Traun die Ehre, die kurfürstlichen Privilegien in öffentlicher Prozession zu tragen. Doch der rasche Jüngling fühlte neben all' seiner Empfänglichkeit und seinen Anlagen für die Wissenschaften, noch andere Kräfte in sich, die ihn für den Kriegsdienst stimmten. — Wahrer, innerer Beruf kann wol durch Verhältnisse eine Zeit lang zurückgehalten werden, aber nimmermehr unterdrückt. Früher oder später wird er alle Schranken überspringen, und sich in seiner ganzen Eigenthümlichkeit zeigen.

Graf Otto Lorenz Traun war am 2. April 1695 zu Regensburg gestorben. Kaum hatte Otto Ferdinand seines Vaters Tod vernommen, als er den Musensitz zu Halle verließ und seiner innigsten Neigung zu den Waffen folgte. Er zögerte nun nicht, sogleich seine Dienste dem deutschen, von den Franzosen hart bedrängten Vaterlande zu weihen und war als Freiwilliger unter die brandenburgischen

Hilfstruppen des Kaisers, welche damals in den Niederlanden kämpften, eingetreten. Es war dies allerdings ein seltener Fall für den Spröß= ling eines hervorragenden österreichischen alten Dynastengeschlechtes, mag aber wol durch den Aufenthalt in Halle veranlaßt worden sein; auch den Besitz vieler, für seinen Stand damals ganz ungewöhnlichen Kenntnisse, verdankte er jener berühmten Hochschule.

Traun wohnte nun der Belagerung von Namur (1695) bei, welches die Franzosen nach der Eroberung im Jahre 1692, zur stärksten Festung der Niederlande gemacht und mit einer Besatzung von 16.000 Mann versehen hatten. — Wilhelm III., König von England, Prinz von Oranien, befehligte das alliirte Heer gegen den in dem Platze eingeschlossenen französischen Marschall Bouflers.[1]) Durch wüthende Stürme und Ausfälle verloren die Belagerer und die Belagerten inner= halb 67 Tagen, wie man berechnete, von Außen nicht weniger als 36.000, von innen über 11.000 Todte. Da siegte endlich des großen Wilhelm von Oranien beharrlicher Muth und im Angesichte einer fran= zösischen Armee unter dem Marschall Villeroi, capitulirte die Besatzung, ungeachtet der stolzen über dem Thore der Festung prunkenden Inschrift: Reddi, sed vinci non potest. — Nach der hartnäckigsten und

---

[1]) Louis François Duc de Bouflers, geboren 1644, nahm früh Kriegsdienste und zeichnete sich unter Condé, Crequi, Turenne, Luxembourg und Catinat aus, wurde 1676 General=Lieutenant und commandirte 1681 eine kleine Armee in Italien; 1693 Marschall geworden, vertheidigte er 1695 Namur gegen Wilhelm III. König von England aus dem Hause von Oranien. Als er diesen Platz nach tapferer Vertheidigung übergeben mußte, der Besatzung aber freien Ab= zug erwirkte, hielt ihn König Wilhelm allein als Gefangenen zurück, und zwar als Repressalie, weil die Franzosen widerrechtlich die Besatzungen von Dixmüde und Deynse festhielten. Bouflers führte hierüber Beschwerde bei Wilhelm, und machte ihm bemerkbar, daß man in diesem Falle nicht ihn, sondern die Besatzung gefangen halten müsse, erhielt aber von jenem Könige die schmeichelhafte Antwort: „daß er selbst gefährlicher sei, als 10.000 Mann". 1702 erhielt Bouflers den Ober= befehl über das französische Heer in den Niederlanden gegen Marlborough, und ver= theidigte 1708 Lille gegen den Prinzen Eugen. Diese Vertheidigung erhöhte Bouflers' Ruhm, da er von Ludwig XIV. lange vor der Uebergabe, zur Capitulation er= mächtigt worden war, das Schreiben aber geheim hielt. Einen Beweis edler Denkungsart gab Bouflers 1709, wo er sich freiwillig unter die Befehle Villars stellte, der jünger im Range war. So handelt der wahre Soldat. Solche Beispiele sind selten, und verdienen bekannter zu werden. Bei Mal= plaquet befehligte Bouflers den rechten Flügel und starb 1711 in Fontainebleau.

blutigsten Vertheidigung war schon am 4. August 1695 die Stadt gefallen und am 2. September nun auch das Castell.

Nach seinen ersten, bei dieser Belagerung abgelegten Proben von kriegerischem Muthe und Talent trat Graf Otto Ferdinand Traun in die kaiserliche Armee, und es dürfte, ohne weit zu fehlen das Jahr 1696 oder 1697 als jenes seines Eintritts bezeichnet werden können. — Die ersten Feldzüge des spanischen dreizehnjährigen Erbfolgekrieges machte Traun theils in Deutschland, beim Heere des Markgrafen Ludwig von Baden, theils in Italien. Im Jahre 1704 wurde der Graf zum General-Adjutanten ernannt; er bekleidete damals die Oberstwachtmeisters-Charge. Am 18. Februar 1708 erhielt er die Bestimmung, mit dem Feldmarschall Grafen Guido Starhemberg[1] nach Spanien zu gehen, an dessen Seite focht er in allen Feldzügen bis 1713. Dies war die eigentliche Schule Trauns zu seiner Heranbildung zum Feldherrn.

Die Wahl des klugen und tapfern Feldmarschalls Starhemberg, zu seinem General-Adjutanten, ist wohl das beste Zeugniß von den Fähigkeiten und dem schon damals ausgezeichneten Rufe Trauns. An den vielen glänzenden Unternehmungen Guido Starhembergs, dieses vorzugsweise, selbst von Ludwig XIV. genannten grand capitaine, wirkte auch dessen General-Adjutant im Entwurfe und in der Ausführung eifrig mit. — Der Feldmarschall erkannte Trauns hohen Werth und Verdienste bei jedem sich bietenden Anlaß öffentlich an. „Ce jeune homme commandera des armées" erwiderte der kalte, tiefe Starhemberg dem britischen Feldherrn Stanhope[2], als dieser

[1] Guido Graf Starhemberg, geboren 1657, gestorben am 7. März 1737 der berühmte Feldmarschall und siegreiche Held, dem der ausgezeichnete Historiker Alfred Ritter von Arneth in seinem bekannten Werke: Das Leben des Feldmarschalls Grafen Guido Starhemberg, Wien, Gerold 1853, 8°, ein schönes Monument gesetzt hat; auf welches wir den geehrten Leser verweisen.

[2] James, erster Graf von Stanhope, geboren 1673 in Paris, ging mit seinem Vater Alexander Stanhope, welcher englischer Gesandter in Madrid war, nach Spanien, und bereiste dann Frankreich und Italien, hierauf zeichnete er sich als Soldat in den Niederlanden aus, wurde 1704 Brigadier, 1708 General-Major und bald darauf General-Lieutenant und Befehlshaber der englischen Truppen in Spanien. 1708 eroberte er Port Mahon und die Insel Minorca,

Traun zum erften Mal im Hauptquartiere fah, und über feine frei=
müthigen Aeußerungen empfindlich, im wegwerfenden Tone fragte:
„Qui est ce jeune homme-là". Am 10. März 1709 wurde Graf
Traun zum wirklichen Oberft=Lieutenant mit Beibehalt der
General=Adjutantens=Gebühren ernannt und am 16. September 1710
wegen feiner großen, dem Könige Carl III. von Spanien geleifteten
Dienfte, zum Oberften befördert. — Nur Wenige kennen wol die
vielen Verdienfte Trauns an den Unternehmungen und Erfolgen in
Spanien, die ihm fein biederer Feldherr ftets auch zuwies.

Insbefondere war es beim Entfatze von Cardona, im
December 1711, wo feines umfichtigen und tapfern Benehmens halber,
Oberft Graf Traun das glänzendfte Lob, fowol des Königs
Carl, als des lakonifchen Starhemberg im reichen Maße erntete.

Zur Zeit, als König Carl III. von Spanien diefes Land ver=
ließ, 27. September 1711, um den durch den Tod feines Bruders
Jofeph I. erledigten deutfchen Kaiferthron zu befteigen und die Regie=
rung feiner öfterreichifchen Erblande anzutreten, ftand das verbündete
Heer unter dem Befehle des Feldmarfchalls Grafen Starhemberg bei
Prato del Rey verfchanzt und wies die hartnäckigen Angriffe der an
Truppenmacht überlegenen Franzofen, mit gleicher Beharrlichkeit zurück.
Nachdem fich der Commandant der franzöfifchen Armee, Herzog von
Vendôme durch beinahe zwei Monate vergeblich bemüht hatte, Star=
hembergs Stellung zu durchbrechen, entfchloß er fich, diefen bei Prato
del Rey feftzuhalten und gleichzeitig die beiden Städte Solfona und
Cardona anzugreifen.

Die fchwache, mit Munition und Proviant nur fehr fpärlich
verfehene Befatzung von Solfona leiftete nur geringen Widerftand,
und flüchtete am Morgen des 7. November, von einem dichten Nebel
begünftigt, nach Cardona, vor deffen Mauern fich am 12. November

---

wofür er zum Viscount von Mahon ernannt wurde, am 17. Juli 1710 focht er
im Verein mit Guido Starhemberg bei Almenara; desgleichen am 20. Auguft bei
Saragoffa, wurde aber 1710 von den Franzofen bei Brighuera gefangen und erft
1712 wieder ausgewechfelt. In fein Vaterland zurückgekehrt, nahm er, unter der
Königin Anna im Parlament als Whig eine bedeutende Stelle ein, wurde dann
unter König Georg I. Staatsfecretär und Mitglied des geheimen Rathes. 1714
Gefandter in Wien, und 1718 zum Grafen Stanhope ernannt, ftarb er am 4. Fe=
bruar 1721 in London.

der französische General-Lieutenant Comte Muret mit 8000 Mann lagerte.

Auf einem isolirten Felsenkegel, über dem Flüßchen Cardener und auf einer 211 Toisen über dem Meere hohen Hochebene liegt der Ort Cardona. Die mit einer starken Mauer umgebene Stadt, wird von einem Schlosse von unregelmäßiger Gestalt vollkommen beherrscht. Ein dreifacher Mauergürtel umschließt dieses letztere, und auf terrassen= förmigen Absätzen erheben sich dessen Werke. Ein ordentlicher bedeckter Weg und ein an der Nordwest= und Südwestseite mit Flatterminen versehenes Glacis verstärkten die Außenwerke. — Den Weg nach Calaf deckte ein verschanztes Lager, in dessen südlicher Front sich zwei alte Thürme befanden. 70 bis 80 Schritte außerhalb dieser Linie lag eine Kaserne, welche in Vertheidigungsstand gesetzt und mit 120 Mann belegt wurde.

Die Besatzung Cardonas, welche Feldmarschall Graf Starhemberg schon Anfangs September bedeutend verstärken und mit den nöthigen Bedürfnissen versehen ließ, bestand aus 4 Infanterie=Bataillons und 6 Grenadier=Compagnien, und war unter dem Befehl des General= Feldwachtmeisters Grafen Eck zur tapfersten Gegenwehr entschlossen.

Noch am 12. November eröffnete der Feind die Laufgräben gegen das verschanzte Lager und errichtete in der Nacht vom 14. auf den 15. eine Batterie auf 3 Geschütze, deren Feuer die beiden Thürme bis zum 17. in Trümmer legte.

Mit Anbruch des Tages rückten die Franzosen in größter Stille gegen das Lager vor. Die Besatzung desselben floh ohne Widerstand und eilte in die Stadt, in welche der Feind zugleich mit den Flüchtigen eindrang. Graf Eck, der sich vergebens bemühte einige Mannschaft zu sammeln, mußte sich in das Schloß zurückziehen, und die Franzosen im Besitze der von den Einwohnern geräumten Stadt lassen.

Schon am 18. errichtete Graf Muret 4 Batterien gegen die Südseite des Schlosses, deren heftiges Feuer in wenig Tagen eine ziemlich gangbare Bresche eröffnete, die indessen von dem Vertheidiger jedesmal in der Nacht aufgeräumt und wieder geschlossen wurde. Da der Feind einen nach Cardona führenden Weg außer Acht gelassen hatte, so gelang es dem kaiserlichen Obersten, Graf Gehlen, am 22. No= vember sich mit 150 Grenadieren in das Castell zu schleichen, er selbst

aber kehrte allein zurück, um dem Feldmarschall Grafen Starhemberg
einen detaillirten Bericht über den Zustand des Platzes und die Lage
der Vertheidiger zu überbringen, welche Nachrichten zur Grundlage
einer von Starhemberg mit seinen Generälen am 29. November im
Lager bei Prato del Rey abgehaltenen Berathung diente.

Am 25. hatten die Franzosen jenen Weg durch eine eilends erbaute Redoute gesperrt, zu deren Vertheidigung sie am linken Ufer des
Cardener 4 Bataillons und 2 Grenadier-Compagnien aufstellten. Der
felsige Boden setzte aber den Belagerern große Schwierigkeiten entgegen, so zwar, daß ihre höchst mühsamen Arbeiten nur sehr langsam
vorwärts schreiten konnten, und als sie endlich am 30. November, die
durch eine Mine erweiterte Bresche stürmten, wurden sie von den
Belagerten mit großem Verluste zurückgeschlagen.

Im Hauptquartiere des Feldmarschalls erregte indessen die Belagerung von Cardona um so größere Besorgnisse, als nach dessen Falle
die Vereinigung der bis nun getrennten feindlichen Streitkräfte nicht
mehr zu verhindern war. Man beschloß daher, Cardona so viel als
möglich zu unterstützen, ohne jedoch die Stellung bei Prato del Rey
aufzugeben. — Eine am 8. December durch die Flotte des Admiral
Jennings aus Italien überbrachte Verstärkung von 1536 Mann nebst
Artillerie, Munition und Proviant, bot die Mittel, den gefaßten Beschluß ohne Säumniß auszuführen.

Feldmarschall-Lieutenant Freiherr von Battée wurde nun beordert,
sich mit 1500 Infanteristen, 500 unberittenen Dragonern, 200 Reitern
und 100 Miguelets (pyrenäische Bergschützen), des von den Franzosen
besetzten Colomina zu bemächtigen und sodann sich mit Cardona in
Verbindung zu setzen. Ungeachtet einiger Anfangs erkämpfter Vortheile, scheiterte aber diese Unternehmung am 11. December an der
Tapferkeit der Franzosen, und Battée sah sich genöthigt, zurückzuweichen.

(Freiherr von Battée galt als tüchtiger Cavallerie-General, erhielt 1704 als Oberst ein längst reducirtes Dragoner-Regiment, und
zeichnete sich mehrmals in Italien aus. 1706 zum General befördert,
commandirte er bei Turin das Centrum des zweiten Treffens, eroberte
den Paß Policelle und ward Feldmarschall-Lieutenant, als welcher er später
zur Armee des Feldmarschalls Grafen Starhemberg nach Spanien kam.
Bei Peterwardein, 1716, war er Commandant des aus 28 Schwadronen

formirten Reservecorps, und wurde in Folge seiner bewiesenen Bravour General der Cavallerie. Im Feldzuge 1717 commandirte Battée das Observationscorps an der Save. In allen Feldzügen findet sich sein Name ehrenvoll erwähnt, um so auffallender ist daher sein 1722 er=folgtes Scheiden aus der Armee, in deren Listen er als „abgängig" bezeichnet wird.)

Nach dem Mißerfolge des 11. December verstärkte Feldmarschall Graf Starhemberg das Corps Battée's bis auf 4000 Mann und sandte am Abende des 18. den General=Quartiermeister Peroni in Begleitung der Obersten Gehlen und Rohr gegen Cardona, zu einer Recognoscirung der feindlichen Position und der Auswahl geeigneter Angriffspunkte. Gleichzeitig überbrachte der Oberst Graf Traun dem Feldmarschall=Lieutenant Battée, Starhembergs Befehl zur Ver=proviantirung und dem Entsatze Cardonas.

In Folge dessen brach der Feldmarschall=Lieutenant am 20. um 5 Uhr Abends von der Brücke zu Malagriga, wo er im Lager ge=standen war, auf und rückte bis zum Pachthofe Navell, eine halbe Stunde von Cardona entfernt, wo er die Nacht unter Gewehr zu=brachte, und die Vorbereitungen zum Angriffe traf. Um 5 Uhr Morgens wurde am 21. December das Zeichen dazu gegeben, und ein bei einem dichten Nebel von den Verbündeten in fünf Colonnen concentrisch aus=geführter Angriff setzte sie zwar nach einem heftigen Kampfe in den Besitz der Redoute bei Colomina und der Anhöhe la Corosa, führte aber die beabsichtigte Verbindung mit Cardona nicht herbei, da General=Lieutenant Muret gegen 11 Uhr Mittags selbst zur Offensive über=ging, und obschon er die verlorenen Positionen nicht wieder zu nehmen vermochte, doch jedem weitern Vordringen der kaiserlichen Truppen Einhalt that. Beide Theile blieben die Nacht in ihrer Stellung. Battée ließ Verschanzungen aufwerfen, und sich auf Abwehr des Gegners beschränken.

Am 22. um 9 Uhr Morgens überbrachte ein Hauptmann des Graubündtner=Bataillons ein Schreiben des Grafen Eck, welcher er=klärte, sich, trotz des in Aussicht gestellten Proviantes, binnen zwei Tagen aus Mangel an Wasser ergeben zu müssen, wenn man ihm nicht die Gelegenheit gewähre, sich neuerdings aus dem Flusse damit zu versehen. Es erfolgte an den Grafen Eck nun die Antwort, daß

Cardona um keinen Preis fallen dürfe, und ſollte der Feldmarſchall ſelbſt mit ſeinem ganzen Heere zum Entſatze heranziehen müſſen; — Eck wolle ſich nur noch ſo lange Zeit halten, bis Starhemberg ſeinen Anmarſch ermöglicht habe.

Feldmarſchall-Lieutenant Battée bewog den Oberſten Grafen Traun, der zu ſeinem Chef zurückkehren ſollte, noch in ſeiner Nähe zu bleiben, um das Ergebniß des Verſuches, Cardona mit Waſſer zu verſehen, unter dem Schutze eines gleichzeitigen Angriffes auf den Feind, abzuwarten, um alsdann den weitern Hergang im Hauptquartiere des Feldmarſchalls berichten zu können.

Um Mittag wurden daher die Franzoſen auf zwei Seiten mit Nach-druck angegriffen, während ſich auf einer andern 400 Mann mit Pro-viant beladen, gegen das Schloß in Bewegung ſetzten. Ein gleichzeitiger Ausfall der Beſatzung protegirte das glückliche Anlangen derſelben. — Nach einem größtentheils mit dem Bajonnette von beiden Seiten mit entſchloſſenſter Tapferkeit ausgeführten Kampfe, wurden die Feinde auf allen Punkten geworfen. Da faßte denn General-Lieutenant Muret den Entſchluß, die Belagerung von Cardona gänzlich aufzugeben, und brach um Mitternacht gegen Colſona auf. Vor dieſem Abmarſche hatte General-Lieutenant Muret, nach der Räumung der Stadt, ſeine er-ſchöpften und nahezu aufgelöſten Bataillons außer dem Schußbereiche des Forts geſammelt, ließ die Geſchütze vernageln, einen Theil des Fuhr-werkes verbrennen, und eine enggeſchloſſene Marſchcolonne formiren. Dem Grafen Eck hatte er noch in einem Schreiben angelegentlich jene Verwundeten und Kranken empfohlen, die er nicht mit ſich zu nehmen vermochte.

Nur einige hundert Reiter und ſpaniſche Freiwillige folgten dem abziehenden Feinde eine Strecke weit, um deſſen Arrièregarde zu be-unruhigen. Die fruchtloſe Belagerung Cardonas hatte 42 Tage gedauert, und den Franzoſen nahe an 2500 Mann gekoſtet. — 22 Geſchütze, 4 Mörſer von verſchiedenem Caliber, einige Munitions- und Kriegs-vorräthe wurden die Beute der Sieger, deren Verluſt ſich auf 300 Mann belief, während der Gegner an den beiden letzten Schlachttagen allein 1500 Mann eingebüßt hatte.

Nur einen Tag nach dem Entſatze Cardonas, ſtarb am 23. De-cember der tapfere und würdige Vertheidiger, General-Feldwachtmeiſter

Christian Friedrich Graf Eck (auch Egkh) und Hungersbach, von Jahren und Anstrengungen gebeugt, und war nicht so glücklich, das dankbare Handschreiben seines Monarchen zu erhalten, welches der ihn tief betrauernde Starhemberg als die herrlichste Trophäe auf des Helden Grab legen ließ.

Für den glücklichen Entsatz von Cardona, beging der Feldmarschall Graf Starhemberg ein feierliches Dankfest mit Te Deum am 23. December. Ein gleichzeitiger spanischer Bericht sagt: „Aus allem Geschütze wurde eine dreifache Salve gegeben, deren Echo unsern unbesiegbaren Truppen neuen Muth einflößte, die Feinde aber mit Schrecken und Bestürzung erfüllte". Mit der Ueberbringung der Siegeskunde an die in Barcelona residirende Regentin, Gemalin Kaiser Carls VI., wurde der General-Adjutant Oberst Graf Traun, der sich bei dem Entsatze Cardonas hervorragende Verdienste erworben hatte, abgesandt. — Man gab sich sowol bei Hofe, als in der Bevölkerung Barcelonas der lebhaftesten Freude hin, und überhäufte den Feldmarschall Starhemberg allgemein mit dem gerechtesten Lobe. Oberst Graf Traun hatte es überall laut ausgesprochen, daß die Anordnungen seines Chefs so genau und für jeden Fall im Vorhinein berechnet waren, daß deren präcise Befolgung die persönliche Anwesenheit des Feldherrn bei Cardona, vollkommen zu ersetzen im Stande war. „Les ordres du Maréchal étoient si précis et si bien expliqués pour cette expédition, qu'on les a suivis de point en point comme s'il avoit été présent" sagt ein im Kriegsarchive vorhandenes Manuscript, welches Oesterreichs ausgezeichneter Historiker, Hofrath Ritter von Arneth, in seinem trefflichen Werke: Das Leben des k. k. Feldmarschalls Grafen Guido Starhemberg, S. 694, citirt, in welchem wir unsere gelehrten Leser auf die detaillirte Beschreibung der Ereignisse um Cardona, hinweisen, aus denen die Hauptdaten des Entsatzes hier entnommen sind.

Ueber die Sendung Trauns an das Hoflager in Barcelona sagt die Regentin in einem eigenhändigen, Barcelona, 24. December 1711 datirten, in dem von Riedegg nach Efferding überbrachten Starhembergischen Familienarchive noch vorhandenen Dankschreiben an Guido Starhemberg unter mehrerem Andern Folgendes: „Des Traun Ankunft hat Alles erfreut, Mich aber insonderheit, und wo möglich die

„Verpflichtungen noch vermehrt, die ich gegen Ihn habe. Seiner guten „Direction allein, ist dieser Sieg zuzuschreiben" u. s. w.

Der, an dem Tage des Entsatzes von Cardona, in Frankfurt als Carl VI. zum Kaiser gekrönte Monarch, ließ dem Feldmarschall durch die Hand seiner Gemalin, sein mit Edelsteinen besetztes Bildniß, von einem sehr huldvollen Danksagungsschreiben begleitet, übergeben. Aber insbesondere zeichnete der Kaiser auch den General-Adjutanten Obersten Grafen Traun aus, und befahl dem Feldmarschall über dessen angelegentliche Empfehlung, diesen wackern Officier der besondern kaiserlichen Gnade und Zufriedenheit zu versichern und ihm die Verleihung des ersten in Erledigung kommenden Regimentes zuzusagen.

Der Tod des Generals Grafen von Eck, beschleunigte die Erfüllung dieses gnädigen Versprechens und Oberst Graf Traun erhielt im Jänner 1712 dessen deutsches Infanterie-Regiment.

(Dasselbe war erst zwei Jahre früher, 1710, errichtet worden und diente in den Feldzügen 1711 und 1712 in Spanien, kam von dort in die Lombardie, wo es während des Türkenkrieges 1716 und 1717 verblieb; von 1718 bis 1727 stand es in Neapel. — Im österreichischen Erbfolgekriege wieder in der Lombardie, war es 1746 bei der Eroberung von Genua und wirkte mit zur Besitznahme der Gegend von Ponte Decimo. 1747 war ein Bataillon unter dem General Graf Anton Colloredo im Treffen bei Exilles. Nach dem Tode seines Inhabers, 1748, wurde dies Regiment reducirt und in andere vertheilt.)

Nach der Räumung Spaniens kam Oberst Graf Traun 1714 in die Lombardie, doch nur kurze Zeit wurde ihm dort die nöthige Ruhe vergönnt und bald sollte er von Neuem den Kampfplatz betreten. Elisabeth von Parma, König Philipps V. ehrgeizige Gemalin, wollte jene Länder, welche früher unter spanischer Herrschaft gestanden, wieder unter dieselbe zurückbringen. Noch während des Kaisers Heere gegen die Türken beschäftigt waren, schiffte am 22. August 1717 die spanische Flotte den Marquis Lede mit einem Corps auf der damals österreichischen Insel Sardinien aus, und dieser bemächtigte sich derselben. Die Proteste Oesterreichs und mehrerer Mächte gegen diese Usurpation blieben ohne Wirkung. England schickte den Admiral

Byng [1]) mit einer Flotte im Juni 1718 ins Mittelmeer. Indeß lan=
dete der Marquis de Lede auf der Insel Sicilien, eroberte Palermo
und belagerte die Citadelle von Messina. Nun begannen die alliirten
Mächte ebenfalls eine größere Thätigkeit zu entwickeln. Oesterreich ver=
mehrte durch bedeutende Nachschübe seine Garnisonen in Neapel, wo
der Feldmarschall Graf Wirich Daun [2]) als Vicekönig die oberste Civil=
und Militärgewalt in seiner Person vereinte. So erhielt denn auch
Oberst Graf Traun den Befehl, mit seinem Regimente im

---

[1]) George Byng Biscount Torrington, geboren 1663, trat jung in
den englischen Seedienst, wurde 1689 Capitän, 1703 Contre=Admiral und nahm
1704 Gibraltar, wurde 1706 Vice=Admiral und entsetzte Barcellona, 1709 Lord
der Admiralität und 1717 Baronet; er vernichtete 1718 die spanische Flotte bei
Messina und behauptete das Mittelmeer bis 1720. Bei seiner Rückkehr 1721
wurde Admiral Byng Pair und Chef der Admiralität und starb 1730.

[2]) Wirich Philip Lorenz Graf Daun, k. k. Feldmarschall und Ritter
des goldenen Bließes, geboren am 19. October 1669, trat früh in österreichische
Kriegsdienste, machte 1697 bereits als Oberstlieutenant die Schlacht bei Zenta
mit, rückte 1699 zum Obersten vor und erhielt das Infanterie=Regiment Houchin
(heute Nr. 56); 1701 Generalmajor, that er sich unter Prinz Eugen in Italien
rühmlichst hervor, einen unvergänglichen Ruhm aber erwarb er sich, seit 1704
Feldmarschall=Lieutenant, durch die unerschrockene Vertheidigung Turins gegen die
Franzosen, bis er vom Prinzen Eugen entsetzt wurde. Deßhalb erhielt Daun noch
während der Belagerung das Feldzeugmeister=Patent, und später vom Herzoge von
Savoyen das Marchesat Riboli. 1707 vertheidigte Feldzeugmeister Daun das
Castell von Mailand, commandirte die Expedition nach Neapel, wurde Vicekönig
daselbst, erstürmte Gaëta und leitete die Unternehmung im Römischen. Hierauf
wurde Graf Daun Feldmarschall und Commandirender in Italien, wo er den
Marschall Villars verjagte und den Papst Clemens XI. zum Frieden zwang,
1709. König Karl III. von Spanien, der spätere deutsche Kaiser, belohnte den
Feldmarschall Daun für seine Verdienste mit dem Orden des goldenen Bließes,
der Würde eines Granden von Spanien und dem Fürstenthume Thiano im
Neapolitanischen. 1713 wurde Feldmarschall Daun abermals Vicekönig in Neapel,
in welcher Stellung er sich die Liebe des Volkes in hohem Grade zu erwerben
wußte. 1719 Stadtcommandant in Wien und Superintendant der erst kurze Zeit
errichteten Ingenieur=Akademie, dann 1723 General=Feld=, Land= und Hauszeug=
meister, zwei Jahre darnach Gouverneur der Niederlande und 1728 des Herzog=
thums Mailand. Als solcher hatte er sich von Sardinien, das bei der polnischen
Königswahl unvermuthet als Bundesgenosse von Frankreich auftrat, hintergehen
lassen und fiel in Ungnade. Daun wußte sich jedoch über die Anschuldigungen
zu rechtfertigen und wurde von jeder Verantwortung freigesprochen. Dieser ver=
diente Mann starb am 30. Juli 1741 zu Wien und liegt in der Augustinerkirche
daselbst begraben. Sein Sohn war der später berühmte Feldherr im siebenjähri=
gen Kriege und Sieger von Kolin.

Sommer 1718 aus der Lombardie nach Neapel zur Verstärkung der dortigen Truppen abzurücken.

Mittlerweile hatte am 11. August 1718 Admiral Byng die spanische Flotte beim Cap Passaro geschlagen und der kaiserliche General der Cavallerie Fürst Caraffa war mit einem Corps bei Melazzo gelandet. Dennoch nahm der Marquis Lede am 9. September die Citadelle von Messina und besetzte ganz Sicilien, mit Ausnahme von Syracus, Trapani und Melazzo.

Indessen war am 2. August 1718 zu London die sogenannte Quadrupel-Allianz zwischen dem Kaiser, Frankreich, England und Holland unterzeichnet worden, der sich am 18. October noch der Herzog von Savoyen anschloß, Sicilien an den Kaiser abtrat und dafür Sardinien mit dem Königstitel erhielt. Spanien jedoch verweigerte jede Nachgiebigkeit, daher drangen nun die Franzosen über die Pyrenäen in dieses Land, die Engländer landeten in Galicien und Admiral Byng blockirte Sicilien.

Am 22. Mai 1719 ging der General der Cavallerie Graf Mercy[1]), welcher in den ersten Monaten dieses Jahres das Commando über die kaiserlichen Truppen in Sicilien erhalten hatte, mit ungefähr 19.000 Mann bei Baja unter Segel, und erschien vier Tage später (am 27.) im Angesichte der sicilischen Küste. Bei Patti wurde die Landung vollzogen, ohne daß die Spanier es zu hindern versuchten. Sie hoben vielmehr ihr Lager bei Melazzo auf und gingen nach Francavilla zurück.

Graf Mercy aber hatte mit seinen Truppen bei Limmeri ein Lager bezogen; mit diesen war auch Oberst Graf Traun mit seinem Regimente von Neapel herübergekommen.

---

[1]) Florimund Claudius Graf von Mercy, geboren 1666 in Lothringen, den Heldentod im Treffen bei Parma 1734 gestorben. Siehe Thürheims Fürst de Ligne, Wien, Braumüller, 1877, S. 101, Anmerkung; Thürheims Reiter-Regimenter der k. k. Armee, Wien 1862, Geitler, I. S. 194. Ausführlichere Lebensbeschreibung mit reicher Quellenangabe siehe von Wurzbach, Lexicon, Bd. 17, S. 386—396.

II.

Feldzug 1719 und 1720 in Sicilien. — Graf Traun wird General. — Dessen Correspondenz mit Prinz Eugen. — Militärische Verhältnisse in Sicilien. — Beförderung zum Feldmarschall-Lieutenant.

1719 bis 1733.

Nachdem der General der Cavallerie Graf Mercy nahezu an drei Wochen gebraucht hatte, um sich mit allen Erfordernissen so weit zu versehen, daß er auf einen günstigen Erfolg mit einiger Sicherheit hoffen konnte, beschloß er, dem Feinde entgegen zu gehen, und am 17. Juni 1719 setzte er sich mit seinem Heere aus dem Lager bei Limmeri in Marsch. Nach einem dreitägigen mühsamen Zuge unter den sengenden Strahlen der glühenden Sonne Siciliens erreichte Mercy endlich die Höhen von Tre Fontane, von wo er die Spanier in der Ebene von Francavilla gelagert sah. Bei diesem Anblicke ertönte ein Freudenruf durch die Reihen der Soldaten, welche, des langen Zögerns müde, dem Kampfe sich entgegensehnten, der am nächsten Morgen zwar stattfand, dessen Resultat aber leider kein günstiges sein sollte.

Das feindliche Lager, welches man von jenen Höhen vollkommen übersehen konnte, war von dem spanischen Befehlshaber Marquis de Lede in guten Vertheidigungsstand gesetzt worden. Dieser hatte alle Zugänge der von Natur sehr festen Stellung durch Schanzen verstärken und mit vielen schweren Geschützen versehen lassen. Es war daher ein gewagtes Unternehmen, die Spanier mit einer kaum gleich großen Streitmacht hier anzugreifen.

2*

Indessen beschloß Graf Mercy, im Vertrauen auf die Tapfer=
keit seiner Truppen, dennoch am nächsten Tage zu schlagen und traf
zu diesem Ende seine Anordnungen.

Die Feldmarschall=Lieutenants Baron Seckendorf und Graf
Wallis sollten die linke Flanke, Feldzeugmeister Zumjungen [1]) im Thale
das Centrum, die Feldmarschall=Lieutenants Graf Eck und Marquis
Roma [2]) die rechte Flanke des Feindes angreifen, und Letzterer die
dominirenden Höhen des Alcantara=Thales zu gewinnen suchen, um
die Spanier von Taormina abzuschneiden. Am Morgen des 20. Juni
rückten die österreichischen Colonnen zum Angriffe vor. Feldmarschall=
Lieutenant Seckendorf stieß zuerst auf den Feind, welcher seine ganze

---

[1]) Johann Hieronymus Freiherr von und zum Jungen, häufig
auch wie im Texte dieses Buches Zumjungen geschrieben, war 1660 geboren.
Der bekannte Erfinder der Buchdruckerkunst Johannes Zumjungen gehörte dieser
Familie an, nannte sich aber von seiner Wohnung zu Mainz: Guttenberg zum
Jungen. Johannes Hieronymus trat früh in den kaiserlichen Kriegsdienst und
war schon 1703 Inhaber des heutigen steierischen Infanterie=Regiments König
der Belgier. Er wohnte den Feldzügen in Italien unter Prinz Eugen bei, avan=
cirte 1705 zum Generalmajor, zeichnete sich 1706 im Rückzugsgefechte bei Gavardo
vorzüglich aus, und nahm am 3. October 1707 im Angesichte des Feindes die
Citadelle von Susa mit Sturm ein. 1708 Feldmarschall=Lieutenant, erzwang
Zumjungen mit 8000 Mann den Sessia=Uebergang bei Vercelli, wohnte dem Ein=
falle in der Provence bei und befehligte dann bei Chambery ein Corps von sieben
Bataillons. 1709 war er Bevollmächtigter des Kaisers, um mit den italienischen
Fürsten in der obschwebenden Contributionsfrage zu unterhandeln, dann Com=
mandant über das Proviantwesen im Mailändischen. 1711 besetzte er mit einem
5000 Mann starken Corps das Florentinische, nahm Porto Ercole mit dem Fort
S. Filippo und Stella dem König Philipp V. von Spanien weg, 1713 wurde
ihm der Reichsfreiherrnstand bestätigt, 1715 wurde er Gouverneur von Novara,
1716 aber Feldzeugmeister. Als 1718 die Spanier Sicilien bedrohten, erhielt
Zumjungen das Commando auf dieser Insel, welches er später dem Grafen
Mercy übergab. Er unterstützte mit edler selbstverleugnender Bereitwilligkeit, unge=
achtet der erlittenen Zurücksetzung, diesen General auf das Thatkräftigste, focht,
wie wir gesehen haben, bei Francavilla und half bei der blutigen Belagerung
der Citadelle von Messina das Ravelin erstürmen. 1720 wurde Feldzeugmeister
Zumjungen commandirender General in Sicilien, später im Mailändischen und
zuletzt in den Niederlanden, (seit 1725 Feldmarschall), wo 1732 bei einem Spazier=
gange im Parke zu Brüssel seinem verdienstreichen Leben im 72. Jahre ein
Schlagfluß ein Ziel setzte.

[2]) N. Marquis de Roma war längere Zeit Truppencommandant in
Neapel, wurde 1754 Feldmarschall und starb 1758 in hohem Alter. Er war ein
Mann, dem Prinz Eugen das werthvolle Zeugniß seltener Rechtlichkeit ertheilte.

Macht bei Francavilla versammelt hatte. Bald wurde das Treffen
allgemein. Beide Theile kämpften mit seltener Hartnäckigkeit und Aus=
dauer. Feldzeugmeister Zumjungen griff die Spanier, vor deren Mitte
ein gut befestigtes Kloster lag, mit größtem Ungestüm an. Ein Gleiches
thaten die Feldmarschall=Lieutenants Eck und Roma, welche die Fiumara
überschreiten mußten. Doch waren alle diese Bemühungen der öster=
reichischen Generäle vergebens. Die Spanier behaupteten sich in ihren
Verschanzungen und Graf Mercy, welcher drei Pferde unter dem
Leibe verlor und selbst eine schwere Schußwunde am Kopfe erhielt,
sah sich in später Nacht genöthigt, das Gefecht abzubrechen und seine
durch die glühende Tageshitze und die ungeheueren Anstrengungen er=
schöpften Truppen auf die Höhen jenseits der Fiumara zurückzuführen.
Er hatte zwar die Feinde nicht geschlagen, aber mit aller Anstrengung
wenigstens den Vortheil erreicht, die Spanier von Taormina und
Messina abzuschneiden.

Der Verlust beider Theile in diesem hartnäckigen heißen Kampfe
mochte zusammen wol die beträchtliche Ziffer von 6000 Mann an
Todten und Verwundeten erreicht haben. Unter den Ersteren war
Feldmarschall=Lieutenant Graf Eck [1]) zu beklagen, unter den Letzteren
befand sich auch Oberst Graf Traun.

General der Cavallerie Graf Mercy ließ nun seinen Gegner in
der Stellung bei Francavilla beobachten und bemeisterte sich am 30. Juni
Taorminas nach einem unbedeutenden Widerstande. Seiner sich ver=
schlimmernden Kopfwunde wegen mußte Mercy das Obercommando
dem Feldzeugmeister Zumjungen übertragen und sich für einige Zeit
vom Kriegsschauplatze zurückziehen.

---

[1]) Johann Karl Graf von Egckh und Hungersbach, k. k. Feld=
marschall=Lieutenant, war 1703 Oberst im (23.) Infanterie=Regimente und focht
unter den Befehlen seines Inhabers, des Prinzen Ludwig von Baden am Rhein,
dann bei Malplaquet und Denain, wurde General und 1718 Feldmarschall=Lieute=
nant, nachdem er ein Jahr früher die Inhaberswürde des als Graf Thurn 1775
reducirten Cürassier=Regimentes erhalten hatte. Wie schon im Texte erwähnt,
diente er im Feldzuge 1719 unter dem General der Cavallerie Grafen Mercy
und starb am 20. Juni in der Schlacht bei Francavilla den Heldentod. Er war
ein Bruder des in diesen Blättern gleichfalls erwähnten heldenmüthigen Verthei=
digers von Cardona. Sein Portrait befindet sich in dem, der ihm nahe ver=
wandten Thürheim'schen Familie gehörigen Schlosse zu Weinberg in Ober=
österreich.

Am 16. Juli brach Feldzeugmeister Zumjungen aus der Gegend von Francavilla auf, eröffnete sich durch die Einnahme des Castells St. Alessio den Küstenweg und erreichte am 20. die Stadt Messina.

Die Spanier blieben in ihrem Lager bei Francavilla und begnügten sich, dem kaiserlichen Heere einige kleine Abtheilungen zur Beobachtung nachzusenden. Der Marquis de Lede erhielt um diese Zeit beträchtliche Verstärkungen, indem er einige Tausend angeworbene Recruten nebst fünf Regimentern aus Palermo an sich zog. Auch hatte er sein Lager bei Francavilla immer fester verschanzen lassen, was seinen Entschluß zeigte, daß er sich dort hartnäckig vertheidigen wolle.

Graf Merch, nun wieder geheilt, beschloß die Belagerung von Messina vorzunehmen. Die Stärke der Spanier daselbst belief sich auf 5000 Mann, welche als Besatzung in der Citadelle, im Castell St. Salvador und in drei umliegenden Bergschlössern vertheilt waren. Aber durch die Aufmunterung des spanischen Commandanten Marquis Spinola hatten die Einwohner der Stadt Messina selbst sich zur Gegenwehr gesetzt, Kanonen auf die Stadtwälle geführt, und den Entschluß gezeigt, ihre Stadt auf das Hartnäckigste zu vertheidigen. Bald kam es auch zu Thätlichkeiten, indem das schwere Geschütz auf den Wällen das kaiserliche Lager beunruhigte. Merch ließ nun Belagerungs-Artillerie von Reggio herüberkommen, Batterien gegen die Stadt errichten und mit der Belagerung des Castells Gonzaga den Anfang machen.

Schon in den ersten Tagen wurde alle Verbindung dieses Schlosses mit der Stadt Messina abgeschnitten, nachdem ein von der dortigen Besatzung in Gemeinschaft mit dem Landvolke unternommener Ausfall zurückgewiesen worden war. Merch ließ nun alsobald die Beschießung des Castells und der Stadt eröffnen, und als Minen bis an die Mauern des Schlosses geführt wurden, war die Besatzung derart geängstigt, daß sie sich am 6. August ergab. Tags darauf verlangte auch die Stadt Messina zu capituliren, und ergab sich am 9., nachdem die Spanier zuvor das Geschütz in die Citadelle abgeführt hatten. Die beiden anderen Bergschlösser Matta Griffone und Castellazzo ergaben sich am 13., so daß die Spanier dadurch gleichsam auf die Citadelle und das Fort St. Salvador beschränkt, außerhalb desselben nur noch den Palazzo reale, die Terra nuova und zwei Bastionen besetzt hielten. Am 19. endlich, nachdem der Palazzo und die Bastionen von den Kaiserlichen mit Sturm genommen waren, wurden sie ganz aus der Terra nuova delogirt, worauf in der Nacht des folgenden Tages die Trancheen vor der Citadelle eröffnet und die Linie von einer Meerseite zur andern gezogen wurde.

Das größte Hinderniß, welches die Unternehmung gegen Messina verzögerte, war die Beschwerlichkeit, daß die Belagerungsarmee alle Lebensmittel, Munition, Geld, selbst die unbedeutendsten Kleinigkeiten aus Calabrien beziehen mußte, und solche nur kümmerlich erhielt, wodurch sie in einer immerwährenden Abhängigkeit von den Verwaltungs- behörden in Neapel blieb, welche mit dem Militär in steter Uneinigkeit lebten und, weit entfernt die Schwierigkeiten zu heben, solche nur ver- mehrten und neue Hindernisse in den Weg legten. Die Armee litt daher häufig an Allem Mangel, war oft mehrere Tage ohne Brod, mehrere Wochen ohne Sold und durch den Abgang der nothwendigsten Montursstücke in einen erbarmenswerthen Zustand versetzt. Der Muni- tionsvorrath langte oft kaum auf Tage aus, und die Operationscasse war zur Bestreitung der ersten und nothwendigsten Bedürfnisse nicht hinreichend.

Graf Mercy, den das Elend seiner braven Soldaten tief kränkte, und der sich in seiner kriegerischen Thätigkeit durch diese Uebelstände in Allem gehemmt sah, schilderte in einem Schreiben an seinen Herr- scher diese ungünstigen Verhältnisse, so wie den elenden Zustand der Armee mit den grellsten Farben; so setzte er auch die nothwendigen traurigen Folgen auseinander und bewies, daß der Ruin der Armee unausbleiblich sei, der Muth sinken, die Disciplin aber gänzlich ver- loren gehen müsse, wenn nicht schleunige Abhülfe geschehe, ja er bat schließlich um seine Entlassung, wenn man ihn nicht in Stand setzen könnte oder wollte, den Krieg mit Nachdruck zu führen.

Diese Vorstellung hatte die sogleiche Folge, daß der Cardinal Graf Schrattenbach[1]) zum Vicekönig in Neapel ernannt wurde, um

---

[1]) Wolfgang Hannibal Graf von Schrattenbach, geboren zu Graz 12. September 1660, erhielt, von Jugend auf zum geistlichen Stande be- stimmt, eine sehr sorgfältige wissenschaftliche, von den Jesuiten geleitete Erziehung, wurde 1680 Domherr zu Olmütz und Salzburg, 1703 Bischof von Seckau, 1711 aber Bischof von Olmütz, 1713 wirklicher Geheimer Rath und auch Protector von Deutschland, begab sich 1714 in Angelegenheiten des kaiserlichen Hofes nach

den nach dem Tode des früheren Vicekönigs Grafen Gallas [1]) ein-
geschlichenen Unordnungen der dortigen Behörden zu steuern. Sowol
dem Grafen Schrattenbach als dem obersten Kriegscommissär Grafen
Nesselrode [2]) wurde die Verpflegung der Armee in Sicilien auf das
Nachdrücklichste und bei der persönlichen schärfsten Ahndung aufgetragen.
General der Cavallerie Graf Caraffa, welcher sich hierin einiger Saum-
seligkeiten schuldig gemacht hatte, verlor das Commando zu Neapel,
mehrere Commissäre wurden abgesetzt, sogleich beträchtliche Geldrimessen
direct nach Messina geschickt, ebenso Pulver- und Munitionsvorräthe
aus dem Mailändischen dahin beordert und dem Grafen Mercy die

---

Rom, wo ihn Papst Clemens XI. am 28. Juli genannten Jahres den Cardinalshut aufsetzte. 1719 wurde Cardinal Schrattenbach österreichischer Botschafter in
Rom, wo sowol sein Aufwand als seine Wohlthätigkeit gegen Arme ihn sehr
beliebt machten. Nach wenigen Monaten aber übernahm er die hohe Würde
eines Vicekönigs von Neapel, August 1719, die er bis 1721 bekleidete, in welchem
Jahre er im Mai dem Conclave in Rom beiwohnte, um an der Wahl des daraus
hervorgehenden Papstes Innocenz XIII. theilzunehmen. 1722 kehrte Cardinal
Schrattenbach auf seinen Bischofssitz in Olmütz zurück. 1725 wurde er Protector
von Deutschland und starb im hohen Alter von 78 Jahren und im 26. seiner
Cardinalswürde am 22. Juli 1738 zu Brünn, seine Leiche wurde zu Olmütz in
der Gruft seiner Vorgänger beigesetzt. Näheres siehe von Wurzbach, Lexicon.
Band 31, Seite 270 bis 272.

[1]) Johann Wenzel Graf von Gallas, aus dem Geschlechte des bekannten Heerführers im dreißigjährigen Kriege, war 1669 geboren, wurde 1694
kaiserlicher Kämmerer, 1703 Reichshofrath, 1704 Gesandter Kaiser Leopolds I. in
London am königl. großbritannischen Hofe und 1705 von Kaiser Joseph I. in
dieser Würde neu bestätigt, 1707 Oberstlandmarschall in Böhmen, 1708 Geheimer
Rath. Er schlichtete 1705 einige Differenzen mit dem englischen Ministerium,
verließ 1711 London und kam 1713 als österreichischer Botschafter nach Rom.
Zum Vicekönig und General-Capitän des Königreiches Neapel ernannt, trat Graf
Gallas am 4. Juli 1718 seine Stelle an, aber kaum drei Wochen nachher starb
er am 25. Juli zu Neapel im 50. Lebensjahre.

[2]) Johann Hermann Franz Graf zu Nesselrode, aus der erloschenen Reichensteiner Linie dieses alten berühmten rheinischen Geschlechtes, war am
18. März 1661 geboren, erhielt, nachdem er mehrere Feldzüge des spanischen
Erbfolgekrieges im Dienste des Erzhauses Oesterreich mitgemacht hatte, noch als
Generalmajor 1716 das heutige 18. Infanterie-Regiment, wurde später General-
Kriegscommissarius, wirklicher Geheimer Rath und endlich 1741 Feldmarschall.
1729 hatte er das ungarische Indigenat erhalten, und war 1731 in den nieder-
österreichischen, 1734 in den oberösterreichischen Herrenstand aufgenommen worden.
Nachdem er 1746 sich von allen Geschäften seines hohen Alters wegen zurück-
gezogen hatte, starb er am 3. Februar 1751 im neunzigsten Lebensjahre.

Versicherung ertheilt, daß man ihn nach besten Kräften unterstützen werde.

Am 1. September war der Marquis de Lede mit Zurücklassung
einiger tausend Mann Infanterie mit seinem Heere aus dem Lager
bei Francavilla aufgebrochen und nach Rametta, 14 Miglien von
Messina gerückt. Er schien den ernsten Entschluß gefaßt zu haben,
Messina zu entsetzen; jedoch schon am 21. zog er sich wieder in seine
vorige Stellung bei Villafranca zurück, die er nach kurzer Zeit wieder
verließ, um sich bei Castro Giovanni gleichsam im Mittelpunkte Siciliens aufzustellen.

Inzwischen war die Belagerung der Citadelle von Messina mit
großer Thätigkeit fortgesetzt worden. Allein ihre vortheilhafte Lage
und die Menge ihrer Geschütze erschwerten solche ungemein. Jeder
fußbreit Erde mußte von den kaiserlichen Soldaten erkämpft, alle
Werke mit Sturm genommen werden. Die im Hafen entmastet liegenden feindlichen Kriegsschiffe wurden in den ersten Tagen des October
in den Grund gebohrt, und die Belagerungsarbeiten so betrieben, daß
der Fall des Platzes beim nächsten Sturme unausbleiblich war.

Erst Ende September konnte ein aus 10.000 Mann Infanterie
bestehendes Verstärkungscorps von Genua aus unter Segel gehen,
welches durch den englischen Admiral Byngs überschifft, nach einer
durch Stürme und widrigen Wind verspäteten Fahrt von zehn Tagen
am 8. October in den Hafen von Paradiso einlief, gerade während
ein Ravelin der Citadelle nach zweimal abgeschlagenem Sturme unter
dem heftigsten Feuer von den Kaiserlichen genommen wurde. Durch
diese so sehnlich erwartete Verstärkung war nun Graf Mercy im
Stande, nebst der Belagerung auch das rebellische Landvolk, welches
sich von den Spaniern zum bewaffneten Aufstande hatte hinreißen
lassen, in Ordnung und Gehorsam zu bringen.

Die Belagerung der Citadelle von Messina ging nun rasch vorwärts. Ein am 17. October unternommener Sturm wurde zwar mit
ungemeiner Tapferkeit, aber eben so großem Verluste von den Spaniern
zurückgeschlagen, doch als Mercy am folgenden Morgen den Angriff
zu erneuern befahl und eben im Begriffe war, das Signal zum allgemeinen Hauptsturme geben zu lassen, schlug die Besatzung Chamade
und deren Commandant Marquis Spinola begehrte zu capituliren.

Der bis auf 2500 herabgeschmolzenen heldenmüthigen Besatzung ward
der freie Abzug gestattet, welchem zufolge dieselbe am 20. October mit
klingendem Spiele auszog und unter englischer Escorte nach Spanien
segelte. Feldmarschall-Lieutenant Graf Wallis wurde nun zum Gouverneur von Messina ernannt, die Citadelle und das Fort St. Salvadore
mit gehöriger Besatzung versehen, und mit aller Thätigkeit an der
Herstellung der Festungswerke und des Hafens gearbeitet, in welchem
die englische Flotte am 28. sich vor Anker legte.

Die Dotirung von Messina und einiger anderer von der kaiserlichen Armee besetzten Plätze erschöpfte sämmtliche Vorräthe und der
Mangel an Pulver und Mehl wurde überaus fühlbar. Auch verzögerte
der Eintritt der stürmischen Jahreszeit den Nachschub aus Neapel,
endlich fehlte es noch an Geld, und General der Cavallerie Graf
Mercy war zur Unthätigkeit genöthigt, da mehrere Wochen mit bloßen
Zurüstungen verloren gingen. Die Armee in Sicilien bestand in dieser
Zeit aus 46 Infanterie-Bataillons und 8 Cavallerie-Regimentern,
welche aber zusammen nicht 30.000 Mann ausmachten, von denen
nach Besetzung der wichtigsten Punkte kaum 20.000 streitbare Männer
zu ferneren Operationen übrig blieben. — Der Plan Mercy's war
nun, sich mit der ganzen Armee gegen Palermo zu wenden, den Feind
dadurch zu zwingen, zur Vertheidigung dieser Stadt herbeizueilen und
ihn sodann anzugreifen, oder im Falle die Spanier in ihrer Stellung
bei Castro Giovanni bleiben sollten, durch die Einnahme der Hauptstadt sie von ihren Hilfsquellen abzuschneiden und sich ihrer großen,
längs der mittägigen Küste erbauten Vorrathsgebäude zu bemeistern.
Da der Landweg mit zu viel Beschwerlichkeiten, insbesondere für die
Fortbringung des Geschützes verbunden war, so beschloß Graf Mercy,
die ganze Armee zu Messina einzuschiffen, zu Trapani zu landen und
dann über Alcamo nach Palermo zu gehen. Am 25. November ging
Feldzeugmeister Zumjungen mit der ersten Hälfte in Begleitung des
Admirals Byng unter Segel, kam nach dreitägiger Fahrt glücklich zu
Trapani an, wo er das spanische schwache Blockadecorps sogleich angriff, in die Flucht jagte, sich sodann der Städte Marsala und Maz-
zura bemächtigte, wo er 18 Kanonen erbeutete und große Getreide-
vorräthe fand. Ende December hatte Graf Mercy den größten Theil
seiner Truppen eingeschifft und nach Trapani abgeschickt, er selbst kam

nach stürmischer Seefahrt am 29. Jänner 1720 mit Admiral Byng daselbst an, und setzte sich mit der Anfangs Februar vollzählig gelandeten Armee gegen Castel Veterano in Marsch, wo er am 14. ein Lager bezog und noch Verstärkungen abwartete. Inzwischen belagerte Feldmarschall-Lieutenant Seckendorf das Bergschloß Sciocca, dessen Besatzung sich nach mehrtägiger Beschießung am 7. März kriegsgefangen ergab. Anfangs April waren alle Transporte aus Neapel eingetroffen, und das kaiserliche Heer zählte nun 50.000 Streiter, mit denen man des Sieges um so gewisser sein konnte, als jenes der Spanier nur aus 36.000 Mann bestand. Mercy brach am 5. April auf, und wandte sich über Alcamo nach Monreale, wo er in der Ebene die Stellung von Palermo bezog. Am 28. und 29. April hatten die Oesterreicher mehrere Redouten mit bestem Erfolg angegriffen, und einige Kanonen den Spaniern abgenommen. Am 1. und 2. Mai ließ General Mercy den Feind abermals aus mehreren Schanzen verjagen, fast das ganze spanische Heer griff zu den Waffen, und das so sehnlich erwünschte Haupttreffen, schien wirklich beginnen zu wollen, als plötzlich der spanische Befehlshaber Marquis de Lede einen Parlamentär an Mercy schickte und ihm die Ankunft der nöthigen Vollmachten zur Abschließung des Waffenstillstandes ankündigte, worauf ein solcher auf vierundzwanzig Stunden auf der ganzen Linie sogleich abgeschlossen und unbestimmt verlängert wurde. Am 6. Mai wurde der förmliche Vertrag von beiden Heerführern mit Zuziehung des Admirals Byng unterzeichnet, kraft dessen Sicilien den Truppen des Kaisers förmlich übergeben wurde, die Spanier nach Termini marschirten, wo sie im Mai 1720 mit Hülfe der englischen Flotte in zwei Abtheilungen nach Spanien übergeschifft wurden.

Alle noch bestehenden Zeitfragen sollten auf einem Congresse zu Cambray entschieden werden. Oesterreich nahm Besitz von Sicilien, und Savoyen von der Insel Sardinien.

Das Regiment Traun wurde nun nebst mehreren anderen Truppen aus Sicilien gezogen und erhielt sein Standquartier in Neapel. Die vortheilhaften Zeugnisse, welche General Graf Mercy dem Obersten Traun für sein Wohlverhalten im letzten Feldzuge ausstellte, die nicht geringe Anerkennung, die jener Feldherr den Talenten, umfangreichen Kenntnissen und der bewiesenen Bravour dieses ausgezeichneten

Officiers zollte, hatten zur Folge, daß **Oberst Otto Ferdinand Graf Traun** in Sicilien zurückblieb und einen Vertrauensposten erhielt, nämlich den des **Commandanten von Syracus.**

Am 14. October 1723 endlich wurde **Graf Traun** zum **General-Feldwachtmeister** befördert, und vier Jahre später kam er statt des Feldmarschall-Lieutenants Grafen Wallis, welcher zum commandirenden General der Insel ernannt worden war, an dessen Stelle als **Gouverneur nach Messina** (1727).

Bei dem heißen Blute der Sicilianer und bei dem wilden Hange derselben zu Schlägereien gingen immer beträchtliche Strafgelder ein, die man am Ende des Jahres dem Landeschef zu übergeben pflegte, aber **Graf Traun,** edel und ritterlich denkend, wollte aus dieser trüben Quelle seine Einkünfte nicht vermehren, und wies sie den Wohlthätigkeitsanstalten zu. In diesem Geiste suchte der edle Mann während seiner Verwaltung Ordnung und mildere Sitten unter einem fast verwilderten Volke zu befördern.

General Graf Traun stand damals in sehr vertrautem Verhältniß mit dem Prinzen Eugen von Savoyen und unterhielt mit demselben einen sich über die wichtigsten Gegenstände der Militär- und Civil-Administration Siciliens verbreitenden Briefwechsel. Hier fand **Traun** Anlaß genug, dem Prinzen gegenüber Beweise seines scharfen Blickes und richtigen Urtheiles in militärischen Dingen, sowie auch seines klugen Verständnisses und lebhaften Antheiles für Alles zu liefern, was die Verwaltung des Landes betraf.

Die Ansichten, welche **General Traun** über die Behandlung der Soldaten von Seite ihrer Officiere in seinen Briefen aussprach, erhielten die volle Billigung des Prinzen Eugen, der auch sein Möglichstes that, um deren pünktliche Befolgung von Seite der Regiments-Commandanten zu erwirken.

Graf Traun hatte in einem noch im Kriegsarchive vorhandenen Schreiben, ddo. Messina am 25. April 1728 folgende denkwürdige Worte geäußert: „Die Obern und Commandanten der Regi-„menter sind gemeiniglich an derlei excesse, factionen und unzuläß-„liche Conduite ihrer Subalternen Schuld, die gemeiniglich daher „rühren, wenn sie nicht mit der Integritet, wie sie sollen, und unsere

„Pflicht mit sich bringt, selbige gouverniren. Der arme gemeine
„Mann wird hier mehr als irgendwo sehr hart mitgenommen, auf
„seine Erhaltung schlecht gesehen, noch das wenige, was er bekommt,
„ihm wie es sein sollte, zu Nutzen gemacht, in Commandosachen wird
„nicht allzeit die Billigkeit in Acht genommen und der Soldat zu
„streng gehalten, dahingegen mir vorkommt alles bei dem militare
„geschehe mit größerem Fleiß, wenn mehr durch Liebe und Gelindig=
„keit als übermäßige Schärfe jedermann zu seiner Schuldigkeit gehal=
„ten wird".

Eugen erwiderte unter mehrerem Anderen in seinem Antwort=
schreiben an Traun ddo. Wien, 26. Mai 1728: Man solle „ohn
„Ursach den gemeinen Mann nicht zu sehr anstrengen und die Schärfe
„nur gebrauchen, wo die Güte wie öfters geschieht, nichts verfanget".

Auf des Prinzen Eugen ausdrücklichen Befehl mußte General
Graf Traun bald nach Uebernahme seines Gouvernements zu Mes=
sina, 1727 genaue und erschöpfende Berichte über den Zustand Sici=
liens erstatten. Nachdem Traun sogleich Anfangs erklärt, sich „haupt=
sächlich der Wahrheit, der Feindin aller Umschweife" befleißen zu
wollen, schilderte er dem Prinzen mit jener Offenheit, die stets den
Grundzug seines Charakters bildete, die sicilianischen Zustände, die
Verwaltungssünden, die Mängel der militärischen Einrichtungen. Aber
er tadelte nicht nur scharf die vorhandenen Uebelstände, sondern er gab
auch Vorschläge zu ihrer Beseitigung. Schnelle und gerechte Justiz=
pflege, zweckmäßigere Verwaltung der Landesfinanzen, Belebung des
Handels und der Schifffahrt waren vorzugsweise die Gegenstände, die
er aufmerksamer Prüfung und der Verbesserung mit Wärme empfahl.
Er behauptete ungescheut, daß das ganze Absehen der zahlreichen, die
wichtigsten Stellen in der Administration bekleidenden Spanier dahin
gehe, Truppen und Festungen zu Grunde zu richten und es dadurch
Spanien zu erleichtern, sich heute oder morgen ohne große Opfer der
Insel Sicilien wieder bemächtigen zu können. Mochte man auch aus
der rücksichtslosen scharfen Sprache Trauns glauben können, es sei
sein Urtheil von persönlicher Gehässigkeit gegen die damaligen Macht=
haber in Sicilien nicht ganz frei gewesen, so bewiesen die wenig Jahre
später eingetretenen Ereignisse, daß jene Beschuldigungen in Wahrheit
begründet waren.

Nachdem Traun von dem Zustande Siciliens und seiner Verwaltung eine sehr trübe Schilderung entworfen hatte, ging er auf jene der Einwohner über. Die Sicilianer bezeichnet er als ein leicht einzuschüchterndes, ja feiges Volk, das man durch eine gerechte und schnelle Justizpflege leichter zu beherrschen im Stande wäre, als man zu glauben scheine. Man bedürfe hiezu eines Mannes von Fähigkeiten, Unbestechlichkeit und Energie, der von Patriotismus und Anhänglichkeit zu seinem Kaiser beseelt sei, und der mit der nöthigen Machtvollkommenheit nach bestem Wissen und Gewissen wirken zu können ausgerüstet sein müsse. In Folge der Uneinigkeit zwischen dem Vicekönige und den commandirenden Generalen würde das Kriegswesen gänzlich vernachlässigt und das nur aus Doctoren und Advocaten gebildete Ministerium ließe über einige nichts bedeutende Formfehler oft die wichtigsten Angelegenheiten außer Acht.

Auch der spanische Rath beauftragte, wahrscheinlich auf des Prinzen Eugen Veranlassung den Grafen Traun mit einer genauen Berichterstattung über den Zustand der Insel Sicilien und seiner Administrationsbehörden. — Er that dies mit gewohntem Freimuth und lenkte die Aufmerksamkeit seiner Auftraggeber insbesondere auf gute Finanzverwaltung und Belebung von Handel und Schifffahrt. — Die Ausfuhr von Seide, Oel und Wein, die Einfuhr von Linnen, Eisen und Holz solle erleichtert werden, schließt er seinen Bericht, und bemerkt noch, daß die Bergwerke mit der Zeit und bei guter Bedienung beträchtliche Erträgnisse abzuwerfen vermöchten.

In den meisten Stücken theilte Prinz Eugen die Meinung und Ansicht Trauns, bedauerte den üblen Zustand des Landes und der dortigen Verwaltung, und empfiehlt dem General, den Zwiespalt zwischen dem Vicekönige und dem Landescommandirenden (Grafen Wallis) möglichst zu beschwichtigen, beide zu besänftigen und es wenigstens zu hindern trachten, daß derselbe in offene Fehde ausbreche, wodurch der Dienst des Kaisers und die auf Sicilien sich befindliche Kriegsmacht desselben am meisten leiden würde.

Die in Aussicht gestellten höheren Erträgnisse der Bergwerke und Vermehrung der Einkünfte Siciliens bei guter Bebauung und geordneter Verwaltung hatten auch für den spanischen Rath einen ungemeinen Reiz; — und keine geringe Ueberraschung war es für den kaiserlichen General, als Traun plötzlich die Leitung des gesammten Berg- und Hüttenwesens auf der Insel Sicilien übertragen wurde. Er bat daher dringend, einer Aufgabe überhoben zu werden, zu welcher ihm die nöthige Befähigung mangle, da er überdies ohne Unterstützung von Seite des Bicekönigs und des commandirenden Generals unmöglich günstige Resultate zu erzielen vermöge. — Ein anderer überaus wichtiger Einwendungsgrund war auch der herrschende Geldmangel, „da gerade im Anfange große Auslagen nöthig seien, indem Wasserwerke und Hochöfen errichtet, Straßen gebaut und viele derartige Arbeiten vorgenommen werden müßten, welche große Geldsummen erforderten".

Der erste Bicekönig des Kaisers auf Sicilien gleich nach der Besitznahme dieser Insel war der Herzog von Monteleone [1]) gewesen. Sein Alter, seine körperliche und geistige Schwäche, die Vernachlässigung des Militärwesens, welche unter ihm einnistete, — seine Gleichgültigkeit in Verwaltungsgeschäften zeigten seine Untauglichkeit für diesen wichtigen Posten. Man gab ihm daher schon nach zwei Jahren (1722) einen Nachfolger in der Persönlichkeit des Feldmarschall-Lieutenants Joachim Fernandez Portocarrero [2]), Grafen von Palma und Almenara. Diesem mangelte es nicht an Eifer und gutem Willen, wol aber an

---

[1]) Nikolaus Fürst Pignatelli, Herzog von Monteleone, war Ritter des goldenen Bließes, Grand von Spanien I. Classe, Großconnetable von Sicilien, 1719 wurde er Bicekönig daselbst und starb 1730. Er wird von den Historikern als ein gutmüthiger wohlwollender Mann geschildert, dem jedoch die nöthige Befähigung zu einem so schwierigen Posten mangelte. Hiezu kam noch sein hohes Alter und die Gewohnheit des Wohllebens, welcher er seit langer Zeit ergeben war, so daß die Leitung der Geschäfte völlig auf die vier oder fünf Individuen seiner Umgebung, lauter Spanier überging, von denen der Bicekönig sich gänzlich leiten ließ. Ritter v. Arneth, Prinz Eugen, Wien 1863, Wilhelm Braumüller, III. Band, Seite 13. 26. 310.

[2]) Joachim Fernandez Portocarrero, Graf von Palma und Marquis von Almenara, k. k. Feldmarschall-Lieutenant, geboren 1681, wurde 1722 Bicekönig in Sicilien, welche Würde er bis 1728 bekleidete. Voll Eifers und guten Willens, aber ohne Thatkraft, furchtsam und unentschlossen, dem geringsten Widerstande nachgebend, gerieth unter ihm Alles immer mehr in Verfall, und die Berichte an den Prinzen Eugen, insbesondere jene, welche über Aufforderung des Prinzen der General-Feldwachtmeister Graf Otto Ferdinand Traun einzusenden hatte, schilderten den Zustand Siciliens in den düstersten Farben.

Thatkraft, um die überkommenen Mißbräuche abzustellen. Er klagte stets, daß ihm sowol durch den spanischen Rath in Wien als die ihm beigegebenen Räthe und Verwaltungsorgane die Hände allzusehr gebunden seien. — Durch die Schwäche und Gleichgültigkeit seines Vorgängers und durch seine eigene Schlaffheit gerieth Alles immer mehr in Verfall, und es gestalteten sich jene Zustände, über welche sich eben Traun in seinen Berichten zu beklagen wahrlich alle Ursache hatte. — Man berief also nun Portocarrero von seinem Posten ab, besetzte diesen aber wieder mit einem Spanier, dem Don Christoph Fernandez de Cordova Grafen von Saftago [1]) (wie er gewöhnlich nur genannt wurde) und Murato, Marquis Aguilar, Großmarschall des Königreiches Aragonien. Vornehme Geburt, persönliche Befähigung und die Erkenntlichkeit des Kaisers für die treue und unerschütterliche Anhänglichkeit an das Haus Habsburg, mit welcher Saftago seine und seiner Familie Güter verlassen hatte, wurden als die leitenden Gründe bezeichnet, welche seine Ernennung veranlaßt hatten. Diese drei Männer waren während des General-Feldwachtmeisters Grafen Traun Anwesenheit auf Sicilien, die vom Mai 1719 bis Anfangs 1734, also nahe an fünfzehn Jahre dauerte, die Alteregos des Monarchen und Vicekönige dieser Insel. (Die ganze auf die sicilischen

---

[1]) Christoph Fernandez de Cordova, Graf von Saftago und Murato, Marquis Aguilar, Großmarschall des Königreiches Aragonien, Grand von Spanien erster Classe, hatte bei Kaiser Karl VI. Anwesenheit in Spanien dessen Partei sogleich ergriffen, seine und seines Hauses Güter verlassen und mit unerschütterlicher Anhänglichkeit an diesen Fürsten gehalten. Diesem Umstande verdankte er hauptsächlich seine 1732 erfolgte Ernennung zum Vicekönige von Sicilien. Prinz Eugen nennt ihn in einem Schreiben an den Feldmarschall-Lieutenant Grafen Wallis „einen sehr aufrichtigen, bescheidenen und verträglichen Mann". Jedoch fortwährende Streitigkeiten mit dem als unverträglich geschilderten Grafen Wallis, der als commandirender General die Truppen in Sicilien befehligte, erschwerten Saftago's Stellung in diesem Lande. Trotz der strengsten Befehle Eugens, sich dem Vicekönig zu fügen, trieb Wallis seine Feindseligkeit gegen denselben auf das Aeußerste. Er überließ sich den heftigsten Zornesausbrüchen und ging so weit, daß er dem Grafen Saftago die Ehrenwache entzog, welche demselben als Vicekönig gebührte, in Folge eines persönlichen Streites. Saftago wies den späteren Versuch der Aussöhnung mit Wallis zurück und brach jeden Verkehr mit diesem General ab, der nun um seine Abberufung bat und sie auch erhielt. Ritter von Arneth, Prinz Eugen, III. Band, Seite 313—317.

Angelegenheiten bezügliche Correspondenz zwischen Eugen und Traun befindet sich nach Ritter von Arneth: Maria Theresias erste Regierungsjahre, II. Band, Seite 494, Anmerkung 3, im Kriegsarchiv.)

Hatte Graf Traun 1728 den hohen Posten eines Leiters der montanistischen Angelegenheiten in Sicilien ausgeschlagen und sich gegen diese Zumuthung von Seite des spanischen Rathes nach Kräften gewehrt, so war dies ebenso 1730 der Fall, als ihm im russischen Heere eine mächtige und angesehene militärische Stellung angeboten wurde.

Kurz nach ihrem Regierungsantritte stellte die Kaiserin Anna Iwanowna von Rußland, früher Herzogin von Kurland, an Karl VI. das Ersuchen, ihr zwei tüchtige Generale (einen für die Infanterie und einen für die Cavallerie) zu überlassen, welche ihre Truppen befehligen und aus österreichischem Dienste in den ihrigen übertreten sollten.

Der General-Feldwachtmeister Graf Otto Traun wurde von mehreren Seiten als vorzugsweise hiezu geeignet bezeichnet, doch meinte Prinz Eugen, werde sich dieser nur dann dazu herbeilassen, wenn er zu gleicher Zeit im kaiserlichen Dienste verbleiben dürfe und auch seine Verwendung in Rußland nur auf eine bestimmte Dauer beschränkt werde.

Obgleich die russische Regierung selbst auf diesen etwaigen Vorbehalt bereitwillig einging, ja sich sogar anheischig machte, die Besoldungen der Generale beträchtlich über den Anfangs festgesetzten Betrag von 4000 Rubeln zu erhöhen, so erklärte doch Graf Traun dem Prinzen Eugen freimüthig, er werde sich nur dann nicht weigern nach Rußland zu gehen, wenn ihn der Kaiser als seinen General dorthin commandire, er werde sich aber niemals entschließen, es freiwillig zu thun; schon unter Czar Peter I. sei es für Ausländer schwer gewesen in Rußland zu dienen, aber jetzt sei dies in weit höherem Maße der Fall, wo die Macht der Czarin beschränkter wäre und der Einfluß der altrussischen Partei sich immer stärker geltend mache. — Prinz Eugen beruhigte den Grafen Traun, daß man ihn gewiß niemals zwingen werde, gegen seinen Willen nach Rußland zu gehen, und da sich an Trauns Stelle auch kein anderer General dazu herbeiließ, so unterblieb die ganze Sendung.

Am 8. November 1733 wurde Graf Traun zum Feldmarschall-Lieutenant befördert und schon in den ersten

Tagen des Jänner 1734 beordert, nach Neapel abzugehen, und daselbst unter dem Feldmarschall Fürsten Caraffa das Commando über einen Theil der zur Vertheidigung des Königreiches Neapel vorhandenen wenigen Truppen zu führen. — Der dortige Vicekönig war zu jener Zeit Julio Boromeo Graf Visconti, der früher einmal General=Kriegscommissär zu Mailand und seit 1723 Feldzeugmeister war. Später aber, 1725, die Erzherzogin Elisabeth, Schwester des Kaisers und General=Statthalterin der Niederlande als Obersthofmeister nach Brüssel begleitet hatte. In dessen Händen lagen, wenn er gleich nicht den Namen davon führte, doch die Geschäfte eines ersten Ministers der Niederlande. Als der bisherige Vicekönig von Neapel Graf Alois Harrach [1]) 1733 von dort abberufen wurde, um zu Wien die Stelle eines Conferenzministers anzutreten, kam Visconti statt ihm nach Neapel und dessen Stelle in den Niederlanden wieder wurde durch den Grafen Friedrich Harrach, Sohn seines Vorgängers in Neapel, ersetzt. — Visconti galt allerdings für einen kenntnißreichen Mann — war aber kränklich und besaß wenig Entschlossenheit und Thatkraft. Commandirender General war der Feldmarschall Johann Carl Graf Caraffa (welcher als Oberst im spanischen Erbfolgekriege, 1701 bis 1706, viele Proben seiner Tapferkeit abgelegt hatte. Er war 1707 General und Inhaber eines 1768 reducirten Cürassier=Regiments geworden, eroberte unter Daun, bei dessen Zug ins Neapolitanische die Festung Pescara, und war bei Ausbruch des Krieges in Sicilien, 1718, bereits zum General der Cavallerie vorgerückt. Er lieferte den Spaniern am 14. October ein Treffen vor Melazzo, wo das feindliche Lager Anfangs durchbrochen und die Spanier zum Rückzuge gezwungen wurden. Aber der Jubel und namentlich die erbeuteten

---

[1]) Alois Thomas Raimund Graf von Harrach, Ritter des goldenen Bließes, geboren 1669, wurde 1699 an seines Vaters Stelle Gesandter in Spanien, ohne jedoch gleich diesem, gegen die Intriguen Frankreichs etwas ausrichten zu können. Im Namen Kaiser Leopolds I. legte er gegen das unterschobene Testament des Königs Karl II. von Spanien, des letzten Habsburgers, feierlichen Protest ein, und verließ alsdann Madrid. 1715 wurde er Landmarschall und Landesoberster in Oesterreich unter der Enns, 1728 Vicekönig in Neapel, welche Stelle er bis 1733 bekleidete, 1734 aber Conferenzminister im Departement der Finanzen. Kaiser Carl VI. hatte ihm die wichtige Herrschaft Hatván im Heveser Comitat verliehen. Graf Harrach starb zu Wien am 7. November 1742.

Weinvorräthe brachten indeß Verwirrung in die Reihen der Kaiserlichen, und als die Spanier Abends durch frische Truppen verstärkt einen neuen Angriff unternahmen, wurde Caraffa gezwungen, sich mit den Seinen in die Stadt zurückzuziehen, nachdem das Treffen beiden Theilen gegen 5000 Mann gekostet hatte. Er beschränkte sich nunmehr auf die Vertheidigung dieses Platzes und behauptete ihn bis zur Ankunft des neuernannten Oberbefehlshabers General Zumjungen.) Seit 1723 Feldmarschall, hatte Graf Caraffa, durch einige Jahre bereits commandirender General in Neapel, das Obercommando, für den stets wahrscheinlichen Fall eines Angriffes von Seite der Spanier, über die dortigen Truppen erhalten und war auch vom k. Hofkriegsrathe zu Wien beauftragt worden, das Land und die Festungen in gehörigen Vertheidigungsstand zu setzen. Wie er seine Aufgabe gelöst, werden uns die folgenden Blätter belehren. Unter seine unmittelbaren Befehle war nun Feldmarschall-Lieutenant Graf Traun gestellt, — doch ihre Ansichten über die zu treffenden Maßregeln gingen oft sehr weit auseinander.

III.

Feldzug 1734 in Neapel und Trauns heldenmüthige Vertheidigung von Capua.

1734.

Die polnische Thronfolge entflammte nach Friedrich Augusts II. Tode (1. Februar 1733) einen neuen verderblichen Krieg. Um den erledigten polnischen Thron traten zwei Bewerber auf, der eine derselben, Stanislaus Lesczinsky, aus einer mächtigen polnischen Familie stammend, war durch Carl XII., König von Schweden, zum Könige von Polen erhoben worden, als August II., durch schwedische Waffen gezwungen, das Königreich Polen aufgeben mußte. Als aber Carls XII. Glücksstern in der Schlacht bei Pultawa 1709 unterging, setzte sich August wieder in den Besitz von Polen. Nach mancherlei Irrfahrten kam Stanislaus in den Elsaß und lebte dort in ziemlich beschränkten Umständen, bis Ludwig XV., König von Frankreich, des flüchtigen Polenkönigs Tochter, Maria Lesczinska, heiratete. Von da an hielt Stanislaus glänzenden Hof und wurde als König behandelt. Jetzt trat er als Bewerber um die polnische Krone auf und Frankreich unterstützte seine Ansprüche.

Ihm gegenüber stand August von Sachsen, dessen Vater jene Krone getragen. Seine Ansprüche wurden von Oesterreich und Rußland begünstigt, und sogleich erklärten Frankreich, Spanien und Sardinien dem Kaiser Carl VI. den Krieg, dessen vorzüglichster Schauplatz Italien werden sollte.

Spanien rüstete ein Expeditionsheer aus, an dessen Spitze König Philipps V. zweiter Sohn, der Infant Don Carlos stehen sollte, dessen Absicht, wie man wol wußte, auf die Eroberung der österreichisch=süditalienischen Länder Neapel und Sicilien gerichtet war. Kaiser Carl VI. kannte ganz wohl den Zweck und die Zusammensetzung der spanischen Expedition, allein noch in der ersten Hälfte Jänner wußte man in Wien nicht mit Bestimmtheit anzugeben, auf welches dieser beiden Länder es der Infant eigentlich abgesehen habe, obschon man vermuthete, daß es Neapel gelten würde. Gute Kundschafter zu Bar=cellona, Genua und Livorno berichteten aufs Genaueste sogar die ge=ringfügigsten Umstände von den Schritten der spanischen Regierung, von der Stärke, Zusammensetzung und Stimmung der Expeditions=armee, dem Charakter der Anführer, den Transportmitteln und Kriegsbedürfnissen. Die Rapporte aus Barcellona waren die verläß=lichsten, denn noch immer lebte in einem großen Theile des spanischen Volkes eine dankbare Erinnerung an die Dynastie ihrer ehemaligen Könige, und insbesondere besaß Kaiser Carl VI. einen lebhaften An=theil der Sympathien des spanischen Volkes.

Am 20. November 1733 ging die größere Hälfte der Expedition zu Barcellona unter Segel und landete in Genua. Die Reiterei aber marschirte aus Spanien den Landweg nach Antibes. — Unter den gegenwärtigen Verhältnissen schien der günstige Augenblick gekommen, in welchem der noch nicht volle achtzehn Jahre zählende Infant Don Carlos bei der notorischen Schwäche der österreichischen Besatzungen in Neapel und Sicilien, und der am Tage liegenden Schwierigkeit selbe baldigst zu verstärken, es ohne Scheu wagen konnte, mit Erneuerung der schon von seinem Vater im Wiener Vertrage vom 30. April 1728 feierlichst zurückgelegten Ansprüche des Hauses Anjou auf beide König=reiche abermals hervorzutreten, und sich diese mit dem Schwerte zu erzwingen.

Seine ehrgeizige intriguante Mutter Elisabeth Farnese und der stolze Castilianer Montemar[1]) stachelten den Thatendurst und die Eroberungs=

---

[1]) Don Joseph de Carillo Montemar, Herzog von Bitonto, geboren 1663, seit frühester Jugend in spanischen Diensten, ist vorzugsweise durch seinen Zug gegen die Barbaresken und die Eroberung Orans und Marsalquivars, 1732, berühmt. 1733 war er Generalcapitän der spanischen Armee in Italien,

sucht des jungen feurigen Prinzen fortwährend mit der Versicherung, daß der glückliche Ausgang dieses Unternehmens unzweifelhaft sei, daher dieser kaum den Augenblick erwarten konnte, loszubrechen. Er berieth zu Parma mit den erfahrensten Generalen seinen Kriegszug, während spanische Flotten Mannschaft, Pferde und Geschütz nach Italien brachten und die gegen Neapel bestimmte Armee sich um Siena und Arezzo zu concentriren begonnen hatte. Eine genaue Kenntniß des neapolitanischen Volkscharakters und die, fast möchten wir sagen auch physische Ueberzeugung, daß selbst bei den sonst ungünstigsten Verhältnissen am Ende doch eine numerische mit Allem reichlich versehene Uebermacht den Sieg über eine nur schwache — an Allem Mangel leidende Truppenzahl erringen müßte — waren wol zwei mächtige Factoren, welche zum Versuche des Unternehmens aufforderten, und dessen Erfolg beinahe mit mathematischer Sicherheit verbürgten!

War man auch in Wien bald über die Absichten Spaniens, welche vorerst auf Neapel gingen, in Klarem, so ließ sich dennoch wenig thun, diese feindlichen Pläne zu hindern. Zu Oesterreichs Nachtheile schienen sich alle Umstände zu einigen, nur sein gutes Recht und eine darauf begründete stolze Zuversicht gab Nichts verloren, so lange noch seine Fahnen auf Napolis Boden wehten.

Dies war beiläufig die politische Situation in jenem Lande, als unser Held, Graf Otto Ferdinand Traun als Feldmarschall-Lieutenant und Commandant eines großen Theiles der dortigen Truppen, dahin beordert worden war. — Wir lassen nun eine, wenn auch in möglichster Kürze, doch etwas eingehendere Schilderung der militärischen Verhältnisse und späteren Ereignisse im Neapolitanischen folgen, da diese, wenn sie auch die Persönlichkeit des Grafen Traun nicht immer unmittelbar berühren, doch zur Würdigung seiner Thätigkeit, Kriegstüchtigkeit, Tapferkeit und Umsicht nicht nur von Wichtigkeit, sondern selbst dringend nothwendig zur Beurtheilung

---

und sein Sieg bei Bitonto 1734 verschaffte ihm den Herzogstitel. 1737 wurde er Kriegsminister und Präsident des Kriegsrathes, sowie auch Chef der Artillerie. Ueber sein Wirken im Erbfolgekriege kommen wir in vorliegender Lebensskizze des Feldmarschalls Traun noch wiederholt zu sprechen. Er starb, nachdem er einige Zeit in Ungnade gefallen war, als Oberst der Garde im 84. Lebensjahre 1747 zu Madrid.

dieses Helden sind; denn sie gewährten ihm, so trübe und unglücklich
sie an und für sich waren, neuen Anlaß zu glänzender Bethätigung
seiner kriegerischen Eigenschaften. — Als Alles schwankte und fiel, hielt
Graf Traun allein noch Oesterreichs Banner auf den Wällen
Capuas fest und hoch! und die heldenmüthige Vertheidigung dieses
Platzes, die unbedingt schönste, aber auch leider fast einzige Ruhmes=
that dieses Krieges, genügt, Trauns Namen mit unvergänglichen
Lettern in die Tafeln der Geschichte zur Bewunderung und Nachahmung
späterer Generationen einzugraben!

Der Vicekönig von Sicilien Graf Sastago war gleich nach Er=
halt sicherer Nachrichten von den Plänen des Infanten angewiesen
worden, entweder ein completes Infanterie=Regiment oder drei einzelne
Bataillons nebst ihren Grenadier=Compagnien, sowie Hußaren=Abthei=
lungen nach Neapel zur Disposition des Feldmarschalls Grafen Caraffa
zu senden, da dieser um jene Zeit blos 16 Infanterie=Bataillons,
9 Grenadier=Compagnien und 14 Escadrons an eigenen Truppen
zählte. — Man beeilte sich nebstbei, aus den Erblanden die zur Er=
gänzung des starken Abganges bei den Regimentern erforderlichen Rekruten
von Fiume abzusenden, und überdies wurde, vermöge hofkriegsräth=
licher Verfügung, ein für die in Sicilien stehenden Infanterie=Regimen=
ter bestimmter, 1200 Mann starker Ergänzungstransport gleichfalls
den im Neapolitanischen bequartierten Regimentern zugewiesen. Er=
neuerte Befehle aus Wien schärften sowol dem commandirenden
Feldmarschall Grafen Caraffa als auch dem Vicekönig Visconti
ein, die Armirung, Ausrüstung und Verproviantirung nicht blos der
drei Hauptfestungen des Landes, Gaëta, Pescara und Capua sammt
den Forts von Neapel, sondern auch der einzelnen kleineren Forts
und Castelle, wie zu Baja, Brindisi, Reggio Taranto u. s. w., sammt
den festen Punkten in den in Toscana liegenden von Neapel abhän=
genden sogenannten Präsidien: Orbitello, Monte Filippo, Porto Ercole;
besonders wenn der Angriff von Ober=Italien her geschehen sollte,
ungesäumt ins Werk zu setzen. Man ließ bei Ertheilung dieser Befehle
noch die Hoffnung durchschimmern, daß der Feldmarschall Graf Merch
zur Unterstützung der geringen kaiserlichen Kräfte aus der Lombardie

ein Corps absenden werde. „So lange als möglich möge das freie
Feld gehalten werden; denn sich in die Festungen zu werfen, habe es
noch immer Zeit."

So lautete des Kaisers Wille und der hofkriegsräthliche Befehl. Graf
Mailath hingegen in seiner „Geschichte des österreichischen Kaiserstaates",
IV. Band, Hamburg 1848, Perthes, kl. 8., S. 608, erzählt, daß
nach den Historikern Muratori und Coxe widersprechende Ansichten
und Befehle vom Kaiser und dem Hofkriegsrathe ausgegangen wären,
und zwar solle Feldmarschall Caraffa von Ersterem zur Concentrirung seiner Kräfte und Ergreifung der Offensive, — der Feldmarschall-Lieutenant Graf Traun hingegen von Letzterem
bis zur Ankunft der Verstärkungen zum Verbleiben auf der Defen-
sive Befehle erhalten haben.

Feldmarschall Graf Caraffa sandte seinen Adjutanten nach Wien,
um den Prinzen Eugen über den Zustand des Landes aufzuklären und
die Beschleunigung der versprochenen Verstärkungen dringend zu er-
bitten, denn seit drei Jahren war der Abgang an Mannschaft nicht
mehr ersetzt worden; eine ähnliche Bewandtniß hatte es mit den Re-
monten. Die beiden im Lande bequartierten Cürassier-Regimenter
(Pignatelli und Kokorzowa, 1734 in der Schlacht bei Bitonto fast
gänzlich zu Grunde gerichtet, und deren Reste in andere Regimenter
vertheilt) zählten statt den festgesetzten Stand von 2188 Pferden,
kaum 1600 Mann, deren ein großer Theil unberitten war. Die Re-
monten aus dem Lande, welche selbst nicht nach Bedarf aufgebracht
wurden, waren für die schwere Reiterei viel zu schwach, und von den
vorhandenen Dienstpferden war keines jünger als zwölf Jahre.

Mit der Artillerie stand es gleichfalls nicht besser; selbe betrug Anfangs 1734 nur 230 deutsche Artilleristen, welche 800 Geschütze zu bedienen hatten. Mehrfache Bitten um Erhöhung des
Artilleriestandes in Neapel waren immer zurückgewiesen worden.

Beim Herannahen feindlicher Gefahr befahl der Vicekönig,
endlich dasjenige in Vollzug zu setzen, was der Hofkriegsrath schon
mehrere Jahre zuvor angeordnet hatte. Die drei Landeshauptfestungen
als Capua, Gaëta und Pescara, dann die Forts in den Präsidien
sollten vertheidigungsfähig gemacht und auf fünf Monate verproviantirt werden, endlich wurde die Stückgießerei zu Stilo in Calabrien

beauftragt, alle für die Armirung der festen Punkte erforderlichen
Projectile ungesäumt zu erzeugen. Aber hier, wie immer, wo Energie
und rasche Thatkraft mangelt, war das verhängnißvolle trop tard
schon eingetroffen! und überdies fehlte es an dem Wichtigsten von
Allem, an Geld, und die nöthigen Geldmittel waren, wie der Vicekönig unumwunden erklärt hatte, nicht aufzubringen. Nur mit großer
Anstrengung gelang es, die Munition und überhaupt alle Belagerungs-
bedürfnisse beizuschaffen! Nur äußerst langsam ging Alles von Statten.

Die Organisation der Provinzial-Bataillone, die ohnedies blos
zur Vertheidigung des eigenen Herdes berufen wurden, fand bei ihrer
Vollziehung nicht allein in der entschiedenen Abneigung der Einwohner
für den Kriegsdienst, sondern auch in dem Mangel guten Willens
mancher Landesbehörden die größten Hindernisse. Von der Miliz-
Cavallerie kam gar nichts, von der Infanterie nur sehr wenig zusammen, und in seiner Geldverlegenheit war es dem Vicekönige sogar
nicht unerwünscht, da ihm eine rasche Bildung dieser Truppen auch
die Pflicht für ihren Unterhalt zu sorgen dringend geboten hätte. Mit
Mühe wurden einige schwache Freicompagnien organisirt, und man
war genöthigt, die zügellosen Banden des Carbonetto in Dienst zu
nehmen, um selbe als leichte Truppen zu verwenden.

Zu all diesen materiellen Uebelständen und Verlegenheiten kam
noch die Stimmung der Bewohner als einer der mächtigsten moralischen Factoren! — In jener Zeit bestand die Lehenverfassung noch
in ihrer ganzen Ausdehnung. Der Adel allein hatte Macht und Reich-
thum, von ihm hing das Wohl und Wehe seiner Unterthanen ab.
Der Adel kam daher allein in Betracht zu ziehen, denn er lenkte die
Masse des Volkes, auf welche in diesem Lande damals nicht zu zählen
war, und er verfügte über einige Hunderttausende rüstiger Dienst-
männer. Aber gerade der sicilianische und neapolitanische Adel war
eher spanisch als österreichisch gesinnt. Ein großer Theil hatte Besitzungen und Einkünfte auf der pyrenäischen Halbinsel und war mit den
ersten spanischen Familien verwandt, ein anderer Theil stammte von
den castilischen Hidalgos ab! Daher war der Briefwechsel von Neapel
mit Spanien stets ein sehr lebhafter. — Der jüngere und raschere
Theil des neapolitanischen Adels erklärte sich mit geringer Ausnahme
ohne Scheu für das spanische Interesse, während der ältere und

ruhigere noch schlau und bedächtig zurückhielt oder blos im Geheimen
agirte. So wie der Adel dachten auch die in Neapel sehr zahlreichen
Advocaten und, trotz gelobter Pflichttreue die meisten Beamten in den
Städten und am Lande, ja meistens auch der Clerus, seit er wußte,
daß die Sympathien des römischen Hofes den Interessen Spaniens
keineswegs ferne stünden. Auch waren zwischen beiden Reichen der
Handel und die Schifffahrt nebst allen sonstigen Berührungspunkten
äußerst lebhaft gewesen. — Die österreichische, wahrhaft väterliche
Herrschaft war damals den Neapolitanern noch zu neu, um bereits
beliebt zu sein. — Das romanische Element war den beiden Ländern
gemeinschaftlich, — daher spanische Sitte und Sprache, dem schlauen
Italiener näher verwandt, ihn mehr fesselten als deutsche Offenheit
und Treue!

Noch mußten als zwei Hauptübelstände betrachtet werden, erstens
daß der Vicekönig kein eigenes geheimes Cabinet hatte, sondern alle Angelegenheiten in Plenarsitzungen verhandelt wurden, was die Bewahrung
eines Geheimnisses nahezu unmöglich machte, und den Spaniern den
Vortheil gewährte, über Alles zeitlich genug informirt zu sein. —
Bei einer Erkrankung des Vicekönigs gerieth der Geschäftsgang stets
völlig ins Stocken und dieser Fall war vor Ausbruch des Krieges
1734 wiederholt eingetreten; und zweitens das unbeschränkte Vertrauen
des Feldmarschalls Grafen Caraffa in den Herzog von Bovino, der,
wie auch die Folge deutlich erwies, zur spanischen Partei gehörte.
Diese Freundschaft des Landescommandirenden war für Oesterreich
ungemein schädlich, denn dieser erließ in Bovino's Gegenwart die ge-
heimsten Anordnungen und wurde von diesem schlauen Manne zu
manchen argen, für das Interesse des Kaisers höchst nachtheiligen
Mißgriffen verleitet. (Durch einen kaiserlichen Erlaß vom August 1734
wurde über des Feldmarschalls Grafen Caraffa Betragen eine Untersuchung verhängt. Der Herzog von Bovino hatte auf seiner Besitzung
Castellafa beim Erscheinen der Spanier das Brot für sie im Voraus
bereit halten lassen, und war von allen ihren Entwürfen und Bewegungen immer genau unterrichtet.)

Wir wollen nun einen flüchtigen Blick auf den damaligen Zustand der Hauptfestungen des Landes werfen, umsomehr als die

Vertheidigung einer derselben einen Glanzpunkt in der Geschichte unseres Helden bildet.

Unfern der Landesgrenze erhebt sich auf hohem felsigem Vorgebirg an der Küste des Mittelmeeres das alte Mausoleum des römischen Consuls Lutius Manutius Plaucus, welcher bei Kaiser Augustus in hohem Ansehen stand, der heutige Torre d'Orlando, und schaut weit hinaus über Land und Meer. Am südöstlichen Abhange liegt die Stadt Gaëta, deren tiefste Häuser die Wellen des Meeres umspülen, indeß auf der Mittagseite sich tobende Wogen viele hundert Fuß hoch an senkrechten Wänden brechen und in schäumenden Gischt zerstäuben. Die Befestigung dieses für die Bewachung der Küste, sowie als Zufluchtsort einer Flotte sehr wichtigen Seeplatzes besteht in unregelmäßigen stufenartig übereinander liegenden Werken und Batterien, bei denen die Natur mehr als die Kunst gethan hat, so daß ihre Unterwerfung nur sehr große militärische Anstrengung verlangt. Commandant dieses Platzes war der würdige, aber von Jahren bereits gebeugte Feldmarschall-Lieutenant Georg Graf Tattenbach, dessen Wille wol gut war, aber dem es an Kraft und Nachdruck gebrach. Die Garnison Gaëtas bestand aus einem Bataillon Heister Infanterie (1748 reducirt), einem Bataillon Schmettau (1741 reducirt) und einem Bataillon des neuerrichteten Regimentes Monteleone (kurz nachher reducirt), zusammen 3 Bataillons nebst 150 unberittenen Cürassieren, ungefähr 1650 Köpfe. Sehr schlecht war es mit der Artillerie bestellt, die ungefähr aus 200 Mann bestand, worunter jedoch nur 22 Mann deutscher Artillerie nebst einem Hauptmann, der Rest aus unzuverlässiger National-Artillerie von einem italienischen Major befehligt. Und diese wenigen Artilleristen sollten jene hundert Geschütze bedienen, die auf den Wällen des Platzes vertheilt waren. An Munition fehlte es nicht, welche sich in den sechs massiv erbauten Pulverthürmen befand, die rückwärts der Landfronte am Felsenabhange lagen. Der Platz war auf fünf Monate verproviantirt. Aus einem Schreiben des Obersten Voisin (gestorben als General 1756) an den Prinzen Eugen vom 2. Jänner 1734 ist der mangelhafte Zustand desselben deutlich zu ersehen, da er sagt: „unter den 22 deutschen Artilleristen seyen der Hauptmann und „5 Mann Alters halber dienstunfähig, vier bombardiere aber „ganz jung".

Von hoher Wichtigkeit war das am adriatischen Golf liegende, 36 deutsche Meilen von Neapel entfernte Pescara; ein Platz zweiten Ranges, auf beiden Seiten des gleichnamigen Flusses, der aus sieben ziemlich regelmäßigen Bollwerken bestand. Für diese Festung war aber Nichts geschehen. Der Aufzug war so niedrig, der Hauptgraben durch langjährige Verschlammung so seicht, der bedeckte Weg im verwahrlosesten Zustande, die Aufzugbrücken meist unbrauchbar und überdies gab es keine bombenfreien Unterkünfte. Hier war nebstdem die Malaria gefährlich und das Trinkwasser leicht abzuschneiden. Commandant dieser Festung war Oberst Marialva, ein unter den Waffen ergrauter Soldat. Endlich erhielt gerade Pescara eine unverhältnißmäßig schwache Besatzung, ein einziges Infanterie-Bataillon zu 400 Mann von dem Regimente Oneilly (jetzt Nr. 42) und wurde während der ganzen Dauer seiner Belagerung in keinem Bedürfnisse unterstützt.

Nun kommen wir zu jener Festung, die für uns ein höheres Interesse hat, da deren tapferer Commandant und heldenmüthiger Vertheidiger eben jener wackere Mann ist, dessen Andenken vorliegende Blätter geweiht sind.

Dort, wo der Volturno durch langen schlängelnden Lauf endlich die Gebirge durchbricht und mit ungestümer Strömung in die lachende campanische Ebene laufend in zahllosen Serpentinen und von hohen, steilen, häufig bewachsenen Ufern begrenzt, dem Mittelmeere zueilt, liegt in einer der bedeutendsten nach Nordwest gerichteten Krümmungen das alte Capua, eine Festung zweiten Ranges auf dem linken Ufer des genannten Flusses.

Von dem Luxus und der Ueppigkeit des bereits vor Roms Erbauung unter dem Namen Vulturnum gegründeten Capua, wo einst Hannibals Heer sich in Genüssen entnervte, war damals wenig oder nichts mehr zu verspüren. Die Zeiten der römischen deliciae Capuae waren längst vorüber! — Capua ist ein Punkt von strategischer Wichtigkeit, da sich unter dessen Mauern drei nach der Hauptstadt Neapel führende Straßen vereinigen. So sehr seit Jahren die Nothwendigkeit erkannt worden war, diesen Platz durch neue Arbeiten zu verbessern und zu verstärken, ihn durch eine zahlreiche Garnison und genugsamen Vorrath an Munition und Lebensmitteln für einen hartnäckigen Widerstand vorzubereiten, war derselbe doch in dem Momente

eines feindlichen Angriffes weder ganz hergestellt, noch mit hinreichen=
der Truppenzahl besetzt. Unter solchen Verhältnissen übernahm
Feldmarschall=Lieutenant Graf Traun das Commando
dieser Festung, deren Zustand so geringe Beruhigung einflößen konnte.

Zu Anfang Februar 1734 bestand die Besatzung von Capua aus:
3 Bataillonen des Infanterie=Regiments Göldlin (1747 reducirt),

2	„	„	„	Heister (1748 reducirt),
2	„	„	„	Oneilly (jetzt Nr. 42),
2	„	„	„	Karl Lothringen (jetzt Nr. 15),
1	Bataillon	„	„	Schmettau (1741 reducirt),

nebst 6 Grenadier=Compagnien und einem Detachement unberittener
Cürassiere der beiden (1734 reducirten) Cürassier=Regimenter Pignatelli
und Kokorzowa. Der Stand dieser Garnison sollte ungefähr etwas
über 5000 Mann betragen, — aber war bei weitem unter dieser Zahl.

An Unterkünften für diese Besatzung, für die Vertheidigungs=
und Verpflegsbedürfnisse, sowie an Geschütz gebrach es keineswegs;
denn eine Menge von Kirchen und Klöstern konnten zu diesem Zwecke
dienen. Aber an Streitern, Pulver, Kugeln und Holzwerk, an tüch=
tigen Genie=Officieren, an nöthiger Artillerie=Mannschaft, an Aerzten
und Medikamenten, vor Allem aber an Geld herrschte ein bedauerns=
werther Mangel. Die Festung sollte damals für eine Besatzung von
5000 Mann auf fünf Monate verproviantirt werden, erhielt aber
bei der Langsamkeit der Anstalten und dem bald nachher erfolgten
Vorrücken der Spanier kaum die Hälfte der ihr gebührenden Vorräthe.

Aber voll Thatkraft und in Auskunftsmitteln erfinderisch, über=
nahm Graf Traun nicht nur willig die schwere Verpflichtung, einen
Platz zu vertheidigen, der so schlecht ausgerüstet und schadhaft in seiner
Befestigung war, sondern mußte sich dennoch mit Umsicht und Ruhe
meist aus den schlimmsten Lagen zu ziehen. Nur ein Mann und Soldat
wie Traun, von der strategischen Bedeutung des Platzes durch=
drungen, verstand es, die Dauer eines Widerstandes, den man höchstens
auf zwei oder drei Monate berechnete, und der nach eröffneter Tranchee
schwerlich vierzehn Tage anhalten konnte, auf die Dauer von sieben
Monaten auszudehnen.

Bezüglich der Marine und der Kriegsschiffe hatte sich der Commandant des österreichischen Littorale General-Feldwachtmeister Graf Pallavicini [1]) im Jänner 1734 nach Neapel begeben, um den Befehlen des Hofkriegsrathes gemäß sich von deren dortigen Zustand zu überzeugen, Vorschläge zu machen, genaue Berichte zu erstatten und die nöthigsten Anstalten und Vorkehrungen zu treffen. Aber, wie er sich in seinem Schreiben vom 26. Jänner 1734 an den Prinzen Eugen bitter beklagt, fand er in Neapel nicht die beste Aufnahme, wenig Gehör und sogar manche Hindernisse. Erst zu Ende April hoffte Graf Pallavicini mit vier Kriegsschiffen und einer Bemannung von 600 Köpfen die Rhede von Neapel verlassen zu können. Für die Ausrüstung der Marine erübrigte ohnedies kein Geld und das letzte Mittel, welches der Vicekönig versuchte, schlug fehl. Er hatte nämlich die Vorsteher der Stadt Neapel versammelt und selbe aufgefordert, das versprochene Don gratuit von 600.000 neapolitanischen Ducaten (eine Million Gulden) zu entrichten, aber statt klingender Münze nur klangvolle Worte

------

[1]) Johann Lucas Graf Pallavicini-Centurioni, einem alten berühmten italienischen Geschlechte entsprossen, geboren 1697 zu Genua, kam als Gesandter der Republik Genua an den kaiserlichen Hof nach Wien und trat bald nachher in kaiserliche Dienste. 1733 ging er als Vice-Admiral und General-Intendant des Seewesens nach Istrien, wo er sich nach Ausbruch des Krieges 1734 durch Wegnahme mehrerer spanischer Transportschiffe und Wiedereroberung verschiedener verlorner Galeoten rühmlichst bekannt machte. 1735 wurde er General und erhielt das heutige 3. Infanterie-Regiment, welches er aber kurz nachher mit dem gegenwärtigen 15. vertauschte. Im Türkenkriege befehligte er bis 1738 eine aus 8 Kriegsschiffen und 5 Galeeren gebildete Donauflotte, mit der er manche rühmliche That vollbrachte. 1738 contrahirte er ein Anlehen mit Genua, zu welchem er aus Eigenem eine bedeutende Summe gab. 1741 Feldmarschall-Lieutenant, leitete Pallavicini 1742 die Belagerung von Mirandola, kämpfte 1743 in der Schlacht bei Campo Santo und 1744 bei Cuneo. 1745 wurde Feldmarschall-Lieutenant Graf Pallavicini Plenipotentiarius in der Lombardie, eroberte 1746 die Citadelle von Parma, commandirte in der Schlacht bei Piacenza den rechten Flügel und wurde in jener bei Rottofredo durch eine Flintenkugel am Kopfe verwundet. Seit 1748 commandirender General der österreichischen Truppen in Italien, führte er zu wiederholten Malen die General-Statthalterschaft in Mailand, wurde 1763 Ritter des goldenen Bließes und Feldmarschall. 1765 erhielt er seine Berufung als Präsident des Rathes in Mailand, welche Stelle er bis 1768 versah, worauf er sich gänzlich in die Ruhe zurückzog und zu Bologna im hohen Alter von 76 Jahren am 27. September 1773 starb. Näheres siehe von Wurzbach, Lexikon, Band XXI, Seite 229.

erhalten, und mußte sich am Ende mit dem Versprechen begnügen, daß die würdigen Väter der Stadt die Bevölkerung und die zahlreichen Lazzaronis in Zucht und Ordnung erhalten würden.

Ueber den noch zu gewärtigenden Angriffsplan des Infanten und seiner Spanier wußte man auch noch immer nichts Sicheres, nur vage Gerüchte eilten ihnen voran. Der Oberstlieutenant Graf Sinzendorf wurde daher unter dem Vorwande, einige Familienangelegenheiten abzuthun, nach Rom gesendet, wo der Cardinal Cienfuegos das österreichische Interesse wahrte, aber dennoch nicht verhüten konnte, daß man dort den Infanten insgeheim begünstigte, während man dem deutschen Kaiser noch immer unveränderte Freundschaft heuchelte.

Gegen Ende Februar begab sich der Oberstlieutenant Graf Schulenburg zum Feldmarschall Grafen Mercy in die Lombardie, um sich über die weiteren Vorkehrungen und die Absendung des Hülfscorps zu besprechen, auf welches man in Neapel viel hoffte, obgleich es sehr einleuchtend war, daß selbst im Falle einer solchen Unterstützung diese schwerlich mehr zur rechten Zeit eintreffen könne. Indessen schaffte man die Staatsarchive nach Gaëta und Terracina, die Kriegskanzlei nach Reggio und der Vicekönig schickte seine Familie zu deren größerer Sicherheit nach Rom.

Als es eine entschiedene Sache war, daß der Infant Don Carlos mit seiner Armee aus dem Römischen gegen das Königreich vordringen würde und die Straße von Rom über Salmontone, Frosinone und San Gennaro einzuschlagen gedenke, so hatte Feldmarschall Graf Caraffa nichts Eiligeres zu thun, als auf dieser Operationslinie des Feindes einen Sperrpunkt aufzusuchen und selben befestigen zu lassen. — Auf dem weiteren Wege, auf welchem 1707 der Feldmarschall Graf Wirich Daun (Vater des Siegers bei Kollin) zur Eroberung Neapels einst vorgerückt war, liegt die wichtige Stellung bei Mignano. Es ist dies ein seitwärts von der Straße liegender kleiner, von tiefen Schluchten und Abhängen umgebener Ort mit einer theilweisen Umfestung aus dem Mittelalter.

Feldmarschall-Lieutenant Graf Traun hatte gegen Ende Jänner 1734 den Befehl erhalten, diese Position, falls es die Zeit zulasse, ausgiebig zu verschanzen und zu vertheidigen. Er begab sich am 2. Februar in Begleitung der Obersten Graf Wels und

Marinelli, dann des Hauptmanns Cornidi vom Geniecorps dahin, um
die geeigneten Vorschläge an den Feldmarschall Grafen Caraffa an
Ort und Stelle selbst zu prüfen. Er fand die Vertheidigungsfronte
bei 4000 Schritte lang, und diese hätte 5—6000 Mann zur genügen=
den Besetzung erfordert, eine Truppenmacht, die man auf keinen Fall
zusammenbringen konnte, da das Totale der Streitkräfte im Lande zu
jener Zeit nur in 14 schwachen Bataillons und 12 Escadrons, etwa
6000 Mann bestand, welche kaum zur angetragenen Besetzung der
festen Punkte hinreichten.

Feldmarschall Caraffa glaubte, daß 4 Grenadier=Compagnien,
zusammen etwa 600 Mann, und 400 Cürassiere nebst der Schaar des
Carbonetto genügen dürften, und gab dadurch Veranlassung zu bitteren
und wohlgegründeten Klagen des Feldmarschall=Lieutenants
Grafen Traun; umsomehr, da es des Commandirenden Absicht
war, diese schwache Truppe sogar bis an die Landesgrenze vorzuschieben,
um durch sie die Brücken über den Volturno zerstören zu lassen, von
denen die meisten aus Stein aufgeführt waren.

Ein Monat verfloß unter schriftlichen Verhandlungen, bis Feld=
marschall=Lieutenant Graf Traun endlich mit seinem Vor=
schlage durchdrang. Es wurde ihm zugestanden, „daß er die Besatzung
von Capua zur Vertheidigung der Stellung von Mignano verwenden
durfte. Der Rest der in Neapel noch verfügbaren Truppen sollte
hinter ihm in einer zweiten Linie als Reserve aufgestellt werden.
Würde die Verlassung von Mignano nothwendig, so war der Rückzug
nach Capua vorgeschrieben".

Bis zum Augenblicke der wirklichen Vertheidigung sollten die
Truppen in den Ortschaften Mignano, Conea, Rocca Monsina und
Tiano untergebracht werden. Mit solchem Notenwechsel war der Monat
Februar vergangen, unter anhaltenden Bedrängnissen zur Aufbringung
der nöthigen Geldmittel, als man am 3. März endlich Hand an die
projectirten Verschanzungen legte.

Mit der Befestigung von Mignano und dem Willen sich im
freien Felde halten zu wollen, entsprach man den Intentionen des
Kaisers und den Befehlen des Hofkriegsrathes. Schon im Februar
hatte diese Stelle dem Feldmarschall Caraffa sein künftiges Verhalten
vorgezeichnet, indem sie ihn anwies, sämmtliche Castelle und feste

Schlösser des Landes mit irregulären Milizen zu besetzen, bei welchen die vielen spanischen und italienischen Officiere eingetheilt werden könnten, die daselbst im Pensionsstande lebten, — in Gaëta und Capua nur die unentbehrlichste Garnison zu lassen, und mit concentrirten Kräften seinen Rückzug in die Abruzzen und auf Pescara zu nehmen.

Unterm 1. März erließ der Kaiser an den Feldmarschall Grafen Caraffa ein eigenes Handbillet, welches diesem in bestimmten Ausdrücken befahl, so lange als möglich das freie Feld zu halten; weil es dann noch immer an der Zeit bliebe, sich in die festen Plätze des Landes zu vertheilen. — Nach Erhalt dieses Erlasses wurde im Zimmer des erkrankten und bettlägerigen Vicekönigs ein Kriegsrath gehalten, bei welchem sich Feldmarschall Graf Caraffa, die Generale der Cavallerie Fürst Belmonte[1]), Fürst Pignatelli Strongoli[2]), der Feldmarschall-Lieutenant Graf Traun und der General-Feldwachtmeister Freiherr von Göldlin einfanden. Die meisten der Mitglieder stimmten für die pünktliche Befolgung der kaiserlichen Befehle und trugen darauf an, die Castelle in Neapel und zum Theil auch jene an den Küsten von Calabrien und Apulien zu räumen, um durch diese Maßregel an regulären Truppen zu sammeln, was nur immer aufgebracht werden könnte. Feldmarschall Graf Caraffa bewies jedoch die Unzulänglichkeit eines solchen Entschlusses, und zeigte, daß man kaum 4000 Mann beisammen haben würde. Es kam in Folge der Meinungsverschiedenheiten zu harten Worten, und Feldmarschall-Lieutenant Graf Traun sah sich veranlaßt, den Vicekönig zu bitten, ihn auf seinen früheren Anstellungsposten nach Messina zurückkehren zu lassen, was jedoch nicht bewilligt wurde.

---

[1]) Joseph Anton Marquis Pignatelli, Fürst von Belmonte, aus einem uralten neapolitanischen Geschlechte, war seit 1729 Inhaber eines in der Schlacht von Bitonto 1734 fast gänzlich aufgeriebenen Cürassier-Regimentes, wurde 1723 General der Cavallerie und quittirte 1738 den kaiserlichen Dienst, nachdem er 1735 den Ritterorden des goldenen Vließes erhalten hatte.

[2]) Ferdinand Fürst Pignatelli Strongoli war 1735 Feldmarschall-Lieutenant und trat 1737 aus der kaiserlichen Armee, endlich Didacus Fürst Pignatelli Strongoli war seit 1711 Kämmerer, 1731 des goldenen Vließes Ritter, errichtete 1733 ein neapolitanisches Regiment, wurde 1734 Generalmajor und trat 1735 in die Dienste Königs Karl III. von Neapel.

Caraffa schlug vor, die große Brücke über die Schlucht bei Calvi zum Absprengen vorzurichten, die Pulvermühle in Torre dell'Anunciada in die Luft zu sprengen, die bedeutenden Holzvorräthe in Neapel nach Capua zu schaffen und alle gesammelten Vorräthe hinter den Volturno zu bringen, da er von der Haltbarkeit der projectirten Verschanzungen bei Mignano nur wenig erwartete. Doch blieb er erbötig, sich mit den zwei Cürassier-Regimentern unter den Mauern von Capua zu lagern, selbst den Fall der Linien bei Mignano abzuwarten, die dortigen Truppen aufzunehmen und — im Falle er sich nicht länger zu behaupten vermöge, die gesammte Infanterie in die Festung Capua zu werfen, mit der Cavallerie aber langsam nach Apulien zu ziehen, dort das Eintreffen der Verstärkungen aus Sicilien und den Erblanden zu erwarten und wenigstens die reichsten Provinzen des Landes dem Kaiser erhalten zu trachten. In der ganzen Berathung wurde eigentlich nichts Bestimmtes festgesetzt. Nur der einzige Punkt: Was der Vicekönig thun, wenn er Neapel verlassen und wohin er gehen solle, wurde in reifliche Erwägung gezogen. Einige Generale stimmten für Gaëta oder Capua, nicht so der umsichtige Feldmarschall-Lieutenant Graf Traun, der die Unthunlichkeit dieses Vorschlages zeigte und auf die Straße nach Apulien als der einzigen hinwies, die dem Stellvertreter seines Kaisers offen bleibe, wenn einmal eine spanische Flotte vor Neapel und der Infant mit seinem Heere am Volturno erschienen sein würde.

„Der Vicekönig", äußerte Graf Traun, „möge sich vorerst „nach Avellino verfügen, um die Zügel der Regierung fortwährend in „Händen zu behalten, und nur nach Maßgabe als der Gegner Terrain „gewinnen würde, nach Apulien zurückweichen, statt sich in eine Festung „zu sperren, in welcher ihm beim ersten Erscheinen der Spanier alle „Verbindung mit den Behörden des Landes abgeschnitten werden könne."

Keineswegs hielt Traun dafür, daß sein in Absicht auf den Vicekönig gemachter Vorschlag auch auf das Verhalten des Befehlshabers der militärischen Streitmacht anwendbar sein könne. Caraffa hingegen war nicht länger von der Idee abzubringen, mit dem Vicekönig die Hauptstadt zu verlassen und diesen nach Apulien zu begleiten. Der Beschluß der Versammlung fiel also am Ende dahin aus, daß der Vicekönig so lange in Neapel bleiben wolle, als ihm dies die Umstände gestatteten, dann aber sich nach einer Stadt am adriatischen Meere begeben würde, wohin ihm 50 Mann Cavallerie und die Grenadier=Compagnie des neu errichteten Regimentes Monteleone folgen sollten; während Feldmarschall Caraffa, seinen Marsch deckend, mit den beiden Cürassier=Regimentern Kokorzowa und Pignatelli, nebst 350 Mann von Czaky Hußaren so lange in Apulien hin und her ziehen wollte, bis die aus Sicilien erwarteten drei Bataillons und 600 Hußaren, sowie der aus den Erbstaaten versprochene Rekrutentransport würden eingetroffen sein; denn nur dann dürfte die Ergreifung der Offensive ermöglicht werden.

Nach langen Zögerungen und Einwendungen des Vicekönigs von Sicilien gegen die Absendung der drei Infanterie=Bataillons und drei Hußaren=Escadrons war endlich auf den wiederholten kaiserlichen Befehl: „Graf Sastago möge gehorchen", am 5. März die Cavallerie im Hafen von Messina auf fünf Tartanen eingeschifft worden, und landete am 15. März im Hafen von Baja. Der Commandant des Czaky=Hußaren=Regimentes (jetzt Nr. 9) Freiherr von Ghilani war den Spaniern glücklich entkommen, die nur 48 Stunden nach ihm in jenen Gewässern erschienen waren, aber statt 600 Mann brachte er nur 480 mit, von denen 184 allein beritten waren, die übrige Mann=schaft wurde erst in Neapel mit leichten Pferden des Landes versehen.

Die Absendung der Infanterie erfolgte erst gegen Anfang April aus Messina; dagegen war der Ergänzungs=Transport von 1200 Re=kruten aus den Erbstaaten angelangt und bei Manfredonia ans Land gestiegen. Dieselben wurden als Besatzung in die festen Plätze vertheilt und die Festung Capua erhielt am 17. März 700 Rekruten.

Nach dem Eintreffen dieser Mannschaft konnte Feldmarschall-Lieutenant Graf Traun die unvollendeten Befestigungsarbeiten des seiner Obhut anvertrauten Platzes mit neuem rastlosem Eifer be=treiben und zog sogar die Sträflinge aus Caserta, Aversa und Mad=delone dazu bei. Unter Mitwirkung der beiden äußerst thätigen Genie-Officiere, Hauptmann Blasio und Lieutenant Landini, gelang es dann wenigstens das Unentbehrlichste vorzukehren, bevor feindliche Truppen vor den Wällen Capuas erschienen. Mit unermüdlicher Thätigkeit leitete der umsichtige Festungs=Commandant Feldmarschall-Lieutenant Graf Traun persönlich die Arbeiten an den Werken

4*

des Platzes, um nach Möglichkeit zu einer energischen Vertheidigung
gerüstet zu sein.

―――――

Der Infant Don Carlos hatte Ende Februar ein Heer von
16.000 Mann Infanterie und 5000 Mann trefflicher Reiterei in
der Gegend von Foligno gesammelt. Er selbst stand an der Spitze
desselben, welches der Herzog von Montemar, der Sieger von Oran,
als Général en chef befehligte. Unter ihm dienten als Generale: der
Herzog von Berwik, Sohn des einige Monate später, am 12. Juni
1734, bei Philippsburg gefallenen französischen Marschalls; ferner der
Graf von Marsillac, mehrere spanische Granden und die Neapolitaner
Herzog von Eboli und Don Nicolo di Sangro, Fürst Caracciolo
Torella. An des Infanten Hoflager weilte auch des Papstes Neffe,
der römische Fürst von Corsini. Bei Perugia hielt Don Carlos eine
große Heerschau und leitete gleich darauf die Vorrückung ein, wobei die
päpstlichen Behörden Unterkunft und Verpflegung vorbereitet hatten,
obgleich der heilige Stuhl dem kaiserlichen Hofe gegenüber sich noch
immer das Ansehen gab, als ob er an diesen Ereignissen nicht den
geringsten Antheil nehme! — Doch in Neapel wußte man das Gering=
fügigste, was im spanischen Lager vorging, denn der Cardinal Cien=
fuegos und Oberstlieutenant Graf Sinzendorf in Rom wußten sich
alle nöthige Aufklärung zu verschaffen, und Feldmarschall Graf Caraffa
kannte auf diese Weise genau die Stärke und Zusammensetzung der
spanischen Heeresmacht, und wußte, daß die feindliche Infanterie nur
in so weit trefflich genannt werden könne, als die Wallonen und
Schweizer altgediente, alle übrigen Regimenter aber meist ungeübte
Truppen waren.

Der Infant und der Herzog von Montemar führten die
spanische Invasionsarmee im März 1734 über Perugia, Anagni und
Frosinone und überschritten ohne den geringsten Widerstand zu finden
den Grenzfluß Garigliano. Fast gleichzeitig war der spanische Admiral
Claviro am 18. März mit einer 60 Segel starken Flotte, worunter
6 große Kriegsschiffe, auf der Höhe von Ischia und Procida erschienen
und setzte die Hauptstadt in Bestürzung. Er wurde einen ganzen Tag
hindurch von zwei österreichischen Galeeren unter dem General=

Feldwachtmeister Grafen Pallavicini beschossen, aber dennoch hatte sich die spanische Marine bald mit den Uebelgesinnten in der Stadt verständigt, wodurch die Edicte Philipps V. und des Infanten schnell verbreitet wurden. In diesen wurden die Bewohner der Königreiche Neapel und Sicilien zum Abfall von Oesterreich aufgefordert, Privilegien, Wohlthaten verheißen und überschwängliche Versprechungen gemacht.

Indessen stand der Feldmarschall-Lieutenant Graf Traun noch immer in Capua. In den Verschanzungen von Mignano lagen blos 600 Mann Infanterie nebst einem Cavallerie-Detachement. Am 24. März erschien ein spanisches Reitergeschwader bereits in San Germano, heftete die Manifeste des Infanten an die dortigen Straßenecken, befreite einige Missethäter und schleppte den Syndicus der Stadt als Geisel nach Aquino, wohin es sich zurückzog. Bei Tagesanbruch des 25. März marschirte Feldmarschall-Lieutenant Graf Traun mit 2000 Mann Füseliren, 6 Grenadier-Compagnien, 200 Hußaren und einer schwachen Abtheilung Cürassieren von Capua nach Mignano, wo er sich aufstellte. Die wilde Bande des Carbonetto, welche im Garglianothale streifte, war gleichfalls, aber sehr gegen seinen Wunsch, unter Trauns Befehle gestellt. Die hier versammelten kaiserlichen Truppen zählten 3500 Mann. Graf Traun nahm sein Hauptquartier in Mignano und verlegte seine Truppe in Cantonnements der nächstgelegenen Ortschaften. Die einzige Reserve bildeten scheinbar die in Capua zurückgelassenen Rekruten und Dienstunfähigen.

Am 27. März langte der Infant mit seinem Hauptquartier in San Germano an. Seine Truppen waren kaum mehr drei Stunden von Mignano entfernt. Feldmarschall-Lieutenant Graf Traun stand am 28. noch in seiner alten Stellung, und hatte erst am Nachmittage dieses Tages seine Truppen aus ihren zeitweiligen Cantonnirungen in der Stellung von Mignano concentrirt, während Carbonetto's Schaar beim Erscheinen der Spanier plötzlich auseinander gestoben war, und durch ihre überspannten Schilderungen von der Zahl, Kriegszucht und Bewaffnung des Gegners auf die Gemüther des Landvolkes einen tiefen Eindruck machte. Es erscholl unter diesem laute

Wehklagen bei offenkundiger Unlust, die Waffen zu ergreifen oder durch
freiwillige Beiträge die Behörde zu unterstützen.

Feldmarschall-Lieutenant Graf Traun hatte, wäh=
rend sein Corps sich in der Stellung von Mignano sammelte, den
Rittmeister Martini mit 30 Hußaren beordert, um über den Feind
Erkundigungen einzuziehen, da er schon seit einigen Tagen von allen
Kundschaftern verlassen, ohne alle Nachrichten und daher in peinlicher
Ungewißheit über die Absichten und Bewegungen seines Gegners sich
befand. Ueberdies hatte der Feldmarschall Caraffa seine Traun ge=
gebene Zusage nicht erfüllt, hinter Mignano eine zweite Linie zu bilden.
Rittmeister Martini stieß bei der Taverne von San Vittore an den
Serpentinen auf eine überlegene feindliche Abtheilung spanischer Grena=
diere zu Pferd. Es kam zwar zu einem leichten Gefechte, allein die
Hußaren wurden nicht verfolgt und zogen sich ohne Verlust in guter
Ordnung auf Mignano zurück. Mit bangen Ahnungen über den Aus=
gang der Sache und der Erhaltung seiner Truppe vernahm Graf
Traun am 29., daß sich der ihm gegenüberstehende Herzog von
Montemar bedeutend verstärkt habe. Er befand sich nun in ungewisser
trauriger Lage, und brachte die Nacht unter den Waffen zu, als ihm
eine seiner ausgesandten Patrouillen die Meldung erstattete: „Die
Spanier stünden in der linken Flanke". — Die Bewohner des kleinen
Dorfes Sesio hatten den Herzog von Eboli mit 4000 Mann in der
Nacht vom 29. auf den 30. März durch die Wälder des Monte
Moscura in den Rücken der Oesterreicher geführt, und der spanische
General erwartete der Abrede gemäß nur den ersten Kanonenschuß des
Herzogs von Montemar in der Fronte bei Mignano, um von den
rauhen Abhängen des Gebirges eiligst herabzusteigen, Trauns Stel=
lung von hinten anzufallen und diesem den Rückweg nach Capua
abzuschneiden. Dem Feldmarschall-Lieutenant Grafen Traun
blieb unter solchen Umständen nichts übrig, als die schleunige Antretung
seines Rückzuges nach dieser Festung. Nachdem er noch die unbrauchbar
gemachten neuen eisernen Geschützrohre seiner Verschanzung vergraben
und deren Lafetten verbrannt hatte, trat er am 30. Mittags den Rück=
zug nach Rocca Monfina an, woselbst er um 9 Uhr Abends mit seinen
Truppen anlangte und Tags darauf die ihm anvertraute Festung
Capua wieder erreichte. Graf Traun konnte seinen Rückzug in

um so besserer Ordnung vollenden, als erst am Morgen des 31. März General Eboli von Mignano Besitz nahm.

Am Abende des 3. April hatte Feldmarschall Graf Caraffa gegen 6 Uhr mit dem Vicekönige und der Garnison (1 Bataillon Lothringen-Infanterie, 1 Grenadier-Compagnie und 2 Cürassier-Regimenter) in aller Stille die Landeshauptstadt Neapel verlassen und sich über Avellino auf der Straße nach Tarent zurückgezogen. Auf die Nachricht von Trauns Rückzug nach Capua hatten sich sowol Feldmarschall Caraffa als der Vicekönig in Neapel nicht mehr länger sicher geglaubt und die Besatzung der dortigen Castelle ihrem Schicksale überlassen.

Der Infant überschritt nach einem dreitägigen Aufenthalte in San Germano den Volturno, umging mit seinem Heere die Festung Capua, gegen welchen Platz er nur schwache Abtheilungen von Fußvolk und Reiterei vorschickte, hauptsächlich zur Niederhaltung des Landvolkes, und gelangte am 10. April nach Aversa.

Am 11. hielt er seinen Einzug in Neapel, wo er als König Carl III. mit dem alleinigen Rechte des Stärkeren, der Gewalt des Eroberers, feierlich von einem Throne Besitz nahm, von welchem mit demselben Rechte 127 Jahre später seine Nachkommen vertrieben wurden. Die Legitimität dieses Besitzes konnte nur allein das Haus Habsburg-Lothringen für sich beanspruchen.

Der neue König von Neapel hatte nur 6000 Mann um sich, da der Rest seines Heeres zum Theil bei Sessa lagerte, um die österreichischen Besatzungen in Capua und Gaëta an ihrer Vereinigung und Verproviantirung zu verhindern.

Die Castelle von Neapel und das Fort zu Casale mußten mit ihren nur schwachen Besatzungen nach wenig Tagen dem Eroberer ihre Thore öffnen.

Am 9. April hatte der Herzog von Montemar von Maddelone aus ein eigenes Blockadecorps von beiläufig 6000 Mann für Capua gebildet, dessen größerer Theil aus Reiterei bestand und dessen Commandant zu Santa Maria Maggiore sein Quartier nahm, dabei aber die umliegenden Ortschaften an beiden Ufern des Volturno besetzen ließ.

Ein aus 10 Bataillons und 24 Escadrons in der Stärke von ebenfalls 6000 Mann formirtes auserlesenes Corps unter dem Befehle des General-Lieutenants Herzog von Eboli wurde bestimmt, den kaiserlichen Truppen des Feldmarschalls Caraffa nachzugehen und dessen Bewegungen zu beobachten.

Feldmarschall Graf Caraffa, der am 5. April zu Avellino stand, hatte, als er die Hauptstadt räumte, das Hußaren-Detachement, welches bisher dem Feldmarschall-Lieutenant Grafen Traun in Capua zugetheilt gewesen war, zurückverlangt. In den letzten Tagen des April war die Streitmacht des Feldmarschalls durch die längst erwarteten Truppen aus Sicilien unter dem General-Feldwachtmeister von Rodowsky verstärkt worden. Von den 3 Bataillons, welche er dem Feldmarschall Caraffa zuführte, zählte Valparaiso (1809 reducirt) unter Oberstlieutenant Willinger von Au 565 Mann, das Bataillon Alt-Wallis (1748 reducirt) 518 Mann unter Oberst Graf Luzan[1]) und das Bataillon Traun (1748 reducirt) 531 Mann unter Hauptmann Zoll. Sie waren am 8. April von Messina unter Segel gegangen, mußten aber in Folge der eingetretenen Ereignisse von ihrer ursprünglich bestimmten Richtung nach Neapel abweichen, und jene nach Tarento nehmen.

Es handelt sich hier nur die entscheidenden Hauptmomente des Feldzuges 1734 in Neapel und deren Erklärungsgründe anzuführen, da sie mit der Vertheidigung Capuas in mittelbarer Verbindung stehen, und deren Betrachtung den Heldenmuth und die Ausdauer des Feldmarschall-Lieutenants Grafen Traun, der am längsten Oesterreichs Fahne in jenem Lande mit fester Hand hoch hielt, besser erkennen und würdigen lehren! — Nach der flüchtigen Darstellung der allgemeinen militärischen und politischen Situation sind es die Entscheidungsschlacht von Bitonto und die Schicksale der Hauptfestungen des Landes, als Pescara, Gaëta und vor allen Capua, welche unsere Aufmerksamkeit in Anspruch nehmen.

Aus diesem Grunde übergehen wir die Hin- und Hermärsche des Feldmarschalls Grafen Caraffa in Apulien, sowie die Vorfallenheiten

---

[1]) Emanuel Graf Luzan wurde 1753 Inhaber des 1796 reducirten italienischen Infanterie-Regimentes Schmiedefeld, 1754 Feldzeugmeister und starb 1765.

in den verschiedenen kleineren Städten und Ortschaften des Königreiches Neapel, und beschränken uns darauf, zu erwähnen, daß der Herzog von Montemar, nachdem er das Blockadecorps von Gaëta und Capua besichtigt hatte, am 16. Mai mit einer Verstärkung von 8 Bataillons und 35 Escadrons, zusammen 7900 Mann, von Neapel nach Apulien abging um sich dort mit dem weiter oben erwähnten, zur Verfolgung Caraffa's bestimmten 6000 Mann starken früher vom Herzoge von Eboli, nun von dem Neapolitaner, General-Lieutenant Herzog von Castropignano befehligten Corps zu vereinen, was auch bald geschah und die spanische Streitmacht in Apulien hiedurch auf 14.000 Mann gebracht wurde. Diese Concentrirung der feindlichen Kräfte wurde für die Oesterreicher um so bedenklicher, als auch spanische Fahrzeuge an den Küsten beider Meere kreuzten und auf diese Weise jede Verbindung und Verständigung auf dem Festlande und Sicilien unterbrochen wurde.

Nach siebenwöchentlichen Kreuz- und Querzügen in Apulien, Calabrien und im Tarentischen erhielt Feldmarschall Graf Caraffa die Hiobspost von der bereits erfolgten Vereinigung der Spanier in Apulien zu Gravina, Mitte Mai. Gleichzeitig erreichte ihn ein kaiserliches Abberufungsschreiben, welches ihm Wiener-Neustadt als künftigen Aufenthaltsort anwies, bis die über sein Betragen einzuleitende Untersuchung beendet sein würde. Der Feldmarschall übergab nun sogleich den Oberbefehl an den Rangsältesten nach ihm, General der Cavallerie Fürsten Pignatelli Belmonte, schiffte sich in Carletta nach Fiume ein und begab sich nach Wien. — Dessen Versäumnisse wieder gut zu machen, lag aber nicht mehr in der Macht seines Nachfolgers, — der geeignete Augenblick war unwiederbringlich dahin, und die gegenwärtige feindliche Aufstellung derartig, daß der Norden und Süden des Landes völlig getrennt blieb, und nur eine Schlacht über das Geschick des Heeres und Neapels entscheiden konnte. — In Apuliens Ebenen mußte es sich nun zeigen, ob für die österreichischen Waffen in diesem Lande noch etwas zu hoffen sei.

Der Vicekönig Graf Julius Visconti, der sich erst nach Carletta, dann nach Brindisi begeben hatte, befand sich nun in Bari. Dorthin begab sich am 22. Mai General der Cavallerie Fürst Pignatelli Belmonte, um sich mit demselben über den weiteren Gang der

Operationen zu besprechen, und in einem Kriegsrathe die Meinung der ausgezeichnetsten Officiere seiner kleinen Armee zu vernehmen. Feldmarschall-Lieutenant Fürst Pignatelli Strongoli, die Generale Vinals und Rodowsky [1]), die Obersten Omulrian, Graf Czernin [2]), Graf Luzan und mehrere der bewährtesten Stabsofficiere wurden dahin berufen, um einen Entschluß zu fassen. — Man wollte es denn auf eine Schlacht ankommen lassen, war der allgemeine, österreichischer Soldaten würdige Beschluß, denn selbst eine Niederlage konnte die vorherrschende Situation nicht mehr verschlimmern. — Die Felder um Bitonto wurden zur Wahlstatt ausersehen, und selbst der unglückliche Ausgang des Kampfes schmälert nicht die Achtung für den Adel der Gesinnung der Führer und den Muth der Soldaten!

Belmonte entsendete noch am selben Tage eine 150 Mann starke Hußaren-Abtheilung zur Beobachtung des Gegners nach Bitonto, in dessen Nähe der Herzog von Montemar mit dreifach überlegenen Streitkräften erschienen war.

Bitonto liegt in der von Neapel über Ordona und Ruvi nach Bari führenden Straße, drei deutsche Meilen von letzterem Orte entfernt, auf einer sanften, sich unmerklich gegen die Küste verflachenden Höhe. — Die Aufstellung am Straßenknoten von Bitonto war nicht unzweckmäßig, denn sie gestattete in zwei verschiedenen Richtungen den etwaigen Rückzug; entweder längs der adriatischen Küste über Brindisi, Lecce nach Otranto und Gallipoli, oder über Taranto, Cosenza nach Reggio an der Meerenge, von wo man sich nach Sicilien werfen konnte. Nördlich von Bitonto liegt das Dorf San Martino, in dessen Rücken der Weg von Terlizzi nach Giovenazzo an der Küste läuft. Jedes der Grundstücke dieser Gegend wird durch eine etliche Fuß hohe Mauer eingefaßt, was den Vertheidigern zwar einerseits zu statten kommt, aber die Bewegungen der Reiterei fast gänzlich hindert und

---

[1]) Wenzel Baron Rodowsky wurde 1744 Feldmarschall-Lieutenant und starb 1749.

[2]) Johann Rudolf Theobald Martin Graf von Czernin und Chudenitz, ein äußerst tapferer Soldat, wurde 1743 Inhaber eines 1768 als Herzog von Modena aufgelösten Cürassier-Regimentes, 1754 General der Cavallerie und starb zu Preßburg am 3. Juni 1755 in hohem Alter.

selbe um so bedeutenderen Verlusten aussetzt; da sie aus den zerstreut
umherliegenden Casinen wirksam beschossen werden kann.

Am 23. Mai meldete der in Bitonto stehende Cavalleriepoſten
die Nähe des Feindes, welcher von San Martino eingetroffen war
und die Absicht, die Oeſterreicher auf ihrem linken Flügel zu umfassen
und gegen die Küste zu werfen, durch seine Aufstellung deutlich ver-
rieth. Feldmarschall-Lieutenant Fürst Strongoli wurde sogleich mit
400 Reitern beordert, die Vorposten zu unterstützen und die Spanier
zu recognosciren. — Fürst Belmonte selbst führte am 24. sein kleines
Heer in die neue Aufstellung und nahm zwei kaum zur Noth ein-
geübte Rekruten-Bataillons mit dorthin, auf welche junge Mannschaft, die zum ersten Male vor den Feind kam, sich aber nur wenig
zählen ließ.

Schon während der Vorrückung der öſterreichischen Truppen
war es zwischen den Hußaren und einer 50 Mann starken Abtheilung
spanischer Grenadiere à cheval zu einem kleinen Scharmützel gekommen, aus welchem sich die Letzteren mit einem Verluste von 22 Mann
zurückzogen.

Gegen 6 Uhr Abends desselben Tages stellte der feindliche Feldherr seine Armee vor dem Dorfe San Martino in Schlachtordnung
und bestimmte den folgenden Tag zum Angriffe, wozu ihm sowol
Kampfesluſt, das Sicherheitsgefühl seiner Uebermacht, als auch die
Absicht, einer erwarteten Verstärkung der Oeſterreicher zuvorzukommen,
bewogen. Seine Aufstellung am 25. Mai war derart: Das erste
Treffen formirten 14 Infanterie-Bataillone, darunter auserlesene
Truppen, wie zwei Schweizer Regimenter, die spanische und die wal-
lonische Garde. Es wurde befehligt von den General-Lieutenants:
Herzog von Liria, Marquis Babi und Graf Mazeda, unter denen die
Brigade-Generale: Macdonnel, Porter und Gagescon standen. Das
zweite Treffen, bestehend aus 26 Grenadier-Compagnien, wurde
von dem Herzoge von Montemar persönlich geführt, und das dritte
Treffen bestand nur aus Cavallerie in der Stärke von 61 Escadrons. Dieses befehligten 4 General-Lieutenants, als: der Herzog
von Castropignano, Marquis de las Minas, Pozzoblanco und Castel-
forte, die Brigade-Generale: Fissiel, Grimar, Fay und Castellar. Die
Stärke dieser sämmtlichen Truppen des Feindes betrug 11.000 Mann

Infanterie und 5600 Reiter. An der Tête der Angriffscolonnen befanden sich die zur Wegräumung der Terrainhindernisse erforderlichen mit Krampen, Brechstangen und Schaufeln versehenen Abtheilungen (die damaligen Pionniere).

Dieser Streitmacht vermochten die Oesterreicher kaum etwas mehr als ein Drittel, nämlich 6½ Bataillons, 17 Escadrons, zusammen 6230 Mann entgegenzustellen. Diese waren je ein Bataillon der Regimenter Alt-Wallis, Traun, Valparaiso, Carl Lothringen und 2 Rekruten-Bataillone, 1 Grenadier-Compagnie (Monteleone), 2 Compagnien National-Milizen, die beiden Cürassier-Regimenter Pignatelli und Kokorzowa, sowie das Czaky'sche Hußaren-Regiment. Deren Aufstellung war folgende: Auf dem rechten Flügel hielten die kampflustigen Hußaren mit ihrem Obersten Baron Ghilani an der Spitze und links neben ihnen das Cürassier-Regiment Pignatelli, beide commandirt vom Feldmarschall-Lieutenant Fürsten Strongoli. Dreihundert Schritte vor dieser Cavallerie stand das Bataillon Lothringen-Infanterie unter Oberstlieutenant Weyher, der wieder den Hauptmann Freiherrn von Eltz mit 100 Mann zur Beobachtung des äußersten linken feindlichen Flügels vorgeschoben hatte.

Das Centrum der Stellung bildeten die Bataillons Alt-Wallis und Valparaiso unter dem General-Feldwachtmeister von Rodowsky. Letzteres Bataillon hielt auch eine vorwärts liegende Casine besetzt.

Auf dem linken Flügel endlich standen unter Anführung des Generals Vinals das Cürassier-Regiment Kokorzowa und das Bataillon Traun, mit ihrem linken Flügel gegen das Kloster St. Antonio, welches ein Rekruten-Bataillon unter Major Graf Ariosti besetzt hielt. Dicht vor dem Traun'schen Bataillon war die Grenadier-Compagnie Monteleone in einer Casine postirt. 400 Schritte vorwärts des linken Flügels aber stand Rittmeister Houry mit einem Zuge Cürassiere und neben ihm die Milizcompagnien. — Auf Kartätschenschußweite vor dem Centrum war Lieutenant Freudenhofer von Alt-Wallis-Infanterie mit 50 Mann als äußerste Vorwache postirt, der nur auf eine kurze Entfernung vor sich hinter einer Gartenmauer einen Corporal mit 6 Mann aufgestellt hatte. Zwischen dem Bataillon Lothringen und dem Rittmeister Honry hatte sich Lieutenant Graf Paluba jenes Bataillons mit etwas Mannschaft in eine dortige Casine postirt.

Die Stadt Bitonto selbst hatte Oberst Omulrian mit dem zweiten Rekruten-Bataillon besetzt. Die Munition war in dem kaum 120 Schritte von der Porta di Giovenazzo liegenden Franzis-kanerkloster, von einem Officier mit 50 Mann bewacht, aufbewahrt. Geschütz hatten die Oesterreicher gar keines, die Spanier blos zwei leichte Feldstücke. Die eigentliche Aufstellung des Generals der Cavallerie Fürsten Belmonte erstreckte sich auf einer äußerst kurzen Ausdehnung zwischen den Straßen nach Andria und der Marina, senkrecht auf erstere, und die Wege nach Malfetta und Giovenazzo durchschneidend.

Bei Sonnenaufgang standen beide Gegner schlagfertig ein-ander gegenüber; die spanische Schlachtlinie überflügelte weit jene der Oesterreicher. Der erste Angriff der Spanier geschah unter dem Schutze der beiden Geschütze gegen den österreichischen linken Flügel mit ziem-lichem Ungestüm. Die neapolitanischen Milizen wichen und auch der Zug Cürassiere verlor Boden, als eine Stückkugel ihren tapferen An-führer, den Rittmeister Honry niedergestreckt hatte. Das Bataillon Traun und die Grenadier-Compagnie stellten aber das Gefecht bald wieder her. Jetzt griff Montemar mit seinem linken Flügel den rechten vom Feldmarschall-Lieutenant Fürsten Strongoli befehligten österreichi-schen an. General-Lieutenant Mazeda rückte mit einer starken Colonne vor, die wallonischen Garden an der Tête. Die Feldmauern wurden im Nu niedergerissen und Lieutenant Freudenhofer in Folge dieses Andranges genöthigt, sich in eine nahe rückwärtige Casine zu werfen, woselbst ihn der Lieutenant Graf Thun von Lothringen-Infanterie mit 20 Mann in dem Augenblicke erreichte, als die Wallonen ent-schlossen dagegen anrückten. Ein mörderischer Kampf entspann sich nun um dieses Gebäude, dessen Thore und Fenster in der Eile ver-rammelt worden waren, viele Wallonen fielen unter den Kugeln der Oesterreicher, die nur erst wenige Todte zählten. Da gelang es endlich den Spaniern, die Thüren zu öffnen; es entstand ein Kampf mit blanker Waffe im Hofe, in den Gängen und Zimmern, ja sogar auf dem Dachboden des Hauses, wobei endlich jene Handvoll Tapferer unter den Bajonneten von drei feindlichen Bataillons verblutete. Erst nach Beseitigung dieses Hindernisses rückte General-Lieutenant Mazeda etwas mehr gegen das österreichische Centrum, wo ihn die Bataillons Alt-Wallis und Valparaiso mit Ruhe erwarteten. Ihr wohlgenährtes Feuer richtete große Verheerungen an. Viele sanken hier auf beiden Seiten. Drückend war die Hitze des Tages, tobend und blutig der Kampf, aber unerschüttert der Muth. Das Terrain hinderte jedoch die österreichische Cavallerie, ihre Infanterie wirksam zu unterstützen. Nirgends gebrach es an Pflichtgefühl; Officiere und Soldaten leisteten Unglaubliches; aber immer weiter drangen die Spanier vor. Da riß unter dem zur Hälfte aus junger Mannschaft bestehenden Bataillon Lothringen eine momentane Verwirrung ein, die der Feind rasch benützte. General-Lieutenant Bavi rückte nun mit einer zweiten Colonne nach, die Gartenmauern wurden niedergerissen oder übersprungen und die österreichische Schlachtlinie war durchbrochen. Somit war auch das Geschick des Tages entschieden. Vergebens unternahm das tapfere Cürassier-Regiment Kokorzowa, seinen Obersten Grafen Czernin an der Spitze, noch eine glänzende Attaque auf die Wallonen; der wackere Commandant wurde verwundet und fiel in die Hände des Feindes. — Als endlich Alles verloren war, nur die Ehre des österreichischen Heeres nicht, trat dieses den Rückzug nach Bitonto an, um von dort aus die weitere retrograde Bewegung nach Bari einzuleiten. Ungeachtet seiner zahlreichen Cavallerie wagte es der Feind im ersten Augenblicke nicht, Bitonto zu umzingeln, denn noch hielten sich die Besatzungen der Klöster S. Antonio und Monte Oliveto; — aber der österreichische Rückzug auf Bari wurde nicht mit gehöriger Ordnung ausgeführt. Die Cavallerie deckte denselben, mußte jedoch, von zwei spanischen Reiterregimentern verfolgt, mehrmals Fronte machen, und erlitt dabei größere Verluste als in der Schlacht selbst. Der durch das rasche Vordringen der Spanier abgeschnittene Hauptmann Freiherr von Eltz hatte sich zwar mit seinen 100 Mann in das Kloster Monte Oliveto geworfen, mußte aber so gut wie der auf dem linken Flügel im Kloster S. Antonio stehende Major Ariosti mit seinem Rekruten-Bataillon sich einige Stunden später aus Mangel an Munition ergeben. General-Feldwachtmeister Baron Rodowsky, welcher beauftragt war, die Stadt Bitonto mit einem Bataillon bis zur Neige des Tages zu behaupten, und dieselbe noch während der Nacht lebhaft vertheidigte, die Truppen aus S. Antonio und Monte Oliveto aber nicht an sich zu ziehen vermochte, gänzlichen Mangel an Flintenpatronen und Lebens= mitteln litt, und überdies Verrath von den Einwohnern fürchten mußte, hatte am Morgen des 26. Mai ebenfalls keine andere Wahl, als sich kriegsgefangen zu ergeben. Die Oesterreicher zählten schon am Abend des 25. gegen 1000 Todte und Verwundete. Es findet sich in den Feldacten keine Verlusttabelle, die nähere Details enthielte. Nach der auffallend im spanischen Interesse geschriebenen Storia dell' anno 1734 sollen die Spanier einen Verlust von 800 Mann gehabt haben, obwol ihre Berichte denselben offenbar zu gering mit 300 beziffern. Der Geschichtschreiber Pierre Massuet [1]) behauptet mit auffälliger Ueber= treibung in seiner Histoire de la guerre présente, Amsterdam 1735, S. 129, die Oesterreicher hätten 2400 Todte und 2600 Gefangene gezählt, mithin einen Verlust von 5000 Mann, der sich aber, mit seinen übrigen Ziffernangaben verglichen, von selbst widerlegt.

Freimüthig gestanden die stolzen Spanier: „daß die Oester= reicher höchst achtunggebietende Feinde seien und ihre Besiegung viel Blut gekostet habe".

Fürst Belmonte hatte noch, am Abende der Schlacht, Bari er= reicht und etwa 3600 Mann dahin mitgebracht. 150 Hußaren mit etwa 20 Cürassieren, die von allen Seiten umzingelt waren, schlugen, vom Rittmeister Köbisch angeführt, sich muthig durch und erreichten trotz aller Hindernisse, eine Strecke von fast 50 deutschen Meilen zurücklegend, die Festung Pescara. Nicht minder tapfer schlug sich Lieutenant Nahdol von Czaky=Hußaren mit kaum 30 Pferden nach Cotrone in Calabrien, 52 Meilen von Bitonto, durch. In Bari, wo

---

[1]) Pierre Massuet, geboren 1698 zu Monzon sur Meuse bei Sedan, verließ wegen Religionsverfolgungen noch sehr jung Frankreich, studirte in Leyden Medizin und ging dann nach Amsterdam, wo er sich literärischen Beschäftigungen widmete. Von 1741 bis 1753 war er Herausgeber mehrerer meist historischer Werke, so der Bibliothèque raisonnée u. s. w. Schon früher hatte er Histoire de l'empereur Charles VI., Amsterdam 1740, 2 Bände, sowie über den italieni= schen Krieg 1734 und 1735 geschrieben: Histoire de la guerre présente, Amsterdam 1735, und Histoire de la dernière guerre, Amsterdam 1736. Die zweite Aus= gabe beider Werke in 5 Bänden ebendaselbst 1737.

nicht eine Kanone zu Gebote stand, war ein Widerstand eben so
unmöglich, wie ein Rückzug durch das feindlich gesinnte kriegerische
Calabrien, daher schloß Belmonte am 26. mit Montemar eine Capitulation, vermöge welcher die noch bei 4000 Mann betragenden Oesterreicher ihr gesammtes Kriegsmateriale auslieferten und kriegsgefangen
blieben.   Montemar bewilligte zwar einem österreichischen Officier, die
Hiobspost von dem Ausgange der Schlacht bei Bitonto nach Wien zu
bringen, er erlaubte aber nicht, daß die Oesterreicher sich auch nur auf
einen Tag mit Lebensmitteln aus dem Magazin von Bari versahen,
und zwang sogar die Mannschaft, in spanische Dienste zu treten.   Die
Deutschen unter diesen benützten aber die nächste Gelegenheit, rissen
wieder aus und kehrten zu den Fahnen ihres Kaisers zurück. — Den
Rest der beiden Cürassier-Regimenter Pignatelli und Kokorzowa, welche
bei Bitonto nahezu vernichtet wurden, vertheilte man in andere Regimenter.

Als dieser Sieg der Spanier im Lande bekannt wurde, öffneten
die schwach besetzten, von der Bürgerschaft bedrohten, dem Mangel
bloßgestellten Forts zu Lecce, Otranto, Gallipoli und Manfredonia
ihre Thore.   Ein Gleiches thaten Tarent und Carletta. — Die festen
Plätze in den sogenannten Präsidien als: Orbitello, Monte Filippo und
Porto Ercole hatten sich schon früher (14. und 15. Mai) dem Feinde
ergeben.

So blieben jetzt nur die drei Hauptfestungen des Landes, Pescara,
Gaëta und Capua, das Castell von Aquila und das Bergschloß
Civitella de Tronto im Neapolitanischen in österreichischen Händen.

Der Vicekönig Graf Julius Visconti hatte sich gleich
nach der Schlacht von Bitonto in die Festung Pescara begeben und
von da beeilte er sich das Land zu verlassen und in Brindisi nach den
österreichischen Erbstaaten einzuschiffen.   Die Spanier setzten ihm nach,
da er über 200.000 Ducaten aus den öffentlichen Kassen Neapels gerettet hatte, jedoch ohne ihn zu erreichen.   1736 wurde Graf Visconti,
der seit 1723 den Ritterorden des goldenen Vließes besaß, Obersthofmeister der regierenden Kaiserin Elisabeth, Gemalin Karls VI.   Er
legte aber im October 1738 diese Stelle nieder und begab sich auf
seine Güter im Mailändischen, wo er 1751 starb.

Der Herzog von Montemar wurde von seinem dankbaren Könige, welcher durch dessen Sieg die neue Krone auf seinem Haupte befestigt sah, zum Herzog von Bitonto erhoben.

Am 20. Juni wurde die Festung Pescara durch den General-Lieutenant Herzog von Castropignano mit 6 Bataillons und 8 Geschützen cernirt und belagert. Die Besatzung zählte nur ein schwaches, 400 Mann starkes Bataillon des Regimentes Oneilly (jetzt Nr. 42). Am 25. Juni eröffnete der Belagerer die Laufgräben und begann am 6. Juli das Bombardement. Am 2. August, also 38 Tage seit Eröffnung der Laufgräben, war das ohnedies im schlechten Vertheidigungszustande befindliche Pescara keines längeren Widerstandes mehr fähig, um so mehr da die Spanier mit dem oberirdischen Angriff nun auch den Minenkrieg verbunden hatten, dem die Vertheidiger auf keine Weise begegnen konnten. — Die schwache Besatzung, ursprünglich 480 Köpfe, worunter kaum 330 dienstfähig, schmolz immer mehr, während die Angreifer fortwährend sich verstärkten. — Die Garnison war durch eine 44tägige Belagerung gänzlich erschöpft, der größte Theil des Geschützes unbrauchbar und dessen wenige Bedienungsmannschaft getödtet, verwundet oder erkrankt.

Nur erst als das Officierscorps der Besatzung dem Festungs-Commandanten Obersten Marialva die dringendsten Vorstellungen gemacht, es nicht aufs Aeußerste ankommen zu lassen, entsprach er den bestimmten Vorschriften seines Hofes: nicht das Unmögliche erzwingen zu wollen, und unterzeichnete mit nassen Augen die Capitulation, vermöge welcher Pescara am 2. August sich ergab, nachdem die Garnison erlangt hatte mit allen Kriegsehren abzuziehen und auf spanischen Schiffen nach den kaiserlichen Erblanden abgeführt zu werden. Mit dem Abzuge dieser Besatzung war auch das letzte österreichische Bollwerk der Abruzzen gefallen.

Oberst von Marialva, ein 75jähriger Greis, aber noch in voller ungeschwächter Manneskraft, hatte sich nur schwer zur Uebergabe einer Festung entschließen können, deren Commandant er damals bereits 27 Jahre war, und deren Wichtigkeit, ebenso aber auch große Schwäche und Mängel er genau kannte. Ungeachtet seines hohen Alters

hatte er bis zu dem Tage der Uebergabe die gewohnte Weise streng
beobachtet und alle 24 Stunden persönlich die Runde in der Festung
gemacht. Ein alter treuer Diener seines Kaisers, war er mit den
ersten Schaaren unter Feldmarschall Graf Daun im Jahre 1707 in
das Königreich Neapel gekommen, nachdem er seit frühester Jugend
in den französischen und türkischen Kriegen mit Auszeichnung gedient
hatte. Dieser würdige Greis überlebte noch eilf Jahre jene Ereignisse und starb, seit 1735 zum General-Feldwachtmeister befördert, im
86. Lebensjahre 1745.

Nur vier Tage später ergab sich auch Gaëta, welcher Platz
schon seit halbem April blockirt war. Die wirkliche Belagerung begann
aber erst Mitte Juni, nachdem der Sieg von Bitonto den Spaniern
erlaubte, das bisherige Blockadecorps des Herzogs von Liria beträchtlich zu verstärken. — Als der Herzog von Montemar zur Leitung der
Belagerung selbst eingetroffen war, wurden in der ersten Hälfte Juli
die Laufgräben eröffnet und am 22. begann eine Batterie von 8 Mörsern ihr Feuer gegen die Festung; seit 31. Juli aber wurde diese aus
85 Kanonen und 24 Mörsern beschossen. Die spanische Artillerie that
täglich 80 Schüsse aus jeder Kanone. Ein Ausfall, welchen die Belagerten am 2. August gegen eine der gefährlichsten Batterien des An-
greifers unternahmen, mißlang.

Um das Vergnügen und den wohlfeilen Ruhm zu haben, den
Platz unter seinen Augen fallen zu sehen, verfügte sich Don Carlos
gegen das Ende der Belagerung selbst dahin. Ohne Hoffnung auf
Entsatz und bei dem bestimmten hofkriegsräthlichen Befehle „wenigstens
die Besatzung zu retten", glaubte Feldmarschall-Lieutenant
Graf Tattenbach sich für eine Capitulation entscheiden zu müssen;
so ging Gaëta am 6. August für Oesterreich verloren. Die am Tage
der Capitulation noch 865 dienstbare Köpfe zählende Garnison zog
mit allen Kriegsehren ab, und wurde wie jene von Pescara auf
spanischen Schiffen nach den österreichischen Staaten überführt. —
König Carl III. zog am 8. August im vollen Siegesbewußtsein in
die von ihren tapferen Vertheidigern nun geräumte Festung Gaëta
ein, aber wol ohne Ahnung, daß dieselbe kaum 127 Jahre später
das letzte Bollwerk seiner von ihm gegründeten neuen Herrscher-
dynastie sein würde!

Das in der Festung befindlich gewesene Bataillon Heister be=
fehligte der Oberstlieutenant Wetzel (gestorben 1748, seit 1745 Ge=
neral), das Bataillon Schmettau der Major Dimmeyer. Außer dem
Festungs=Commandanten Grafen Georg Tattenbach (der 1741 Feld=
zeugmeister wurde und 1746 starb) befanden sich noch General=Feld=
wachtmeister Baglianes und Oberst Haßlinger[1]) daselbst.

Das Castell in Aquila, welches der Commandant Oberst
Fürst Cruccoli durch drei Monate mit einer schwachen Garnison
gegen die Blockadetruppen des spanischen Obersten Leoni muthvoll ver=
theidigte, ergab sich erst um die Mitte Septembers. Kurz vorher war
auch das nur äußerst schwach besetzte Bergschloß Civitella del
Tronto in die Hände des Feindes gefallen.

Und als Alles schwankte und fiel, hielt sich Feldmarschall=
Lieutenant Graf Traun noch immer in Capua und das kaiser=
liche Banner wehte noch immer auf den Wällen der unbezwungenen
Festung. Wie bereits früher erwähnt, war dieser Platz seit 9. April
obgleich nur unvollständig und der Stärke der Garnison nicht ent=
sprechend, auf beiden Ufern eingeschlossen. Nach den feindlichen Erfolgen
in Apulien und dem Einrücken der dort gestandenen spanischen Truppen
wurde General=Lieutenant Graf Marsillac, ein alter Freund und
Waffenbruder des Feldmarschall=Lieutenants Grafen Traun,
beauftragt, diese Einschließung strenger zu machen, und demgemäß sein
Commando verstärkt. Marsillac und Traun hatten während der Kriege
in Spanien zusammen gedient und oft in einem Zelte geschlafen, welche
Freundschaft jedoch keinen von Beiden abhielt, ihre Pflicht im strengsten
Sinne des Wortes jederzeit zu erfüllen. Marsillac nahm sein Haupt=
quartier in dem eine Stunde von Capua entfernten volkreichen Santa
Maria Maggiore. Später wurde jedoch der Oberbefehl des Belage=
rungscorps getheilt: auf dem rechten Volturno=Ufer befehligte dann
General=Lieutenant Pozzoblanco zu Tutani; auf dem linken aber blieb
Marsillac zu Santa Maria.

---

[1]) Ignaz Baron Haßlinger war 1730 Oberst des heutigen 11., da=
mals Graf Wilczek'schen Infanterie=Regimentes, wurde 1735 Feldmarschall=
Lieutenant und 1739 Inhaber des genannten Regimentes, starb aber schon im
selben Jahre.

Graf Traun glaubte Alles aufbieten zu müssen, um Capua in gehörigen Vertheidigungsstand zu setzen und diesen Platz seinem Kaiser und Herrn zu erhalten, da er sich der zuversichtlichen Hoffnung hingab, daß ein so wohlhabendes Land dem rechtmäßigen Herrscher bewahrt bleiben und demnächst ein Entsatzcorps aus der Lombardie gesendet werden würde.

Die erste Operation des feindlichen Befehlshabers war die Herstellung einer Schiffbrücke oberhalb des Platzes zur Verbindung der beiden Ufer. Solche wurde an zwei Orten geschlagen und gehörig versichert. Auch dehnte sich die spanische Vorpostenkette in dem stark cultivirten Boden bis nahe an die Festung aus.

Die auf die Dauer von fünf Monaten projectirte Verproviantirung von Capua war nur erst im Beginne, als der Infant seinen Einfall that und alle Zufuhren störte. Besonders empfindlich war der Abgang an Fleisch und Mehl, gerade der beiden für den Unterhalt der Soldaten so nöthigen Hauptartikel. Feldmarschall-Lieutenant Graf Traun beschloß eine im höchsten Grade thätige Vertheidigung zu leisten und sich die Lebensmittel mit Gewalt zu verschaffen. Zu diesem Zwecke organisirte er eine Truppe Freiwilliger unter dem Befehle eines Feldwebels vom Infanterie-Regimente Heister, die auf türkische Art mit einem krummen Säbel, einer Muskete und Pistole bewaffnet wurde, ihre Befehle ausschließend von Traun selbst empfing, und während der ganzen Blockade die besten Dienste leistete, sowie manches kühne Wagniß mit Erfolg auszuführen verstand.

Anfangs, so lange die Belagerungstruppen nicht verstärkt waren, geschahen Ausfälle ohne Gefahr und mit guten Resultaten. Unter die schönsten Unternehmungen dieser Art gehören jene, welche am 30. April durch 300 Grenadiere und 12 Mann Cavallerie gegen San Lazzare geschahen, um eine bei dem dortigen Kapuzinerkloster allzu nahe am Glacis postirte spanische Abtheilung zurückzuwerfen; — ein zweiter unter dem Hauptmann Rosenzweig mit 100 Grenadieren und 10 Cürassieren gegen ein vom Feinde besetztes Wirthshaus, und ein dritter am 10. Mai, welchen Major Cavaglieri mit 500 Mann ausführte. Alle drei erreichten ihren Zweck, Zurückdrängung und Beunruhigung des Feindes oder Erbeutung von Proviant.

Als Feldmarschall-Lieutenant Graf Traun die Nach-
richt von dem über das Schicksal des Königreiches Neapel entscheidenden, unglücklichen Ausgange der Schlacht bei Bitonto erhielt,
und die Wirkungen dieser Niederlage des kaiserlichen Heeres gar bald
aus der Verstärkung des Blockadecorps entnahm, wodurch ihm jetzt
alle Mittel benommen wurden, mit Gaëta und Pescara in Verbindung
zu bleiben, sendete er einen Vertrauten an den österreichischen Botschafter zu Rom, um zu erfahren, ob er noch auf Entsatz hoffen
dürfe, und welches die Ansichten des Cardinals Cienfuegos über den
künftigen Widerstand des Platzes seien. Die ungewöhnlich lange Nicht-
beantwortung seiner gestellten Anfragen erregten Trauns Besorgnisse.
Endlich traf in den ersten Tagen des Juli der Bote ein, welcher die
wiederholten Versicherungen eines baldigen Entsatzes überbrachte, zugleich
aber auch den Grafen Traun in Kenntniß setzte von dem Helden-
tode des Feldmarschalls Grafen Mercy in der unglücklichen Schlacht
bei Parma am 29. Juni und von der rückgängigen Bewegung des
kaiserlichen Heeres in Oberitalien mit der dringenden Empfehlung sich
so lange als möglich zu halten.

Der Mangel an Lebensmitteln wurde um die Mitte Juli immer
fühlbarer. Bei Eintreibung derselben hatten mehrere kleine Gefechte,
besonders an den Orten: La Tuoro, La Monaca, Agnena, Majorisi,
Al Boscarello und Al Seno statt. Ein starkes Scharmützel fiel am
24. Juli vor, wo 200 Grenadiere die Freiwilligen unterstützen sollten,
welche auf dem rechten Ufer des Volturno eine Anzahl Schlachtvieh
aus den dortigen Casinen zusammentreiben mußten, dabei aber nicht
ganz glücklich waren, während 2 Grenadier-Compagnien in der Frühe
des Tages aus der Porta di Napoli hervorbrachen und eine solche vom
Feinde unweit der Kirche San Lazzare wieder zurückeroberten.

Schmerzvoll für Traun war die Kunde von dem Falle der
Festungen Pescara und Gaëta, denn er war nun völlig isolirt und
hatte Nichts mehr zu hoffen, da sich die gesammten feindlichen Streitkräfte nun ungehindert gegen ihn wenden konnten! Aber er stand fest!
— Unerschütterlich und ungebeugt blieb des Helden Muth, der an
der Tapferkeit und Hingebung seiner Truppen nicht verzweifelte, und
nicht einen Augenblick seine kaltblütige Umsicht und sein Selbstver-
trauen verlor.

16.000 Spanier standen damals rings um Capua und bewachten
die kaum 5000 Mann starke österreichische Garnison. Aber Mangel
und Noth an Lebensmitteln zwangen den Feldmarschall-Lieutenant Grafen Traun, ungeachtet einer solchen Ueberlegenheit des
Gegners, sich zeitweise mit dem Schwerte in der Hand den Proviant
zum alltäglichen Leben zu erkämpfen.

Unter den zahlreichen Ausfällen der Besatzung Capuas, war
jener in der Nacht des 10. August ausgeführte der schönste und größte.
Mit 1700 Mann hatte ihn Traun unternommen, um die Verbindung der Gegner auf beiden Ufern des Volturno durch Zerstörung
ihrer Schiffbrücke aufzuheben.

Oberst Graf della Torre zog mit einem Bataillon Schmettau
(600 Mann) aus der Porta di Napoli gegen Ponticello, um den
Feind dort zu beschäftigen und sich daselbst so lange als möglich zu
behaupten; im Falle jedoch die feindliche Uebermacht zu groß würde,
am Volturno herabzugehen, und zu versuchen, vom linken Ufer aus
die Schiffbrücke unterhalb Treflisco zu zerstören, dann aber sich eiligst
in die Festung zurückzuziehen. Um dieselbe Stunde drang ein Bataillon
Oneilly (500 Mann), vom Obersten Grafen Brüse commandirt,
aus der Porta di Roma gegen die Anhöhen zwischen Tazio und
La Monaca vor, mit dem Auftrage, solche zu besetzen, und wenn es
von dort vertrieben werden sollte, zu trachten, die spanische Schiffbrücke vom rechten Ufer her zu beschädigen, die Ankertaue abzuhauen,
das Landjoch zu zertrümmern, die Schiffe leck zu machen. Der dop-
pelte Zweck der Absendung dieser beiden Bataillons war also: Mas-
kirung des eigentlichen Unternehmens, und Aufhebung aller Verbindung
des Gegners auf beiden Volturno-Ufern.

Zur Ausführung des eigentlichen Schlages hatte Feldmarschall-Lieutenant Graf Traun ein eigenes auserwähltes Commando bestimmt. Dieses bestand aus einem Bataillon Göldlin-Infan-
terie (400 Mann) unter dem Major Rosenzweig, einem äußerst
tapferen und umsichtigen Officier, nebst 100 erprobten Grenadieren,
15 Cürassieren und den Freiwilligen. Die Grenadiere und die Freiwilligen commandirte der Lieutenant Molitor des Infanterie-Regiments
Franz Lothringen (jetzt Nr. 1), welcher vom Feldmarschall-
Lieutenant Grafen Traun geheime Instructionen und Befehle

erhalten hatte, deren Inhalt selbst die höheren Officiere nicht kannten.

Der General-Feldwachtmeister von Göldlin, welcher sich bei dieser Colonne befand, war allein in voller Kenntniß über die Absicht des Unternehmens und sollte mit dem Bataillon seines Regimentes dem Lieutenant Molitor als Rückhalt dienen.

Peter Christof Reichsfreiherr Göldlin von Tieffenau einer der vorzüglichsten Generale seiner Zeit, stammte aus einer berühmten adeligen Schweizer Familie aus Luzern und war 1663 geboren. Kaiser Leopold I., in dessen Diensten sein Vater Johann Jost gestorben war, trug Sorge für seine Erziehung und Ausbildung und gab ihm 1699 eine Compagnie bei der Herberstein'schen Legion; 1718 war er Oberstlieutenant, 1723 Commandant des Infanterie-Regimentes Königsegg (jetzt Nr. 54) und 1731 endlich General und Inhaber eines (1747 reducirten) Infanterie-Regimentes. Sowol im spanischen Erbfolge- als auch im Kriege gegen die Türken und in Sicilien gab er so viele und schöne Proben rühmlicher Tapferkeit und Kriegstüchtigkeit, daß ihn Kaiser Carl VI. 1732 in den Reichsfreiherrnstand erhob. Zur Zeit der Belagerung Capuas zählte Göldlin bereits 71 Jahre. Kurz nachher wurde er Feldmarschall-Lieutenant und Oberbefehlshaber des Königreiches Serbien. Im Feldzuge 1739 gegen die Türken deckte er bei und nach der verhängnißvollen Schlacht bei Krotzka den Rückzug der kaiserlichen Armee mit vieler Klugheit. In der Schlacht bei Molwitz, 10. April 1741, commandirte Feldmarschall-Lieutenant Baron Göldlin den linken Flügel des österreichischen Heeres, und erlag, ein 78jähriger Greis, seiner dort erhaltenen tödtlichen Verwundung. — Dies war der richtige Mann, dem Feldmarschall-Lieutenant Graf Traun die Leitung des Hauptunternehmens anvertraute.

In aller Stille zog dieses Commando aus der Poterne des Bollwerkes San Carlo am linken Volturno-Ufer hinab und die Füseliere faßten Posto bei Santa Maria la Fossa, mehr denn eine halbe deutsche Meile von der Festung entfernt.

Die Obersten Grafen della Torre und Brüse wurden bald mit dem Feinde handgemein und bestanden ein fast vierstündiges ziemlich lebhaftes Gefecht, das die ganze Aufmerksamkeit der Belagerungstruppen auf diese Punkte lenkte. Die Nacht war finster und stürmisch.

Lieutenant Molitor gelangte unangefochten bis la Foresta, fiel mit Blitzesschnelle über den dortigen spanischen Posten her, entwaffnete diesen und zog dann gegen Camino, wo die Landleute Anfangs einigen Widerstand zu leisten wagten, weil sie in der Dunkelheit die Zahl der Oesterreicher unterschätzten und dieselben blos für einige Deserteurs und Freibeuter hielten, bis sie, ihren Irrthum erkennend, sich in das Unvermeidliche fügten. Nachdem die Freiwilligen hier alles vorhandene Vieh zusammengetrieben hatten, traten sie den Rückzug an. — Während der ganzen Dauer dieses Ausfalls stand der Rest der Besatzung unter Gewehr, und Feldmarschall-Lieutenant Graf Traun mit dem Oberstlieutenant Grafen Sinzendorf auf der Plattform einer Bastion im Castell, von wo aus man die weiteste Aussicht genoß. (Carl Octavian Graf Sinzendorf, in diesen Blättern schon mehrmals genannt, war 1701 geboren, Maltheser-Ritter, wurde 1741 General und starb als Großprior von Ungarn 1767.) Als der Tag zu grauen anfing, gewahrte man endlich über die weite Ebene am Volturno herauf den langen Zug mit reicher Beute, und gegen 6 Uhr Morgens trieben die Freiwilligen nebst Molitors Grenadieren an 150 Kühe sammt ihren Kälbern, 90 Büffeln, 1000 Schafe und einige Pferde in die Festungsgräben. — Jetzt erfolgte vom Bollwerk Sperone der verabredete Kanonenschuß als Zeichen für die Bataillons Schmettau und Oneilly, sich zurückzuziehen. Diese hatten zwar ihre Hauptaufgabe, den Feind zu beschäftigen, erfüllt, aber sie waren nicht im Stande gewesen, der feindlichen Brücke etwas anzuhaben. Der Verlust der Spanier bestand in 360 Todten und Verwundeten, dann 57 Gefangenen; nicht viel geringer war jener der Oesterreicher; nur bei der Colonne des General-Feldwachtmeisters Göldlin fand keiner statt, mit Ausnahme eines verunglückten Cürassiers, welcher im nächtlichen Dunkel vom Wege abgekommen, in die reißenden Fluthen des Volturno gestürzt war.

Der glückliche Erfolg dieses Ausfalles und die gemachte reichliche Beute gestatteten der Festungsbesatzung sich neuen Hoffnungen hinzugeben, die leider nicht in Erfüllung gingen.

Indessen war im Obercommando des feindlichen Belagerungsheeres ein Wechsel vor sich gegangen und der Herzog James Fitzjames von Berwick, Herzog von Liria, zu dessen Commandanten ernannt worden. Dieser, ein Sohn des kurz vorher am 12. Juni 1734 in den Laufgräben von Philippsburg durch eine Kanonenkugel getödteten französischen Marschalls Herzog von Berwick (eines natürlichen Sohnes des Königs Jacob II. von England und der Arabella Churchill, Schwester des berühmten Feldherrn Marlborough), — war 1695 geboren, zog früh mit seinem Vater ins Feld, nahm 1715 an der Expedition des Prätendenten Theil, ward 1724 spanischer General, ging als solcher in diplomatischen Missionen nach Petersburg und Wien, machte den Feldzug 1734 in Neapel mit, und blieb nach dem Kriege als spanischer Gesandter daselbst, wo er 1738 starb.

Die Spanier verhielten sich nun ziemlich ruhig und erwarteten von der Zeit, was sie nicht mit dem Schwerte in der Faust zu erzwingen vermochten. Der von heftigen Regengüssen angeschwollene Volturno riß Anfangs October die Schiffbrücke bei Treflisco weg; allein solche wurde bald wieder hergestellt und Feldmarschall-Lieutenant Graf Traun war jetzt kaum mehr in der Lage, bei einer täglich schmelzenden Besatzung noch einen kräftigen Schlag zu vollführen. So nahte die Mitte November, — die Jahreszeit wurde strenger, die Unterkünfte feucht und ungesund, und die Truppe war nur mehr mit den nothwendigsten Montursstücken versehen.

Sieben Monate hatte nunmehr Feldmarschall-Lieutenant Graf Traun mit stets getäuschten Hoffnungen auf baldigen Entsatz Capua gegen einen dreifach stärkeren Feind auf das tapferste gehalten. Bereits gingen die Lebensmittel der Garnison zur Neige, herrschte unter den Einwohnern längst die bitterste Noth, die ärmeren derselben fristeten mit Esel- oder Pferdefleisch ihr Dasein, und es schien noch gar die Zeit zu kommen, wo man sich mit Maulwürfen und Lederhäuten behelfen müßte. Die Maß des sauersten Weines kostete zu Ende der Belagerung 3 Gulden, das Loth Rauchtabak 1 Gulden 40 Kreuzer, ein Ei 10 Kreuzer. Die Soldaten rauchten schon seit halbem Sommer getrocknete Pfirsich- und Birnblätter.

Schwer am Herzen lag dem edlen Grafen Traun, diesem so wackeren Festungs-Commandanten, das Loos seiner Tapferen! — Alle seine Kriegslisten hatte er bereits erschöpft und die Vorräthe reichten nur noch auf vierzehn Tage aus, als er nach Empfang eines Schreibens aus Rom dem feindlichen Befehlshaber Herzog von Berwick den Wunsch zu erkennen gab, wegen der Uebergabe der Festung zu unterhandeln. Die damit beauftragten Commissäre, Oberstlieutenant Graf Sinzendorf und Major Rosenzweig, begaben sich nach Santa Maria Maggiore und setzten dort mit dem anwesenden General-Lieutenant des Königreiches Grafen Charny die Bedingungen fest.

Doch bevor sich Graf Traun zu diesem entscheidenden Schritte entschlossen hatte, waren von ihm der Hauptmann Graf Pallavicini von Schmettau-Infanterie und der Lieutenant Molitor von Lothringen an den die Geschäfte und die Interessen Oesterreichs vertretenden Cardinal Cienfuegos nach Rom abgeschickt worden, um sich bei diesem über die politische Situation zu informiren und zu ersehen, ob gar keine Verträge zwischen den kriegführenden Mächten beständen, welche die Aussicht gewährten, Capua dem Kaiser zu erhalten, oder ob auch sonst keine Hoffnung auf Entsatz bliebe.

Der bereits in diesen Blättern mehrmals erwähnte Kirchenfürst Alvaro Cienfuegos, geboren 1657, war Jesuit und Anfangs Professor der Theologie und Rhetorik zu Salamanca, kam später mit dem Grafen Melgar, dessen Beichtvater er war, nach Madrid, wo er denselben zur Unterstützung der Ansprüche Oesterreichs auf den spanischen Thron leitete. 1702 wurde Cienfuegos Resident des Erzherzogs Carl von Oesterreich in Lissabon und gewann den portugiesischen Hof für diesen; 1714 ging er im Auftrage seines Herrn, der mittlerweile als Carl VI. deutscher Kaiser geworden war, mit diplomatischen Aufträgen nach Holland, lebte darauf einige Zeit in Wien, und wurde 1720 Cardinal und Bischof von Catanea, 1721 Geheimer Rath, 1722 aber kaiserlicher Minister in Rom, wo er 1735 im 78. Lebensjahre starb. Cienfuegos war auch Schriftsteller und schrieb Aenigma theologicum, zwei Bände, die in Wien erschienen sind, und über das Abendmahl.

Am 20. November kam eine aus 13 Artikeln bestehende Capitulation zu Stande, vermöge welcher Feldmarschall-Lieutenant Graf Traun Capua am 30. November zu übergeben versprach, falls die nach Rom abgesandten Officiere mit einem ungünstigen Bescheide von Seite des Cardinals bis dahin zurückgekehrt sein würden.

Immer zum Aeußersten entschlossen, — doch dabei Nichts über=
eilend, — und ohne seine kaltblütige Ruhe zu verlieren — immer
Achtung gebietend, konnte Graf Traun, bereits wiederholt zur Ueber=
gabe des Platzes aufgefordert, nach dem Verluste bei Bitonto, — der
Einnahme von Neapel, der Uebergabe von Pescara, Gaëta und allen
übrigen festen Schlössern allein noch übrig, dennoch freien Abzug,
Schiffe bis Triest, sogar Geldvorschüsse und alle Kriegsehren mit
Beibehalt der Waffen fordern, denn diese, erklärte er, „würde
man nur den Todten aus den Händen winden müssen".
— Worte, die damals ihre Runde durch Europa machten, und auch
heute noch zur Darnachachtung späterer Generationen von der Ge=
schichte aufbewahrt werden! — Abzüge dieser Art versichern sich nur
Männer, die dafür bekannt sind, ihr Wort zu halten.

Die Capitulations=Bedingnisse waren daher unter der herrschen=
den politischen und militärischen Situation nur sehr günstige zu nennen.
Ihr wesentlicher Inhalt bestand: Die Besatzung sollte mit allen Kriegs=
ehren ausmarschiren und zwei Feldstücke mitnehmen, Officiere und
Mannschaft aber auf spanischen Transportschiffen nach Triest und
Fiume gebracht werden und gehalten sein, Jahr und Tag weder gegen
den Infanten, noch dessen Verbündete zu dienen; auf Verpflegung und
rückständige Gebühren endlich dem Feldmarschall=Lieutenant
Grafen Traun ein Vorschuß von 58.333 Gulden geleistet werden,
für deren Rückzahlung der Oberst Graf della Torre als Geisel in
Neapel zurückblieb. Vergebens hatte der Festungs=Commandant
Graf Traun die Concession zu erlangen getrachtet, sich mit seiner
Garnison zum kaiserlichen Heere in Oberitalien begeben zu dürfen.
So nachgiebig sich General=Lieutenant Graf Charny auch in allem
Uebrigen bei dieser Capitulation bezeigte, so wich er doch begreiflicher
Weise gerade in diesem Punkte nicht einen Finger breit von seinem Ver=
langen, und es war gar wohl erklärlich, daß man nicht durch einen
so vortrefflichen General, wie Traun, und eine so tapfere, erprobte
Truppe, wie die Besatzung Capuas, das österreichische Heer verstärkt
wissen wollte.

Die beiden nach Rom entsandten Officiere Graf Pallavicini und
Lieutenant Molitor kehrten, wie wol nicht anders zu erwarten stand,

von dort, ohne auch nur die e n t f e r n t e s t e Hoffnung einer länger möglichen Behauptung Capuas erhalten zu haben, zurück. Es mußte daher nun das Unvermeidliche geschehen.

Am Nachmittage des S t. A n d r e a s t a g e s (30. November) 1734 verließ F e l d m a r s c h a l l = L i e u t e n a n t G r a f T r a u n mit seiner Mannschaft den Platz, der nun auf immer für Oesterreich ver= loren blieb. Aber noch im letzten Augenblicke gab er den Spaniern einen Beweis seiner Festigkeit und eine kleine Lehre über den Anstand im Kriegsgebrauche. Das Fußregiment Sevilla hatte nämlich zu vor= eilig und ganz capitulationswidrig den Marktplatz und die Haupt= wache besetzt, als Graf Traun dem Obersten desselben bedeuten ließ: „E r s e i e t w a s z u f r ü h g e k o m m e n; d e n n n o c h b e f e h= l i g e e i n k a i s e r l i c h e r G e n e r a l i n C a p u a". — Auf diese Er= klärung zog sich das spanische Regiment auch wirklich sogleich zurück.

Der Abzug der kaiserlichen Truppen ging folgendermaßen vor sich: Von der Porta di Napoli bis zum Dorfe San Tomaso waren mit gehörigen Intervallen spanische Infanterie und Cavallerie aufge= stellt. — Die österreichische Garnison setzte sich nun dergestalt in Marsch: Das schwache Cürassier=Detachement, an seiner Spitze der General=Feldwachtmeister F r e i h e r r G ö l d l i n v o n T i e f f e n a u mit gezogenem Degen. — Die drei Bataillons des Infanterie=Regi= ments Göldlin mit klingendem Spiele und fliegenden Fahnen. — Das erste Bataillon Oneilly (Nr. 42), die Artillerie mit ihren beiden Ge= schützen und brennenden Lunten. Das zweite Bataillon Oneilly. — Das Bataillon Schmettau, zwei Bataillons Franz Lothringen (jetzt Nr. 1), zwei Bataillons Heister, die Grenadier=Compagnien. Der F e s t u n g s = C o m m a n d a n t F e l d m a r s c h a l l = L i e u t e n a n t G r a f T r a u n, von seinem Stabe und vielen Officieren umgeben, schloß den Zug zu Fuß.

Der Herzog von Berwick erwartete an der äußersten Barriere den Zug; als er des tapfern Commandanten ansichtig wurde, wollte er vom Pferde steigen, um ihm seine Ehrfurcht und Anerkennung zu bezeugen. Aber Graf T r a u n ließ dies nicht geschehen, sprach einige Augenblicke mit dem Herzoge und den umstehenden Officieren und schlug dann die Straße über Aversa und Avellino nach Manfredonia ein, von wo die Garnison laut des Vertrages auf spanischen Schiffen nach Triest und Fiume gebracht wurde.

Mit dem Falle von Capua war für Oesterreich das letzte Boll= werk im Neapolitanischen verloren, und die Eroberung dieses König= reiches war nun in der That verwirklicht. Adel und Volk erklärten sich jetzt öffentlich für den neuen Herrscher, dem sein Vater am 15. Juni auch alle Rechte auf diese Krone abgetreten hatte.

IV.

Beförderung des Grafen Traun zum Feldzeugmeister. — Bezwingung
eines Aufstandes in Ungarn. — Ernennung Trauns zum Gouverneur
von Mailand und später zum Feldmarschall. — Politisch-militärische
Verhältnisse in Italien nach dem Ableben Kaiser Carls VI.

1735 bis 1742.

Feldmarschall-Lieutenant Graf Traun hatte sich
nach Wien begeben, wo ihm alle Anerkennung seiner Tapferkeit von
Seite des Monarchen zu Theil wurde, und er im April 1735 die
verdiente Beförderung zum Feldzeugmeister, zugleich aber
einen schweren Auftrag erhielt, der nicht blos Muth und kriegerisches
Wissen, sondern auch umsichtige Klugheit und feine Menschenkenntniß
erforderte. Unter den Raszern waren wegen Religionsbeschwerden
in der Bekesser Gespannschaft Ungarns Unruhen ausgebrochen, und
dieselben von den räuberischen Kuruzzen sogleich benützt, um in Dörfern und offenen Flecken zu plündern.

Diesen Aufstand zu unterdrücken, wurde Feldzeugmeister
Graf Traun mit ausgedehnten Vollmachten nach Ungarn geschickt.
Durch Gewalt und schlaue Künste hatten die Aufrührer sich täglich
einen größeren Anhang zu verschaffen gewußt, und die Empörung
drohte bedeutende Dimensionen anzunehmen; bis es endlich Trauns
umsichtigen militärischen Anordnungen zu danken war, daß die Rädelsführer in einem Walde bei Arad überfallen, eingeschlossen und
größtentheils niedergehauen oder gefangen wurden. Der Feldzeugmeister hielt strenges Gericht, verhängte Untersuchung und

Strafe über die Schuldigen; aber sorgfältig unterschied er die Ver=
führten von den Verführern. Durch Belehrungen und Ermahnungen
führte er die Ersteren wieder zu ihrer Pflicht zurück, mit unnach=
sichtlicher Strenge bestrafte er die Letzteren. So hatte Graf Traun
den Aufruhr noch im Keime unterdrückt, der bei verkehrten Maßregeln
eine größere Tragweite angenommen und seine verderblichen Folgen
ohne Zweifel über ganz Ungarn verbreitet hätte.

Nachdem die Ruhe in jenen Gegenden wieder hergestellt war,
erhielt Feldzeugmeister Graf Traun den Befehl, den Zustand
der ungarischen Festungen in allen Details zu untersuchen und über
die Verwendung der zur Verfertigung neuer Werke bewilligten Sum=
men genaueste Rechnung abzufordern.

Von seiner Mission nach Wien zurückgekehrt, ward die Ver=
leihung der Würde eines geheimen Rathes und die Ernennung zum
General=Commandanten der in der Lombardie stehenden Truppen und
Interimsstatthalter im Herzogthume Mailand 1736, der Lohn für
Trauns eben so schnell als glücklich vollbrachte Bezwingung des
Aufstandes.

Bei dieser Gelegenheit erschien die edle uneigennützige Denkungs=
art des Feldzeugmeisters im schönsten Lichte. Ihm war der
Vollgenuß aller Einkünfte, wie seine Vorgänger sie bezogen hatten,
von dem großmüthigen Monarchen zugewiesen worden. Traun aber
erklärte mit edler Resignation, daß er bei den erschöpften Staatskassen
sich mit der Hälfte zu begnügen für Pflicht halten müsse. Diese Er=
schöpfung lag am schwersten auf dem Lande, dessen Regierung er über=
nahm, da es von fremden und eigenen Armeen ausgezehrt, eine be=
trächtliche Schuldenlast auf sich angewiesen und nicht weniger als
30.000 Mann zu erhalten hatte, und zwar zu einer Zeit, da so viele
durch den Krieg versiegte Quellen seiner Betriebsamkeit erst wieder
eröffnet werden mußten. Wenn hier Trauns natürlicher Hang zur
Großmuth und Wohlthätigkeit, die thränenbenetzte Abgabe der Armuth
ihr oft aus Eigenem ersetzte, so hieß ihn gefühllose Berechnung und
bureaukratische Schablonenweisheit einen Verschwender und unfähigen
Verwalter der Landeseinkünfte. Kaiser Carl VI. aber glaubte an eine
Tugend, von der er Proben gesehen hatte und ernannte den
Grafen Traun am 19. März 1740 zum Feldmarschall,

nachdem diesem schon 1737 auch noch das Gouvernement über die
Herzogthümer Parma, Piacenza und Mantua übertragen worden war,
wovon er am 6. April 1737 Besitz genommen hatte. — In dieser
Eigenschaft genoß Feldmarschall Graf Traun nach Carls VI.
Ableben, in seinen Würden und Aemtern von dessen Tochter Maria
Theresia bestätigt, die Ehre, für seine Monarchin am 21. Jänner
1741 die feierliche Erbhuldigung der ihm anvertrauten Länder einzu=
nehmen, wobei eigens hiezu geprägte silberne Gedächtnißmünzen aus=
geworfen und vierzig Gefangene in Freiheit gesetzt wurden.

Bald sollte der Feldmarschall Gelegenheit erhalten, dieser
erhabenen Fürstin seine Dankbarkeit für die von ihrem erlauchten Vor=
gänger erhaltenen und von ihr selbst neuerdings bestätigten Auszeich=
nungen thätig an den Tag zu legen. Die pragmatische Sanction,
deren Anerkennung dem Hause Oesterreich so viele und kostbare
Opfer kostete, wurde sogleich nach Kaiser Carl VI. Ableben von allen
Seiten feindlich angefochten: Preußen, Baiern, Sachsen, Frank=
reich rüsteten sich, Maria Theresien ihre deutschen Erbstaaten
zu entreißen. Aus Florenz und Mailand berichtete man, daß sich
Neapel und Spanien vorbereiteten, ein Gleiches mit den italie=
nischen zu thun. Erst vor wenig Jahren hatte der Großherzog
Franz, Maria Theresiens Gemal, nach dem Erlöschen der Mediäer
Toscana im erzwungenen Tausch für das angestammte Lothringen
erhalten, und schon stand er in Gefahr, es wieder zu verlieren.

Es war daher ein ungemein günstiger Umstand für die junge
Königin von Ungarn, wie Maria Theresia vor der deutschen Kaiser=
wahl ihres Gemals hieß, daß in dem verhängnißvollen Augenblicke des
Ablebens ihres Vaters die Verwaltung der österreichischen Länder in
Italien, mit dem dortigen Truppen=Commando vereint, in den Händen
eines erprobten Mannes und umsichtigen Militärs lag, wie es eben
der Feldmarschall Graf Traun war.

Unter den Befehlen des Feldmarschalls Grafen Traun
befanden sich in der Lombardie 10 Infanterie=, 5 Cavallerie=Regimenter
und 20 Grenadier=Compagnien; — in Toscana unter Feldzeug=
meister Freiherrn von Wachtendonk[1]) 3 Infanterie=Regimenter,

---

[1]) Carl Franz Baron Wachtendonk, ein Neffe des 1720 verstorbenen
Feldmarschall=Lieutenants und deutschen Ordensritters Bertrand Baron Wachtendonk,

6 Grenadier-Compagnien und 3 Cüraffier-Compagnien des in der Lombardie stehenden Cüraffier-Regimentes Berlichingen (als de Ville-Cüraffiere 1767 reducirt).

Diese Truppen bestanden, und zwar

in der Lombardie

aus den Regimentern:

Alt-Wallis-Infanterie, 1748 reducirt.

  Livingstein- „ jetzt Nr. 16.

  Traun- „ 1748 reducirt.

  Diesbach- „ jetzt Nr. 20.

  Suckow- „ jetzt Nr. 22 (commandirt vom Obersten Salomon Sprecher von Bernegg, 1744 Generalmajor, 1754 Feldmarschall-Lieutenant, † 1758).

Wachtendonk-Infanterie jetzt Nr. 25 (Oberst Jakob Bernard, 1745 abgängig).

Bettes-Infanterie jetzt Nr. 34.

Stephan Ghulah-Infanterie jetzt Nr. 51 (Oberst Adam von Eröß, 1745 Generalmajor, † 1764).

Deutschmeister-Infanterie jetzt Nr. 4 (Oberst Anton Graf Colloredo, der spätere Feldmarschall).

Leopold Palffy-Infanterie jetzt Nr. 19 (der Inhaber Graf Leopold Palffy[1]) war zugleich Regiments-Commandant).

---

hatte früh in dem, von diesem commandirten, gegenwärtigen 16. Infanterie-Regimente Birmond seine Kriegsdienste begonnen, und wurde 1731 Inhaber des dermaligen 25. Infanterie-Regimentes. Er befehligte die Truppen, welche 4000 Mann stark sich um Genua sammelten, dort eingeschifft wurden und im August 1731 bei Bastia ans Land traten, um den Aufstand der Insel Corsica zu bewältigen. Wachtendonk war der erste unter den Feldhauptleuten des Kaisers, welcher diese Insel betreten hatte, später machte er die Feldzüge 1734 und 1735 in Italien mit, wurde 1740 Feldzeugmeister und starb 1741.

 [1]) Leopold Stephan Graf Palffy von Erdöd, geboren 1716, errichtete, erst 18 Jahre alt, 1734 ein ungarisches Infanterie-Regiment (heute Kronprinz Rudolf Nr. 19), diente 1742 bis 1745 als Generalmajor bei den Armeen in Baiern und am Main, wurde 1751 Feldmarschall-Lieutenant, 1754 Feldzeugmeister und 1760 Feldmarschall, 1763 Großkreuz des St. Stephanordens, zuletzt commandirender General in Ungarn, starb zu Preßburg am 9. April 1773.

Jedes dieser Regimenter zu 3 Bataillons und 2 Grenadier-Compagnien, daher im Ganzen 30 Infanterie-Bataillons und 20 Grenadier-Compagnien.

Miglio-Cüraffiere jetzt Dragoner Nr. 6 (Oberst Carl Anton Corioulle, wurde 1744 Generalmajor).

Berlichingen-Cürassiere, 1766 als de Ville reducirt (Oberst Baron Trzebinsky, 1745 Generalmajor, † 1755).

Sachsen-Gotha-Dragoner jetzt Uhlanen Nr. 8 (siehe Thürheims Geschichte des 8. Uhlanen-Regiments, Wien 1860, Staatsdruckerei gr. 8).

Jedes dieser drei Cavallerie-Regimenter hatte 6 Escadrons, die Cüraffiere je eine Carabinier-, das Dragoner-Regiment eine Grenadier-Compagnie.

Havor-Hußaren jetzt Nr. 4 (Oberst Baron Kaszon wurde 1742 Generalmajor).

Baranyay-Hußaren jetzt Nr. 8.

Beide Regimenter jedes zu 5 Escadrons.

Im Ganzen daher an Cavallerie 28 Escadrons, 2 Carabinier- und eine Grenadier-Compagnie.

In Toscana:

Neipperg-Infanterie jetzt Nr. 7 (Oberst Baron Wurm ist 1745 in der Schlacht bei Striegau geblieben).

Hildburghausen-Infanterie jetzt Nr. 8 (Oberst Baron Adalbert Przichowsky 1742 Generalmajor, † als Feldmarschall-Lieutenant 1748).

Pallavicini jetzt Nr. 15.

Jedes zu 3 Bataillons und 2 Grenadier-Compagnien, Summa 9 Bataillons und 6 Grenadier-Compagnien.

Diese drei letztgenannten Regimenter im Toscanischen zählten 5754 Mann, 600 davon waren in Porto Ferrajo, 120 in der Lunegiana, einem Landstrich an der Magra; Livorno als wichtiger Küstenpunkt benöthigte allein eine Besatzung von 1500 Mann. Mit dem Reste, der ihm von seinen Truppen blieb, konnte Feldzeugmeister Baron Wachtendonk unmöglich das Großherzogthum Toscana gegen einen sehr wahrscheinlichen Einbruch der neapolitanischen Armee erfolgreich

vertheidigen. Zur größeren Sicherheit dieses Landes wurden Anfangs
Februar 1741 die zwei Infanterie=Regimenter Alt=Wallis und Ghulay,
500 Hußaren, 300 Dragoner und 150 Cüraffiere nebst einer ent=
sprechenden Anzahl Feldartilleristen aus der Lombardie nach Toscana
beordert, und Wachtendonk befohlen, dem etwa herannahenden Feinde
mit vereinigter Macht über die Grenze entgegenzurücken.

Feldmarschall Graf Traun erstattete über den Ver=
theidigungszustand der Lombardie folgenden kurzen, ungünstigen Bericht:
„Die Festungen", schrieb er, „sind ganz verfallen, es fehlt an Geschütz
„und Munition. Die Truppen haben einen starken Abgang an Mann
„und Pferden; sie liegen an Verpflegung auf; alle Kassen sind leer;
„es fehlt durchaus an Geld; kein Vorschuß ist zu erlangen".

Auch Feldzeugmeister Wachtendonk, der aus der Lombardie Geld=
hülfen erhalten sollte, stellte vor: „daß seine Officiere nicht mehr leben,
viel weniger sich ins Feld ausrüsten könnten". Die Nachricht, daß
30.000 nach Italien bestimmte Spanier sich in Catalonien sammelten,
8000 Neapolitaner sich zur Besetzung der sogenannten Präsidien (das
Gebiet von Orbitello an der toscanischen Küste) bereiteten, vermehrte
noch die Verlegenheit der österreichischen Befehlshaber.

Feldmarschall Traun erklärte: „daß ihm nach Absendung
der zwei Infanterie=Regimenter und 950 Reiter in das Toscanische
nur noch 14.000 Infanteristen, tausend und einige hundert Reiter
erübrigten. Zur nöthigsten Besetzung der Festungen und Schlösser
bedürfe er aber 7= bis 8000 Mann. Er könne demnach nur mit 6000
ins Feld rücken, weshalb es nothwendig sei, noch mindestens vier In=
fanterie= und drei Cavallerie=Regimenter nach Italien zu beordern".

Die inzwischen eingetretenen politischen Verhältnisse machten es
aber in diesem Augenblicke unmöglich, diese gerechte Bitte zu berück=
sichtigen, denn Friedrich II. hatte bereits ganz Schlesien besetzt, und
in Mähren concentrirte sich eine österreichische Armee, es ihm wieder
zu entreißen; überdies waren Böhmen und Oberösterreich bedroht. —
Dem Feldmarschall Grafen Traun wurde daher Anfangs
März bedeutet, daß es nicht möglich wäre, nach Italien Verstärkungen
abzusenden, jedoch wurde ihm schriftlich eine unumschränkte Vollmacht
ertheilt, als alter ego zu handeln und Alles seinem Ermessen und
seiner Einsicht anheimgestellt. — Wegen Herbeischaffung der nöthigen

Gelder wurde er an die italienische Hofkanzlei angewiesen, jedoch sollte er über die Art, wie in Italien der Krieg zu führen sei, sein Gutachten abgeben.

Feldmarschall Graf Traun erwiederte: „daß, da Zeit „und Umstände, was zu thun sei, bestimmen würden, sich im Voraus „Nichts sagen lasse. Dem man die Befehligung des Heeres über„tragen würde, solle man nur im Allgemeinen den höchsten Willen „und den Rückzugspunkt im Falle eines Unglückes bekannt machen, „sonst aber durchaus frei lassen, nach eigenem Ermessen zu handeln. „Das Nöthigste sei dermalen, die Truppen felddienstbar zu machen. „Alles hierzu Erforderliche könne Italien nicht aufbringen".

Ein großes Glück für Oesterreichs Sache war, daß die Spanier und Neapolitaner nicht die rasche Thatkraft der Preußen besaßen. — Der Sommer verstrich in Besorgnissen und Unterhandlungen. Ohne die Mitwirkung des Königs von Sardinien blieb den Spaniern nur der unsichere Wasserweg, der noch überdies durch die Engländer gefährdet werden konnte.

Anfangs September erhielt Feldmarschall Graf Traun von Wien aus die Mittheilung: „daß der Turiner Hof sich noch nicht „mit Frankreich verbunden habe, aber mit beiden Theilen unterhandle „und, nach seiner Art, von beiden zu gewinnen suche. Es könne übri„gens dem Könige nicht entgehen, daß er im Falle der Vertreibung „Oesterreichs aus Italien ganz den bourbonischen Mächten preisgegeben „sei. Hierin liege die vorzüglichste Hoffnung, doch dürfe man sich der„selben nicht ganz hingeben".

Inzwischen war eine baierisch-französische Armee (am 10. September) in Oberösterreich eingedrungen und im drohenden Anmarsche gegen Wien. — In dieser Gefahr für das Centrum der Monarchie sah sich die Königin Maria Theresia genöthigt, dem Feldmarschall Grafen Traun zu befehlen, alsogleich sieben Infanterie-Regimenter, dann Sachsen-Gotha-Dragoner und Baranyay-Hußaren durch Tirol nach Kärnten in Marsch zu setzen.

In Italien verblieben demnach nur noch 6 Infanterie- und 2 Cürassier-Regimenter und 1 Hußaren-Regiment, wovon 2 Infanterie-Regimenter nebst einigen Cürassier-Compagnien im Toscanischen standen. Daselbst befehligte nach dem kürzlich erfolgten Tode (1741) des Feldzeugmeisters

Freiherrn von Wachtendonk der Feldmarſchall-Lieutenant Graf Walſegg, der 1741 zum Feldzeugmeiſter befördert wurde, aber ſchon 1743 ſtarb. Er war ſeit 1724 Inhaber des gegenwärtigen 49. Infanterie-Regiments.

Als Feldmarſchall Graf Traun die Nachricht erhielt, daß die Ueberſchiffung der ſpaniſchen Truppen nach dem Meerbuſen von Spezzia unverzüglich erfolgen werde, bat er um Zurückſendung der neun Regimenter, oder im Falle dieſes nicht mehr thunlich ſei, um weitere Verhaltungsbefehle.

Das erſte dieſer neun Regimenter war bereits am 22. November in Villach eingerückt. Die Beſtimmung dieſer Truppen war, ſich mit dem Corps des Feldmarſchalls Grafen Khevenhüller zu ver-einen, der, nachdem ſich die franzöſiſch-baieriſche Armee gegen Böhmen gewendet, Oberöſterreich wieder erobern und in Baiern vordringen ſollte. Ihre Zurückſendung hätte die Ausführung aller klug entworfenen und bald darauf mit glänzenden Reſultaten ausgeführten Pläne gelähmt; glücklicher Weiſe ließ ſich der Wiener Hof nicht zu verderblichem Wankel-muth in ſeinen Beſchlüſſen verleiten.

Feldmarſchall Graf Traun erhielt von ſeinem Hofe fol-genden Beſcheid: „Nur ſehr ungern habe man die Truppen aus Ita-„lien gezogen. Man verkenne nicht, daß dieſes den König von Sar-„dinien verleiten dürfte, ſich mit Frankreich zu verbinden; daß man in „Gefahr komme, Italien zu verlieren; vor Allem hätte man jedoch „auf Rettung der deutſchen Erblande denken müſſen. Könne er ſich „in Italien nicht halten, ſo ſolle er durch hinreichende, mit Allem „wohlverſehene Beſatzungen für die Behauptung von Mantua, des „Caſtells von Mailand, und in ſo weit er es thunlich fände, auch „von Pizzighetone ſorgen und ſich nie von Tirol abſchneiden laſſen. „Aus dem Toscaniſchen habe er ein Regiment an ſich zu ziehen, und da „nach den Berichten des Geſandten Grafen Schulenburg zu hoffen „ſtehe, daß der König von Sardinien dieſen Winter keine Verbindung „mit Frankreich und Spanien ſchließen werde, ſo ſolle er, im Falle „Montemar (der ſpaniſche Feldherr) unſere Schwäche benützen, und „gleich wenn der erſte Transport anlangt von Spezzia gegen Parma „vorrücken ſollte, demſelben entgegengehen und ihn angreifen; da ein „glücklicher Schlag die günſtigſten Folgen haben, ein widriges Ereigniß

„die Sache kaum noch verschlimmern könne. Man gedenke keineswegs
„die italienischen Staaten ganz zu verlassen, sondern Truppen dahin
„zu senden. Man werde die zwei in Tirol stehenden Regimenter,
„2000 Warasdiner, zwei von den sechs in Errichtung begriffenen un-
„garischen Regimentern [1]), nach Italien beordern, die Hußaren und
„die zwei Cürassier-Regimenter verstärken, und hoffe so bis Frühjahr
„22.000 Mann ohne Landmiliz zusammenzubringen. Dieser Entschluß
„sei allgemein bekannt zu machen, und werde zur Ermuthigung der
„Einwohner der Republik Venedig und des Königs von Sardinien
„dienen".

Und in factischer Uebereinstimmung mit diesem erlassenen Bescheid hatte die Königin Maria Theresia, tief ergriffen von den ihre
italienischen Provinzen bedrohenden Gefahren, den beiden auf dem
Marsche durch Tirol nach Oberösterreich befindlichen Regimentern
Wallis (1748 reducirt) und Piccolomini (jetzt Nr. 25) den Befehl
ertheilen lassen, nach Italien zurück zu marschiren; ein Regiment aus
der Besatzung Freiburgs wurde gleichfalls dahin beordert. Die zu
Khevenhüllers Corps bestimmten 2000 Warasdiner wurden während
ihres Marsches gegen Wien angewiesen, geraden Weges nach Italien
zu ziehen: andere Grenztruppen und zwei in der Errichtung begriffene
Haiducken-Regimenter sollten baldmöglichst in Eilmärschen diesen nach-
folgen. Man hoffte auf diese Art die österreichische Streitmacht in
Italien in kürzester Zeit auf 24.000 Mann zu erhöhen.

Es gab aber damals eine starke Partei am Wiener Hofe, welche
den Feldmarschall Grafen Traun zu bedächtig und zu alt fand,
um einer allerdings sehr schwierigen Aufgabe gewachsen zu sein. Traun
zählte damals 64 Lebensjahre. Die glücklichen Erfolge und die rasche
Thatkraft des jungen Königs von Preußen führten von selbst auf den
Gedanken, die älteren Heerführer durch jüngere Kräfte zu ersetzen. Selbst
Maria Theresia war von einer solchen Nothwendigkeit überzeugt, und
schrieb in diesem Sinne an ihren Minister Grafen Ulfeld folgende Worte:

„Ich glaube daß Traun der ehrlichste Mann, aber alt, chagrin
„und schwach. Hart wird seyn ein remede zu finden, daß douce

---

[1]) Diese Regimenter waren: Andrassy jetzt Nr. 33, Uivary jetzt Nr. 2, Forgacs
jetzt Nr. 32, Bethlen jetzt Nr. 52, Haller jetzt Nr. 31 und Szirmay jetzt Nr. 37.

„wäre, dan ihme nicht vor den kopf stossen will und kan, den ihm „estimire, wegen diesen aber ist nichts zu negligiren".

Man dachte daher in Wien an nichts Geringeres, als Traun abzuberufen und durch einen Anderen zu ersetzen, und zwar durch einen Mann, welcher keinen Vergleich mit dem erprobten Feldherrn, dem einstigen Schüler Guido Starhembergs, dem unerschrockenen Vertheidiger Capuas auszuhalten im Stande war, dessen Name mit Erinnerungen der traurigsten Ereignisse des letzten Türkenkrieges, insbesondere dem ungünstigen, großentheils durch ihn verschuldeten Ausgang des Feldzuges 1737 in engster Verbindung stand. Es war dies der Prinz Friedrich von Sachsen-Hildburghausen; — nur seine Eigenschaft als deutscher Reichsfürst, des Kaisers Gunst und des allmächtigen Bartensteins Fürwort hatten ihn vor dem Schicksale und der Strafe eines Seckendorfs, Neippergs und Wallis bewahrt[1]).

---

[1]) Friedrich Heinrich Graf Seckendorf, geboren 1673, gestorben zu Meuselwitz am 23. November 1763 über 90 Jahre alt, nach einem an Ehrgeiz, Intriguen, aber auch tapferen Ruhmesthaten reichen Leben. Friedrich II. ließ 1758 den damals 85jährigen Greis wegen seines ihm gefährlich scheinenden Briefwechsels in der Kirche zu Meuselwitz arretiren, nach der Citadelle von Magdeburg bringen und nach einiger Zeit, jedoch gegen Zahlung von 10.000 Thaler wieder frei. Wenn man weiß, daß Seckendorfs Verwendung bei dem Könige Friedrich Wilhelm I. das Leben des damaligen Kronprinzen rettete, und es auch historisch ist, daß Seckendorfs Kassa dem sehr karg gehaltenen Prinzen damals sehr häufig zur Disposition stand, ist jene Verhaftung eine des großen Helden und weisen Gesetzgebers unwürdige That! — (Auf die Dienstzeit Seckendorfs in Oesterreich und dessen Prozeß kommen wir in der von uns zum Drucke vorbereiteten Lebensskizze des Feldmarschalls Grafen Khevenhüller noch umständlich zurück.)

Wilhelm Rainhard Graf Neipperg, geboren 1684, trat 1702 in die kaiserliche Armee. Er hatte sich den Ruf eines der kenntnißreichsten Officiere erworben und erfreute sich der besonderen Zufriedenheit des Prinzen Eugen. 1716 war er bereits Oberst im Regimente seines Vaters, welches er 1717 selbst als Inhaber erhielt und das durch 74 Jahre den Namen Neipperg trug, 1700 bis 1774, es ist dies das heutige 7. Infanterie-Regiment. Oberst Neipperg zeichnete sich 1716 bei Temesvar, 1717 bei Belgrad aus, wurde 1723 General und Erzieher des Prinzen Franz Stephan von Lothringen, nachmaligem Kaiser Franz I., später dessen vertrauter Freund. 1730 Commandant zu Luxemburg, kurz nachher Feldmarschall-Lieutenant, machte er die Feldzüge 1734 und 1735 in Italien mit, wurde 1735 Feldzeugmeister und 1737 Gouverneur von Temesvar. Nach dem unglücklichen Ausgange des Türkenkrieges schloß er 1739, durch den Haß des Feldmarschalls Grafen Wallis ohne die nöthigen Instructionen, sowie durch sehr

Dieser Prinz, geboren 1701, hatte als Stabscapitän im Regi=
mente Seckendorf (jetzt Nr. 18) im Feldzuge 1719 in Sicilien seine

---

ungünstige Berichte über den Zustand der Festung Belgrad irregeführt, den äußerst
unvortheilhaften Frieden von Belgrad. Sowol Feldmarschall Graf Wallis als
Graf Neipperg kamen in Folge dessen auf die Festung. Letzterer nach Glatz,
wurde aber nach des Kaisers Carl VI. Tode wieder entlassen und in vollen
Gnaden aufgenommen. Bei Ausbruch des schlesischen Krieges erhielt 1741 Graf
Neipperg, unter fast gleichzeitiger Ernennung zum Feldmarschall, das Ober=
commando der in Schlesien aufgestellten Armee, und verlor am 10. April 1741
die Schlacht bei Mollwitz. Dieses Mißgeschick Neippergs darf ihm jedoch nicht zu
sehr zur Last gelegt werden. Friedrich der Große sprach ungeachtet seines Sieges
immer mit der größten Achtung von Neipperg, und gesteht selbst: „daß seine
„Erfolge 1741 nicht dessen Schuld gewesen, sondern daß die Weiber in Breslau
„viel zu viel Diplomatie getrieben. Neipperg habe unter solchen Umständen als
„Feldherr mehr als man von ihm erwarten konnte, ja er habe Wunder gewirkt,
„und die hölzernen Ladstöcke der österreichischen Infanterie hätten bei Mollwitz,
„selbst wenn er sie flugs in eiserne verwandelt hätte, wenig zur Aenderung des
„Resultates beigetragen". Dies das Urtheil des königlichen Gegners, gewiß com=
petenter als jenes der Herren Schlosser und Behse. — Der Schlacht bei Dettin=
gen 1743 wohnte Feldmarschall Graf Neipperg im Hauptquartiere des Königs
Georg II. von England bei, dessen Vertrauen er in hohem Grade genoß. 1753
wurde Graf Neipperg commandirender General in Niederösterreich, führte einige
Zeit in Erkrankung des Feldmarschalls Grafen Harrach das Hofkriegsraths=Prä=
sidium und starb zu Wien am 26. Mai 1774 im hohen Alter von 90 Jahren.
Näheres siehe von Wurzbach, Lexikon, XX. Band, Seite 159.

Georg Olivier Graf Wallis, Freiherr von Carighmain, ein
Urenkel jenes Richard Freiherrn von Wallis, der 1632 als kaiserlicher Oberst
in der Schlacht bei Lützen fiel, und der älteste Sohn jenes Georg Wallis, welcher
dem Blutgerichte zu Eperies präsidirte und 1689 als kaiserlicher Feldzeugmeister
vor Mainz blieb, war 1673 geboren. Er kam nach seines Vaters Tode mit
seinem jüngeren Bruder Franz Paul, (gestorben als kaiserlicher Feldmarschall am
18. October 1737) an den kaiserlichen Hof nach Wien und wurde mit diesem
unter die Pagen des damaligen römischen Königs Joseph I. aufgenommen. Nach
wenig Jahren aber trat er in die Armee und kämpfte 1697 in der Schlacht bei
Zenta. 1701 focht er unter dem Prinzen Eugen in der Action bei Chiari und
Mantua. 1704 Oberstlieutenant im Infanterie=Regimente Haßlinger (jetzt Nr. 11),
zeichnete er sich in Tirol aus, nahm Kuefstein mit Sturm und wurde Oberst.
1706 beim Entsatze von Turin, 1707 in Neapel, wo er nach kurzer Belagerung
die Festung Pescara nahm. Nachdem er schon früher die Citadelle von Modena
erobert hatte, wurde Graf Wallis 1708 Generalmajor. Im Feldzuge 1708 unter=
warf er dem Kaiser Orbitello, Tulmone, St. Stephano und das Fürstenthum
Bombino. Im Türkenkriege bereits Feldmarschall=Lieutenant, wohnte Wallis der
Belagerung von Temesvar 1716 und der Schlacht von Belgrad 1717 bei. Von
Semlin aus wurde er 1718 mit fünf Regimentern nach Calabrien und von dort

erſten Kriegsdienſte geleiſtet. Prinz Eugen und Königsegg ſchätzten ſeine perſönliche Tapferkeit und Umſicht; auch im Feldzuge 1734 in

---

aus nach Sicilien gegen die Spanier beordert. Am 29. Juli rückte er in Reggio ein, und wurde bei einer Recognoscirung der feindlichen Stellung verwundet. Nach der Eroberung von Meſſina am 19. October 1719 wurde Feldmarſchall-Lieutenant Graf Wallis zum Gouverneur dieſer Feſtung ernannt. Schon ſeit 1707 war er Inhaber eines 1748 reducirten Regimentes. Er ließ die zerſtörten Feſtungswerke wieder herſtellen und hielt ſcharfes Gericht über die Rädelsführer des gegen die kaiſerlichen Truppen aufgewiegelten Landvolkes, deren er mehrere hängen ließ. 1723 Feldzeugmeiſter, blieb Graf Wallis noch einige Jahre in Italien, bis wiederholte Streitigkeiten mit dem Vicekönige von Sicilien Grafen von Saſtago ſeine Zurückberufung nöthig machten, 1730. Auf Anſuchen des Kurfürſten von Mainz wurde Feldzeugmeiſter Graf Wallis als Gouverneur dahin beordert, wo er in kürzeſter Zeit neue Feſtungswerke aufbauen und dieſen Platz mit Proviant und Munition reichlich verſehen ließ. 1734 abermals mit mehreren Regimentern nach Italien beordert, beſetzte er Pozollo und andere Poſten. 1736 wirklicher Hofkriegsrath, wohnte er in Wien mehreren Berathſchlagungen bei. 1738 zum Feldmarſchall ernannt, erhielt Graf Wallis im Feldzuge dieſes Jahres gegen die Türken das Commando über die geſammte Infanterie, und wurde 1739 mit dem Oberbefehle der Armee betraut. Der unglückliche Verlauf dieſes Feld-zuges und die voreilige Abſchließung des Belgrader Friedens hatten die Einſetzung einer eigenen Unterſuchungs-Commiſſion über den Feldmarſchall Grafen Wallis und den Feldzeugmeiſter Grafen Neipperg zur Folge. Zwölf Beſchwerdepunkte wurden gegen Wallis geltend gemacht und er auf die Feſtung Spielberg bei Brünn zur Haft verurtheilt. Sein Begehren, wegen geſchwächter Geſundheit in Brünn bleiben zu dürfen, wurde abgeſchlagen. Als er am 22. Februar 1740 auf der Feſtung anlangte, empfing ihn der Commandant des Platzes Graf Zinſen-dorf am Thore, die Beſatzung aber leiſtete unter klingendem Spiele dem unglück-lichen General die Ehrenbezeugung. Als dieſer dem Feſtungs-Commandanten ſeinen Degen überreichen ſollte, erklärte Zinſendorf, keinen Befehl von Sr. Majeſtät deswegen erhalten zu haben und ließ ihm die Waffe. Doch ſoll Graf Wallis freiwillig den Degen während ſeines dortigen Aufenthaltes abgelegt haben, und die ihn beſuchenden Officiere legten in aufmerkſamer Rückſicht für den tapferen, verdienten, aber vom Mißgeſchick betroffenen Feldherrn, ehe ſie ſeine Wohnung betraten, gleichfalls ihre Degen ab. Wenige Tage nach dem Tode Kaiſer Karls VI. wurde Feldmarſchall Graf Wallis mittelſt hofkriegsräthlichen Rescripts vom 4. No-vember 1740 in Freiheit geſetzt mit Beibehaltung ſeiner Charge und Würden. Im Frühlinge 1741 wurde er von der damaligen Königin Maria Thereſia nicht nur ſehr gnädig empfangen, ſondern auch den Conferenzen und Kriegsberathun-gen häufig zugezogen. Im Volke herrſchte das Gerede, Wallis und Neipperg hätten nach geheimen Inſtructionen des Großherzogs von Toscana gehandelt, da man bei dem ob ſeiner Kränklichkeit befürchteten Ableben des Kaiſers anderweitige Verwicklungen beſorgte, und um jeden Preis Frieden mit den Türken haben wollte. Feldmarſchall Graf Georg Olivier Wallis galt für einen tapferen

Italien hatte er mit Auszeichnung den Schlachten bei Parma und Guastalla beigewohnt, und den Tag vor dem Ueberfall auf Guistello verkleidet das französische Lager recognoscirt. 1736 zum Feldzeug= meister ernannt, war er einige Zeit Commandant der Festung Komorn, hatte später einen Aufruhr in Kroatien unterdrückt und sich um die dortigen neuen Grenzeinrichtungen verdient gemacht. Seine Unter= nehmung auf Banjaluka im Feldzuge 1737 mißglückte, dagegen that er sich in den folgenden Campagnen bei Kornia und Krotzka 1738 und und 1739 durch Tapferkeit und Ausdauer hervor und wurde 1741 Feldmarschall. Seine am 15. April 1738 eingegangene Ehe mit der reichen Erbin des Prinzen Eugen, Anna Victoria von Savoyen, welche um einige Jahre älter als er und nichts weniger als anziehend war, wurde im Jahre 1752 wieder getrennt. Kaiser Karl VI. begünstigte den Prinzen und hegte große Erwartungen von dessen militärischen Talenten, und dieser besaß ungeachtet seiner Jugend eine einflußreiche Stimme im Rathe des Monarchen, auch wurde er durch den Staats= secretär Baron Bartenstein sehr unterstützt. Diese Beiden hatten den Kaiser zum Kriege gegen die Türken gedrängt. Des Prinzen späteres Wirken gehört nicht in die Grenzen dieser Darstellung, doch sei nur die bekannte Thatsache wiederholt, daß die Schlacht bei Roßbach am 7. November 1757 die Reihe der strategischen Mißerfolge des Prinzen Sachsen-Hildburghausen beschloß, der sich sodann von der weiteren Führung des Reichsheeres vollständig zurückzog, und fortan fern von militärischen Angelegenheiten lebend, in dem hohen Alter von 86 Jahren am 4. Jänner 1787 sein durch Mißgeschick aber dennoch nicht zu ver= kennende Verdienste bezeichnetes Leben beschloß. — Sein in jungen Jahren zur katholischen Kirche erfolgter Uebertritt mag zu der Schnellig= keit seiner Carriere und häufigen Bevorzugung viel beigetragen haben.

Dies war die Persönlichkeit, mit welcher man in Wien den er= probten Traun zu ersetzen glaubte. Es war davon einige Zeit die

---

entschlossenen Soldaten und insbesondere im Geniewesen höchst unterrichteten Offi= cier; er wurde in diesem Fache als Autorität angesehen. Aber seine verletzende Art gegen Untergebene, sein störrischer Sinn gegen die Befehle seiner Obern und seine Unverträglichkeit hatten ihn mehr fürchten als lieben gemacht. Er starb zu Wien im 71. Lebensjahre am 19. December 1744.

Rede, die Statthalterschaft der Lombardie von der obersten Führung der Truppen zu trennen, dem Feldmarschall Traun das erstere Amt zu belassen und dagegen dem Prinzen von Sachsen-Hildburghausen das Commando der dortigen Heerestheile zu übertragen. Aber dem stand der ältere Feldmarschallsrang des Grafen Traun entgegen; — überdies ließ sich bei der Verschiedenheit der Charaktere dieser beiden Männer keineswegs eine günstige Wirkung von einer Theilung der obersten Gewalt erwarten. Schon in früheren Jahren hatte sich zwischen dem ungestümen jungen Prinzen und dem bedächtigen Traun mancher Zwiespalt erhoben; — sie paßten eben in keiner Weise zusammen. Es muß als Verdienst des Prinzen hervorgehoben werden, diese Uebelstände vollkommen erkannt zu haben: — denn er selbst stellte dies in eindringlichster Weise vor und bat, ihn lieber gar nicht nach Italien zu senden, als nicht alle Macht daselbst in seine Hände zu legen, wozu man um so mehr Bedenken tragen mußte, da der Prinz von Hildburghausen von den Geschäften der Verwaltung gar nichts verstand. — Diese ganze Angelegenheit zerschlug sich daher, um so mehr als der König von Sardinien die Entsendung des Prinzen von Sachsen-Hildburghausen nach Italien als eine ihm unerwünschte Maßregel bezeichnete. In Maria Theresias damaliger Lage mußten Carl Emanuels Wünsche berücksichtigt werden, und so unterblieb denn die Sendung des Prinzen nach Italien.

Graf Traun behielt die Statthalterschaft der Lombardie, sowie das Truppencommando, und der bisherige österreichische Gesandte in Sardinien, Feldmarschall-Lieutenant Graf Schulenburg, dessen militärischer Ruf großes Vertrauen einflößte, wurde ihm beigegeben.

Ludwig Ferdinand Graf Schulenburg, von der sogenannten schwarzen Linie seines Hauses, geboren 1700, ging als 15jähriger Jüngling mit seinem Oheim Mathias Johann, dem bekannten venetianischen Feldmarschall, nach Corfu, das dieser wie ein Held gegen die Türken ruhmvoll vertheidigte (1715). Hierauf trat der junge Schulenburg in den kaiserlichen Kriegsdienst, und machte die Feldzüge in Italien, Ungarn und Deutschland mit Tapferkeit und Umsicht mit. 1734 war er bereits Inhaber des heutigen 21. Infanterie-Regimentes und wurde auch in diplomatischen Missionen häufig verwendet. Seit 1745 Feldzeugmeister, commandirte er im Feldzug 1747 die kaiserlichen

Truppen bei Genua und belagerte diese Stadt. Er starb am 16. Jänner 1754 zu Wien und wurde auf besonderen Befehl der Kaiserin am 19. mit allen militärischen Ehren und besonderer „Distinction" bei den Schotten zur Erde bestattet. Sowol die Kaiserin Maria Theresia als ihr Gemal Kaiser Franz hatten „diesen würdigen, für ihren Dienst „leider zu früh verstorbenen Officier während seiner Krankheit oft „besucht, und seine Frau, eine Gräfin Kottulinsky, wie seine Diener „mit Gnaden überhäuft."

König Carl Emanuel von Sardinien, dem die bourbonischen Höfe für seinen Beitritt die longobardische Krone verhießen, hatte mit klugem Sinne erwogen, daß der sichere Besitz wohlgelegener Theile des Mailändischen, der von Oesterreich zu erhalten war, großen aber gefährlichen Eroberungen vorzuziehen sei, und sich deshalb dem Wiener Hofe genähert. — Der größte Antheil an dieser Politik des Königs, dessen Hof damals „in einer diplomatischen Instruction für den Grafen Richecourt vom 3. März 1744: la plus fine Cour de toute l'Europe" genannt wurde, gebührt aber dem ersten Minister Sardiniens Marchese d'Ormea.

Vincenzo Ferrero Marchese d'Ormea, ein talentvoller Emporkömmling, hatte sich durch seine hervorragende Begabung aus geringen Lebensverhältnissen zur höchsten Stellung im Staate emporgeschwungen. Schon unter dem Könige Victor Amadeus II. ward er Anfangs im Finanzgeschäfte verwendet, und leistete dann zu wiederholten Malen bei schwierigen Verhandlungen mit dem päpstlichen Stuhle ausgezeichnete Dienste. Kurze Zeit vor der Abdankung Victor Amadeus' II. wurde d'Ormea Minister des Innern, und von demselben seinem Nachfolger als gewichtiger Rathgeber empfohlen. Schon bei der ersten Unterredung mit Carl Emanuel gelang es ihm, durch Schnelligkeit seiner Auffassung, Gedankenfülle und Gewandtheit seiner Rede das unbedingteste Vertrauen des neuen Herrschers zu gewinnen. Anfangs 1732 trat Ormea durch Uebernahme der Leitung der auswärtigen Angelegenheiten ganz an die Spitze der Geschäfte und führte selbe, vor keinem, wenngleich verwerflichen Mittel zurückschreckend, zum Vortheile seines königlichen Herrn. Eine interessante Charakteristik über diesen Staatsmann entwirft in seinem eigenhändigen Schreiben vom 18. März 1743 an den Grafen Ulfeld der damalige noch junge Diplomat Graf Wenzel Kaunitz[1]), spätere Fürst und Staatskanzler, welches im II. Theile der Geschichte Maria Theresias von Ritter Alfred von Arneth in den Anmerkungen S. 494—496 uns mitgetheilt wird. In diesem wird auch gesagt: „daß Graf Traun „meines Erachtens lieber einer Bataille beiwohnte, als sich mit Ormea „in eine dispute einließe".

Dies war der Mann, von dem die politische Haltung Sardiniens in dem bevorstehenden Streite abhing, ob es sich den Bourbonen oder dem Hause Oesterreich zuwenden werde. Maria Theresia hatte den Feldmarschall-Lieutenant Grafen Schulenburg als ihren Repräsentanten nach Turin geschickt, um den sardinischen Hof für Oesterreich zu gewinnen und den Bemühungen Spaniens entgegenzuwirken.

Unter dem 14. December 1741 wurde bereits von Wien aus dem Grafen Traun bekannt gemacht, „daß der König von Sar- „dinien sich erboten habe, 20.000 Mann zur Vertheidigung der öster- „reichischen Besitzungen zu stellen, aber zu wissen verlange, wie viel „Truppen Oesterreich für Italien bestimme. Der König habe erklärt, „daß er die Spanier in Italien nicht wolle, daß er sich nur im „äußersten Nothfalle mit den Bourbonen verbünden, und sollte dies „geschehen, die österreichischen Truppen hievon selbst verständigen, und „ihnen Zeit und Gelegenheit zum Rückzuge geben werde. Der König „rathe, sich mit dem Herzoge von Modena auszugleichen, und warne „vor Venedig, das in Neutralitäts-Unterhandlungen mit Frank- „reich begriffen sei, und sich vielleicht zu noch Nachtheiligerem verleiten „lassen dürfte". Dem Feldmarschall Grafen Traun wurde noch weiter eröffnet: „daß bei der jetzigen Lage, wo man Italien nicht

---

[1]) Anton Wenzel Graf, später Fürst von Kaunitz-Rietberg, geboren 1711, gestorben zu Wien am 27. Juni 1794. Oesterreichs berühmter Minister der Theresianischen Glanzepoche. Derselbe ist zu sehr ein Mann der Weltgeschichte, um hier mit einer kurzen Notiz Allbekanntes aufzuzeichnen, wir verweisen den geehrten Leser, der sich genauer instruiren will, auf das oben erwähnte Werk, sowie ein äußerst gediegener Artikel über den großen Staatsmann und Patrioten mit reichen Noten und Quellenangabe in dem vortrefflichen Lexikon des Herrn von Wurzbach, Band XI, Seite 70 bis 86 zu finden ist.

„ohne den König behaupten könne, Schulenburg den Befehl erhalten
„habe, ohne weiteres abzuschließen, und nur dafür zu sorgen, daß von
„den 20.000 Mann keine Besatzungen gegeben, sondern sie zur Ver=
„wendung im freien Felde bestimmt blieben. Sollte indeß der König
„die Besetzung einiger österreichischer Festungen verlangen, so wäre sie,
„da man kein Mißtrauen zeigen dürfe, zu gestatten, Schulenburg habe
„Befehl, dem Ermessen des Königs die ganze Art der Kriegführung
„anheimzustellen. — Von dem Herzoge von Modena wäre nicht viel
„Gutes zu hoffen. Die Spanier wollten Mirandola als Waffenplatz
„besetzen. Könne man den Herzog vermögen, uns diesen Platz zu
„überlassen, so wäre es höchst erwünscht; wo nicht, so müßte man
„suchen, auf andere Art den Spaniern zuvorzukommen. — Was Venedig
„belange, so werde es, wie der König von Sardinien auf unsere Seite
„tritt, wenn nicht für uns, doch nicht gegen uns sein".

Es wurde ferner Feldmarschall Graf Traun auf die
Vorräthe aufmerksam gemacht, welche man zu Novi im Genue=
fischen, dann im Parmesanischen und endlich zu Rom durch den Car=
dinal Alberoni [1]) für die Spanier sammle, und ihm befohlen, die in

---

[1]) Giulio Alberoni, eines Weingärtners Sohn, in dem Dorfe Firen=
zuola bei Parma 1663 geboren, zuerst Kirchensänger zu Piacenza, ward dann Ca=
nonicus, Kaplan und Günstling des Grafen Rancovieri, Bischofs zu St. Donino,
begleitete hierauf den Gesandten des Herzogs von Parma zum damaligen Com=
mandanten der französischen Armee in Italien, Herzog von Vendome, der ihn mit
nach Frankreich nahm, wo er mit Geschick einige Aufträge des Königs Philipp V.
von Spanien besorgte. Alberoni wurde nun vom Herzoge von Parma als Ge=
sandter an den Hof von Madrid gesandt, und vermittelte die Heirat des Königs
mit Elisabeth Farnese, Prinzessin von Parma, stürzte die mächtige Partei der Or=
sini, bemächtigte sich des ganzen Einflusses bei der neuen Königin, ward 1714
erster Minister und Grand von Spanien, sowie er auch von Clemens XI. den
Cardinalshut erhielt. Als Cardinal Alberoni, um den jüngeren Söhnen Elisa=
beths Reiche zur Secundogenitur zu verschaffen, in ganz Europa Kriege angezettelt
hatte, ward er von Philipp V., der sich gegen Frankreich und England nicht halten
konnte, auf deren Betrieb im December 1719 verbannt und mußte binnen wenigen
Tagen Spanien verlassen. Spanien, Frankreich und der Papst vereinten sich nun
zu seiner Verfolgung, mit Mühe fand Alberoni in Genua ein Asyl. Als er sich
nach dem Tode Clemens XI. zum Conclave begab, ward er in Rom vor Gericht
gestellt, dies fand ihn jedoch nur einiger Unregelmäßigkeiten schuldig und ver=
urtheilte ihn zu vier Jahren Klosterpönitenz, die der neue Papst Innocenz XIII.
auf ein Jahr ermäßigte. 1723 ganz freigesprochen, wurde Alberoni 1734 Legat

den ersten Landen zusammengebrachten ohne weiteres wegzunehmen oder zu verbrennen; da man jedoch für den Papst (ungeachtet der damals perfiden Politik Roms) eine besondere Rücksicht haben müsse, mit den im Kirchenstaate befindlichen erst, wenn Neapolitaner oder Spanier diesen betreten, ein Gleiches zu thun. Es wurde dem Feldmarschall schließlich die bestmöglichste Ausrüstung der Truppen, Verproviantirung und Armirung der Festungen empfohlen, so wie sich seiner Gewalt als alter ego zu bedienen, jedoch nur im äußersten Nothfalle zu Zwangsmitteln zu schreiten.

————

Während die sardinische Regierung noch mit der österreichischen unterhandelte, vollzog Spanien in einem Augenblicke, in welchem man sich dessen am wenigsten versah, die Landung seiner Truppen in Italien. In der zweiten Hälfte des Monats November 1741 waren 10.000 Spanier bei Orbitello gelandet, von wo sie mit 6000 Neapolitanern unter dem Befehle des Duca di Castropignano vereint am 8. Jänner 1742 in den Kirchenstaat abrückten und daselbst Quartiere bezogen. Der zweite Transport, aus 16 Bataillons bestehend, landete unter Bedeckung von 27 französischen und spanischen Kriegsschiffen zu Lerici und La Spezzia und sollte zwischen Sestri und Sarzana verlegt, die Ankunft des dritten, aus 12 Bataillons und 4500 Pferden bestehenden Transportes erwarten. Die englische Flotte, unter Befehl des Admirals Haddok, erschien erst Ende December 1741 mit 21 Segeln im Mittelmeere, hatte daher die spanischen Transportschiffe nicht belästigt, welche dagegen mit heftigen Herbststürmen zu kämpfen hatten. Am 29. December lief die englische Flotte in den Hafen von Mahon ein, wo sie, ohne die weitere Ueberschiffung der Spanier zu hindern, längere Zeit verweilte.

Anfangs December war auch der spanische Oberbefehlshaber Herzog von Montemar seinen Truppen gefolgt. Der frühere Sieger von Oran und Bitonto, hatte schon in den Feldzügen 1734 und 1735

————

in der Romagna, wo er bald wieder Intriguen anspann. Er starb 1752 im 89. Lebensjahre. Seine Güter in der Lombardie, 600.000 Ducaten werth, vermachte er Philipp V. und seinem Vetter Cäsar 1 Million Ducaten. Sein politisches Testament ist unterschoben. Lebensbeschreibung von Rousset, Paris 1719, und Becravi, Piacenza 1862.

glücklich gegen die österreichischen Waffen gekämpft, doch ließ ihn sein
zunehmendes Alter und die Furcht, früher erlangte Lorbern wieder zu
verlieren, diesmal mit einer Langsamkeit handeln, die weder seiner
kriegerischen Vergangenheit, noch den in ihn gesetzten Erwartungen
entsprach.

Einen außerordentlichen Eindruck in ganz Europa brachten die
ersten Nachrichten von der Landung der Spanier in Italien hervor.
In Wien trachtete man nun mit größerer Eilfertigkeit das Heer des
Feldmarschalls Traun zu verstärken, in Turin beeilte man sich,
den Vertrag mit Oesterreich zum Abschlusse zu bringen, und in England endlich hatte jenes Ereigniß beigetragen, die Stellung des Mini-
steriums Walpole zu schwächen, und der Opposition neue Kraft zu
ihren Angriffen zu verleihen.

V.

Allianz mit dem Könige von Sardinien. — Feldzug 1742 in Oberitalien. — Anfeindungen Trauns.

1742.

Am 1. Februar 1742 wurde die vorläufige zwischen Maria
Theresia und dem Könige von Sardinien geschlossene Convention von
dem Feldmarschall-Lieutenant Grafen Schulenburg und dem Marquis
d'Ormea unterzeichnet. König Carl Emanuel erklärte Spanien den
Krieg, nun erst konnte die Königin von Ungarn hoffen, die italienischen Besitzungen gegen ihre Feinde zu behaupten.

Die spanischen Truppen hatten sich mittlerweile um Spoleto und
Urbino ausgebreitet. Nachdem sich der Herzog von Montemar bei
Pesaro mit den Neapolitanern vereinigt hatte, zog er nun mit seinem
Heere nach der Romagna, wo sich der zweite Transport ihm ange-
schlossen hatte.

Da sich erwarten ließ, daß die aus dem Kirchenstaate vorrückenden Spanier und Neapolitaner auf Mantua ihr Augenmerk richten
würden, gab sich Feldmarschall Graf Traun alle Mühe, diese
Festung haltbar zu machen, und sie sowie Pizzighetone und das Castell
von Mailand auf ein halbes Jahr mit Lebensmitteln zu versehen. Die
Königin wollte indeß nicht, daß ihre Truppen sich auf die Vertheidigung der Festungen beschränkten, und erließ unterm 12. Februar folgenden Befehl an Feldmarschall Grafen Traun: „seine Macht
„zu sammeln, dem Feinde entgegenzurücken, und ihn, bevor er seine
„Kräfte vereint, anzugreifen. In Mantua wären sehr wenig, in

„Pizzighetone und dem Castell von Mailand kein Mann der Linien=
„truppen zurückzulassen. Die größere Stärke des Feindes werde des
„Feldmarschalls Erfahrung, die Tapferkeit der Truppen auf=
„wiegen".

Gegen Ende Februar traten die bei Spezzia gelandeten Spanier
den Marsch über Sarzana gegen das Toscanische an. Frankreich ge=
stattete nicht, dieses Land, das der Herzog Franz Stephan von Loth=
ringen (Maria Theresiens Gemal) als Entschädigung für sein Stamm=
land erhalten hatte, feindlich zu überziehen. Doch mußte der Großherzog
freien Durchzug den Truppen gewähren, die zur Eroberung der Staaten
seiner erlauchten Gemalin einmarschirten. Ueber den Zug dieser Truppen
berichtete der Feldmarschall unterm 24. Februar nach Wien: „daß
„die Spitze der Spanier und Neapolitaner bei Pesaro stehe, daß aber
„Montemar vor Ankunft der von Spezzia aufgebrochenen, die nicht vor
„vierzehn Tagen erfolgen könnte, nicht weiter vorrücken werde. Nach
„der Vereinigung werde Montemar mit Einschluß der 6000 Neapo=
„litaner über 26.000 Mann gebieten. Er (Traun) habe 9528 zu
„Fuß, 2358 zu Pferde; die Landmiliz der Lombardie bestehe nur aus
„liederlichem nutzlosem Gesindel, dem man am allerwenigsten Festungen
„anvertrauen könne. Er müsse demnach reguläre Truppen in selben
„belassen, und könne daher höchstens mit 7000 Infanteristen und 2000
„Reitern ins Feld rücken".

Der effective Stand der in Italien befindlichen Regimenter
betrug nach einer Stand= und Diensttabelle vom 15. Februar 1742:

An Infanterie 9528 Mann, die sich regimenterweise folgender=
maßen vertheilen:

Alt=Wallis 1618;

Traun 1502;

Diesbach 1612;

Piccolomini 1645;

Roth 1493;

Deutschmeister 1658.

An Cavallerie 2358 Mann und 2466 Pferde, und zwar:

Miglio=Cürassiere 815 Mann, 861 Pferde;

Berlichingen=Cürassiere 709 Mann, 850 Pferde;

Havor=Hußaren 834 Mann, 755 Pferde.

Als einen Grund nicht weiter vorrücken zu können, führte der
Feldmarschall in seinem Berichte an, daß man im Päpstlichen
noch keine Magazine habe errichten können. Er machte auch den Umstand geltend, daß seine weitere Vorrückung ihn von der Hülfe und
der Vereinigung mit den Piemontesen entferne, und den König Carl
Emanuel beleidigen müßte, dem man doch die oberste Leitung des Krieges
übergeben habe, auch zeigte Traun unter Einem an, daß er den
Feldmarschall-Lieutenant Grafen Schulenburg nach Turin geschickt habe,
um sich wegen des Operationsplanes mit dem Könige ins Einvernehmen zu setzen. „Auf die englische Flotte", bat der Feldmarschall,
„nicht zu rechnen, da sie zwei spanische Transporte habe ungehindert
landen lassen, was wahrscheinlich auch mit dem dritten geschehen werde."
Nur zu bald ging diese Prophezeiung in Erfüllung. Unterm 26. Februar meldete Feldmarschall-Lieutenant Breitwitz, der statt dem nach
Mantua berufenen Feldmarschall-Lieutenant Walsegg im Toscanischen
befehligte, aus Livorno, daß ein Theil des dritten Transportes, aus
Cavallerie bestehend, ebenfalls zu Spezzia eingetroffen sei.

Endlich vermochte das Anrücken der Spanier gegen Oberitalien
den König von Sardinien, 21 Bataillone und 18 Schwadronen gegen
Piacenza zu senden und dieses Herzogthum, sowie Parma zu besetzen.
In der zweiten Hälfte des Monats März folgte er selbst diesen nach
und schlug in ersterem Orte sein Hauptquartier auf. Den Rest seiner
Armee hatte er einstweilen in seinem Lande zurückgelassen, um ihn
nach dem jeweiligen Bedürfnisse der politischen Situation zu verwenden.

Der Herzog von Modena, Franz von Este, hatte seine Truppenmacht auf 8000 Mann vermehrt, und die ungeachtet aller Betheuerungen seiner Anhänglichkeit an das Haus Oesterreich dennoch sehr
zweideutige Haltung dieses Fürsten gab deutlich zu erkennen, daß er
gesonnen sei, sein kleines Heer den Spaniern zuzuführen, auch ihnen
Mirandola zu übergeben, sobald hiezu der geeignete Moment eingetreten
wäre. Er wagte es zwar noch nicht, offen für Spanien Partei zu
ergreifen, sondern versuchte es, von dem Könige von Sardinien und
dem Feldmarschall Traun für sein Herzogthum die Neutralität
zu erlangen. Jedoch für einen kleinen, zwischen kriegführenden Mächten
gelegenen Staat gibt es, besonders wenn er Soldaten und Festungen
besitzt, keine Neutralität, sondern nur ein unbedingtes Anschließen an

eine oder die andere Partei. In diesem Sinne beschloß Feldmar=
schall Graf Traun das Modenesische zu besetzen, und schickte des=
halb im Monate März an den Herzog, ihn hievon zu verständigen,
zur Uebergabe seiner festen Plätze aufzufordern, und wegen der Truppen=
verpflegung die nöthige Uebereinkunft zu treffen. In Bezug auf letz=
teren Punkt zeigte sich der Herzog willfährig; verweigerte jedoch die
Uebergabe der festen Plätze, mit der Erklärung, daß er auch den Spa=
niern die Besetzung von Mirandola nicht gewährt habe und neutral
zu sein begehre.

Am 6. Mai fand in Saffuolo eine vom Herzoge von Modena
mit dem sardinischen Minister Marquis d'Ormea verlangte Unter=
redung statt. Letzterer hatte von Wien aus unleugbare Beweise der
Unterhandlungen dieses Herzogs mit der spanischen Regierung erhalten,
ja sogar den Wortlaut des zwischen ihnen abgeschlossenen Vertrages
in Händen, dessen Abschrift er demselben vorwies. Den Betheuerungen
des Herzogs, daß der Vertrag gegen seinen Willen abgeschlossen sei,
erklärte Ormea, werde erst geglaubt werden, wenn er ein Bündniß
mit Sardinien abschließe und offen jenem Vertrage mit Spanien ent=
sage. Reggio wurde indessen besetzt und dem Herzoge eine zehntägige
Frist eingeräumt zu seiner bestimmten Willenserklärung.

Der Feldmarschall Graf Traun machte noch einen letzten
Versuch, durch den Obersten Vogthern den Herzog über seine wahren
Interessen zu belehren und zu einem Bündnisse mit Oesterreich zu
bestimmen. Als dieses jedoch fehlschlug und die Uebergabe der Cita=
delle von Modena verweigert wurde, rückte der Feldmarschall mit
6603 Mann Infanterie und 1991 Reitern in das Modenesische ein,
verlegte sie an der Sechia, und nahm sein Quartier in Correggio.

Zu Anfang April verfügte sich Feldmarschall Graf Traun
zu dem Könige Carl Emanuel nach Piacenza, um ihn zur Vereinigung
und Vorrückung in das Gebiet von Bologna zu bewegen. Aber der
König wollte sich nicht zu weit von seinem eigenen Lande entfernen,
richtete sein Augenmerk auf den Var und die Alpen, und wollte erst
die Annäherung der Spanier gegen Ferrara abwarten. Er wurde in
dieser Ansicht bestärkt durch die erhaltenen Nachrichten, daß ein spani=
sches Corps auf dem Landwege durch Frankreich gegen Genua im
Anmarsche wäre. Um das Eindringen des Feindes auf dieser Seite

zu hindern, beorderte er 7000 Sardinier nach Nizza. Zwischen dem
Feldmarschall Traun und dem Könige entstand darüber eine
Meinungsverschiedenheit. Der Erstere wollte, da man von zwei
Seiten bedroht sei, gegen Montemar vorrücken und sich schnell einen
Gegner vom Halse schaffen, der König hingegen hielt dies für einen
vergeblichen Zug und glaubte, daß der spanische Feldherr vor einer Ver-
einigung aller seiner Truppen nicht Stich halten werde.

Die Spanier standen in sechs Lagern, bei Rimini, Cesena, Forli,
Faenza und Imola, auf zehn Meilen vertheilt. Die Erleichterung der
Verpflegung war bei dieser Aufstellung berücksichtigt. Eine rasche Vorrückung hätte von diesem Umstande wol manchen Vortheil erzielen
können. Feldmarschall Graf Traun war aber zu schwach, für
sich allein etwas mit Erfolg unternehmen zu können, und Carl Emanuel war zu keiner Vorrückung zu bewegen. Umsonst waren sowol
die Bemühungen dieses Fürsten, sowie auch jene der Königin von Ungarn, die Republik Venedig zu einem Bündnisse zu bewegen. Spanien
hatte schon früher nach einem solchen gestrebt und den Besitz von Mantua
als Lohn der Republik in Aussicht gestellt. Der venetianische Senat
blieb jedoch seinem einmal gefaßten Entschlusse, die strengste Neutralität zu bewahren, treu, und gab nach allen Seiten bestimmte ableh-
nende Antworten.

Nochmals verfügte sich Feldmarschall Graf Traun An-
fangs Mai zu dem Könige nach Parma, und es gelang ihm bei dieser
Zusammenkunft, wenigstens diesen zu dem Versprechen zu bringen,
Infanterie und zwei Dragoner-Regimenter zur Vorrückung in das
Modenesische zu senden. Nun beorderte der Feldmarschall das
Feldgeschütz von Mantua über Ostiglia zum Heere, ließ bei Carpi ein
Lager beziehen und nahm sein Hauptquartier in Villanova.

Am 4. Mai überschritt Traun die Sechia und rückte nach
St. Ambroggio an den Panaro, wo am nächsten Tage der König zu
ihm stieß. Das hier vereinigte österreichisch-sardinische Heer zählte
39 Bataillons und einige 30 Schwadronen. Der rechte von den Piemontesen gebildete Flügel lehnte sich an die Höhen von Spilimberto,
der linke erstreckte sich über Fossalta.

Die militärische Etiquette damaliger Zeit verlangte, daß die Regimenter einer Armee nach ihrem Range vom rechten zum linken Flügel

geordnet würden, eine Maßregel, die öfter die Bewegung sehr erschwerte
und manche Rangsstreitigkeit und Verwickelung herbeiführte; leere
formelle Rücksichten, welche bei Vereinigung mit fremden Truppen
noch ängstlicher beobachtet wurden. Wie man weiter oben sieht, hatten
die Piemontesen den rechten Flügel eingenommen. Feldmarschall
Graf Traun erbat sich vom Hofkriegsrathe Verhaltungsbefehle.
Diese lauteten: „er möge dem Könige auf gute Art beibringen, daß
die Krone von Ungarn und Böhmen den Rang vor Sardinien habe,
und es so einleiten, daß fremde Mächte in Zukunft das Geschehene
nicht als Beispiel zur Beeinträchtigung der Armee der Königin an=
führen könnten". — Auch erhielt der Feldmarschall den Bescheid,
daß die österreichischen Feldmarschall=Lieutenants mit den sardinischen
General=Lieutenants, die General=Feldwachtmeister mit den Maréchaux
de Camp nach dem Range zu dienen, die sardinischen Brigadiers aber
stets unter dem General=Feldwachtmeister, jedoch über den Obersten zu
stehen hätten.

König Carl Emanuel unterhandelte noch immer mit dem Her=
zoge von Modena, der endlich einen Neutralitätsvertrag anbot, aber
dessen Erfüllung nicht nur unter allerlei Vorwänden von Tag zu Tag
verschob, sondern sich sogar nach Samogia, einem zwischen Bologna
und Modena gelegenen Orte begab, wohin der Herzog von Montemar
über den Reno bereits vorgerückt war und ein festes Lager bezogen
hatte, mit dem rechten Flügel an Fort Urbano, mit dem linken gegen=
über von Spilimberto. Später verlegte der spanische Feldherr sein
Hauptquartier nach Castelfranco; dessen Heer bestand aus 49 Batail=
lons und 38 Schwadronen, auch befanden sich über 1000 Miquelets
bei demselben. — Nach dem französischen Tagebuche des Marquis
Pezay, Paris 1775, soll es 53 Bataillons und 28 Schwadronen ge=
zählt haben. Montemar hatte die Gelegenheit versäumt, sich durch
Besetzung des modenesischen Gebietes die festen Plätze zu öffnen und
seine Armee durch Zuziehung der herzoglichen Truppen zu verstärken.
Die Berechnungen des Herzogs von Modena wurden bitter getäuscht,
Montemar blieb vollkommen unthätig in seinem Lager, statt Miran=
dola zu besetzen und auf die Gegner loszugehen, welche bei Colegara
eine feste Stellung bezogen hatten. Tief verstimmt, verließ der Herzog
von Modena sein Heer und zog sich nach Venedig zurück.

Die Geduld des Königs Carl Emanuel war nun zu Ende ge=
gangen, und er beschloß, Modena und seine Citadelle durch Bewerfung
zur Uebergabe zu zwingen, zu welchem Vorhaben er von Mantua und
Alessandria Mörser herbeikommen ließ. Feldmarschall Graf
Traun wollte, daß man Modena mit 4= bis 5000 Mann blockire,
mit der Hauptmacht aber gleich auf die Spanier losginge. Der König
wollte sich aber von Piemont nicht zu weit entfernen, und keinen Feind
im Rücken lassen; auf die durch Kundschafter erhaltene Nachricht, daß
Montemar sein schweres Gepäck nach Bologna zurückgesandt habe, ließ
Carl Emanuel, von dieser rückgängigen Bewegung Vortheil ziehend,
mehrere Brücken über den Panaro schlagen, ohne von den Spaniern
beläftigt oder gehindert zu werden.

Der Herzog von Modena hatte vor seiner Abreise seinen Trup=
pen den Befehl gegeben, sich in die Citadelle zu ziehen und dieselbe
aufs Aeußerste zu vertheidigen. Aber kaum war er abgereist, und
das Militär in die Feste gezogen, schickte die Stadt Modena, am
7. Juni, zwei Abgeordnete an den König von Sardinien, welche die
Schlüssel überbrachten und um Schutz baten. Tags darauf erfolgte
die Besetzung Modenas durch drei Bataillons, unter welchen zwei pie=
montesische. Man verrammelte und besetzte sogleich die gegen die
Festung führenden Wege. Feldmarschall=Lieutenant Graf Schulenburg
wurde mit 6000 Mann zur Blockirung der Citadelle bestimmt. Diese
bildete ein auf der Westseite der Stadt von einem Arm der Sechia
umflossenes reguläres Fünfeck, dessen innerer Raum kaum hundert Klafter
im Durchmesser hatte; drei gegen das Feld laufende Fronten waren
mit Ravelinen versehen, die Gräben mit Wasser gefüllt. Mangel an
zureichenden Gewölben ließ erwarten, daß die 3000 Mann starke Be=
satzung es nicht auf das Aeußerste ankommen lassen werde. In der
Nacht vom 10. auf den 11. Juni wurden Laufgräben eröffnet und
am 12. die Bewerfung der Citadelle aus 20 Mörsern begonnen. Ein
Theil der Besatzung (1000 Mann) machten einen Ausfall, wobei die
Belagerer jedoch nur im Ganzen einen Verlust von 10 Mann an
Todten, Verwundeten und Vermißten erlitten. Die Besatzung leistete
durch 20 Tage, immer in der Anhoffung eines Entsatzes durch die
Spanier, mannhaften Widerstand! Als jedoch dieser ausblieb und am
28. aus den Batterien der Parallele vor der Porta di Castello, aus

16 schweren Geschützen ein heftiges Feuer eröffnet wurde, ließ der Commandant der Citadelle Chevalier de Negro, da man ihm den freien
Abzug verweigerte, am Abend dieses Tages Chamade schlagen und ergab
sich als kriegsgefangen. Man fand in der Citadelle 62 Kanonen, worunter eine 68pfündige Schlange und zwei 70pfündige Pöller. Ein großer
Theil der bei 3000 Mann starken Besatzung nahm Dienste.

Das modenesische Gebiet wurde nun, wie billig, als ein erober-
tes Land behandelt, und Kriegssteuern ausgeschrieben, die nach Verhältniß der Truppenstärke zwischen den Oesterreichern und Piemontesen
vertheilt wurden. Auch wurden Lebensmittel zusammengebracht, um
die Verpflegung des Heeres bei den weiteren Unternehmungen, deren
nächstes Ziel die Eroberung Mirandolas war, zu sichern. Zwischen
den Oesterreichern und Sardiniern herrschte eine befriedigende Stimmung und gutes Einvernehmen; — aber auch deren Feldherren, König
Carl Emanuel und Feldmarschall Graf Traun, waren sorgfältig bemüht, dieses zu erhalten und jeden Anlaß zur Zwietracht zu
beseitigen.

Indeß hatte auch die englische Flotte, die so lange ruhig zu Port
Mahon geblieben war, die Anker gelichtet. In der Nacht vom 24.
auf den 25. Juni hatte der Schiffscapitän Norris in dem Golf von
Grimault bei Tropez fünf spanische Galeeren, welche schweres Geschütz
von Toulon nach Antibes bringen sollten, verbrannt. Man kam über-
ein, daß die Sperrung der genuesischen Küste und die Beschützung von
Nizza das Hauptaugenmerk der Flotte sein sollte. Drei Kriegsschiffe
wurden zur Bewachung der Pomündung in das adriatische Meer bestimmt. Drei leichte Triestiner Fahrzeuge sollten, den Po aufwärts
fahrend, die Verbindung mit dem Mantuanischen freihalten.

Am 9. Juli verließ das österreichisch-sardinische Heer das Lager
von Modena, marschirte am linken Ufer des Panaro abwärts und
rückte über Buonporto am 12. in das bei Concordia ausgesteckte Lager,
welches nur zwei Stunden von Mirandola entfernt war, zu dessen
Belagerung nun mit größtem Eifer alle nöthigen Vorbereitungen getroffen wurden. Vier Bataillons Piemontesen waren zur Besetzung
Modenas zurückgeblieben.

Das österreichische Heer zählte 16 Linien- und 5 Grenz-
bataillons, 12 Grenadier-Compagnien zu Fuß, 17 reguläre und

5 Grenzschwadronen. Der Effectivstand betrug 14.036 Mann Infanterie und 3370 Reiter.

Wir wollen nun sämmtliche Generale und Truppen desselben nach einer Ordre de bataille vom Juli 1742 hier anführen:

Commandirender General: Feldmarschall Graf Traun.

Feldmarschall-Lieutenants: Graf Ciceri, Graf Schulenburg, Graf Beyersberg, Baron Havor[1]) und Fürst Piccolomini[2]).

General-Feldwachtmeister: Graf Pertusati, Marquis Novati, Baron Pestaluzzi, Graf Neuhaus.

An Infanterie: Je 3 Bataillone der Regimenter Wallis, Deutschmeister, Traun, Diesbach, Piccolomini und ein Bataillon Roth, zu diesen die jedem Regimente zukommenden 2 Grenadier-Compagnien, in Summa 16 Bataillons und 12 Grenadier-Compagnien.

An Cavallerie: die beiden Cürassier-Regimenter Baron Berlichingen und Miglio, jedes zu 7 Escadrons, ferner 3 Escadrons Havor-Hußaren, 3 Escadrons kroatische und 2 Escadrons slavonische Grenzhußaren, also 17 Linien- und 5 Grenzschwadronen.

Ferner 3 Bataillone kroatisches und 2 slavonisches Grenzvolk.

Dazu die entsprechende Artillerie.

Das piemontesische Heer zählte 25 Bataillons und 19 Schwadronen, in der Gesammtstärke von 20.440 Mann. Es bestand aus folgender Generalität und Truppen:

Commandirender General: der König von Sardinien.

General-Lieutenants: Marquis de Sure, Marquis de Carrail, Graf d'Aspremont, Baron Schulenburg.

---

[1]) Nicolaus Baron Havor errichtete 1734 das gegenwärtige 4. Hußaren-Regiment auf eigene Kosten und wurde vom Kaiser Carl VI. zum Oberst und Inhaber desselben ernannt. Er führte nun selbst das Regiment auf den italienischen Kriegsschauplatz, wurde 1741 Feldmarschall-Lieutenant und starb 1744.

[2]) Octavius Aeneas Joseph Fürst Piccolomini, des toscanischen St. Stephansordens Erbprior von Pisa, vertheidigte 1741 Brieg in Schlesien, wurde in diesem Jahre Inhaber des heutigen 25. Infanterie-Regimentes, eroberte 1746 das Schloß Ripalta und die Stadt Gava; seit 1754 Feldzeugmeister commandirte er 1756 ein Armeecorps in Mähren, und starb 1757.

Marechaux de camp: Graf de la Monte, Graf Biscuert, Graf Momberceil, Thonaz, Chevalier de Sinsan.

Brigadiers: Graf de la Ville, Baron Duverger, Guibert, Baron Leutrum, La Martiniere, Neeffe, Chevalier Cumine.

An Infanterie je zwei Bataillons der Regimenter: Garde, Füsiliers, Montferrat, Guibert, Riethmann, Savoye, Piemont, Dies= bach, Schulenburg, Saluces, je ein Bataillon von: Rhebinder, Köni= gin, Audibert, Aosta, Verceil, zusammen 25 Bataillons.

An Cavallerie je drei Escadrons der Regimenter Le Roi, Piemont, Genevois und Königin=Dragoner, der Reiterregimenter Sa= voye und Piemont Royal nebst einer Escadron Gardes du Corps, zusammen 19 Schwadronen.

Der ausrückende Stand des vereinten österreichisch=sar= dinischen Heeres mochte nicht viel über 30.000 Mann betra= gen haben.

Der spanische Feldherr, Herzog von Montemar, hatte seit 25. Juni sein Hauptquartier zu Bondeno, am rechten Panaro=Ufer, in achtstündiger Entfernung von Mirandola aufgeschlagen. Das Aus= reißen hatte bei seinem Heere stark überhand genommen. Aus den entwichenen Miquelets ließ Feldmarschall Graf Traun eine ganze Compagnie formiren, deren Befehligung er dem Obersten Soro übertrug. Aber auch die Oesterreicher verloren täglich 10 bis 12 Mann, da die Spanier jedem solchen Ueberläufer 5 Zechinen gaben und eigene Werber unterhielten. Desertion war eben in allen Kriegen jener Zeit eine Seuche der Armeen; die oft schlechte Verpflegung, sowie der ge= ringe und sehr unregelmäßig ausgezahlte Sold mögen die Hauptursache dieses bedauernswerthen Uebelstandes gewesen sein.

Mirandola, das nun zu bezwingen die nächste Aufgabe des ver= einigten österreichisch=sardinischen Heeres war, ist ein fast reguläres, in einer vollkommenen Ebene liegendes Achteck. Wegen der Nähe des Lagers bei Concordia wurden 6 piemontesische Bataillons und 2500 Oesterreicher zur Belagerung beordert und alle vier Tage durch andere Truppen abge= löst. Am 21. Juli wurden die ersten Bomben mit sehr gutem Erfolge nach Mirandola geworfen. Der Brand und die Verwüstung machten die Bürgerschaft schwierig, der modenesische General Martinoni bot daher am 22. die Uebergabe. Der freie Abzug der Garnison wurde nicht bewilligt. Die Milizsoldaten wurden mit Zurücklassung ihrer Armatur nach Hause entlassen. Die Officiere sollten so lange kriegsgefangen bleiben, bis die Festen Monte Alfonso, Sestola und Veruccola ihre Thore geöffnet (was im Laufe des Septembers geschah); wo sie sodann gegen die Verpflichtung, während des Krieges nicht mehr zu dienen, frei nach Hause kehren könnten. Mirandola wurde noch am 22. besetzt. Man fand in der Festung 24 metallene Kanonen und 5 Pöller. Dieselbe erhielt nun eine österreichische Besatzung von einem deutschen Infanterie-Bataillon und einem kroatischen Grenzbataillon, beiläufig 800 Mann unter dem Befehle des Obersten Bernhard des Infanterie-Regiments Piccolomini. — Modena hingegen blieb den Piemontesen überlassen.

Der spanische Feldherr Herzog von Montemar hatte in seinem nur acht Stunden entfernten Lager bei Bondeno unthätig dem Falle Mirandolas zugesehen; als er die Uebergabe dieser Festung erfuhr, zog er sich mit seinem Heere in für die damalige Zeit ganz ungewöhnlich starken Märschen bis gegen Rimini zurück, wo er am 29. ein Lager bezog, zu dessen Deckung er längs der Marechia Verschanzungen erbauen ließ. In dieser befestigten Stellung, die links an hohe Gebirge, rechts an das Meer lehnte, hätte Montemar um so mehr verbleiben können, als mit Sicherheit vorauszusehen war, daß der König von Sardinien, immer auf sein Stammland Savoyen zurückblickend, ein weiteres Vordringen in den Kirchenstaat gar nicht beabsichtigte. Doch zog Montemar den Rückzug jedem möglichen Zusammenstoße vor, brach am 9. August aus dem Lager bei Rimini auf, wich weiter zurück, bis er am 11. in Fano Halt machte. Seine üble Lage, in welche er sich selbst durch seine zaghafte Kriegführung setzte, wurde um jene Zeit durch die Lostrennung der neapolitanischen Truppen von seinem Heere noch vermehrt. — Der englische Admiral Mathews hatte nämlich mittlerweile mehrere Kriegsschiffe unter dem Commodore Martin gegen Neapel entsendet und diese Stadt mit einem Bombardement bedroht. Dieses Ereigniß zwang den König Carl III. zur Neutralität und Zurückberufung seiner Truppen. 16.000 Neapolitaner verließen am 12. August das spanische Heer, um sich in die Abruzzen zurückzuziehen. Montemar, welcher mit deren Commandanten, dem Herzoge von Castropignano, stets in Zwiste gelebt, marschirte nun über Fossombrone nach Foligno, wo er am 22. August anlangte und Cantonirungsquartiere bezog.

Der König von Sardinien war erst am 24. Juli aus dem Lager bei Concordia aufgebrochen. Feldmarschall Graf Traun hatte bei Solara den Panaro überschritten und war über Castel San Giovanni gegen Bologna marschirt. Die Reiterei, unter dem piemontesischen General Grafen d'Aspremont, hatte bei Finale jenen Fluß übersetzt und war über Argile vorgerückt. Am 29. Juli vereinigte sich das verbündete österreichisch-sardinische Heer im Lager bei der Karthause von Bologna, von wo es Tags darauf weiter vormarschirte, und am 7. August in Cesena einrückte. Feldmarschall Graf Traun war der Ansicht, man solle mit dem Heere nach Fanno vorrücken. Er hoffte, daß die Spanier durch diese Bewegung veranlaßt würden, auch die Gegend von Foligno zu verlassen und sich gänzlich aus dem Kirchenstaate zurückzuziehen. — Aber König Carl Emanuel hatte in Cesena eine wichtige Nachricht erhalten, welche ihn bewog, an die Rückkehr in seine Erbstaaten zu denken, und seine bisherigen Pläne wenigstens für jetzt fallen zu lassen.

Elisabeth Farnese, Spaniens ehrgeizige Königin, hatte mit Unwillen den Gang der Ereignisse in Italien vernommen, und schrieb insbesondere dem Könige von Sardinien und dessen politischer Haltung und Allianz mit Oesterreich das Scheitern ihrer stolzen Pläne zu. Schon längst hatte ein spanisches Armeecorps den Landweg durch Südfrankreich eingeschlagen, um die Staaten Carl Emanuels zu bedrohen. Diese Unternehmung sollte jetzt mit verdoppelter Anstrengung durchgeführt werden. Der Infant Don Philipp übernahm in Antibes persönlich den Oberbefehl, und wandte sich gegen Savoyen, die Wiege des sardinischen Königsgeschlechtes. In kürzester Zeit war dieses ganz wehrlose Land in seinen Händen. Dies war die Hiobspost, welche den König in seiner Vorrückung ereilte, und ihn abhielt, noch weiter vorzudringen, wozu er ohnedies nur geringe Lust hatte. Er beschloß daher unter diesen Umständen mit dem größeren Theile seiner Truppen die Rückkehr nach Piemont.

Der selbst im Unglücke nie verzagende Geist Maria Theresias wurde durch die bisherigen Erfolge der Kriegführung in Italien zu neuen Wagnissen nur geneigter, und das Vordringen ihrer Truppen in Unteritalien erweckte in ihr den Gedanken einer Wiedereroberung der Königreiche Neapel und Sicilien. Es mochte auch beigetragen haben, daß Neapolitaner, welche nach Wien gekommen waren, viel von den lebhaften Sympathien der neapolitanischen Bevölkerung für Oesterreich erzählten, dessen einstige Herrschaft über dieses Königreich noch immer, wie jene behaupteten, in bester Erinnerung stand. Neapel dachte die Königin von Ungarn für sich und ihr Haus zu gewinnen, Sicilien dagegen für ihren Verbündeten, den König von Sardinien. Die kurze Herrschaft und die heilsamen Einrichtungen des Königs Victor Amadeus waren auf jener Insel in gutem Andenken, und der Feldmarschall Graf Traun war es gerade, der die letzteren in seinen Berichten, als Gouverneur von Messina, oftmals zur Nachahmung angepriesen hatte. Auch würde Maria Theresia, wenn die Vergrößerung Sardiniens durch Sicilien bewerkstelligt werden konnte, nicht genöthigt gewesen sein, durch Abtretung lombardischer Gebietstheile Opfer zu bringen. — Sardinien trachtete aber viel mehr nach diesem ihm näher gelegenen Besitze, als jenem des weiter entfernten Siciliens.

Am 8. August traf Graf Wenzel Kaunitz, ein damals erst 31jähriger junger Mann und Gesandter der Königin von Ungarn am Turiner Hofe im Lager von Cesena ein. Derselbe galt als einer der talentvollsten jüngeren Diplomaten Oesterreichs jener Zeit, und war von seiner Monarchin ein Jahr früher mit der Nachricht der Geburt ihres Thronerben, nachmaligen Kaiser Joseph II., an Papst Benedict XIV. und König Carl Emanuel abgesandt worden, — was als eine große Auszeichnung galt. Bald nachher erhielt er den Gesandtschaftsposten zu Turin, welcher einen gewandten und geistig begabten Mann erforderte. Graf Kaunitz unterstützte mit seiner ungewöhnlichen Beredsamkeit die Bemühungen und Vorstellungen des Feldmarschalls Grafen Traun, um den König von Sardinien zur Fortsetzung der Kriegsoperationen gegen Süditalien zu vermögen. Aber alle diese Versuche hatten nicht den gewünschten Erfolg. Es lag nicht in der Politik Sardiniens, weder im Süden Eroberungen zu machen, noch das Uebergewicht des Hauses Bourbon durch jenes von Oesterreich zu ersetzen. Es zeigte sich jetzt eine Verschiedenheit der beiderseitigen Interessen der bis nun Verbündeten und viele

Elemente des Zwiespaltes traten hervor, die leicht zu ihrer völligen Entzweiung hätten führen können. Sowol der Kriegsmann Traun als der Diplomat Kaunitz fügten sich in die Wünsche des Königs und suchten auch die Streitigkeiten, welche sich über Besetzung des Kirchenstaates durch österreichische Truppen mit Sardinien erhoben, in friedlichster Weise auszugleichen.

Seit langer Zeit war die Stellung und die Politik des römischen Hofes eine auffallend parteiische gegen Oesterreich und für die Spanier. Der Cardinal-Staatssecretär Silvio Valenti, dem Maria Theresia gleich nach ihrer Thronbesteigung eine bedeutende Präbende, die Abtei San Lanfranco verliehen hatte, sowie die Cardinäle Delci und Alberoni, päpstliche Legaten zu Ferrara und Bologna, hatten gegen die Oesterreicher offene Feindseligkeit, für die spanischen Truppen hingegen die übertriebenste Parteilichkeit wiederholt an den Tag gelegt, und selbst Papst Benedict XIV. (der gelehrte Lambertini) hatte nicht nur die Wahl Carl Albrechts von Baiern zum deutschen Kaiser anerkannt, sondern die Gebrechen derselben beschönigt, und die Wahl selbst also als gültig dargestellt. Diese Parteinahme des Kirchenoberhauptes für ihren Gegner konnte bei Maria Theresia nur eine gereizte Stimmung erzeugen und hatte sie zu der Erklärung berechtigt: „Sie könne nicht begreifen, daß der Dienst des Allerhöchsten, die Sache der Religion und die Aufrechthaltung der Rechte des heiligen Stuhles es fordern sollten, auf die Beschwerden der angegriffenen und unterdrückten Partei keine Rücksicht zu nehmen, diejenigen aber, welche so empörende Ungerechtigkeiten begangen hatten, in jeder möglichen Weise zu begünstigen". (Maria Theresia an den Papst. Wien, 12. August 1741, aus dem Staatsarchive. Ritter von Arneth, Maria Theresias erste Regierungsjahre, II. Band, Wien 1864, Braumüller, S. 181 und 503.) Dies war beiläufig in Kürze die politische Situation, als Kaunitz und Traun im Lager von Cesena den König Carl Emanuel zu einem weiteren Vorgehen zu bewegen sich vergeblich bemühten.

Carl Emanuel verweigerte nicht nur jede Vorwärtsbewegung, sondern selbst das Verweilen bei Cesena. Er ließ am 19. August sein Heer nach Bologna zurückmarschiren, von wo er mit einem Theile desselben über Parma und Piacenza nach Turin ging. Feldmarschall Graf Traun konnte mit seiner verhältnißmäßig geringen

Streitmacht sich allein nicht den Spaniern entgegenstellen, und war daher gezwungen, dem Rückzuge der Piemontesen sich anzuschließen, denen er drei Tage später (22.) mit dem österreichischen Fußvolke und der Artillerie folgte. Den sardinischen General d'Aspremont hatte der König mit 10 Bataillons und 4 Reiterregimentern im Modenesischen zurückgelassen.

Feldmarschall Graf Traun nahm nun Stellung hinter dem Panaro. Die Infanterie traf am 4. September, die Cavallerie einige Tage später hinter diesem Fluß ein. Trauns Hauptquartier kam nach Buonporto.

Zur selben Zeit war im feindlichen Heere eine bedeutende Aenderung vor sich gegangen. Der spanische Hof, mit der Unthätigkeit und der Unentschlossenheit des Herzogs von Montemar im höchsten Grade unzufrieden, hatte diesen abberufen und dem General-Lieutenant Grafen Gages den Oberbefehl über sein Heer in Italien übertragen.

Jean Bonaventure Dumont Graf von Gages, geboren 1682 zu Mons, stand damals in seinem 60. Jahre und erfreute sich eines ehrenvollen militärischen Rufes. Er hatte im Anfange des spanischen Successionskrieges bereits Dienste geleistet, Philipp V. nach Spanien begleitet und in dessen Wallonengarde gedient. Kurz vor Ausbruch des Krieges 1740 war er zum General-Lieutenant befördert worden. (Er starb als General-Capitän von Navarra 1754 in Pampluna.) Von seiner bekannten Energie ließ sich eine nachdrücklichere Kriegführung erwarten. Der Herzog von Montemar erbat sich von dem in Toscana commandirenden Feldmarschall-Lieutenant von Breitwitz die Erlaubniß, seine Rückreise durch das Florentinische machen zu dürfen, wozu er auch die Bewilligung erhielt. In Ungnade gefallen, hielt er sich nun Anfangs in Genua, später in Saragossa und Murcia auf und kehrte erst 1745 nach Madrid zurück, wo er, wieder in Gnaden aufgenommen, zum Obersten der Garde ernannt wurde, in welcher Stellung er zwei Jahre später, 1747, im hohen Greisenalter von 84 Jahren gestorben ist.

General-Lieutenant Graf Gages hatte von seinem Hofe den bestimmten Befehl erhalten, sobald sich die Gelegenheit böte, wieder an den Po vorzurücken. Als er den Rückmarsch des Königs von Sardinien nach Turin erfahren hatte, säumte Gages nicht, im

Sinne der erhaltenen Instructionen zu handeln, und durch seinen Vor=
marsch dem mit seinem Heere im Savoyschen stehenden Infanten Don
Philipp Luft zu machen.

Am 21. September hatte der spanische Feldherr eine nur 15.000
Dienstbare zählende Armee bei Fanno concentrirt, von wo er langsam
vorrückte und am 15. October das Lager bei der Karthause von
Bologna bezog.

Auf die erste Kunde von der Wiedervorrückung der Spanier
forderte Maria Theresia den Feldmarschall Grafen Traun
auf, dem Feinde entgegenzugehen; wolle der König Carl Emanuel sich
an den erneuten kriegerischen Unternehmungen gegen die Spanier durch=
aus nicht betheiligen, so möge der Feldmarschall so viel öster=
reichische Truppen als nur immer möglich an sich ziehen und mit ihnen
allein in den Kirchenstaat vordringen.

Graf Traun erlaubte sich dagegen die sehr begründete Be=
sorgniß zu äußern: „daß die Piemontesen ihm nicht folgen, sondern
im Modenesischen zurückbleiben würden". Er führte weiter an: „daß,
wenn man die päpstlichen Staaten nicht nach Art der Spanier be=
handeln wolle, man um so mehr an Lebensmitteln aufliegen würde,
als alle Cardinal=Legaten, mit Ausnahme des von Ravenna, gänzlich
zur spanischen Partei gehörten. Der General=Lieutenant Graf
Gages concentrire wahrscheinlich seine Truppen, um bei einer günstigen
Gestaltung der Ereignisse in Savoyen, auch gleichzeitig seinerseits weiter
vorrücken zu können".

Die Erwiderung der Königin von Ungarn auf diese Vorstellung
ihres Feldherrn lautete dahin: Sie wünsche, daß ihre Truppen
über den Panaro dem Feinde entgegen gingen. Die päpstliche Regie=
rung müsse als neutral, auch den Oesterreichern Gleiches wie den
Spaniern gewähren. Es wäre schon ein Vortheil, wenn man die
Armee im fremden Lande erhalte. Würde diese Vorrückung unthun=
lich befunden, so möge Feldmarschall Graf Traun nach seinem
eigenen Ermessen für die Sicherheit von Italien sorgen.

Auf diese bestimmt ausgesprochene Willensmeinung seiner Mon=
archin zog der Feldmarschall Anfangs October alle regulären
Truppen aus den Festungen und Schlössern zum Heere, welches mit
Einschluß der Kranken, Commandirten und Absenten 17.423 Mann,

worunter 3532 Reiter, zählte. — Zugleich stellte der österreichische Feldherr an den König von Sardinien das Ansuchen, zu gestatten, daß der General Graf d'Aspremont mit ihm vereint in den Kirchen= staat einrücke. Marquis d'Ormea erwiderte, im Namen seines Herrn des Königs, auf dieses Gesuch in nachstehender Weise:

„Man stehe am Ende einer Campagne, in welcher man nicht „nur die Staaten der Königin gegen eine feindliche Uebermacht ver= „theidigt, sondern sich auch in deren Angesichte des Modenesischen und „seiner Festungen bemächtigt, die Spanier bedeutend geschwächt und „bis nach Umbrien verfolgt habe. Dies könne genügen. Die Spanier „hätten zu viel Land hinter sich, als daß die Schmälerung der Lebens= „mittel durch Besetzung der Romagna von Belang sein könne. Durch „die Sammlung des Heeres, durch die Vorrückung fordere man den „Feind zum Schlagen auf. Ein Sieg wäre nutzlos, da man mit so „geringen Kräften dem Feinde doch nicht ins Neapolitanische folgen „und die Eroberung dieses Königreiches versuchen könne. Eine Nieder= „lage aber brächte die Lombardie um so mehr in Gefahr, als der „König seine Truppen nicht verstärken könne; da er wegen Vertheidi= „gung der Länder der Königin nun in seinen eigenen Staaten ange= „griffen und bedrängt sei. Die Spanier würden nicht über Bologna „hinausrücken. Den möglichen Versuch würde man leicht in der festen „Stellung hinter dem Panaro wehren; die Jahreszeit würde übrigens „bald die Spanier nöthigen, in die Winterquartiere zurückzugehen. „Für die eigenen böten dem Fußvolke Modena und Mirandola und „andere geschlossene Orte ein sicheres Unterkommen, die Reiterei könne „solches am Po beziehen. So würden die Truppen die nöthige Er= „holung finden, und man werde dann um so mehr im Stande sein, „wenn die Lage in Deutschland und Piemont sich günstig gestaltet, „im nächsten Feldzuge auf Angriff und Eroberung zu denken.“

Die Richtigkeit der Bemerkungen, welche der sardinische Minister im Namen seines Königs machte, entging dem Feldmarschall Grafen Traun keineswegs, er wußte aber auch gar wohl, daß seine eigene Monarchin ganz andere Absichten hege. Sie hatte ihm befohlen, einen Kriegsrath abzuhalten, und dessen Meinung über die Möglichkeit einer Vorrückung einzuholen. Der Feldmarschall, in der Hoff=

nung, durch diesen seine Ansichten unterstützt zu finden, versammelte
am 23. October seine Generäle zu einer solchen Berathung. — Aber
da die Wünsche des Hofes diesen bekannt waren, so wurden sie, durch
die Angst mißfällig zu werden und etwa ihre Carriere zu schädigen,
beeinflußt, und ließen sich von selbstsüchtigen Gründen bestimmen,
gegen ihre innere Ueberzeugung ihre Ansichten dahin auszusprechen:
„daß man den Panaro überschreiten, sich dem Feinde auf einige Märsche
nähern und von der sich allenfalls bietenden Gelegenheit Vortheil
ziehen solle. Im Falle der Feind in das Toscanische ziehe, möge man
ihm folgen oder auf einem anderen Wege ebenfalls dahin rücken". —
Zu schwächlichem Nachgeben gegen diese den seinen entgegengesetzte Anschauungen zu redlich und selbstständig, sah sich Graf Traun
genöthigt, gegen die Meinung der Mehrzahl seinen Willen durch-
zuführen. Er gab dem Kriegsrathe die Erklärung: „daß es eben so
wenig thunlich sei, dem Feinde, wenn er in das Toscanische ziehen
sollte, zu folgen; da das Gebirge keinen Unterhalt böte, und man in
selbem von der Cavallerie, an der man überlegen wäre, keinen Ge-
brauch machen könne, weshalb er auch entschlossen sei, hinter dem
Panaro zu bleiben, und sich vor der Hand auf die Behauptung dieses
Flusses zu beschränken. Gages hätte sich in der Karthause von Bologna
stark verschanzt, und man könne sicher sein, daß er seine feste Stellung
nicht aufgeben und eine Blöße geben würde, vielmehr könne das Gegen-
theil geschehen, wenn man nach einem nutzlosen Vormarsche sich wieder
an den Panaro zurückzöge".

Ein feindlicher Angriff auf das Toscanische war der Politik
Frankreichs entgegen, daher lag er auch gar nicht in dem Plane des
spanischen Feldherrn. Die Besorgnisse für dieses Großherzogthum
wurden durch einen Bericht des daselbst commandirenden Feldmarschall-
Lieutenant Breitwitz angeregt, der auf die erhaltene Nachricht von einem
bevorstehenden Einbruche der Spanier 6000 Mann toscanischer Trup-
pen in Bereitschaft gesetzt hatte. Im Falle des Einrückens feindlicher
Truppen wollte dieser General sie in Pisa versammeln zur Deckung
Livornos und Offenhaltung des Weges über Pontremoli. Feldmarschall Graf Traun hatte ihm eben auf diesem Wege für den
Nothfall Unterstützung versprochen und den Oberst Vogthern nach
Livorno zur nöthigen Verabredung mit Feldmarschall-Lieutenant Breitwitz

gesandt, wie auch um zugleich Bericht über die Beschaffenheit der vorhandenen Communicationen zu erstatten.

Vogthern erklärte den 12 deutsche Meilen betragenden Weg von Spilimberto über Bagna della Poretta bis Pistoja für den kürzesten und besten, und bestimmte deshalb Feldmarschall-Lieutenant Breitwitz, sich an letzterem Orte zu concentriren, und nur wenn dieser Weg gesperrt würde, nach Pisa und unter die Kanonen von Livorno zurückzugehen, von wo dann englische Schiffe ihn an die Küsten von Massa oder Viareggio führen könnten, um über Pontremoli die Verbindung mit dem Feldmarschall zu bewerkstelligen. Dieser genehmigte die Anträge Vogtherns und ließ am 6. November zur Sicherung dieser Verbindung 400 Partitanten (ein Freicorps von Parteigängern, daher der Name) nach Vignola und den Obersten Vogthern mit 1000 Commandirten nach Poretta marschiren. Sowol zur Deckung dieser Bewegung, als auch zur Recognoscirung der feindlichen Streitkräfte ließ Feldmarschall Graf Traun am selben Tage 3800 Mann österreichische und piemontesische Cavallerie in zwei Abtheilungen an die Lavina vorrücken. Zur Besetzung der Strecke zwischen Spilimberto und Poretta wurden am 7. und 8. zwei Bataillone Slavonier beordert. Am 13. kehrten die beiden Reiterabtheilungen, welche an die Lavina vorgegangen waren, wieder hinter den Panaro zurück. Die Spanier hatten sich bei deren Annäherung ganz in ihre Verschanzungen zurückgezogen.

Bereits unterm 2. November hatte Feldmarschall Graf Traun seiner Monarchin die Gründe erörtert, warum er der Mehrzahl des Kriegsrathes zur Vorrückung über den Panaro nicht habe beistimmen können. Am 9. berichtete er die Desertion von 700 Kroaten, welche ihre Fahnen verlassen hatten, um in die Heimat zurückzukehren. Er machte hiezu die wohlmotivirte Bemerkung, daß die Grenzvölker (Slavonier und Kroaten), 5000 Mann, fast die Hälfte der ganzen Infanterie ausmachten, und es zeige sich nun, wie gut es sei, daß er mit so unverläßlichen Truppen, die übrigens in offener Schlacht von geringem Nutzen wären, nicht den Spaniern entgegen gegangen sei. Der Feldmarschall erstattete unterm 14. die Meldung, daß die entwichenen Kroaten auf das Zureden der ihnen nachgeschickten Officiere sich endlich hätten bewegen lassen, wieder zur Armee zurückzukehren, und daß ihn die Umstände nöthigten, ihr Verbrechen ungeahndet zu

8*

laffen; daß endlich die vorgerückte Jahreszeit ein ferneres Campiren der Truppen nicht mehr gestatte, und deren Verlegung in Cantonirungen dringend mache.

Diese erfolgte auch kurz nachher. Die Spanier bezogen Quartiere im Bolognesischen. Sie waren zur Eroberung der Lombardie zu schwach, sowie die Oesterreicher zu jener von Neapel. Traun und Gages sahen dieses gar wohl ein, und dachten nur auf die Sicherung der hinter ihnen liegenden Länder, auf Behauptung ihrer Stellungen und Erhaltung ihrer Truppen. Die Anschauungen der beiderseitigen vom Kriegsschauplatze so weit entfernten Höfe waren aber jenen ihrer Feldherren gerade entgegengesetzt.

Man nahm es in Wien dem Feldmarschall Grafen Traun sehr übel, daß er nicht, wie man ihn wiederholt angegangen, über den Panaro gesetzt und versucht habe, die Spanier in das Neapolitanische zurückzudrängen. Man war um so unzufriedener, da die meisten der dem Feldmarschall beigegebenen Generäle dieses Unternehmen für leicht ausführbar erklärt hatten.

Der erste Minister Graf Gundacker Starhemberg, der Hofkanzler Graf Ulfeld, der Kriegspräsident Graf Harrach[1]), der böhmische Kanzler Graf Philipp Kinsky[2]), der geheime Rath

---

[1]) Johann Joseph Philipp Graf Harrach, geboren 1678, war, erst 23 Jahre alt, bereits Oberstlieutenant im 47. Infanterie=Regimente, focht tapfer im spanischen Successionskriege und zeichnete sich 1706 bei Calcinato und bei Turin, wo ihm zwei Pferde unter dem Leibe erschossen wurden, vorzüglich aus. 1707 machte er den Zug nach Toulon mit und wurde 1708 Feldmarschall=Lieutenant. Die nächsten Feldzüge bis zum Radstadter Frieden kämpfte er am Rhein. Im Türkenkriege befehligte Graf Harrach 1716 vor Peterwardein das zweite Treffen, vor Temesvar den linken Flügel, und 1717 vor Belgrad das erste Treffen. 1723 wurde Harrach Feldmarschall, 1738 Hofkriegsraths=Präsident, welcher Stelle er durch 23 Jahre, bis 1762 vorstand. Das gegenwärtige 47. Infanterie=Regiment Hartung hatte er von 1704 bis 1764, durch volle 60 Jahre, als Inhaber. Seit 1737 Guido Starhembergs Nachfolger als Balley=Comthur des Deutschen Ordens in Oesterreich, starb Feldmarschall Graf Harrach 86jährig zu Wien am 8. August 1764.

[2]) Philipp Joseph Graf Kinsky von Wchinitz und Tettau, geboren 1700, trat jung in den Staatsdienst, war 1721 Appellationsrath, 1727 bereits Appellations=Vicepräsident und Statthalter in Böhmen. Im folgenden Jahre Geheimer Rath, wurde er als bevollmächtigter Minister nach England geschickt. Obgleich erst 28 Jahre alt, war er dennoch mit großem Erfolge für Oesterreichs

Graf Rudolf Colloredo[1]) und der Referent Baron Barten=
stein traten zu einer Berathung zusammen. Die Meinung des

Interessen thätig. 1736 wurde Graf Kinsky böhmischer Hofkanzler und endlich
1738 oberster Kanzler von Böhmen und Conferenzminister, als solcher von Maria
Theresia bestätigt, war er eine der trefflichsten Stützen dieser von den Mächten
Europas treulos verlassenen Herrscherin. Als zu Ende 1741 Böhmen von baie=
rischen, französischen und sächsischen Truppen besetzt und Prag erobert wurde,
schaffte Graf Kinsky dennoch Geld aus Böhmen, um geliehene Summen zu decken,
er sorgte auch für die Zufuhr der Lebensmittel und Verproviantirung des Kheven=
hüller'schen Corps bei dessen Aufstellung, besorgte die Vorbereitungen zur Krönung
Maria Theresias als Königin von Böhmen, bei welcher Gelegenheit er das gol=
dene Vließ erhielt. Auch um sein eigenes Vaterland Böhmen hatte sich Graf
Kinsky große Verdienste erworben, namentlich verdankte ihm das Prager Inva=
lidenhaus seine Organisirung. Graf Kinsky hatte sich schon seit einigen Jahren,
verbittert, seine erfolgreiche Thätigkeit auf finanziellem Gebiete durch Andere, ins=
besondere Grafen Haugwitz gehemmt, oder vielmehr seine vorgelegten Pläne
verändert zu sehen, aus dem Staatsdienste zurückgezogen, und nunmehr der Ver=
waltung seiner Güter gelebt. Dieser verdienstvolle thätige Mann starb am 12. Jän=
ner 1749 noch in vollster Manneskraft. Näheres siehe von Wurzbach, Lexi=
kon, XI. Band, Seite 300 u. f.

[1]) Rudolf Joseph Graf, seit 1763 erster Fürst von Colloredo,
Ritter des goldenen Vließes, geboren zu Prag 1706, studirte in Wien und Salz=
burg, wurde 1727 k. k. Kämmerer, 1728 wirklicher Hofrath und Referendar der
böhmischen Hofkanzlei, 1731 bis 1734 Comitial=Gesandter zu Regensburg, 1735
Geheimer Rath, 1737 Reichsvicekanzler und für sich und seine Nachkommen mit
Sitz und Stimme in der schwäbischen Reichsgrafenbank aufgenommen. Während
der Zeit Carls VII. hatte er seine Kanzlerstelle niedergelegt, sie aber 1744 wieder
angenommen und Kaiser Franz I. bestätigte ihn. Graf Colloredo war zugleich
Conferenzminister und hatte im Jänner 1744 das goldene Vließ erhalten. Er
unterzeichnete als außerordentlicher bevollmächtigter Minister zu Füssen 1745 den
Friedenstractat, und war später kurböhmischer Wahlbotschafter. Am 29. Decem=
ber 1763 erhielt Colloredo die Reichsfürstenwürde, 1765 das Großkreuz des un=
garischen St. Stephan=Ordens. Im Juli 1777 feierte er seine goldene Hochzeit
mit seiner Gemalin Maria Gabriele, einer Tochter des verdienten Kammerpräsi=
denten Grafen Gundacker Starhemberg. Sein zweiter Sohn Hieronymus, Erz=
bischof von Salzburg, verrichtete die priesterliche Einsegnung. Aus seiner Ehe
waren 18 Kinder hervorgegangen, darunter mehrere bewährte Kriegshelden, wie
die beiden Feldmarschalle Joseph und Wenzel Colloredo. Fürst Rudolf
Colloredo verwaltete sein Amt bis zu seinem im 82. Lebensjahre zu Sierendorf
am 1. November 1788 erfolgten Tode. Fürst Colloredo war in der Conferenz
für Beibehaltung und Wiederherstellung der alten Ordnung und in Opposition
gegen die Verwaltungsmaßregeln der Kaiserin Maria Theresia; sein frischer Geist
half ihm über die Details der Geschäfte hinweg, doch hatte er stets volle Einsicht
in dieselben sich erhalten. Er war ein Lebemann, Freund der Frauen, der Jagd
und des Spieles, sein humaner edler Sinn hatte ihm viele Freunde erworben.

Feldmarschalls Grafen Traun, die der ihm untergeordneten Generäle, vorzüglich die Schulenburgs und Pallavicini's, wurden von dieser Versammlung erwogen, und nach einhelligem Beschlusse der Königin gerathen, dem Feldmarschall neuerdings zu befehlen, den Panaro zu übersetzen und in den Kirchenstaat einzurücken. Dem wurde beigefügt, daß die Abberufung des Feldmarschalls Grafen Traun das Beste wäre, da man nur geringe Hoffnung hege, daß er diesen erneuerten Befehl besser als die früheren befolgen würde.

Die Ersetzung Trauns durch den Prinzen von Sachsen-Hildburghausen kam neuerdings zur Sprache. Diese Meinung wurde, wie schon früher, auch jetzt wieder am heftigsten von Baron Bartenstein verfochten, der Traun als völlig unter sardinischem Einfluß stehend bezeichnete, dessen Ehrenhaftigkeit er zwar allerdings zuzugeben gezwungen war, aber dessen Befähigung für seinen Posten in Abrede stellte. „Traun qui est assurément le plus honnete homme du monde, mais si bon qu'il ne vaut rien pour le poste qu'il occupe". Auch in den Correspondenzen Bartensteins und Ulfelds spricht sich diese Traun so ungünstige Meinung aus. So sagt Ersterer: „ein „englischer Minister so ganz Sardinisch und ein Gubernator von „Mailand (Traun) so sich von einem Piemontesen regieren läßt, „auch sein ganzes Vertrauen in Gott, wie billig, und in die Sardi- „nische Redlichkeit, so einfältig ist, setzet, verderben alles".

In einem Schreiben des Grafen Ulfeld an den Großherzog von Toscana heißt es: „Un courier venu d'Italie nous a aporté des „relation des Comtes de Traun et de Kaunitz. Celui-cy s'est „fort bien conduit, ayant usé de tout le flegme possible pour „essuyer les algarades et mauvaise humeur d'Ormea, et pour „nous mettre hors d'etat de toute reproche que l'Angleterre „ne puisse nous reprocher la présente inaction. Mais le Comte „de Traun a tout fait pour gater ce que Kaunitz avoit bien „acheminé, et il n'a eu autre soin que de retirer les trouppes „de S. M. la Reine du territoire du Pape, à cause que le

---

In besonderer Gunst stand er bei Kaiser Franz I. — weniger bei der Kaiserin, die, wenn sie auch Colloredo's Treue und Verdienste zu würdigen wußte, doch seine zahlreichen Galanterien ihm nie ganz verzieh. von Wurzbach, Lexikon II. Band, Seite 430.

„Marquis d'Ormea le souhaitoit ainsi. Cela fait mal au cœur
„de lire tout cela, et il faut necessairement que le Comte
„Traun, honnet homme qu'il est, soit ensorcelé par ce Fer-
„retti qui le gouverne, et que celui-ci depende entierement des
„ordres du Marquis d'Ormea".

Bartenstein und Ulfeld sprachen in der Conferenz am eifrigsten
für die Abberufung Trauns und dessen Ersetzung, ihnen schlossen
sich die übrigen Mitglieder an, nur der einzige greise Gundacker Starhemberg hob Rechtfertigungs- und Entschuldigungsgründe für das Ver-
fahren des Feldmarschalls Grafen Traun hervor.

Gundacker Thomas Graf Starhemberg war ein jün-
gerer Halbbruder des heldenmüthigen Vertheidigers von Wien gegen
die Türken, Feldmarschalls Grafen Ernst Rüdiger; — geboren 1663,
stand er damals im 80. Lebensjahre. Er hatte ein reiches Leben
hinter sich und war ein Mann von schönen Talenten, Kenntnissen und
großer Rechtlichkeit. Zur Zeit des spanischen Successionskrieges
war er bereits eine kräftige Stütze der Verwaltung und, von 1704
bis 1715 Präsident der Hofkammer, eine Stellung, die mit jener eines
Finanzministers gleichbedeutend war. Als solcher war Starhemberg
die Geißel aller Kriegscommissäre, Lieferanten und Abenteurer, die als
wahre Blutegel an den Finanzen Oesterreichs zur Kriegszeit hingen.
Kalt und zurückhaltend, verachtete er jene kleinen Mittel, durch welche
sich andere Minister in der Gunst ihres Herrn zu behaupten suchten.
In Geschäften sprach Starhemberg stets entschieden und klar, scheute
sich nie, die Wahrheit auszusprechen, mochte sie nun unangenehm sein
oder nicht. Kaiser Carl VI. erkannte seine Treue und Rechtlichkeit,
wie seine Kenntnisse, schenkte ihm seine vollste Achtung und unbeschränk-
tes Zutrauen und empfahl ihn kurz vor seinem Ableben seiner Gemalin und seiner Tochter in angelegentlichster Weise. Ein neuerer
Historiker sagt von ihm: „In die Theresianische Zeit paßte er nicht
„mehr. Sein System war mit ihm alt geworden. Er blieb immer
„der edle, stolze, uneigennützige Cavalier, aber seine Erfahrungen machten
„ihn zurückhaltend, gleichgiltig gegen Gefahren wie gegen Glückswechsel,
„sein Blick richtete sich mehr auf das Universum als auf die Hinder-
„nisse des täglichen Lebens. Starhemberg und Sinzendorf waren in
„Opposition gegen Bartenstein".

Der Hof- und Staatskanzler Graf Anton Corfiz Ulefeld
war in seiner Jugend Militär und hatte den Feldzug 1716 gegen die
Türken mitgemacht. Kaiser Carl VI. erhob ihn, in Erinnerung an
die Treue seines Vaters, des Feldmarschalls Grafen Leo Ulefeld, der
ihn nach Spanien begleitet hatte. Graf Ulefeld betrat die diplo-
matische Laufbahn, war erst Reichshofrath, später Gesandter im Haag,
sodann Großbotschafter bei der Pforte. Nach dem 1742 erfolgten
Tode des Hof- und Staatskanzlers Grafen Philipp Ludwig Sinzendorf erhielt Ulefeld, zumeist durch Bartensteins Einfluß, die Leitung
der auswärtigen Angelegenheiten. Er wird als ein ehrenhafter auf-
richtiger Charakter und ein treuer Diener Oesterreichs, aber als ein
Mann geschildert, dem die nöthigen geistigen Eigenschaften und Kenntnisse für seinen wichtigen Posten fehlten. Seine Rede bewegte sich in
unbestimmten Ausdrücken, abgerissenen Sätzen; er hielt sich für einen
großen Mann und wurde aber ganz von Bartenstein geleitet, ohne
dessen Rath er Nichts unternahm. Maria Theresia nannte ihn nur:
„le bon homme"; ohne seinen Rath immer zu befolgen, war er ihr
angenehm und ein guter Referent. Später, 1753, mußte er dem
Grafen Kaunitz seinen Platz einräumen, wurde Obersthofmeister und
nahm auf die Staatsgeschäfte keinen Einfluß mehr. Er starb am
31. December 1769.

Die wirksamste und einflußreichste Kraft der erwähnten Conferenz war der Freiherr Johann Christoph von Bartenstein. Dieser, eines Straßburger Professors Sohn, kam 1714, erst
25 Jahre alt, arm und unbekannt nach Wien. Vielfach und gründ-
lich unterrichtet, besonders im juridischen Fache sehr bewandert, zog
er durch die glückliche Beendigung eines verwickelten Prozesses die
Aufmerksamkeit des Grafen Thomas Gundacker Starhemberg auf sich
und gewann dessen Gunst, der ihn als Privatsecretär zu sich nahm
und ihn später in den Staatsdienst einführte. Bereits 1717 Regie-
rungsrath, rückte er bald zum Hofrathe vor, und die gewandte Aus-
arbeitung mehrerer ihm übertragener diplomatischer Geschäfte hatten
1727 seine Ernennung zum geheimen Staatssecretär zur Folge.
Carl VI. schätzte den kenntnißreichen, fähigen und fleißigen Arbeiter
sehr hoch, und erhob ihn in den Freiherrnstand. Er hatte den größten
Einfluß und kam nach und nach zu einer solchen Macht, daß ihm die

Minister und Prinzen des Reiches huldigten. Seine Selbstständigkeit und eigene Werthschätzung hob sich immer höher, je tiefer man sich vor ihm beugte. Die älteren Staatsmänner Oesterreichs waren ihm entgegen, besonders Prinz Eugen, erst nach dessen Tode wuchs seine Macht zur größten Höhe. Die öffentliche Meinung war gegen ihn, und nach dem Tode Carls VI. wurde er sogar einmal vom Volke insultirt, doch hatte sein fester Muth, seine Arbeitskraft und die begeisterte Hingebung für die Interessen ihres Hauses das Vertrauen der neuen Monarchin gewonnen. Baron Bartenstein war ein treuer Diener des Staates, dem er sein Glück verdankte, er war unbestechlich und dem Herrscherhause aufrichtig und vom Herzen ergeben. Seine Fehler waren Hochmuth und Rachsucht. Durch ihn verlor der Bischof von Bamberg die Stelle als Reichskanzler, weil er sich geäußert hatte, das Geschäft des Referendarius sei schreiben und nicht reden! — Als Graf Königsegg einmal sagte: Der Kaiser würde besser thun, bei Kriegsunternehmungen dem Rath seiner Generäle als seiner Secretäre zu folgen, mußte Prinz Eugen seinen ganzen Einfluß aufbieten, um Königsegg als Vicepräsidenten des Hofkriegsrathes zu erhalten. Als der Herzog Franz von Lothringen mit der Abtretung seines Erblandes zögerte, rief ihm Bartenstein die bekannten Worte zu: Keine Abtretung, keine Erzherzogin! — Er hielt sich nicht nur für das erste staatsmännische Talent seiner Zeit, für die gewandteste Feder und den beredtesten Sprecher, sondern er traute sich selbst in militärischen Angelegenheiten ein giltiges Urtheil und außergewöhnliche Kenntnisse zu. Er verstehe in diesem Fache mehr, als des Kaisers gesammte Generalität, pflegte er sogar oftmals zu äußern. — Es hieß, daß er selbst bei Berathung der Feldzugspläne und der Wahl der Feldherren ein entscheidendes Votum abzugeben habe. — Dieser Staatsmann war es, der zu wiederholten Malen über die militärischen Fähigkeiten des Feldmarschalls Grafen Traun, — des einstigen Schülers Guido Starhembergs sich wegwerfend äußerte, — und beinahe nur die Rechtlichkeit und Ehrenhaftigkeit dieses Feldherrn gelten ließ, so auch in der vorerwähnten Conferenz, wie wir bereits erzählt haben.

Aber Maria Theresia, die selbstständige Herrscherin und scharfsinnige Frau, welche in der Wahl ihrer Diener ihr ganzes Leben das

Talent einer gerechten Würdigung von Fähigkeiten und Verdienst in eminentem Grade bewährte, willigte nicht in die ihr vorgeschlagene Abberufung eines so treuen, erfahrenen und bewährten Dieners, wie es Traun immer gewesen war. Doch bezeugte die Monarchin dem Feldmarschall ihr Befremden, daß er den Befehl zur Vorrückung nach der gewichtigen Meinung erfahrener Generäle nicht vollzogen habe. „Sie wisse wohl, daß man einem commandirenden General keine bestimmten Befehle geben könne, und habe deshalb auch dem Befehle zum Uebergang über den Panaro beigesetzt: wenn nicht etwa ein nicht wissend seyn könnender Umstand im Wege läge. Daß aber kein solcher vorhanden, ergebe sich aus der Meinung der Mehrzahl der Generale." Der Befehl den Panaro zu überschreiten und zur besseren Beobachtung des Feindes an der Lavina zu lagern, wurde nun erneuert und zugleich dem Grafen Traun bekannt gemacht: daß der Gesandte Graf Kaunitz angewiesen sei, in den König von Sardinien zu dringen, einen Theil seiner zurückgebliebenen Truppen mit den österreichischen vereint über den Panaro und in den Kirchenstaat rücken zu lassen. Es könnte sich wol der Fall ergeben, daß die Kroaten sich vielleicht nicht lange mehr beim Heere zurückhalten ließen, aber gerade deshalb müsse man, so lange diese noch anwesend, etwas unternehmen und nichts auf den nächsten Feldzug verschieben, da es noch sehr ungewiß sei, ob man in der Lage sein werde, die Armee in Italien zu verstärken.

Der in Toscana commandirende Feldmarschall-Lieutenant Breitwitz wurde vom Großherzoge angewiesen, mit 6000 Mann an die Grenze zu rücken, und die Engpässe, wenn die Spanier eindringen sollten, bis er Unterstützung erhalte, zu vertheidigen, mit dem Rest seiner Truppen (etwa über 1300 Mann) sollten die Plätze Porto Ferrajo, Livorno und das Schloß von Florenz besetzt werden. Der Feldmarschall Graf Traun wurde beauftragt, nöthigenfalls wenn er vom Feldmarschall-Lieutenant Breitwitz aufgefordert würde, die entsprechende Unterstützung zu leisten. Sollte der Letztere etwa zum Rückzuge gezwungen werden, so solle dieser immer dahin bewerkstelligt werden, woher Feldmarschall Graf Traun in das Toscanische einzurücken gedenke.

Der erneuerte Befehl seiner Monarchin, über den Panaro zu gehen, setzte Traun in keine geringe Verlegenheit. Wenige Feld-

herren würden es gewagt haben, auf eigene Gefahr
ihrer besseren Ueberzeugung zu folgen. Aber Feldmar=
schall Traun fand nach reiflicher Ueberlegung, daß er, ohne das
sehr geschwächte Heer zu Grunde zu richten und den größten Gefahren
auszusetzen, unter den vorwaltenden Verhältnissen nicht gehorchen könne.
„Er müsse", schrieb er Anfangs December nach Wien, „bei seiner Mei=
„nung verharren, und wer ohne Leidenschaft, mit Ruhe die Lage über=
„denke, müsse ihm beistimmen. Die Spanier hätten, als die Cavallerie
„an die Lavina vorgeschickt wurde, gezeigt, daß sie weder ihr verschanztes
„Lager zu verlassen, noch aus selbem hervorzugehen dächten. Den König
„von Sardinien werde man nicht dahinbringen, seinen Truppen den
„Uebergang über den Panaro zu gestatten. Das verschanzte Lager des
„Feindes sei unangreifbar. Sich diesem gegenüber an der Lavina auf=
„stellen, würde die Truppen durch Nässe und Kälte zu Grunde richten,
„und wenn die Wildbäche im Rücken anschwellen, sie der größten Ge=
„fahr aussetzen. Die Wege wären grundlos, die Zufuhren unmöglich.
„Auch der Feind litte großen Mangel. Man würde im Bolognesischen,
„könnte man es auch besetzen, keinen Unterhalt finden. Auf die Kroaten
„dürfe man nicht zählen. Sie gehorchten nur in so weit sie wollten
„und wären in voller Gährung. Mit dem Satze: „„Ich konnte nach
„Pflicht und Gewissen den zum Theil sehr verwirrten Abstim=
„mungen mehrerer Generale nicht folgen"", schließt der Feldmar=
schall seinen wohlmotivirten, eingehenden Bericht. Auf diesen hin
konnte er nur seine Entsetzung vom Commando erwarten, und daß man
einen Anderen mit der Ausführung dessen beauftragen würde, was
er für unmöglich und verderblich hielt. Indessen wurde von Wien aus
nicht weiter auf die früher anbefohlene Vorrückung gedrungen, da man
dort bereits zur sicheren Kenntniß gelangt war, daß König Carl Ema=
nuel durchaus nicht den Vormarsch seiner Truppen in den Kirchenstaat
gestatte, und überdies die Jahreszeit zu weit vorgeschritten war. Auch
die Besorgnisse für Toscana waren seither allmälig geschwunden.

Im Jänner 1743 verlegte der Feldmarschall Graf Traun
seine Truppen aus den Cantonirungen in die Winterquartiere. Die
Hauptörter am Panaro als: Vignolo, Spilimberto, St. Ambroggio,
Navicello, Buonporto, Final di Modena und Bondeno ließ er stark
besetzen, um gegen jeden Ueberfall gedeckt zu sein. Alle Kroaten und ein

großer Theil der Slavonier hatten die Armee verlassen, deren Infan=
terie nur noch 4822 streitbare Männer, die Cavallerie 1892 betrug [1]).

Von dem piemontesischen Corps unter General=Lieutenant
Grafen d'Aspremont hielten 10 Bataillone Modena, Reggio und Parma
und 4 Reiterregimenter Reggio, Parma, Piacenza und am linken Po=
Ufer Casalmaggiore besetzt.   Das Fußvolk betrug gegen 4000, die
Reiterei bei 1600 Mann.

In seinem Berichte, in dem er den Bezug der Winterquartiere
meldete, bat Feldmarschall Traun um Verstärkung an Infan=
terie und Rekruten zur Ergänzung seiner schwachen Bataillone, sowie
um das Hauptmittel zur Kriegführung, den nervus rerum, um —
Geld. Bald sollte aber die Ungeduld der ehrgeizigen Königin von
Spanien die momentane Ruhe der Winterquartiere beider Heere
unterbrechen.

---

[1]) Siehe Beilage A.

VI.

Feldzug 1743 in Oberitalien. Schlacht bei Campo Santo. — Feldmarschall Graf Traun übergibt das Commando dem Feldmarschall
Fürsten Christian Georg Lobkowitz und wird commandirender General
in Mähren.

1743.

___

Der Madrider Hof drang in seinen Feldherrn, zum Angriff
auf die Quartiere der Oesterreicher zu schreiten. Wie T r a u n, sträubte
sich auch Gages gegen ein Ansinnen, das zu keinem großen Erfolge,
wol aber leicht zum Verderben seines Heeres führen konnte. Auf seine
Gegenvorstellungen, da er die Jahreszeit als zu derartigen Unternehmungen nicht geeignet fand, wird ihm das kategorische aut, aut
gestellt, entweder dem erhaltenen Befehle nachzukommen oder an den
rangsältesten seiner Generale das Commando abzugeben. Graf Gages,
zwar ein tapferer einsichtsvoller Kriegsmann, erklärte daher seinen
Generälen, es handle sich n i c h t m e h r die Zweckmäßigkeit einer Schlacht
in Berathung zu ziehen, sondern nur die Art und Weise des Angriffes, um den anbefohlenen und somit unvermeidlichen Kampf mit
einigem Erfolge bestehen zu können. Seine schwierige Stellung als
Fremder im spanischen Heere, dem man aus besonderer Gunst die
Führung desselben übertragen, ließ ihn keinen Widerstand mehr wagen,
und gegen seine bessere Ueberzeugung beschloß er, zu gehorchen, obschon
die eingetretene außerordentliche Kälte für die Conservation seiner Mannschaft von höchstem Nachtheile war. Der Hof von Madrid hatte die
Ertheilung seines so gemessenen Befehles mit z w e i Gründen motivirt,

deren einer das starke Ausreißen im Heere war, welchen Uebelstand
man am sichersten durch eine glückliche Unternehmung zu beseitigen
glaubte, — der andere aber, als Haupturfache angeführt, stützte sich
auf die Behauptung, welche der gegnerische Feldherr (Graf Traun
nämlich) in seinen Berichten oftmals geltend gemacht hatte, daß man
im Bolognesischen nicht genug Lebensmittel für eine Armee auftreiben
könne, deshalb solle Gages den Unterhalt im Modenesischen suchen,
da er sonst durch eintretenden Mangel genöthigt sein würde, zurück=
zugehen.

Der spanische Oberbefehlshaber beschloß daher, die bei Finale
aufgestellte österreichische Heeresabtheilung anzugreifen und selbe mög=
lichst zu schlagen. Nachdem dies vollbracht sei, wollte Gages den
Panaro überschreiten und auf das in dem nahe gelegenen Carpi be=
findliche Hauptquartier des Feldmarschalls Grafen Traun
sich werfen, sodann aber die sardinischen Regimenter des General=
Lieutenants Grafen Aspremont überfallen. Die wesentlichste Bedin=
gung zum Erfolge dieser Combination war die strenge Geheimhaltung
derselben. Ungeachtet aller hiezu genommenen Vorsichtsmaßregeln des
Grafen von Gages erfuhr Traun, der in Bologna mit einflußreichen
und hochgestellten Persönlichkeiten Verbindungen unterhielt, gar bald,
daß die Spanier auf Unternehmungen dächten, und daß man bereits
Marscheinrichtungen für 12.000 Neapolitaner im Kirchenstaate träfe,
die sich mit den Spaniern vereinigen sollten. — Der Feldmar=
schall traf daher seine Vorkehrungen, um von dem Gegner nicht
überrascht zu werden.

Am 1. Februar war Gages mit seinem Heere nach San Gio=
vanni aufgebrochen, von wo er über Crevalcore nach Campo Santo mar=
schirte. In diesem von Bologna 11 Stunden entfernten Orte traf
er am 3. ein und ließ sogleich zwei Schiffbrücken schlagen, auf denen
am 4. das ganze spanische Heer den Panaro übersetzte, ohne einem
Widerstande zu begegnen. Dieses nahm am 5. Stellung bei Solara;
die Avantgarde unter General=Lieutenant Beaufort rückte bis Buon=
porto vor, um Stärke und Stellung der Oesterreicher zu erkunden.

Feldmarschall Graf Traun, welcher erst am 3. Früh
von dem wirklich erfolgten Aufbruche des feindlichen Heeres sichere Kunde
erhalten hatte, richtete nun sein Hauptaugenmerk auf die Concentrirung

seiner gesammten Streitkräfte, und demgemäß auf seine Vereinigung mit den Piemontesen. Die österreichischen Besatzungen von Bondeno und Finale wurden beordert, sich an die Sechia zurückzuziehen. Allen übrigen Truppen wurde die Gegend zwischen Madonna de la Bastia und Buonporto beim Zusammenflusse des Naviglio und Panaro als Sammelpunkt bestimmt, wohin sich der Feldmarschall sogleich selbst mit den Infanterie-Regimentern Wallis und Piccolomini, dem Cürafsier-Regimente Miglio und den Hußaren von Havor verfügte. Am 5. war das verbündete österreichisch-sardinische Heer (mit Ausnahme einiger piemontesischer Cavallerie-Regimenter) bereits vereint und mit dem rechten Flügel an Buonporto, mit dem linken gegen Madonna della Bastia, hinter dem Naviglio (Canal von Modena) aufgestellt. Der spanische General-Lieutenant Beaufort, der, wie schon weiter oben erwähnt, zu einer Recognoscirung vorgeschickt war, glaubte mit Recht, als er das österreichische Heer in geordneter Aufstellung fand, keinen Angriff wagen zu dürfen, und zog sich nach Solara zurück. Der Feldmarschall schickte ihm 150 Slavonier mit etwas leichter Reiterei nach. Es entspann sich ein unbedeutendes Gefecht mit der spanischen Arrieregarde, in dem 1 Hauptmann und 3 Mann getödtet, 13 verwundet wurden.

Der Plan der Spanier, die Oesterreicher in ihren Cantonirungen zu überfallen, war durch die auf letzterer Seite schnell vollzogene Vereinigung gänzlich vereitelt. Als Gages diese Erfahrung gemacht hatte, beschloß er, baldmöglichst in seine frühere Aufstellung bei Bologna zurückzukehren, und ein gegen seine bessere Ueberzeugung, nur auf Befehl ausgeführtes Unternehmen nicht weiter fortzusetzen, zu welchem Zwecke er schon am 6. rückwärts bei Campo Santo Stellung nahm. Er befahl, sämmtliches Fuhrwerk in der Nacht hinter den Panaro zu senden, hinter den er dann auch selbst mit dem Heere am 7. folgen wollte. Der Uebergang dieses Fuhrwerkes war aber nicht mit gehöriger Ordnung eingeleitet worden, die einbrechende Nacht vermehrte daher die entstandene Verwirrung, Wägen zerbrachen und Alles gerieth ins Stocken.

Feldmarschall Graf Traun war sogleich entschlossen, den Feind, sobald dieser seinen Uebergang zur Hälfte bewirkt haben würde, anzugreifen. Er führte sein Heer, ungeachtet der durch angestrengte

Märsche der letzten Tage eingetretenen Ermüdung, sich links zie=
hend, auf dem Wege, der von Mirandola nach Campo Santo führt,
bis an den dieselbe durchschneidenden Bach la Reggiana, wo er die
Nacht über, in Colonnen formirt, stehen blieb. Die Entfernung von
dem bei Campo Santo lagernden feindlichen Heere betrug nur eine
starke Stunde.

Der Feldmarschall hatte von hier aus den Obersten Baron
Hohenau (als Generalmajor 1745 in der Schlacht bei Striegau ge=
blieben) mit den Slavoniern, einigen hundert Partitanten und einiger
Cavallerie zur Recognoscirung des Feindes über den Reggianabach
vorgeschickt. Oberst Hohenau rückte, dem erhaltenen Befehle gemäß,
am 8. Früh so nahe an das feindliche Heer, daß dessen Geschütze auf
ihn zu feuern begannen. Er überzeugte sich, daß wol das Gepäck, aber
noch keine Truppenabtheilung den Panaro übersetzt habe, und erstattete
dem Feldmarschall hierüber Bericht. Eben sollten die ersten spani=
schen Geschütze über den Panaro gebracht werden, als Oberst Hohenau
mit den Slavoniern erschien. Graf von Gages fand es aber zu ge=
fährlich, am hellen Tage im Angesichte eines nur eine Stunde ent=
fernten Gegners ohne einen sichernden Brückenkopf den Uebergang zu
vollführen; er wollte daher die Schlacht annehmen, wenn Traun
sie böte, da er nun die Gewißheit von dessen nächster Nähe hatte, und
begann deshalb sogleich das Heer zum Kampfe zu ordnen und die
nöthigen Dispositionen zu geben. Die spanische Armee bestand aus
29 Linien= und 2 leichten Bataillons, 2 Freicompagnien und 4 Reiter=
regimentern, deren Gesammtstärke 10.000 Mann Fußvolk und 2400
Reiter betrug.

Die Aufstellung der Spanier war folgende: Auf dem
äußersten linken Flügel, der sich nahe vor Campo Santo an den Pa=
naro lehnte, stand das Dragoner=Regiment Sagunt. In gleicher Rich=
tung mit diesem kamen 6 Bataillons wallonischer Garden und die
Regimenter Flandern, Lombardie und Castilien, jedes von 2 Bataillons.
Die gerade Linie dieser 12 Bataillons reichte bis über den nach Miran=
dola führenden Weg. Das erste Treffen brach sich hier in einem
stumpfen Winkel. 6 Bataillons spanischer Fußgarden, an die sich zwei
schwere Reiterregimenter, Königin= und König=Carabiniere schlossen,
bildeten die nun mit dem Panaro gleichlaufende Linie. Dem rechten

Flügel dienten einige Casinen und Teiche zur Stütze. Im zweiten Treffen standen 11 Bataillons, wovon 4 hinter den spanischen Garden. Das Dragoner-Regiment Königin stand hinter dem gleichnamigen Cürassier-Regimente. Ein zwischen den Teichen und dem Panaro frei gebliebener Raum von 1500 Schritten, der bei dem fest gefrorenen Boden ganz für Cavallerie geeignet war, wurde aber nur von zwei leichten Bataillons beobachtet. Diese Schlachtordnung des spanischen Feldherrn berechtigte zur Vermuthung, daß er die Verbündeten von einer ganz anderen Seite (nämlich von Solara) erwartete; da sie jedoch von jener von Mirandola kamen, so mußte Graf Gages noch in den letzten Augenblicken vor und selbst während des Gefechtes viele Aenderungen und Anordnungen treffen, was nicht ohne Uebereilung und Verwirrung vor sich gehen konnte.

Durch die Meldung des Obersten Hohenau wußte Feldmarschall Graf Traun, daß er es mit dem ganzen ihm überlegenen feindlichen Heere werde zu thun haben, und konnte auch nicht mehr im Zweifel sein, daß es dem Grafen Gages wirklich um eine Schlacht zu thun sei. Traun wünschte gleichfalls eine Entscheidung mit den Waffen, und zwar umsomehr, als Nichts eher den wankelmüthigen König Carl Emanuel dauernder an die Sache des Hauses Oesterreich zu fesseln im Stande gewesen wäre, als ein siegreicher Erfolg seiner Waffen in Italien. Nicht weniger kampfbegierig als Traun war auch der Commandant der sardinischen Truppen General-Lieutenant Graf Aspremont, denn die Gelegenheit diese in offener Feldschlacht zu befehligen, ergab sich ihm nicht so leicht zum zweiten Male. Der Wunsch, dem Gegner einen Kampf zu bieten, beseelte daher diese beiden Generäle in gleichem Maße. Ein Sieg konnte immerhin zur vollständigen Niederlage der Spanier führen, — und im Falle eines Mißgeschickes blieb der Schutz, den Mirandola bot, dessen Belagerung in der vorgeschrittenen Jahreszeit nicht so leicht ausführbar war.

Die verbündete österreichisch-sardinische Armee bestand aus 16 Bataillons Oesterreicher und 8 Bataillons Piemontesen, 2 österreichischen und 2 piemontesischen Cavallerie-Regimentern, den Hußaren von Havor und slavonischem Fuß- und Reitervolke, welche zusammen an Infanterie die Stärke von 8000, an Reiterei von 2600 Mann erreichten.

Mittag war vorüber, als Feldmarschall Graf Traun
seine Colonnen über die Reggiana führte und sie hinter der von Finale
nach Modena führenden Straße in zwei Treffen eine halbe Stunde
vor dem Feinde aufmarschiren ließ. Auf dem äußersten rechten Flügel
waren 100 Hußaren und 4 aus sämmtlichen Reiterregimentern com-
ponirte Schwadronen. Den übrigen rechten Flügel bildeten die deutschen
Infanterie-Regimenter. Der linke Flügel war aus sardinischem Fußvolk gebildet und sollte durch die daselbst postirte ganze Cavallerie
unter dem Befehle des Feldmarschall-Lieutenants Beyersberg unterstützt
werden. Der festgefrorene Boden zwischen den Teichen und dem Panaro war dieser letzteren zum Kampfplatze angewiesen. Zwischen den
Treffen des Fußvolkes waren auf beiden Flügeln 100 Reiter und ein
Theil der Slavonier aufgestellt. Der Feldmarschall nahm seine
Stellung im Centrum, der rechte Flügel wurde vom Feldmarschall-
Lieutenant Grafen Schulenburg, der linke vom General-Lieutenant Grafen
Aspremont befehligt. Die Formirung des Heeres hatte, da das Terrain sehr durchschnitten war, viel Zeit erfordert. Mit raschem Ueber-
blicke hatte der Feldmarschall Graf Traun die Mängel der
feindlichen Aufstellung herausgefunden; er beschloß, dessen rechten Flügel
mit gesammter Macht anzugreifen, während seine leichten Truppen
den linken im Schach halten sollten. Er befahl nun, daß die Vorrückung mit ganzer Front geschehe und das Heer sich, bei dieser, so links
ziehen sollte, daß der rechte Flügel den spanischen Garden gegenüber zu
stehen käme. Der Vormarsch geschah mit klingendem Spiele und türkischer
Musik, jedoch um die Fronte nicht zu brechen, nur sehr langsam.

Man erzählt, Feldmarschall Traun wäre die Nacht vor
dem Treffen auf einem Balle gewesen, von dem er zur Formirung
der Truppen ging. — Noch war eine Linie zu vollenden. Man bemerkte, daß der Feldmarschall öfters nach der Uhr sah. „Mr. de
Gages, vous avez encore une heure et demie pour vous", sagte
er endlich, und später: „encore une heure", und als er seine Aufstellung
vollendet hatte: „à présent Mr. de Gages vous pouvez venir".

Noch vor der Aufstellung seiner Truppen in die Schlachtordnung
hatte der Feldmarschall bei all seinen Abtheilungen folgenden erheben-
den Armeebefehl veröffentlichen lassen: (Wir finden denselben in keinem
neueren Geschichtswerke aufgezeichnet und lassen ihn hier wörtlich folgen,

wie ihn einzig Zedlers Universal-Lexikon, 45. Band, Leipzig und
Halle 1745, S. 229—236, Artikel Traun enthält. Dieses seiner Zeit
vortreffliche, nun nur äußerst selten in größeren Bibliotheken sich
vorfindende Werk, war noch zwei bis drei Jahre vor dem Tode des
Feldmarschalls Grafen Traun erschienen und enthält die cor-
recteften von ihm nie widersprochenen Angaben.)

„Endlich ist der Tag angebrochen, da uns eine vortreffliche Ge-
„legenheit an die Hand gegeben wird, daß Ihr, meine Mitbrüder, eine
„besondere Probe Eurer Tapferkeit ablegen sollet. Die Feinde sind
„aus ihren bei Ronomia (?) befestigten Löchern herausgekrochen, sie
„haben über den Panarofluß eine Brücke geschlagen, und nachdem sie
„darübergegangen, haben sie ein verwegenes Vertrauen auf sich selbst
„gesetzt, und sind im Begriff mit Euch zu fechten! Es würde über-
„flüssig sein, Euch zu ermahnen, das Treffen tapfer anzutreten. Ich
„kenne Euch schon längst, was Ihr vor Leute seid. Ihr seid Männer,
„die lieber sterben wollen, als sich überwinden lassen! Ihr seid Männer,
„die eine brennende Begierde zu fechten haben, und die den Anblick
„des Feindes kaum erwarten können! Ihr seid endlich Männer, deren
„tapfere Faust die Spanier schon länger als ein Jahr empfunden
„haben! Warum sie wider alles Vermuthen dieses vergaßen, kann
„ich nicht einsehen. Auf! demnach, meine Mitbrüder! bringet ihnen
„durch Eueren Degen ins Gedächtniß, daß tapfere Männer niemals zu
„Weibern werden! Verzaget nicht an dem göttlichen Beistande, welchen
„diejenigen gewiß zu erwarten haben, welche die Waffen vor eine gute
„Sache ergreiffen! Wie gröblich betrügen sich die Spanier, wenn sie
„sich eben diesen göttlichen Beistand versprechen! Ich bin nicht in
„Abrede, daß die Feinde ihrer Landesbeschaffenheit nach, eben sowohl
„des Sieges als Ruhmes begierig sind; allein wenn Ihr nicht durch
„Arbeit, Schwierigkeit und Beständigkeit den Sieg erwerbet, so werdet
„Ihr niemals in den Tempel eines ewigen Ruhmes eingehen. Man
„gelanget durch rauhe wüste Wege dahin. Fanget das Treffen mit
„unerschrockenem Muthe an; ich sehe Euch schon mit voller Beute
„zurückkommen, ob mir wohl von Euch nicht unbekannt ist, daß Ihr mehr
„den Sieg als Beute liebet. Euere Mitbrüder, sowohl in Böhmen als
„Baiern triumphiren über ihre Feinde. Was würden diese sagen, wenn
„auch Ihr nicht die herrlichsten Siege davon tragen wolltet!"

„Sehet auf mich, meine Freunde, folget mir, der, ob ich gleich
„schon ziemlich alt bin, Euch doch durch mein Beispiel zeigen will, wie
„sich junge Leute als tapfere Männer aufzuführen haben. Die Feinde
„sind da! Auf zum Marsch! zur Schlacht, zum Siege auf! und
„lasset mich in der Hoffnung, die ich nächst Gott auf Euch gesetzt,
„nicht sinken."

Als das österreichische Heer sich über die Reggiana in Schlacht=
ordnung stellte, befand sich der spanische Befehlshaber auf seinem
rechten Flügel. Statt diesen aber zu verstärken, begnügte sich Graf
Gages, den Obersten Obregan mit einem Bataillon des im zweiten
Treffen stehenden Regimentes Quadalaxara zur Besetzung der Casinen
bei den Teichen zu beordern, und begab sich sodann wieder zu seinem
linken Flügel, ohne sich, wie höhere spanische Officiere behaupteten,
um seinen rechten Flügel weiter zu bekümmern.

Als die Verbündeten anmarschirten, ließ der General=Lieutenant
Macdonald, der den rechten Flügel des ersten Treffens der Spanier
befehligte, die Regimenter Irland und Ibernia auf den rechten Flügel
der spanischen Garden rücken. Da entstanden kleinliche Rangsstreitig=
keiten; das Gardecorps wollte nämlich nicht gestatten, daß andere Fuß=
regimenter zu seiner Rechten standen. Diese mußten sich in weiten
Intervallen etwas rückwärts aufstellen, damit es den Anschein habe,
als wenn sie nicht in die Linie gehörten. Der General=Lieutenant
Sahve, der den rechten Flügel des zweiten Treffens befehligte, ließ,
als er die verbündete Reiterei, um den Raum zwischen den Teichen
und dem Panaro zu gewinnen, eine Linksziehung vollführen sah, drei
spanische Cavallerie=Regimenter des rechten Flügels rasch Stellung in dem
erwähnten leer gebliebenen Terrain nehmen, und beorderte gleichzeitig die
Fußregimenter Coronna und Regina zur Besetzung der auf beiden
Flügeln dieser neuen Aufstellung befindlichen Casinen.

Das Geschützfeuer hatte bereits von beiden Seiten begonnen,
als hier ein Choc der spanischen Cavallerie=Regimenter Königin=Cüras=
siere und der Carabiniers, auf das erste Reitertreffen der Verbündeten
geschah, das noch im Aufmarsche begriffen, auf ihr zweites Treffen
zurückgedrängt wurde, von diesem aufgenommen und unterstützt, den

Gegner zwar zum Weichen brachte, bei der Verfolgung aber sich dem Flankenfeuer des Infanterie-Regiments Sagunt bloßgestellt sah, und sich in Unordnung zurückziehen mußte. Dieses spanische Regiment war vom General-Lieutenant Grafen Mariani, der den linken Flügel commandirte, im richtigen Augenblicke dem rechten zu Hülfe geschickt, zwischen den Teichen hervorgebrochen und hatte durch ein wohlgezieltes, in der rechten Flanke der verbündeten Reiterei angebrachtes Feuer diese so gänzlich gesprengt, daß der General Saint Pierre (als General der Cavallerie 1770 gestorben) von allen ihren Generälen und Stabsofficieren der einzige Unverwundete, sie erst um 6 Uhr Abends wieder zurückzubringen vermochte. Statt aber ihren Vortheil zu verfolgen, gingen die spanischen Regimenter ruhig in ihre frühere Stellung zurück und überließen der Infanterie die Entscheidung des Kampfes.

Es war nahe an 4 Uhr Nachmittags als das Gefecht mit größter Heftigkeit zwischen dem Fußvolke entbrannte. Die spanischen Garden rückten den Regimentern Wallis und Roth entgegen. Ohne einen Schuß zu thun, eilten aber die Irländer vor, überholten die spanischen Garden, durch deren hochmüthiges Betragen sie sich verletzt gefühlt, und stürzten sich, das auf sie gerichtete verheerende Feuer nicht achtend, in größter Wuth auf das Regiment Deutschmeister. Durch einige Minuten schwieg das Musketenfeuer, und man hörte nur das Geklirre blanker Waffen. Die Regimenter Alt-Wallis und Roth hielten wacker Stand; ein Bataillon Deutschmeister, dessen Major gefallen war, wurde von den Irländern gänzlich zum Weichen gebracht. Da griff das im zweiten Treffen stehende Regiment Piccolomini (jetzt Nr. 25) die Irländer mit rascher Entschlossenheit an, trieb sie zurück und füllte im ersten Treffen den leer gewordenen Raum. Die Linie der Spanier mußte etwas weichen. Das heftigste Gewehrfeuer begann aufs Neue. Die 10 Bataillone, aus welchen der spanische rechte Flügel bestand, vermochten nicht den vereinten Streitkräften der Oesterreicher und Piemontesen, welche, weil Traun seine ganze Infanterie auf diesem Punkte concentrirt hatte, hier der Zahl nach überlegen waren, auf länger die Spitze zu bieten, und mußten gegen Abend sich auf den Rückzug begeben. Das zweite Treffen der Spanier war theils zur Verlängerung des ersten, theils zur Besetzung der Casinen verwendet worden, und sonderbarer Weise war der linke und stärkste Flügel der Spanier

gar nicht ins Gefecht gekommen. Erst bei eintretender Dunkelheit
unternahm es der Maréchal de camp Graf de Jauche, Chef der
Wallonengarde, ohne Befehl gegen die rechte Flanke der Oesterreicher
vorzurücken, und nach einigem Besinnen ließ General=Lieutenant Graf
Gages seinen ganzen linken Flügel dieser Bewegung folgen. Allein das
nächtliche Dunkel war schon eingebrochen, zwar beschien der Mond mit
seinem matten Lichte das blutgetränkte Schlachtfeld, aber der starke
Pulverdampf machte das Nächste unkenntlich. Dies mögen die Ursachen
einer verderblichen Irrung gewesen sein, indem nämlich die hinteren
spanischen Regimenter sich plötzlich angegriffen wähnend, auf die vor=
wärts marschirenden feuerten, und auf diese Art geriethen die Spanier
selbst in blutigen Kampf untereinander, der erst nach großen Verlusten
an Todten und Verwundeten geendigt werden konnte. Graf Jauche
war ebenfalls bei dieser Gelegenheit gefallen. Der rechte Flügel der
Spanier blieb sonach ohne alle Unterstützung und konnte, als Feld=
marschall Traun ihn jetzt zum zweiten Male angriff, sich um so
weniger halten. Die Teiche und die Casinen waren für die Spanier ver=
loren gegangen, der Oberst Obregan mit dem Bataillon Quadalaxara
wurde gefangen, und Gages ordnete auf der ganzen Linie den Rückzug
an, der eiligst und auf einzelnen Punkten in ziemlicher Verwirrung
auf Campo Santo vor sich ging. Ein wiederholter Angriff auf diesen
Ort selbst, den Traun unternehmen ließ, wurde jedoch durch den
spanischen General=Lieutenant Sahve, dem es gelungen war, mehrere
Regimenter zu sammeln, zurückgewiesen.

Feldmarschall Graf Traun brach nun das Gefecht ab,
und zog sich, da es völlig Nacht geworden war, hinter die Teiche
zurück, indessen die Spanier eiligst den Uebergang über den Panaro be=
werkstelligten, von wo sie nach Abtragung der Brücken den Rückzug
nach San Giovanni ununterbrochen fortsetzten. Der Feldmarschall
wurde von seiner Absicht, den Feind zu verfolgen, dadurch abgehalten,
daß die verbündeten Piemontesen sich hartnäckig weigerten, den Panaro
zu überschreiten. Sämmtliche sardinische Generäle erklärten, durch be=
stimmte höhere Befehle gehindert zu sein.

So hatte die Schlacht von Campo Santo geendet, ohne eine
wirkliche Entscheidung herbeigeführt zu haben! Beide Theile schrie=
ben sich den Sieg zu; die Spanier sangen das Tedeum zu San

Giovanni, — die Verbündeten mit jedenfalls größerem Rechte zu San Felice. — Einen großen nutzlosen Verlust hatten beide Theile zu beklagen. Der Befehlshaber der sardinischen Truppen Graf d'Aspremont, ein Mann von großem Verdienst, starb an seinen Wunden, einige Tage nach der Schlacht, zu Modena, ebenso der österreichische Feldmarschall-Lieutenant Graf Beyersberg zu Mantua. Feldmarschall-Lieutenant Graf Joseph Ciceri (gestorben zehn Jahre später, 1753) und General Graf Christoph Pertusati (wurde 1754 Feldzeugmeister und starb 1759) wurden verwundet. Die österreichische Infanterie zählte nach den officiellen Verlusteingaben 189 Todte, 403 Verwundete, 107 Gefangene und Vermißte, unter den ersteren waren 8, unter den zweiten 30 Stabs- und Oberofficiere. Die Cavallerie zählte 50 Todte, 121 Verwundete, 233 Gefangene und Vermißte. Sie hatte einige Standarten und Pauken verloren. Der österreichische Gesammtverlust belief sich demnach auf 1103 Mann, jener der Piemontesen wurde zu 600 beziffert. — Dem Feldmarschall Grafen Traun wurden zwei Pferde unter dem Leibe getödtet, mit jugendlicher Kraft schwang er sich auf das dritte; als seine Grenadiere dies im Gemenge des Kampfes bemerkten, stürzten sie sich mit dem Ausrufe: „Unser Vater lebt", von neuem begeistert auf den Feind, dessen Reihen sie durchbrachen.

Noch erheblichere Verlufte hatten die Spanier: die Maréchaux de camp Graf Jauche und Majorca waren gefallen, der General-Lieutenant Macdonald und der Maréchal de camp Caravajal verwundet. Die Gesammtzahl der Todten betrug 1755, jene der Verwundeten 1397, der Gefangenen 824. Diese Verlufte betrugen im Ganzen 3976 Mann und betrafen vorzugsweise die Infanterie, da die spanische Cavallerie nur 119 Todte und 145 Verwundete zählte.

Feldmarschall Graf Traun sandte sogleich den General-Adjutanten Grafen Althann mit der Botschaft von dem freudigen Resultate der Schlacht nach Wien, diesem folgte Tags darauf der General-Feldwachtmeister Graf Anton Colloredo, um über den errungenen Sieg und alle Einzelheiten des Kampfes einen ausführlichen Bericht zu erstatten. Diese beiden Officiere erreichten in der Folge hohe Rangsstufen in der Armee, wir wollen daher ganz kurze Notizen über selbe hier einschalten.

Michael Anton Ignaz Graf von Althann, geboren 1716, diente Anfangs im Cürassier-Regimente Fürst Lobkowitz (als Zeschwitz 1801 reducirt) und war zur Zeit der Schlacht von Campo Santo bereits Oberstlieutenant und General-Adjutant. Er überbrachte 1744 zwölf eroberte Fahnen von Velletri, wurde Oberst, 1746 die Nachricht vom Siege bei Piacenza und wurde General. 1758 war er General der Cavallerie, Malteser-Ordens-Bailli und Inhaber eines 1768 reducirten Dragoner-Regimentes, nach dessen Auflösung aber Inhaber des neu formirten zweiten Carabinier-Regiments (jetzt Dragoner Nr. 1) und starb 1774.

Anton Graf von Colloredo zu Walsee, geboren 1707, trat 1728 in die kaiserliche Armee, in welcher er sich bald durch seinen Eifer und seine Kenntnisse bemerkbar machte. 1737 war er Oberst und Commandant des Infanterie-Regimentes Deutschmeister, 1742 General-Feldwachtmeister und 1744 Inhaber des heutigen 20. Infanterie-Regimentes. Besonders zeichnete sich Colloredo im Feldzuge 1747 bei Vertheidigung des Col di Assietta aus. Er rückte in den nächsten Jahren: 1749 zum Feldmarschall-Lieutenant, 1752 zum Feldzeugmeister, 1756 zum Hauptmann der Arcieren-Leibgarde und endlich 1760 zum Feldmarschall vor. Graf Anton Colloredo hatte sich in den Feldzügen gegen die Türken, Spanier, Franzosen und Preußen als tapferer Soldat und umsichtiger Führer erwiesen, und sich auch, mit der Oberdirection der Neustädter Militär-Akademie durch mehrere Jahre betraut, große Verdienste um die Heranbildung der militärischen Jugend erworben. Auch ist das erste und einzige gedruckte Akademie-Reglement seine Schöpfung. Er starb am 17. März 1785 zu Wien, seit 1777 Großprior des Malteser-Ordens von Ungarn, mit dem Rufe eines edlen Menschenfreundes, warmen Patrioten und tüchtigen Kriegers.

In seiner officiellen Relation ertheilte Feldmarschall Graf Traun der Tapferkeit der österreichischen und sardinischen Infanterie das wärmste Lob, auch der slavonischen Grenzregimenter und Freicorps dachte er rühmend; besonders hob er die Verdienste des Feldmarschall-Lieutenants Grafen Schulenburg, des General-Feldwachtmeisters Grafen d'Aspremont (welch letzterer, ein Verwandter des gleichnamigen sardinischen General-Lieutenants, 1772 als General der Cavallerie und zweiter Inhaber des Dragoner-Regimentes Savoyen gestorben ist), ferner Sinsan, Saint Pierre und Hohenau's hervor.

Die Schlacht bei Campo Santo wurde zu Madrid und zu Wien gefeiert. Der König von Spanien ernannte den General-Lieutenant Grafen Gages zum General-Capitän und Maria Theresia bezeugte dem Feldmarschall Grafen Traun ihre volle Zufriedenheit.

Ueber den Sieg bei Campo Santo, dessen sich beide Theile rühmten, wollen wir hier mehrere widersprechende Zeugnisse anführen.

Nach einem französischen Zeitbericht heißt es: „Le „combat fût opiniâtre et sanglant, et la victoire resta indécise. „S'il y eut de l'avantage, il fût du côté des Espagnoles, qui „enlevèrent huit étentards et un drapeau. Cependant le comte „de Gages aiant, faute de subsistance, repassé le Panaro le „lendemain de l'action, les Autrichiens regardèrent sa retraite „comme un aveu de leur victoire".

Ein Zeitgenosse Trauns, der sardinische General Conte Gaspare Galleani d'Agliano sagt: „Man kann nicht bestreiten, daß die große „Erfahrung des Feldmarschalls Grafen Traun und sein un- „vergleichlicher Heldenmuth es hauptsächlich bewirkten, daß der Sieg „ihm zu Theil wurde. Es bedurfte hiezu in der That keines Andern „als seiner, der sich eines so ausgezeichneten Rufes erfreute, daß er „den besten Feldherren unserer Zeit beigezählt wurde. Dieser „Ruf wurde durch den jetzt errungenen Sieg noch bestärkt und erhöht. „Man erkannte wohl, daß Traun in seiner Jugend von einem tüch- „tigen Meister die Kriegskunst erlernt und sie noch vollkommen inne „hatte. Denn er war durch lange Zeit der Adjutant und der Ver- „traute seines großen Heerführers des Feldmarschalls Grafen Guido von „Starhemberg". (Ritter v. Arneth: Maria Theresias erste Regierungs- jahre, II. Band, Wien 1864, Wilhelm Braumüller, 8., Seite 189.)

Die biederherzige Zuversicht, mit welcher Graf Traun in einem Briefe an den k. österreichisch-ungarischen Gesandten zu Haag, Judas Thaddäus Freiherrn von Reischach (geboren 1696, k. k. Kämmerer und Geheimer Rath, gestorben 30. October 1782) selbst davon spricht, läßt keinen Zweifel übrig, daß der größere Vortheil für den Augenblick sowol als für die Folge auf seiner Seite war.

Dieses Schreiben Trauns, welches vom 12. Februar 1743, also nur wenige Tage nach der Schlacht von Campo Santo datirt ist, lautet:

„Gottlob die Sachen haben sich auf einmal zu unserm Vortheil „geändert. Nachdem die Spanier über den Panaro gegangen waren, „marschirten sie auf uns zu. Ich hatte bereits die Truppen der Köni= „gin (Maria Theresia) und die königlich sardinischen zu Bastia ver= „sammelt, und am 5. Februar erwartete ich festen Fußes und in „Schlachtordnung die Feinde zu Buonporto. Sie waren nicht weit „von unserm Lager entfernt, hielten es aber nicht für dienlich, uns „an solchem Tage anzugreifen. Den andern Tag rückte ich gegen „Solara, wohin sich die Feinde gezogen hatten. Ich vernahm allda, „daß sie sich nach Campo Santo gewendet. Ich folgte ihnen dahin, „und lieferte ihnen, weil ich sie zu unserem Empfange bereit fand, „ein Treffen. Es hat Gott gefallen, unsere Waffen zu segnen. Die „Feinde sind geschlagen. Die Hälfte ihrer Armee ist bei dieser Ge= „legenheit ruinirt worden und der Rest, der nur in einem Corps von „6000 Mann besteht, ist in großer Eile über den Panaro zurückgezogen „und zieht sich gegen Bologna in die alten Posten. Wir haben, die „Piemontesen darunter begriffen, nicht mehr als 1200 Todte, Ver= „wundete und Verlaufene gehabt, und jeden Tag finden sich etliche „von diesen letztern wieder ein. Meine Art ist nicht mich zu rühmen, „ich kann versichern, daß dieses Treffen von einer großen Wichtigkeit „sei u. s. w."

General=Lieutenant Graf Gages war am 10. Februar mit seinem bedeutend geschwächten Heere wieder in seine frühere Stellung bei Bologna eingerückt und beschäftigte sich daselbst sogleich mit der Verstärkung seiner Verschanzungen.

Mittlerweile hatte ein Schreiben seiner Monarchin den Feld= marschall Traun in Kenntniß gesetzt, daß 6 Bataillons, 1 Hußaren= und 2 Dragoner=Regimenter nach Italien in Marsch gesetzt würden, und auch alle Anstalten getroffen seien, den großen Abgang an Mann und Pferd bei dessen Truppen zu ersetzen. Ueberdies genehmigte Maria Theresia die Verfügung des Feldmarschalls: den bei ihm zurück= gebliebenen Slavoniern eine Löhnungszulage von täglich zwei Kreuzern bewilligt zu haben. Auch ließ sie dieselben ihrer besonderen Gnade versichern und versprach ihnen, für ihre in der Heimat zurückgelassenen Weiber und Kinder zu sorgen, was sie auch mit der ihr angebornen Milde eines großmüthigen Herzens erfüllte. Was die Gelderfordernisse betraf, wurde Traun auf seine eigene Klugheit, die ihn Mittel und Wege in seiner Stellung als Statthalter des Herzogthums Mailand zur Behebung aller Anstände finden lassen würde, verwiesen.

Die Erwiderung des Feldmarschalls auf diesen letzten wunden Punkt war diese: daß er wohl einsehe, wie schwer es bei den großen anderweitigen Bedürfnissen sei, von Wien aus dem Geldmangel abzuhelfen; die Lombardie vermöge indeß nicht, das Erforderliche auf= zubringen, und man wäre, wenn keine Abhülfe erfolge, im nächsten Feldzuge zur Unthätigkeit gezwungen.

Aus dem Lager bei Carpi sandte Feldmarschall Graf Traun folgende zwei gleichlautende Schreiben an die beiden päpst= lichen Legaten: Cardinal Alberoni zu Bologna und Cardinal Delci zu Ferrara:

„Da der Dienst der Königin von Ungarn und Böhmen Ma= „jestät, meiner Allergnädigsten Souverainin erfordert, daß ich meine „Quartiere gegen den Feind erweitere und etliche 1000 Mann In= „fanterie und Cavallerie in das Gebiet von Dero Legation vorrücken „lasse; so habe ich nicht ermangeln wollen, Euer Eminenz davon, „zuvor Wissenschaft zu geben, damit Dieselben demjenigen gemäß, was „gebräuchlich und den Spaniern widerfahren ist, besorgen mögen, daß „an den Orten, so durch die Commissarien der Armee angezeigt „werden sollen, die nöthigen Etappen eingerichtet werden. Ich trage „keinen Zweifel, daß mein Ansuchen bei Ihnen stattfinden werde, damit, „wenn Alles auf gebührende Art eingerichtet worden, die Detache= „ments, so ich abschicken werde, desto achtsamer seyn können, nicht „von den Regeln der guten Mannszucht abzuweichen. Ich bediene „mich auch mit vielem Vergnügen dieser Gelegenheit um Euer Eminenz

„der Hochachtung und ausnehmenden Veneration zu versichern, die
„ich gegen Dero Person hege.

„Im Lager bei Carpi am 26. Februar 1743.

Graf von Traun m. p.
Feldmarschall."

Die erwarteten Verstärkungen hatten sowol eine Vorrückung als
eine Aenderung in den Dislocations-Verhältnissen der Truppen noth=
wendig gemacht. Im März trafen die Dragoner-Regimenter Savoyen
(jetzt Nr. 13) und Koharh (als Althann 1767 in Wien reducirt),
ferner ein Bataillon von Vasquez (als Schmidfeld 1796 reducirt)
und eines von Marulli (1751 reducirt) bei der Armee ein. Die Dra=
goner wurden am linken Po-Ufer in die Gegend von Figarola verlegt,
die beiden Cürassier-Regimenter kamen ganz auf das rechte Po-Ufer,
die Bataillons Vasquez und Marulli nach Revere. Finale wurde von
4 deutschen, Cento von 2 slavonischen Bataillons besetzt. Sämmtliche
Partitanten (Freicorps) kamen nach Crevalcore. Ueber den Po wurde
zur schnelleren Verbindung eine Brücke geschlagen. Nebst der besseren
Unterkunft und Verpflegung hatte Feldmarschall Graf Traun
bei dieser Bewegung noch die Absicht, dem Feinde Besorgnisse zu er=
regen und ihn zum weiteren Rückzug zu vermögen. Diese erreichte
er auch vollkommen, denn General-Lieutenant Graf Gages,
bereits durch die Schlacht bei Campo Santo sehr geschwächt, litt mit
seinem Heere im Bolognesischen Mangel an Lebensmitteln, und hatte
auch Kunde erhalten, von dem Einrücken der den Oesterreichern zuge=
kommenen Verstärkungen. Er glaubte sich nun nicht mehr länger bei
Bologna halten zu können, und trat am 26. März, nachdem er die
Kranken und das Gepäck vorausgeschickt hatte, den Rückzug gegen
Rimini an, wo er am 3. April ankam und sein Heer in Cantonirun=
gen verlegte. Feldmarschall Graf Traun ließ diesen Rückzug
der Spanier von Hußaren beunruhigen, welche jene bis Cesena ver=
folgten, von denen über 1000 Mann während dieser Rückmärsche ent=
wichen waren.

Nachdem das Andrängen der Höfe von Wien und Madrid mitten
im Winter an ihre Feldherren zu Kriegsunternehmungen, die blutige
aber für beide Theile erfolglose Schlacht bei Campo Santo herbei=
geführt hatte, stand zu erwarten, daß beim Eintritte der besseren

Jahreszeit die Feindseligkeiten mit erneuerter Kraft beginnen würden und der Feldzug des Jahres 1743 in Italien zu irgend einer Entscheidung führen werde. Diese Erwartungen wurden jedoch nicht erfüllt.

Allerdings hatte sich der spanische Feldherr, wie wir weiter oben gesehen haben, bis Rimini zurückgezogen, aber Traun konnte ihm nicht folgen, weil der König von Sardinien sich zu wiederholten Malen geweigert hatte, seine Truppen offensiv vorgehen zu laffen. Die Schlacht von Campo Santo hatte sowol die Spanier als die Oesterreicher sehr geschwächt. Diese letzteren waren durch erhaltene Verstärkungen zu Ende Mai auf 14.369 Dienstbare, worunter 4322 Reiter, angewachsen und sogar in Etwas der feindlichen überlegen [1]). Aber das Wichtigste zum Kriegführen fehlte, nämlich das Geld. Kaum wußte man die tägliche Verpflegung aufzubringen, und vermochte auch nicht, die zu einer weiteren Vorrückung unentbehrlichen Vorräthe zu sammeln. — Dies war wol der ärgste Uebelstand, zu welchem überdies jene erwähnte Weigerung des Königs Carl Emanuel noch hinzukam.

Die Heißsporne der verschiedenen Kanzleien zu Wien drangen fortwährend in die Königin, auf der Erfüllung ihres sehnlichen Wunsches, die Eroberung von Neapel zu bestehen, und die piemontesischen Truppen zur geeigneten Mitwirkung aufzufordern. Dieses gemeinschaftliche Vorgehen war um so nöthiger, als man nebst den Spaniern, dann auch noch die Neapolitaner zu bekämpfen, und ein weiter Kriegszug auch eine natürliche Schwächung des Heeres zur Folge gehabt hätte. Aber, wie schon gesagt, war der König von Sardinien durchaus nicht geneigt, einen Theil seiner Truppen zu fernen Eroberungen zu entsenden. Um seinen Beitritt für die Sache Oesterreichs zu erhalten, hatte man ihm vorläufig eine Gebietsvergrößerung im Lombardischen zugesichert, aber der förmliche Abtretungsvertrag der in Aussicht gestellten Theile des Mailändischen hatte Verzögerungen erlitten.

Diese Abtretung sollte in dem zu Pavia gehörigen Districte jenseits des Po mit dem wichtigen Passe von Stradella, dann des sämmtlichen noch dem Hause Oesterreich gehörigen Gebietes am rechten Ufer des Ticino bestehen. Ebenso sollte die Königin von Ungarn

---

[1]) Siehe Beilage B.

das Marquisat von Finale, welches Kaiser Carl VI. der Republik
Genua verkauft hatte, und einen möglichst großen Theil des Gebietes
dieser Republik dem Könige von Sardinien verschaffen, auch ansehn=
liche Subsidien zur Kriegführung, die Unterhaltung einer starken
Streitmacht in der Lombardie und außerdem eine bedeutende Ent=
schädigung im Falle einer etwaigen feindlichen Besetzung von Nizza und
Savoyen ihm zusichern.

Carl Emanuel, der auf den Abschluß des Vertrages drang, ließ
durch seinen Minister, den Marquis d'Ormea erklären, daß er erst
dann die Pläne Oesterreichs zu unterstützen gedenke, wenn die längst
begonnenen Unterhandlungen geendet sein würden. Als einen weiteren
Grund der Weigerung, sein Heer nicht an einer neuen Kriegsunter=
nehmung mitwirken zu lassen, führte der König die drohende Gefahr
eines Einfalles Don Philipps in Piemont, der sich bereits in Savoyen
dazu rüste; sowie daß er, seine eigenen Staaten vertheidigend,
gleichzeitig die italienischen Länder Maria Theresias schütze. Das pie=
montesische Heer war in Folge des Rückzuges aus Savoyen mitten
im Winter über die Alpen durch Krankheiten bedeutend geschwächt
worden. Alles dies zusammen hatte das Bedenken des Königs Carl
Emanuel erregt, und es ließ sich unter derartigen Umständen auch
keinerlei Sinnesänderung erwarten.

General Sinsano erhielt Befehl, die vier sardinischen Reiterregi=
menter nach Piemont zurückzuführen. Die Infanterie blieb noch im
Modenesischen, jedoch mit dem stricten Befehl, den Panaro auf keinen
Fall zu überschreiten.

Der spanische Feldherr General=Lieutenant Graf Gages
wurde durch den Zustand und die Schwäche seines Heeres in Unthätig=
keit gehalten. Erst wenn die erwarteten Verstärkungen aus Spanien
eintrafen und die angestrebte Vereinigung mit den Neapolitanern er=
folgte, konnte Gages durch Vorrückung gegen die Lombardie die Pläne
Don Philipps gegen Piemont unterstützen.

Mit der durch politische und Geldverhältnisse erzwungenen Un=
thätigkeit Trauns war man zu Wien sehr unzufrieden. Die Stellung
des Feldmarschalls zu den Räthen der Krone war schon seit
einiger Zeit eine ziemlich gespannte. Man beschuldigte Traun, daß
er mit dem Gelde nicht zu gebahren, aus einem so reichen Lande wie

die Lombardie das zum Unterhalte der wenig zahlreichen öfterreichischen
Truppen Erforderliche nicht zu ziehen und die vorhandenen Summen
nicht zu verwenden wiffe. Die Art und Weife, wie er als Statt=
halter des Herzogthums Mailand die Einkünfte diefes Landes ver=
waltete, erfuhr den ftrengften Tadel. Seine ärgften Widerfacher waren
gezwungen, die **Redlichkeit des Feldmarfchalls** anzuerkennen,
aber man befchuldigte ihn der Fahrläffigkeit in der Adminiftration und
übertriebener Nachficht mit feinen untergeordneten Organen. In einem
Briefe des Baron Bartenftein an Grafen Ulfeld heißt es: „In einem
Jahre hat **Graf Traun** fieben Millionen gebraucht, **ohne** Truppen
zu haben", und an einer anderen Stelle: „Wegen Italien desperire.
Jamais je n'aurai voulu perdre un si beau pais et une si belle
esperance pour les beaux yeux de M. le Comte de Traun".

Die häufigen Anfuchen des **Feldmarfchalls** um Bewilligung
von Geldern zur Beftreitung der Kriegskoften, hatten viele Mißftim=
mung gegen diefen erregt, welche felbft deffen hervorragende militärifche
Verdienfte nicht zu befchwichtigen im Stande waren. Auch warf man
diefem eine zu große Nachgiebigkeit gegen den König Carl Emanuel
vor; wider welchen die Stimmung wegen der Weigerung der Mit=
wirkung feiner Truppen und der langen Dauer der Unterhandlungen
eine fehr erbitterte geworden war.

Graf Ulfeld und Baron Bartenftein wiederholten fortwährend
ihre Klagen gegen Traun, und drangen darauf, ihm die Verwaltung
der Geldgefchäfte zu entziehen. Nur fchwer war es ihnen endlich ge=
lungen, Maria Therefia zu dem, den verdienten General verletzenden,
Entfchluffe zu bringen, dem Feldmarfchall=Lieutenant Grafen Pallavicini
die Leitung der Caffen und des Oekonomiewefens zu übertragen.

Der **Feldmarfchall begehrte die ftrengfte Unter=
fuchung** und erklärte, daß er den Oberbefehl nicht führen könne,
wenn er jedesmal zu eröffnen genöthigt fei, was er gegen den Feind
beabfichtige, fo oft er gezwungen fei, um Geld zu bitten; wiederholt
ftellte er das Anfuchen um feine Abberufung.

In Erwiderung diefes Schreibens erhielt Traun den aber=
maligen Befehl, fich zur Vertreibung des Feindes aus den päpftlichen
Staaten und zum Eindringen in das Königreich Neapel bereit zu
machen. Der Feldmarfchall erklärte: „Das Heer fei zur

Ausführung dieser Absicht zu schwach, nicht gehörig mit Munition und
Geschütz versehen, ohne Fuhrwesen und Vorräthe. Er würde durch
diese Unternehmung die Truppen und seine Ehre auf=
opfern, und bei dem bald zu erwartenden Rückmarsch den Feind
in die Staaten der Königin führen". Er erneuerte unter solchen Um=
ständen seine wiederholte Bitte um Ablösung im Obercommando, welche
nun auch bewilligt wurde.

Am 14. Juli 1743 erhielt Feldmarschall Graf Traun
das General=Commando in Mähren und der Feldmarschall Georg
Christian Fürst Lobkowic[1]) wurde statt ihm zum Gouverneur

---

[1]) Georg Christian Fürst zu Lobkowic, geboren 1686, begann 1707
unter seinem Vetter, dem Markgrafen Ludwig von Baden und dem Prinzen
Eugen, die kriegerische Laufbahn und focht unter diesen beiden, damals ersten
Feldherren in Europa, am Rhein, in den Niederlanden und in Ungarn. Im
Türkenkriege 1716 und 1717 glänzte der Fürst als Oberstlieutenant im Cürassier=
Regimente seines bei Belgrad gefallenen Bruders Joseph, durch Tapferkeit in
den Schlachten bei Peterwardein und Belgrad und erhielt dessen 1801 reducirtes
Regiment. Später stand Fürst Lobkowic als General längere Zeit in Neapel,
wurde 1732 Gouverneur von Sicilien, 1733 Feldmarschall=Lieutenant. Einen
Einfall der Spanier in die Insel schlug er mit den Waffen ab, und trieb sie in
die Flucht. Bei einem zweiten Ueberfall des übermächtigen Feindes hielt er die
fast von allen Vertheidigungsmitteln entblößte Citadelle von Messina durch sieben
Monate auf das heldenmüthigste, und erzwang sich durch seine wackere Haltung
von dem Feinde die Gewährung eines freien Abzuges mit allen Ehren. 1734
wurde Fürst Lobkowic General der Cavallerie und später Gouverneur in der
Lombardie, Parma und Piacenza. 1739 ging er als Commandirender nach Sie=
benbürgen, 1741 Feldmarschall und Oberbefehlshaber der bei Pilsen in hastiger
Eile versammelten Kriegsvölker, welche Böhmen und Oberösterreich vor feind=
lichen Einfällen schützen sollten; später vereinigte er sich bei Neuhaus mit dem
Großherzoge von Toscana. Als Feldmarschall Fürst Lobkowic das von den
Franzosen besetzte Schloß Frauenberg belagern wollte, wurde er von dem herbei=
eilenden französischen Entsatzheere unter Broglie und Belleisle bei Sahay ge=
schlagen, 1742, mußte sich nach Budweis zurückziehen und vereinigte sich später
mit dem Heere des Prinzen Carl von Lothringen, die nun vereint die Feinde aus
Pilsen, Krumau und Pisek vertrieben. Mit 2000 Mann umschloß Fürst Lobkowic
sodann die Hauptstadt Prag und schloß eine Capitulation mit den Belagerten ab,
die gegen freien Abzug und unter mehreren anderen Bedingungen, so z. B. voll=
ständige Pardonirung der politisch Compromittirten u. s. w. die Stadt übergaben
am 2. Jänner 1743, nachdem Marschall Belle=Isle bereits in der Nacht vom 16.
auf den 17. December mit dem größten Theil seiner Truppen Prag verlassen
und seinen berühmten Rückzug nach Eger angetreten hatte. Feldmarschall Fürst
Lobkowic bezog sodann in der Oberpfalz seine Winterquartiere, kam 1743 zur

von Mailand und zum commandirenden General der öster=
reichischen Armee in Italien ernannt.

Der Feldmarschall ließ noch im August das österreichische
Heer an dem Po, zu Santo Bianco, an dem Panaro und zu Ducen=
tolo an dem Po di Primaro in drei Abtheilungen lagern; sein eigenes
Hauptquartier blieb in Carpi, wo sein Nachfolger Fürst Lobkowic
in den ersten Tagen des Septembers 1743 eintraf. Am 10. übergab
ihm Feldmarschall Traun den Oberbefehl und reiste über Padua
nach Wien. Bevor der Feldmarschall noch Mailand verließ, über=
schickte ihm der König von Sardinien mit einem huldvollen Schreiben
sein mit Diamanten reich besetztes Porträt, dessen Werth auf 18.000
Scudi geschätzt wurde, zum Andenken. Geehrt durch die Hochachtung
der Verbündeten, betrauert von den Soldaten, die ihn wie einen Vater
liebten, begleitet von den Segenswünschen eines Landes, dessen Elend
er bei jeder Gelegenheit so viel nur in seinen Kräften lag, gemildert
hatte, so war Graf Traun von dem mit so vielem Kriegsruhme
behaupteten Kriegsschauplatze in Italien abgetreten.

Armee nach Italien und vertrieb die Spanier aus Rimini. Seine Unternehmung
gegen Velletri war durch Verrath fehlgeschlagen. 1746 wurde Feldmarschall Fürst
Lobkowic nach Deutschland zur Armee des Prinzen Carl berufen, und sollte die
im letzten Feldzuge stark herabgekommene Cavallerie auf besseren Fuß setzen, bald
darauf aber zum commandirenden General in Ungarn ernannt, wo er am 9. Oc=
tober 1753 zu Preßburg starb. — Seit 1739 war Fürst Lobkowic Ritter des gol=
denen Bließes. Sein Zeitgenosse, der Obersthofmeister Fürst Khevenhüller=Metsch
nennt Lobkowic in seinen Aufzeichnungen: „einen Herrn von Verstand, Bravour
„und Kriegserfahrenheit, dem aber seine zu große Lebhaftigkeit und sein Jugend=
„feuer in manche Unannehmlichkeit gebracht". Bei seinen Soldaten wußte er sich
nicht beliebt zu machen, und es war in dieser Hinsicht so weit gekommen, daß am
Tage der Schlacht sein eigenes Beispiel, denn er setzte sich persönlich stets den
größten Gefahren aus, nichts mehr fruchtete. von Wurzbach, Lexikon,
XV. Band, Seite 342.

VII.

Feldmarschall Graf Traun erhält den Ritterorden des goldenen Vließes und wird Nachfolger des Feldmarschalls Grafen Khevenhüller. — Feldzug 1744 in Deutschland, am Rhein und im Elsaß.

Feldmarschall Graf Traun, durch mächtige Gegner, welche ihn zu stürzen trachteten, angefeindet, besorgte den baldigen Triumph derselben; sowohl dieser Umstand, als die Unverträglichkeit derer, die ihn in seinen Verfügungen und getroffenen Maßregeln unterstützen sollten, hatten ihn bewogen, mehrmals um seine Zurückberufung nachzusuchen. Nachdem Traun sein Silbergeräth zurückgelassen und seine Baarschaft kaum die Hälfte seines Jahresgehaltes überstiegen hatte, warf er sich bei seiner Zurückkunft nach Wien im reinen Bewußtsein streng erfüllter Pflicht vor den Stufen des Thrones seiner erhabenen Monarchin nieder und bat um strenge Untersuchung seiner Verwaltung. Maria Theresiens etwas schneidende Erklärung: „Sie denke von ihm, wie jeder Rechtschaffene", machte seine Ankläger verstummen, und der Orden des goldenen Vließes, der höchsten Auszeichnung damaliger Zeit, den der Feldmarschall am 5. Jänner 1744 aus den Händen ihres Gemals, des damaligen Großherzogs von Toscana empfing, vollendete die Beschämung seiner Widersacher.

Am meisten geehrt sah sich aber Feldmarschall Graf Traun dadurch, daß ihn die Monarchin kurz nachher zum Nachfolger eines Mannes bestimmte, der ihr ganzes Vertrauen besessen hatte. Er sollte ihr den großen Verlust des am 26. Jänner 1744 verstorbenen

Feldmarschalls Grafen Khevenhüller ersetzen, und, dem Prinzen Carl von Lothringen zur Seite gestellt, die Armee an den Rhein führen. Die Ehre dieser Auszeichnung wirkte wie neu belebend auf den Feldmarschall und frische Jugendkraft kehrte in den Arm des ergrauten, viel erprobten Kriegers zurück, der damals schon im 68. Lebensjahre stand.

Man hatte der Königin den alten Feldmarschall Grafen Georg Olivier Wallis und den kurz früher nach Italien abgeschickten Feldmarschall Fürsten Lobkowic in Vorschlag gebracht, sie selbst aber entschied sich für den Feldmarschall Grafen Traun, und diese Wahl, welche den ausgezeichneten Scharfsinn der geistreichen Frau und Regentin in der Würdigung ihrer Diener vollkommen erwies, war eine in jeder Beziehung glückliche zu nennen.

In Mähren wurde Graf Traun durch den späteren Sieger bei Piacenza, den General der Cavallerie Fürsten Wenzel Liechtenstein[1]) ersetzt, und fast gleichzeitig wurde der als tapfer und umsichtig anerkannte General der Cavallerie Graf Carl Batthyani mit dem Commando in Baiern betraut.

Bevor wir unseren Helden auf seinen neuen Kriegsschauplatz in Deutschland und Elsaß begleiten, möge uns gestattet sein, mit nur wenigen Worten die allgemeine militärisch-politische Lage Oesterreichs zu bezeichnen.

Durch den Frieden zu Breslau (23. Juli 1742) hatte der König von Preußen von Oesterreich den größten Theil Schlesiens erhalten; aber schon im Jänner 1744 stand er in neuer Unterhandlung mit Frankreich und Baiern und schloß sich am 22. März durch die Frankfurter Union nochmals den Feinden der Königin Maria Theresia an. Durch den glücklichen Feldzug 1743 waren die Franzosen aus Böhmen vertrieben worden, und hatten sich auch aus Deutschland zurückgezogen, da sie jetzt auf die Vertheidigung von Elsaß bedacht sein mußten. — Der deutsche Kaiser Carl VII. von Baiern hatte sich aus seiner Residenz München geflüchtet, und sein Stammland war

---

[1]) Die Feldmarschälle Ludwig Andreas Graf Khevenhüller, Carl Alexander Prinz von Lothringen und Joseph Wenzel Fürst von Liechtenstein sind historische Persönlichkeiten, auf welche wir in dem diesen Blättern beigefügten Anhange noch zurückkommen werden.

von den Oesterreichern besetzt worden. Der König Carl Emanuel von Sardinien hatte endlich am 13. September 1743 ein neues Bündniß mit Maria Theresia und England geschlossen. Holland war im Begriffe und Sachsen zeigte Geneigtheit, diesem Bunde beizutreten. Am 13. Mai 1744 versprach der König August III. von Polen als Kurfürst von Sachsen 20.000 Mann Hülfstruppen der Königin Maria Theresia zur Disposition zu stellen, wenn ihre deutschen Erbstaaten angegriffen würden.

So war die Lage der europäischen Hauptmächte als die Königin von Ungarn und Böhmen im Februar 1744 beschloß, in Baiern ein Corps unter dem General der Cavallerie Grafen Batthyani[1]) zu lassen, das Haupther aber am Rheine zu versammeln. Das Commando des letzteren hatte die Königin ihrem Schwager dem Prinzen Carl von Lothringen übertragen, und diesem jungen kriegslustigen Feldherrn als zweiten Commandanten in dem Feldmarschall Grafen Traun — einen erprobten, tapferen, aber auch zugleich vorsichtigen und bedachtsamen General beigegeben.

Am 10. April 1744 war Feldmarschall Graf Traun als Khevenhüllers Nachfolger in München eingetroffen, und übernahm, da Prinz Carl nach den Niederlanden abgereist war, den Oberbefehl des Heeres, welches aus 46.380 Mann Infanterie und 21.978 Reitern bestand. — An Geschütz waren 84 meist dreipfündige Kanonen und 8 Haubitzen bei diesem befindlich.

---

[1]) Carl Graf, seit 1764 Fürst Batthyani, geboren 1697, begann seine militärische Laufbahn unter Prinz Eugen in dem Türkenkriege 1716 und 1717, focht später 1734 unter eben demselben am Rheine, und endlich nach dem Tode des Prinzen, seines Gönners, 1737 bis 1739 gegen die Türken. In diesen Feldzügen war er in einer überaus raschen Carriere zum General der Cavallerie vorgerückt; er kämpfte nun ferner 1742 in der Schlacht bei Czaslau und durch fünf Jahre mit abwechselndem Glücke gegen die Preußen, Baiern und Franzosen; bewirkte durch seinen Sieg bei Pfaffenhofen am 15. April 1745 die Räumung Baierns und setzte seine Kriegsthaten in den Niederlanden fort. Seit 1731 Inhaber des gegenwärtigen 10. Dragoner-Regimentes, wurde er 1745 Feldmarschall, auch später Obersthofmeister des Erzherzogs, späteren Kaiser Joseph II. 1764 in den Fürstenstand erhoben, ward Batthyani auch Ritter des goldenen Vließes, Großkreuz des St. Stephan-Ordens und Ban von Kroatien. Er starb am 15. April 1772 und hinterließ seinem Regimente ein Legat von 50.000 Gulden. Näheres siehe von Wurzbach, Lexikon, Band I, Seite 178.

Es war die Absicht der Königin, den Feldzug in Deutschland mit einem Schlage von entscheidender Wirkung zu eröffnen. Die Aufhebung der baierischen Truppen, welche sich um Donauwörth, Kehl und Philippsburg zerstreut in den Winterquartieren befanden, wurde als solcher bezeichnet. Mit dem Befehle, an die Verwirklichung dieses Planes zu schreiten, hatte sich der Feldmarschall zur Armee begeben. Er berichtete, „daß die baierischen Truppen von Donauwörth gegen Philippsburg abgezogen wären, daß er die Armeen in vier Colonnen, zwei durch den schwäbischen und zwei nebst einer fünften Artillerie-Colonne auf Ansuchen des Herzogs von Württemberg durch den fränkischen Kreis werde marschiren lassen", und fragte zugleich, „ob er Donauwörth besetzen dürfe?"

Die Königin erwiderte unter dem 23., „daß die Besetzung von Donauwörth keinem Anstand unterliege". Sie befahl, den Marsch an den Neckar zu beschleunigen, „und da Graf Salburg[1]) melde, daß man bereits Magazine an diesem Flusse errichte, so wäre gleich ein zureichendes Truppencorps aus dem Breisgauischen zu deren Deckung zu beordern, welches erforderlichen Falles der im Breisgau mit 18 bis 19.000 Mann stehende General Berlichingen zu unterstützen habe".

Auf dieses befahl Feldmarschall Traun dem genannten General, die leichten Truppen unter Bärenklau nach Heilbronn zu senden, und diesen unverweilt zu folgen, welches auch dann bewerkstelligt wurde.

In Wien klagte man den Feldmarschall der Säumniß und der Verzögerung in Ausführung des beabsichtigten Unternehmens an, da sich die baierischen Truppen mittlerweile bei Heidelberg concentrirten und hierauf bei Philippsburg ein schwer angreifbares Lager bezogen. Doch Traun war durch wichtige Bedenken in seinem Handeln geleitet. Er besorgte nämlich, im Falle eines plötzlichen Friedensbruches von Seite Preußens zwischen zwei Armeen zu gerathen, deren combinirtem Angriffe er dann nicht zu widerstehen vermocht hätte.

---

[1]) Franz Louis Graf von Salburg war zuerst kaiserlicher Kämmerer und Hofkammerrath, und wurde später als einer der geschicktesten Köpfe in Cameral- und Commissariats-Angelegenheiten zum General-Kriegscommissär mit dem Charakter eines Generals, wie es zu jener Zeit üblich war, ernannt. 1754 wurde er Feldmarschall. Auch besaß er den Ritterorden des goldenen Bließes und die geheime Rathswürde. Er starb am 9. Juni 1758.

Die Königin, anderer Ansicht, erließ folgendes Handschreiben an den Feldmarschall:

„Graf Traun, ich sehe aus seinen Berichten, daß er mir
„sehr angsthafft wegen Preussen scheint; es ist nicht ohne, daß selber
„ein gefährlicher Feind; Gott aber wird weiter helffen, der bis hieher
„geholffen, und weiß er alle dispositiones, die man gedenket deffent=
„wegen mit den zurückbleibenden corps zu machen, und alle attentionen
„darauf traget.   Die armée die ihm anvertraut ist, ist diejenige, die
„den ausschlag der sach geben muß; zu wünschen wäre gewesen es
„ehender thun zu können, allein weil selbes nicht geschehen, muß man
„von gegenwärtigen profitiren und es suchen einzubringen, das mehrere
„wird ihm durch Kriegsrath gemeldet werden. Biß Heylbronn aber
„ist zu sehen, sobald möglich zu kommen, denn an selben posto mir
„alles liegt ehender zu behaubten, und wurden des Prinzen :Karl:
„idéen völlig derangirt, wenn selbe uns vorkommen sollten, ist also
„sowohl die marche zu beschleunigen, so viel es thunlich, sondern auch
„eine leichte tête Voraus zu schicken, und sowohl wegen der maga-
„zinen als denen feinden Vorzukommen, und diesen posten zu be=
„haubten, damit nicht Wir, sondern selbe bemüßigt seind, nach unfern
„idéen zu operiren. Lasse er sich nur nicht irr machen Von allen
„ungleichen raporten, absonderlich im Reich ein jeder was anderes
„bericht, welche nur zur notiz und Vorsichtigkeit dienen sollen, nicht
„aber im sistemate was abzuändern. Wegen des Königs von Preußen
„laße er sich gar nicht Bekümmern, und denke nicht auf selben,
„dann mit dieser armée gar keine connexion hat, und schreibe er
„nur fleißig, seine Vorfallenheiten oder anstände, wie auch die nach=
„richten, so werden wir suchen selbe hier zu heben, und die nachrichten
„erleuteren, auf welche zu trauen oder nicht seind. Wegen der Bayri=
„schen trouppen wird ihm das geschrieben.   Der Prinz wird biß
„15. May schon, hoffe, bey der armée seyn. ich wünschte die armée
„wäre zu Heylbronn, wo er darauf gerechnet, aufs wenigst aber hoffe
„die anbefohlene tête. Verlaße er sich auf Gott und lasse sich nicht irr
„machen oder kleinlaut und alles wird gut gehen.

     (Ohne Datum.)   Maria Therefia."

„Hier folgen die Relationes von dem guten Traun. Er ist
„wohl nicht Khevenhüller", schrieb die Königin in einem Schreiben an

den Grafen Thomas Gundaker Starhemberg und Trauns alter Widersacher Baron Bartenstein äußert sich in einem Briefe vom 18. April 1744 an den Grafen Ulfeld derart: „Mit Verwunderung „habe ich aus des Grafen Traun schreiben ersehen, daß er zum „hauptgrundsatz lege, sich nach denen feindlichen Bewegungen zu richten. „ich verstehe zwar das militare nicht, aber soviel weiß doch, daß Prinz „Eugenius und Graf Guido zur haubtmaxime gehabt, die sachen so „anzuschicken, daß der Feind nach dießseitigen Bewegungen sich richten „müsse u. s. w.“

In den drei letzten Tagen Aprils sammelte sich die an den Rhein bestimmte Armee in vier Colonnen zu Friedberg, Rain, Ingolstadt und Dietfurth. Die erste Colonne brach am 1. Mai von Friedberg auf und sollte am 17. in dem 22 deutsche Meilen entfernten Laufen eintreffen. An eben diesem Tage sollte die zweite Colonne, welche am 4. von Rain aufbrach, in Heilbronn, die dritte, welche sich am 1. von Ingolstadt in Marsch setzte, in Neckar-Ulm, und die vierte, am 4. von Dietfurth aufgebrochene Colonne, ebenfalls daselbst eintreffen. Diese nach dem Rhein aus Baiern marschirenden Truppen bestanden in 43 Bataillons, 31 Grenadier-Compagnien, 68 Schwadronen, und irregulären Truppen, deren Stärke

an Infanterie 18.109 Mann,
  „ Cavallerie   8.686   „
  „ irregulären Truppen zu Fuß 5644 Mann,
  „   „   „   „ Pferde 1148 „

sich beziffert, im Ganzen gegen 34.000 Mann.

Die Entfernung der am 17. Mai zwischen Neckar-Ulm und Laufen concentrirten Armee betrug nur zwei Meilen. Nach Abzug der nach dem Rheine marschirten Truppen verblieben in Baiern unter dem General der Cavallerie Grafen Carl Batthyani 22.627 Mann Infanterie und 11.098 Reiter.

Am 17. Mai also lagerte das österreichische Heer unter dem Feldmarschall Grafen Traun, der sein Hauptquartier in Neckar-Ulm nahm, zwischen diesem Orte und Laufen am rechten Neckar-Ufer. Auch die Vorhut des Berlichingen'schen Corps, welches mit

12.803 Mann Infanterie und 3083 Pferden über Homberg und Rothenburg schon im Anmarsche sich befand, war bereits, vom Feld-marschall-Lieutenant Bärenklau ¹) geführt, am Neckar eingetroffen, und rückte am 17. über den Neckar nach Eppingen vor. Am 19. Mai traf **Prinz Carl von Lothringen** aus den Niederlanden im Lager ein und übernahm den Oberbefehl.

Aber der **Feldmarschall Graf Traun** blieb bei den großen Ereignissen dieses Feldzuges dessen vertrautester **Rathgeber**, und bei der Ausführung jeder Bewegung sein talent- und kraftvoller Ge-hülfe. Der Ruhm der beiden Heerführer läßt sich daher in diesem Feldzuge nicht trennen, obwol der Prinz an der Spitze der Armee als Oberbefehlshaber glänzte.

Am folgenden Tage nach seiner Ankunft (20. Mai) besichtigte **Prinz Carl** das Heer, untersuchte den Stand der Magazine, ließ die Schiffe zusammenbringen und mittelst derselben zwischen Neckar-Ulm und Heilbronn zwei Brücken schlagen, so daß er, da sich zu Laufen und Heilbronn zwei steinerne Brücken befanden, gleichzeitig mit vier Colonnen den Fluß übersetzen konnte. Der Prinz fand das Heer in vortrefflichem Zustande und vollkommen geeignet, mit demselben ruhm-volle und erfolgreiche Thaten zu vollbringen. — „J'ay vue notre armée aujourdhuy qui est magnifique", schrieb der Prinz an seinen Bruder den Großherzog, in einem aus Neckar-Ulm vom selben Tage (20. Mai) datirten Briefe.

---

¹) **Johann Leopold Freiherr von Bärenklau zu Schönreith**, einer alten böhmischen Familie entsprossen, Sohn eines kaiserlichen Officiers, geboren 1700, war seiner ausgezeichneten Talente wegen schon in seinem 36. Jahre Oberst im Generalstabe. Er überbrachte 1737 den Operationsplan des bevorstehenden Türkenfeldzuges der Kaiserin Anna von Rußland, vertheidigte 1738 den Haupt-paß bei Mehadia und erstürmte am 16. October die Feste Uipalanka; wurde 1739 General und lieferte den Türken ein glückliches Treffen bei Slenza. Im Erbfolgekriege zeichnete er sich wiederholt aus, siegte 1742 bei Schärding, eroberte Braunau, Passau und die Feste Oberhaus, besetzte München und wurde Feldmar-schall-Lieutenant. Seine Thätigkeit in den Feldzügen 1743 und 1744 haben wir theils in diesen Blättern besprochen und kommen noch in einem demnächst er-scheinenden historischen Werke darauf zurück. Im Feldzuge 1746 focht Feldmar-schall-Lieutenant Bärenklau in der Schlacht bei Piacenza, wurde aber am 10. August beim Uebergange über den Tidonefluß von einer Musketenkugel tödtlich getroffen. Er war einer der ausgezeichnetsten Generäle seiner Zeit, geachtet von seiner Monarchin und von seinen Soldaten geliebt.

Am 21. erhielt Feldmarschall-Lieutenant Bärenklau den Befehl, nach Wißloch zu rücken. General Graf Nadasdy wurde
mit den Hußaren des Berlichingen'schen Corps nach Bruchsal entsendet.

Die französische Armee, vom Marschall Herzog von Coigny
befehligt, war 60 Bataillons und 100 Escadrons, im Ganzen ungefähr 35.000 Mann stark und dehnte sich auf dem linken Rheinufer
von Germersheim bis Worms aus. Die mit den Franzosen verbündeten baierischen Truppen, welche sich bei Philippsburg concentrirt
hatten, zählten 13 Bataillons und 46 Schwadronen in der Gesammtstärke von 13.266 Mann, die der Feldmarschall Graf Seckendorf befehligte. Die Franzosen und Baiern waren von den vorerwähnten
Anstalten und Bewegungen der Oesterreicher durch ihre geheimen und
öffentlichen Agenten und Geschäftsträger genau unterrichtet, nur waren
sie nicht ganz einig über deren Absichten, ob diese Truppen an der
Mosel zu kämpfen, oder die in den Niederlanden stehende österreichisch-
englische Armee zu verstärken bestimmt seien.

Nach der mit Seckendorf im verflossenen Jahre abgeschlossenen
Convention von Nieder-Schönfeld sollten die Truppen Kaiser Carls VII.
auf dem Reichsboden als neutral betrachtet werden. Da es aber offen-
kundig war, daß eben diese Truppen im Begriffe standen, sich wieder
mit den Franzosen zu vereinen, so hatte die Königin dem Feldmarschall Grafen Traun befohlen, die baierischen Truppen, wo man
sie fände, feindlich zu behandeln.   ·

Am 24. war die fünfte Colonne mit dem Reservegeschütz, am
26. das Corps des Generals der Cavallerie Freiherrn von Berlichingen in Laufen eingerückt. — Mit den blechernen Pontons,
die dieses Corps mitbrachte, wurde bei Neckar-Gartach eine Schiffbrücke
geschlagen. Die österreichische Armee war nun concentrirt und
bestand aus 54 Bataillons, 38 Grenadier-Compagnien, 132 Schwadronen und 16 Carabinier-Compagnien, ohne die ungarischen Insur-
rections- und Grenztruppen zu rechnen. Der ausrückende Stand betrug
50.473 Streiter, wovon auf die

Linien-Infanterie 28.412,

Insurrections- und Grenz-Infanterie 8144,

reguläre Cavallerie 12.769

und irreguläre Cavallerie 1148 Mann entfielen.

Das Heer war in zwei Treffen und ein Reservecorps, bei dem sich die irregulären Truppen befanden, eingetheilt. Die Infanterie stand in der Mitte, auf beiden Flügeln die Reiterei. Nebst dem Feldmarschall Grafen Traun befanden sich zwei Feldzeugmeister und zwei Generale der Cavallerie bei dem Heere. Von der Infanterie commandirte das erste Treffen Feldzeugmeister Baron Thüngen[1]), das zweite der Feldzeugmeister Fürst Waldeck[2]) (siehe Ordre de bataille auf Seite 156). General der Cavallerie Baron

---

[1]) Adam Sigmund Freiherr von Thüngen, Neffe des 1709 verstorbenen Feldmarschalls Hans Carl Grafen Thüngen, trat früh in den kaiserlichen Dienst und zeichnete sich wiederholt aus. 1735 war er Oberst des Infanterie-Regimentes Neipperg (Nr. 7), wurde im selben Jahre General und Inhaber des gegenwärtigen 57. Infanterie-Regimentes. 1737 that er sich bei Nissa hervor, wurde 1741 Feldzeugmeister, vertrieb 1745 die Franzosen und Baiern aus der Pfalz und eroberte Neumarkt. In der Schlacht bei Hohenfriedberg am 4. Juni 1745 verlor er ein Bein und starb noch am selben Tage.

[2]) Carl August Friedrich Fürst von Waldeck, geboren 1704, bereits 1723 Oberst des gegenwärtigen 11. Dragoner-Regimentes, damals Herzog von Württemberg, übernahm 1738 die Regierung des Fürstenthums Waldeck. Die Feldzüge des Prinzen Eugen am Rhein machte Fürst Waldeck als General mit und zeichnete sich 1735 im Gefechte bei Salm vorzüglich aus. Im Türkenkriege wurde der Fürst bei der Belagerung von Usitza 1737 und in der Schlacht bei Krotzka 1739 verwundet. 1738 Feldmarschall-Lieutenant, erhielt er 1739 das gegenwärtige 35. Infanterie-Regiment und wurde 1742 Feldzeugmeister. Mit Bewilligung der damaligen Königin Maria Theresia trat Fürst Waldeck unter Reservirung seines Ranges als General-Lieutenant in holländische Dienste, wo er ein Infanterie-Regiment errichtete. Jedoch diente der Fürst in den Feldzügen 1743 und 1744 wieder in der Armee des Prinzen Carl von Lothringen in Deutschland und Böhmen, auch führte er durch einige Zeit das Commando im Breisgau. Im Feldzuge 1745 in Flandern, übernahm Feldzeugmeister Fürst Waldeck das Commando über die holländischen Truppen und stand unter den Befehlen des Feldmarschalls Grafen Königsegg und des Herzogs von Cumberland. Bei Fontenoy, wo er zwei Pferde unter dem Leibe verlor, zeichnete er sich durch besondere Tapferkeit aus: Feldmarschall Graf Königsegg gedenkt seiner in einem Schreiben an die Generalstaaten mit folgenden Worten: „Der „Fürst von Waldeck habe sich als ein versuchter General erwiesen und dessen An-„ordnungen würden allen erwünschten Vortheil zu Wege gebracht haben, wenn „einige holländische Regimenter ihre Schuldigkeit gethan hätten". Auch die Generalstaaten ertheilten dem Fürsten ein solches Lob. Im Gefechte bei Grimbergen am 22. August machte er mehrere Hundert Franzosen zu Gefangenen. Am 15. April 1745 hatte ihm Feldmarschall Graf Batthyani im Auftrage der damaligen Königin Maria Theresia das Feldmarschalls-Patent überbracht. In der Schlacht bei Rocour 1746 commandirte Fürst Waldeck die holländischen Truppen,

Berlichingen[1]) befehligte die Reiterei des linken, Hohenembs[2]) jene des rechten Flügels beider Treffen. Die Divisionen und Brigaden wurden von fünfzehn Feldmarschall-Lieutenants und fünfundzwanzig Generalmajors commandirt.

---

legte aber am 20. Juli 1747 seine holländische Oberbefehlshaberstelle nieder und starb in seinem Fürstenthume am 29. August 1763.

[1]) Johann Friedrich Freiherr von Berlichingen war 1711 bereits Major und hatte den Ruf eines tapferen Soldaten erworben. 1734 ward er General und erhielt 1738 das 1768 reducirte Cürassier-Regiment de Ville. Im österreichischen Erbfolgekriege commandirte Berlichingen in den Jahren 1741 bis 1743 in Baiern und Böhmen eine Division, rückte in letzterem Jahre zum General der Cavallerie vor und starb 1751 in hohem Alter.

[2]) Franz Wilhelm Rudolf Graf von Hohenembs, einem alten vorarlbergischen weit verzweigten Adelsgeschlechte entstammend, 1686 zu Vaduz geboren, trat 1707 als Rittmeister in ein kaiserliches Cürassier-Regiment, wurde 1710 General-Adjutant, 1715 Oberstlieutenant, 1723 Oberst und 1733 General. Die Anerkennung seiner in den italienischen Feldzügen 1734 und 1735 bewiesenen Tapferkeit fand in der Ernennung zum Feldmarschall-Lieutenant ihren thatsächlichen Ausdruck. 1735 wurde er Inhaber eines Cürassier-, heutigen 8. Dragoner-Regiments, 1736 wirklicher Hofkriegsrath und 1741 General der Cavallerie. Als solcher focht er bei Mollwitz 1741, commandirte bei Chotusitz die Reiterei des rechten Flügels und machte 1743 und 1744 die Feldzüge in Deutschland und am Rhein unter dem Prinzen Carl von Lothringen mit. Im zweiten schlesischen Kriege befehligte Graf Hohenembs das bei Jaromierz in Böhmen aufgestellte Armeecorps und focht bei Habelschwert, Hohenfriedberg und Saar 1745. Am 9. October d. J. zum Feldmarschall ernannt, hatte er die Bestimmung, mit seinem Armeecorps die Grenzen Böhmens zu decken, bis der Friede von Dresden, 25. December 1745, dem Kriege vorläufig ein Ende machte. Noch ernannte ihn das deutsche Reich zum katholischen General der Cavallerie in Deutschland, 1751. Feldmarschall Graf Hohenembs starb zu Brünn am 21. April 1756 im 70. Lebensjahre. Er hatte 1722 den Grundstein zur Pfarrkirche des Städtchens Bistrau gelegt und das Schloß Fürstenberg unweit dieses Ortes erbaut. Seiner dritten Ehe mit der Tochter eines Traiteurs Namens Maria Franciska de la Roche, † 1752, entstammten zwei Töchter, an welche die Herrschaft Bistrau überging und die einen langen Prozeß gegen den Generalmajor Grafen Franz Wilhelm von Hohenembs, 1759, den verstorbenen letzten Mannessprossen seines Geschlechtes, sowie gegen dessen Witwe und Tochter führten. Näheres siehe von Wurzbach, Lexikon, Band IX, Seite 188.

Ordre de bataille

der königlich ungarischen und böhmischen Armee am Rhein im Jahre 1744.

Oberbefehlshaber: Feldmarschall Prinz Carl von Lothringen.
Unter ihm: Feldmarschall Graf Traun.

Feldzeug-meister und Generale der Cavallerie	Feld-marschall-Lieutenants	General-majors	Regimenter	Bataillons	Grenad.-Comp.	Escadrone	Gren. zu Pferde u.Carab.-Comp.
			Erstes Treffen.				
G. d. C. Graf Hohenembs	Ballayra	Kalckreuter	Althann-Dragoner	—	—	6	1¹)
		Gelhay	Philipert-„	—	—	6	1
	Philipert		Hohenzollern-Cüraff.	—	—	6	1
			Diemar-„	—	—	6	1
FZM. Baron Thüngen	Leopold Daun	Dungern	Franz Lothringen-Inf.	3	2	—	
			Max Hessen-„	3	2	—	
	Grünne	Leopold Palffy	Damnitz-„	3	2	—	
			Kollowrath-„	3	2	—	
		Puebla	Gyulay-„	4	2	—	
	Wolfen-büttel		Starhemberg-„	2	2	—	
		Starhem-berg	Bärenklau-„	3	2	—	
			Leopold Daun-„	3	2	—	
	Schulen-burg	Marschall	Neipperg-„	2	2	—	
			Carl Lothringen-„	3	2	—	
G. d. C. Bar. Berlichingen	Birkenfeld	Bentheim	Carl Palffy-Cürassiere	—	—	6	1
			Lobkowic-„	—	—	6	1
	P. Sachsen-Gotha	Locatelli	Holly-Dragoner	—	—	6	1
			Liechtenstein-Dragon.	—	—	6	1
			Summa	29	20	48	8
			Zweites Treffen.				
G. d. C. Graf Hohenembs	Bernes	Brettlach	Batthyani-Dragoner	—	—	6	1
			Lanthiery-Cürassiere	—	—	6	1
		Forgacs	Bernes-„	—	—	6	1
			Fürtrag ...	—	—	18	3

¹) Wie bekannt, hatten die Dragoner damals außer den 6 Escadrons noch eine Grenadier-Compagnie zu Pferde und die Cürassier-Regimenter eine Carabinier-Compagnie. (Siehe Thürheims Reiter-Regimenter der k. k. Armee. Wien, J. B. Geitler, 1862, Theil I, Seite 39—43.)

Feldzeug= meister und Generale der Cavallerie	Feld= marschall= Lieutenants	General= majors	Regimenter	Bataillons	Grenad.=Comp.	Escadrons	Gren. zu Pferde u.Carab.=Comb.
			Uebertrag	—	—	18	3
	Jung= Königsegg	Tornacco	Alt=Königsegg=Inftr.	3	2	—	—
			Hildburghausen= „	3	2	—	—
			Browne= „	2	1	—	—
F3M.		Durlach	Marschall= „	2	2	—	—
			Forgacs= „	3	2	—	—
Fürst	Bärenklau	Meligni	Joseph Esterhazy= „	3	2	—	—
			Baireuth= „	2	2	—	—
Waldeck			Grünne= „	3	2	—	—
	Mercy	Roth	Botta= „	3	2	—	—
			Harrach= „	2	1	—	—
G. d. C. Bar. Ber= lichingen	Preysing	Spada	St. Ignon=Cürassiere	—	—	6	1
		Serbelloni	Hohenembs=Dragoner	—	—	6	1
			Sachsen=Gotha= „	—	—	6	1
			Summa	26	18	18	6

Reserve-Corps.

	Nadasdy	Trips	Ghilany=Hußaren	—	—	6	—
			Nadasdy= „	—	—	6	—
			Esterhazy= „	—	—	6	—
		Belecznai	Karlstädter Grenzhuß.	—	—	—	—
			Menzels Inf. Comorn.	—	—	—	—
		Schmerzing	D'Ollone=Dragoner	—	—	6	1
		Strasoldo	Karlstädter Grenzinft.	—	—	—	—
			Theißer Insurrection	—	—	—	—
	St. Ignon		Maroser „	—	—	—	—
			Slavonier Grenzinftr.	—	—	—	—
		Minsky	Panduren= „	—	—	—	—
			Warasdiner „	—	—	—	—
			Temesvarer „	—	—	—	—
		Möringer	Württemberg = Drag.	—	—	6	1
		Desewffy	Warasdiner Gz.=Huß.	—	—	—	—
			Raaber Insurrection	—	—	—	—
	Ghilany		Kalnoky=Hußaren	—	—	6	—
		Esterhazy	Trips= „	—	—	6	—
			Festetics= „	—	—	6	—

Prinz Carl beschloß, mit dem nun vereinigten Heere vorzurücken und die ursprünglich vorgehabte Unternehmung gegen die bei Philipps=burg gelagerten Baiern zu versuchen. Am 28. ertheilte er im Einver=nehmen mit Traun die nöthigen Befehle in Betreff des Marsches und der weiteren Operationen. Das Heer sollte am 29., 30. und 31. Mai in sechs Colonnen vorrücken; das Hauptquartier des Prinzen und Trauns kam an letzterem Tage nach Schweigern; am 1. Juni trafen das Geschütz und die Pontons bei der Armee ein. Am 2. er=hielt Feldmarschall=Lieutenant Graf Nadasdy Befehl, die baierischen Vorposten in ihr Lager zurückzutreiben und dieses so nahe als möglich zu recognosciren. Er meldete am 4., daß er diese Posten zurück=getrieben und ihnen 19 Gefangene abgenommen habe. Sie hätten sich hinter die Verschanzungen und Moräste gezogen, wo ihnen nicht bei=zukommen sei.

Am 6. war die Armee nach Wisloch, am 7. nach Waldorf weiter vormarschirt. Bei Ladenburg wurde eine Schiffbrücke über den Neckar geschlagen. Feldmarschall=Lieutenant Nadasdy unterhielt am 8. und 9. ein unbedeutendes Gefecht bei Philippsburg, während welchem er die Stellung der Baiern besichtigte und dieselbe ganz unangreifbar fand. Auf diese Meldung gab nun Prinz Carl die Absicht gegen Baiern auf und beschäftigte sich mit dem Plane, den Uebergang über den Rhein so bald als möglich in Ausführung zu bringen. Wäre dies geschehen, so wollte er Frankreich auf seinem eigenen Gebiete, und zwar in Elsaß und Lothringen angreifen.

Um die Franzosen und Baiern über den eigentlichen Plan zum Rheinübergang, welchen zu vereiteln das sorgfältigste Bemühen des feindlichen Heerführers sein mußte, irrezuführen, nahm Prinz Carl die Miene an, als ob er den Uebergang über den Strom bei Mainz zu bewerkstelligen dächte. Nur Feldmarschall Graf Traun und der Feldmarschall=Lieutenant Graf Nadasdy wußten außer dem Prin=zen das Geheimniß der eigentlich beabsichtigten Operation, deren Grundzüge wol hauptsächlich vom Feldmarschall entworfen waren.

Auf mehreren Punkten ließ Prinz Carl verschiedene Schein=demonstrationen vollführen, und schien den Rheinübergang vorzüglich in der Gegend von Stockstadt und Ketsch bewirken zu wollen. Der Versuch wurde auch zum Schein wirklich gemacht, und Feldmarschall=

Lieutenant Bärenklau, der am 23. zu Stockstadt eintraf, ließ am 25. auf die sogenannte nächst diesem Orte gelegene Kuhkopfau mit 49 großen Rheinschiffen zwei Brücken schlagen. Die Au war mit 600 Theißern (Insurrections=Truppen) besetzt, zu denen am 27. noch 4 Grenadier= Compagnien stießen, während eine fünfte bei den Brücken am rechten Ufer blieb. Oberst Menzel, der bekannte tapfere Streifcorpsführer, wurde, als er die Tiefe des Rheinarmes untersuchte, von einer fran= zösischen Schildwache am 25. erschossen. Die Armee verlor in ihm einen ihrer unerschrockensten Krieger und umsichtigsten Parteigänger. Prinz Carl schrieb hierüber an den Großherzog von Toscana, Wal= dorf, 27. Juni 1744: „Voilà Menzel, et du premier coup il l'a „reçue dans le ventre, dont six heures après il est mort. Bärn= „clau, pretlach y etoient, mais ils disent qu'il avoit bû. J'avoue „que quoique c'ettoit un fou, j'en suis bien faché, ce qui em= „barasse le plus, c'est son corps qu'en attendant j'ay chargé „bernclau d'en avoir soins, car je crains, que luy mort, tout va „se debander".

Die Scheinbedrohungen der österreichischen Feldherren erreichten ihren Zweck vollkommen. Marschall Coigny ließ nämlich am 28. den Feldmarschall Seckendorf aus dessen so günstiger Stellung bei Philipps= burg auf das linke Rheinufer zurückgehen und die Brücken abwerfen, wodurch er sich der Möglichkeit beraubte, auf das rechte Ufer über= zusetzen, was dem österreichischen Heere bei der Entfernung seiner Abtheilungen hätte sehr gefährlich werden können, und für den Augen= blick alle Uebergangspläne des Prinzen Carl vereitelt hätte. Nicht genug, diesen Fehler begangen zu haben, zog der französische Marschall, der sein Hauptquartier nach Oppersheim verlegt hatte, seine Truppen aus der Gegend von Speier hinab gegen Mainz, anstatt mit der ver= einigten französisch=baierischen Armee sich zwischen den Flüssen Queich und Speyerbach zu lagern und kleine Detachements von Fort Louis bis nach Philippsburg aufzustellen.

Kaum hatten Prinz Carl und Feldmarschall Traun von diesen fehlerhaften feindlichen Bewegungen Kenntniß genommen, ertheilten sie dem die Vorhut commandirenden Feldmarschall=Lieutenant Grafen Nadasdy die Ordre, nach dem Dorfe Schreck zu marschiren und dort den Rhein zu übersetzen. Am 30. Juni Abends war Nadasdy aus

dem Lager bei Neudorf aufgebrochen und rückte nach dem 3½ Stun=
den entfernten Orte Schreck vor, wohin er bereits Pontons voraus=
geschickt hatte. Bei einbrechender Nacht wurden die Panduren, Karl=
städter und Warasdiner nebst einem Lieutenant mit 40 Hußaren unter
Befehl des Oberstlieutenants Baron Trenk auf 70 Schiffen über=
gesetzt. Jeder Truppe war eine bestimmte Aufgabe zugewiesen. Die
Panduren sollten die feindlichen Posten über den Haufen werfen, die
Hußaren sie bis an den nächsten Wald verfolgen, die Warasdiner sich
aber gleich verschanzen und einen Brückenkopf bauen. Es wurden
diesen das nöthige Schanzzeug, mehrere Zimmerleute und acht Feld=
stücke beigegeben. Trenk landete mit seinen Panduren ohne den ge=
ringsten Verlust. Unter den Klängen österreichischer Feldmusik war
der kühne Parteigänger der erste am jenseitigen Rheinufer, und warf
nicht nur die baierischen Vorposten zurück, sondern verfolgte sie bis in
ihr eine halbe Stunde entferntes Lager, das durch zwei Schanzen und
eine Linie gedeckt war, und überfiel die drei baierischen Cavallerie=Regi=
menter (Grenadiere zu Pferd, Taxis und Oettingen), welche er gänz=
lich versprengte und einen Oberstlieutenant und 37 Reiter zu Gefangenen
machte. Die Panduren erbeuteten das ganze feindliche Lager mit
sämmtlichem Gepäck und allen Zelten. Dieser glückliche Coup war eine
Stunde nach der Landung vollführt. Trenk versicherte sich nun des
vorliegenden Waldes, während hinter ihm der General Graf Strasoldo
mit den Warasdinern und Karlstädtern an dem Brückenkopf arbeitete.
Noch in derselben Nacht (vom 30. Juni auf den 1. Juli) wurde mit
Pontons und heraufgezogenen Rheinschiffen die erste Brücke hart an
dem Dorfe Schreck geschlagen. Um 11 Uhr Vormittags des nächsten
Tages (1. Juli) war bereits das ganze aus 6000 Mann bestehende
Nadasdy'sche Corps über selbe gegangen. Um 11 Uhr Nachts rückte
der zwischen Redingen und Roth, drei Meilen von Schreck gelagerte
linke Flügel der Armee unter Feldzeugmeister Fürst Waldeck bei der
Brücke ein, die er sogleich überschritt.

Am 2. Morgens wurde der Schlag der zweiten Brücke begonnen.
Prinz Carl und Feldmarschall Graf Traun trafen um 9 Uhr
Vormittags nach einem zwölfstündigen Marsche mit dem Generalstabe
zu Schreck ein. Mehrere Regimenter marschirten über die erste Brücke.
Mit Beihülfe von dreizehn französischen Schiffen, welche Tags vorher

erbeutet worden, kam um 4 Uhr Nachmittags auch die zweite zu
Stande. Am 3. Juli war der Uebergang vollständig bewerkstelligt.

Die nächste Absicht des Prinzen Carl war nun, die Linie an
der Lauter vor dem Feinde zu besetzen. Feldmarschall-Lieutenant Graf
Nadasdy, der am 2., als die Baiern abgezogen, sich eben anschickte sie
anzugreifen, rückte am 3. vor das von den Franzosen besetzte Lauterburg und cernirte diese Stadt. Bei seiner Annäherung zündeten die
noch in Rheinzabern befindlichen baierischen Posten ihre Magazine an,
wobei dies Städtchen in Brand gerieth.

Die Stadt Lauterburg war mit Erdwerken umschlossen, hatte
ein Hornwerk gegen das Weißenburger Thor, ein verschanztes Lager
und mehrere Außenwerke. Die Gräben waren unverkleidet, die Berme
der Hauptumfassung war mit Sturmpfählen besetzt. Eine Ueberschwem-
mung, deren Schleuse jedoch nicht gehörig versichert war, ward als
vorzügliches Schutzmittel betrachtet. Die Besatzung wurde von dem
französischen General-Lieutenant Grafen Gensac befehligt, bestand anfänglich aus 500 Mann und wurde auf Begehren des Commandanten
auf 1700 erhöht, unter denen jedoch nur 300 Mann Linien-
truppen, die Uebrigen aber schlecht bewaffnete, uneingeübte Milizen
waren. An Geschütz waren zehn Stück in dem Platze, der auf eine
längere Belagerung auf keine Art ausgerüstet war. Die Aufforderung
Nadasdy's zur Uebergabe wurde am 3. Abends verweigert, am 4.
begann dieser aus seinem Feldgeschütze Lauterburg zu beschießen, was
die Franzosen nachdrücklich erwiderten. Gensac hatte alle Außenwerke
verlassen und sich auf die Besetzung der Hauptumfassung beschränkt.
Die Kroaten und Panduren ließen diesen Umstand nicht unbenützt und
vertrieben einen französischen Posten von der Inundationsschleuse,
schlichen sich durch die Außenwerke an den Hauptgraben, fingen an die
Pallisaden und Sturmpfähle auszureißen und umzuhauen und alle
Voranstalten zum Sturme zu treffen. — Um 2 Uhr Nachmittags
erschien der Feldzeugmeister Fürst Waldeck mit 4 Infanterie- und
3 Cavallerie-Regimentern zu Nadasdy's Verstärkung. Da erbot sich
General-Lieutenant Gensac zur Uebergabe, und noch am 4. Abends
wurde die Capitulation unterzeichnet. Die Besatzung durfte Jahr und
Tag nicht gegen die Königin von Ungarn und deren Verbündete
kämpfen und zog sich nach Abgabe ihrer Waffen am 5. nach Landau

und Fort Louis. General-Lieutenant Gensac wurde vor ein Kriegs-
gericht gestellt, zum Tode verurtheilt, jedoch von Ludwig XV. be-
gnadigt, aber seiner Ehren und Würden entsetzt.

Gleichzeitig mit dem Uebergange der österreichischen Truppen bei
Schreck hatte auch Feldmarschall-Lieutenant Bärenklau in der Nacht
vom 1. auf den 2. Juli bei Weißenau Truppen mittelst Schiffen auf
das linke Rheinufer übersetzt. Bei dem geringen Widerstande, den
diese fanden, ließ er zwei Schiffbrücken schlagen, auf denen er mit
seinem Corps überging. Er vertrieb die Franzosen aus Oppenheim,
erbeutete drei Magazine und verfolgte sie über Worms. Diese zogen
sich, nachdem sie ihre dortigen Backöfen zerstört und einige Magazine
verbrannt hatten, auf das eilfertigste nach Landau.

Der baierische Feldmarschall Seckendorf war gleich auf die erste
Kunde von dem Uebergange der Oesterreicher bei Schreck mit dem
größeren Theile seiner Armee herbeigeeilt, allein, statt sich mit aller
Kraft auf Nadasdy's Corps zu werfen, bevor noch der Fürst von
Waldeck dieses verstärken konnte, begnügte er sich, durch einige unbe-
deutende Gefechte kostbare Zeit zu verlieren, bis er die Nachricht von
dem Rückzuge der Franzosen nach Landau erhielt, worauf er seinen
Marsch über Germersheim ebenfalls dahin nahm, aus Furcht etwa abgeschnitten zu werden.

An dem Tage wo Lauterburg capitulirte, führten Prinz Carl
und Feldmarschall Graf Traun die Armee über die zweite
Schiffbrücke nach Rheinzabern, wo sie ihr Hauptquartier nahmen. Am
5. kam dieses nach Lauterburg. Die Armee lagerte an dem Wege
gegen Weißenburg, bei der Stadt, die das Harrach'sche Regiment besetzte. Dem Bruckhauptmanne Fromb wurde befohlen, die Brücken
bei Schreck abzubrechen und die Schiffe bei Augheim gegenüber von
Lauterburg hinaufzuführen.

So war denn im Angesichte der Franzosen und Baiern der
ewig denkwürdige Rheinübergang ohne Verlust ausgeführt,
an dem der Feldmarschall Traun wenn auch nicht den glänzendsten

Ruhm, doch nach dem einstimmigen Urtheile von Zeitgenossen und Historikern sicherlich das g r ö ß t e Verdienst hatte.

Feldmarschall-Lieutenant Graf Nadasdy war am Morgen des 5. Juli gegen Weißenburg aufgebrochen und forderte, kaum angelangt, diese Stadt zur Uebergabe auf. Die Besatzung, aus 300 Mann bestehend, ergab sich nach geringem Widerstande kriegsgefangen. Man fand 14 Stücke in dem Platze, zu dessen Besetzung Oberst Graf Forgacs mit einem Bataillon seines ungarischen Regimentes bestimmt wurde.

Kaum war die Besetzung Weißenburgs durch die Oesterreicher erfolgt, als der Marquis du Châtelet mit zwei französischen Cavallerie-Regimentern (Saluces und Hopital) und 150 Gensd'armes erschien. Derselbe wurde sogleich von Nadasdy angegriffen und mit dem Verluste eines großen in Gefangenschaft gerathenen Theiles geworfen und zersprengt. Aber nun erschien der Herzog von Coigny mit dem vereinigten aus mehr als 40.000 Mann bestehenden Heere. Derselbe wollte, nachdem er bei Landau seine Truppen gesammelt, zum Entsatze von Lauterburg anrücken. Bei dem Dorfe Schaidt angelangt, erhielt er die sichere Nachricht von der Einnahme Lauterburgs durch die Oesterreicher, der Zersprengung der Truppen des Marquis du Châtelet, sowie daß Weißenburg auch bereits vom Feinde besetzt sei. Der französische Marschall gab nun seinem Heere die Richtung gegen Weißenburg und schickte von der Spitze der Colonne 4 Cavallerie-Regimenter, 600 Grenadiere nebst einigen hundert Carabiniers ab, um die geschlagenen Truppen du Châtelets aufzunehmen und den Feind in seinem Vordringen aufzuhalten. — Als Feldmarschall-Lieutenant Nadasdy, der über nicht mehr als 10.000 Mann verfügte, die Franzosen gegen sich anrücken sah, bereitete er sich vor, das Gefecht am rechten Ufer der Lauter anzunehmen, jedoch mit der Absicht, es nur so lange fortzusetzen, bis er sich überzeugt hätte, daß er es mit Coigny's ganzem Heere zu thun haben würde. Der französische Feldherr beorderte nun den General-Lieutenant Montal zum Angriffe oberhalb Weißenburg, den Marquis von Clermont-Tonnere mit dem Centrum der Armee gegen diesen Ort und den baierischen Feldmarschall Seckendorf zum Angriffe von Altstadt. Da Nadasdy die ganze französische Armee gegen sich anrücken sah, entschloß er sich zum Rückmarsche, und da dieser durch die Wegnahme von Altstadt bedroht war, so war er

vorzugsweise auf Behauptung dieses Ortes bedacht. — Weißenburg,
zu einer Vertheidigung nicht genug befestigt, befahl Feldmarschall-
Lieutenant Nadasdy dem Oberst Forgacs sogleich zu räumen, um
hiedurch die Besatzung sich zu erhalten. Der Oberst, ganz bereit dem
klugen Befehle nachzukommen, konnte aber seine Mannschaft nicht dazu
vermögen, welche durchaus nicht einen Platz, den sie vor Kurzem besetzt, wieder räumen wollte, so daß Nadasdy gezwungen war, diese
eben so tapfere als ungehorsame Truppe ihrem Schicksale zu überlassen.
Das Bataillon Forgacs schlug durch zwei Stunden die wiederholten
Stürme des französischen Heeres ab, bis endlich die Thore eingesprengt,
die schwachen Wälle von allen Seiten erstiegen und die Vertheidiger
zum Theil niedergemacht, zum Theil gefangen wurden. (Dies Regiment ist das heutige 32. Linien-Infanterie-Regiment, dessen tapferer
Commandant Ignaz Graf Forgacs, geboren zu Ragendorf in Ungarn
1702, dasselbe 1741 errichtet hatte. Er rückte 1745 zum Generalmajor, 1757 zum Feldmarschall-Lieutenant und 1763 zum Feldzeugmeister vor und starb, nachdem er sich noch im siebenjährigen Kriege,
so insbesondere im Treffen am Holzberge 1757 ausgezeichnet hatte,
am 2. April 1772 im 70. Lebensjahre.)

Indessen hatte der baierische Feldmarschall Seckendorf vergebens
seine ganze Kraft aufgeboten, um in Altstadt einzudringen, es gelang
ihm erst in später Abendstunde, als Nadasdy, einen längeren Widerstand nutzlos erachtend, die Räumung dieses Ortes anordnete. Auch
hier konnten zwei ungarische Regimenter nur durch Bitten und Drohun-
gen ihrer Officiere vermocht werden, vom Feinde abzulassen.

Bei einbrechender Nacht zog sich Feldmarschall-Lieutenant Nadasdy
unverfolgt nach Schleithal, wohin er nahe an vierhundert französische
Gefangene mit sich führte. Sein Gesammtverlust mit Einschluß des
Forgacs'schen Bataillons betrug 1000 Mann, größer war jener des
Feindes, der an Todten und Verwundeten 93 Officiere und über
1200 Mann ausmachte.

Die Franzosen übertrieben die durch die Wiedereroberung Weißenburgs erlangte Waffenehre, indem sie selbe einem vollständigen Siege
über die Oesterreicher gleichsetzten, von dem sie nichts Geringeres erwarteten als die gänzliche Niederlage des Prinzen Carl und die Zurück-
treibung seines Heeres über den Rhein.

Prinz Carl schrieb am 6. Juli aus seinem Hauptquartier Lauterburg dem Großherzoge von Toscana: „Endlich mein theurer Bruder
sind wir im Elsaß". In seinem Berichte an die Königin, de dato
Schreck am 3. Juli, hatte der Prinz sich in Lobeserhebungen der
tapferen Haltung seiner Truppen, insbesondere aber der Ungarn erschöpft. Diesen letzteren gebühre die Ehre der Bewerkstelligung des
Rheinüberganges und der Einnahme Lauterburgs. Der Oberst Morocz
vom Regimente Ghilany (als Hadik-Hußaren 1767 reducirt) brachte
die Nachricht nebst den eroberten Fahnen und Standarten an das
königliche Hoflager nach Wien und an den Palatin Grafen Palffy nach
Ungarn. — (Emerich Freiherr von Morocz wurde 1744 Generalmajor, 1754 Feldmarschall-Lieutenant und Inhaber des heutigen
10. Hußaren-Regimentes, als welcher er 1758 starb.) Außer ihm
wurden noch Forgacs und Trenk der Gnade der Königin besonders
empfohlen.

Durch die Wiedereroberung von Weißenburg hatte sich der
Herzog von Coigny die nächste Verbindung mit der Motter eröffnet.
Er zog nun diesem Flusse zu in der Absicht, am rechten Ufer desselben
dem weiteren Vordringen der Oesterreicher zu wehren und mit Straßburg, wo er seine Magazine hatte, wieder in gesicherte nahe Verbindung zu kommen. Am 6. Juli verließ der französische Marschall
Weißenburg und sammelte sein Heer auf dem Geisberge. Nadasdy
sandte sogleich 160 Hußaren in diese Stadt, welche noch viele in der
Eile vom Feinde zurückgelassene Mundvorräthe fanden.

Prinz Carl und Feldmarschall Traun blieben zu Lauterburg stehen.

Am 7. erreichte Coigny mit seinem Heere Hagenau.

Am 8. traf das Corps des Feldmarschall-Lieutenants Bärenklau
und das schwere Gepäcke in Lauterburg ein.

Nadasdy brach am 9. Morgens nach dem von Weißenburg
3½ Stunden entfernten Sultz auf, wo ihm 5000 Mann französischer
Truppen entgegenrückten, jedoch bald, ohne sich in ein Gefecht einzulassen, wieder abzogen. Einem erhaltenen Befehle gemäß sandte Feldmarschall-Lieutenant Graf Nadasdy 1000 Reiter gegen Hagenau zur

Beobachtung des Feindes. Eine gleiche Truppenzahl wurde unter General Esterhazy auf der Rheinstraße nach Beinheim mit dem besonderen Auftrage vorgeschickt, dem Fort Louis möglichst jede Verbindung abzuschneiden, und zu verhindern, daß diese Festung weder Verstärkung noch irgend ein Bedürfniß erhalte, zu welchem Zwecke 160 Pferde nach Reschwog vorgeschickt wurden. Die Besatzung des vorgenannten Platzes fiel gegen dieses Detachement aus, wobei es zu einem mehrstündigen, aber unbedeutenden Gefechte kam. — Oberst Trenk mit seinen Panduren hatte in dem sogenannten Hagenauer Forste seine Aufstellung genommen. Endlich wurde gegen die Saar, von welcher Seite Coigny, wie man in Kenntniß war, eine Verstärkung erwartete, der Oberstlieutenant Baron Schwaben mit 300 Reitern zur Beobachtung entsendet.

Am 12. verfügten sich Prinz Carl und Feldmarschall Traun nach Sultz, recognoscirten die Gegend von Werd und kehrten Abends wieder in ihr Hauptquartier nach Lauterburg zurück. Am 13. bezog Feldmarschall-Lieutenant Bärenklau mit seinem Corps vor Beinheim ein Lager.

Prinz Carl hatte sich zur Belagerung von Fort Louis entschlossen und befohlen, aus Freiburg das nöthige Belagerungsgeschütz herbeizuschaffen. Als König Ludwig XV., der Ende Mai in Flandern den Feldzug eröffnet hatte, die Nachricht von dem Rheinübergang des Prinzen Carl erhielt, beschloß er, 60.000 Mann in Person nach Elsaß zu führen, und den Marschall Grafen Moriz von Sachsen mit 40.000 Mann in den Niederlanden zu belassen. In der ersten Hälfte des August konnten bei geringer Anstrengung die Truppen aus den Niederlanden in Elsaß eintreffen.

Prinz Carl war sowol von diesem Umstande, als auch von dem am 5. Juni zu Paris abgeschlossenen Bündnisse zwischen Frankreich, Preußen, dem Könige von Schweden, Kaiser Carl VII., dem Landgrafen von Hessen und dem Kurfürsten von der Pfalz in genauer Kenntniß. Die Rüstungen der Preußen ließen mit Sicherheit einen nahen Einfall erwarten. Auch hatte König Friedrich diesen bereits brieflich Ludwig XV. angekündigt, indem er schrieb, daß er sich am 13. August in Bewegung setzen und zu Ende August vor den Mauern Prags erscheinen werde.

Unter diesen Verhältnissen mußten Prinz Carl und Traun ihrer baldigen Abberufung zur Vertheidigung Böhmens entgegensehen und sich stets bereit halten, über den Rhein zurückgehen zu können; es erklärt sich auch dadurch deren zögerndes Verweilen in der nächsten Nähe des Rheinstromes.

———

Feldmarschall-Lieutenant Bärenklau war kaum in Beinheim eingerückt, als ihm die Nachricht zukam, daß der Feind Verstärkung nach Fort Louis zu werfen trachte. Sogleich zog er an der Spitze von 1000 Reitern mit dem General Esterhazy dem Feinde entgegen, der mit 12 Schwadronen Cavallerie, 600 Hußaren und 4 Grenadier-Compagnien das Einrücken seiner nach Fort Louis bestimmten Truppen zu decken suchte. Bärenklau warf die Franzosen beim ersten Angriffe gänzlich und verfolgte sie bis Druisenheim. Dieses schnelle glückliche Resultat war mit dem geringen Verluste von 39 Mann an Todten, Verwundeten und Gefangenen erkauft. Um sich aller nach Fort Louis führenden Wege zu versichern, detachirte Bärenklau einzelne Truppen-Abtheilungen von Infanterie und Cavallerie in die Oerter Reschwog, Roppenheim und Suffelheim.

Am 15. Juli brachen das Reserve- und Grenadiercorps aus dem Lager bei Lauterburg auf, und rückten in das bereits ausgesteckte, drei Stunden entfernte nach Bühl. Am 16. folgten Prinz Carl und Feldmarschall Traun mit dem Reste des Heeres dahin und nahmen ihr Hauptquartier in Trimbach, in Lauterburg 500 Milizen und 100 Hußaren als Besatzung zurücklassend. An diesem Tage ließ Bärenklau Reschwog durch einen Major mit 400 Mann Infanterie und am Abend desselben ganz nahe bei Fort Louis auch den Oswalder Hof besetzen, und bei diesem in der Nacht eine Redoute bauen. Als der Feind am Morgen dieses gewahrte, begann er aus der Festung ein lebhaftes Feuer, das bis 4 Uhr Nachmittags anhielt. Um sich des Rheines zu versichern, hatte Bärenklau indeß auf einer Insel, den Augenheimer Wörth, ein Picket von 100 Mann aufgestellt, welches alle Zuzüge auf diesem Flusse zu verhindern die Aufgabe hatte. Die Besatzung von Reschwog ließ er gleichfalls verstärken, um einen etwaigen Ausfall des Feindes gegen die Redoute mit größerem Nachdrucke zu begegnen.

In der Nacht vom 17. auf den 18. marschirte der Prinz von
Baden-Durlach [1]) mit den Maroschern, Theißern und 1300 Commandirten der Armee nach Reschwog und bezog ein Lager an der
linken Seite des Canals, der bei Fort Louis vorbeizieht. Ein Hußaren-
Regiment und die Karlstädter Grenzer rückten am 18. dahin nach.
Da trat am 19. ein entsetzliches Regenwetter ein, das bis zum 25.
anhielt und die Wege so grundlos machte, daß auf denselben nicht
fortzukommen war. Schon am 20. waren alle Auen und die an-
liegenden Ufer überschwemmt. Bärenklau mußte die Mannschaft aus
den Inseln zurückziehen, welchen Umstand der Feind sogleich benützte,
um in der Nacht auf fünf Schiffen eine Verstärkung von 600 Mann
nach Fort Louis zu bringen. Am 21. wuchs der Rhein so an, daß
die Ufer eine Stunde weit überschwemmt waren, und das Wasser bis
an das Glacis von Lauterburg stieg, was alle Communicationen und
Zufuhren sehr erschwerte.

Am 22. rückten das Grenadier- und Reservecorps nach Sultz,
jenes von Nadasdy bis Wörth vor. Am 25. war das Wasser so
weit gefallen, daß der Brückenschlag zu Beinheim, zu welchem die
Schiffe von Lauterburg herbeigeschafft worden waren, ausgeführt werden
konnte. Feldmarschall-Lieutenant Bärenklau rückte mit seinem Corps
in das Lager bei Reschwog, die vorwärtsliegenden Orte Augenheim,
Sessenheim und Suffelheim mit starken Abtheilungen besetzt haltend.

Am 26. marschirte die Armee aus dem Lager von Trimbach
nach Sultz. Sowol die Meinung des Feldmarschalls Grafen
Traun als die Absicht des Prinzen Carl ging dahin, den Feind
durch Umgehung seiner linken Flanke zur Verlassung der Motter zu
zwingen. Bei all' diesen Bewegungen waltete immer die Besorgniß
vor, sich unter den obwaltenden politisch-militärischen Verhältnissen zu
weit vom Rheine und den Brücken zu entfernen.

Am 28. Juli geschah wieder eine allgemeine Vorrückung, und
zwar Nadasdy's Corps nach Griesbach, Bärenklau nach Sessenheim

---

[1]) Christof Prinz Baden-Durlach, geboren 1717, war 1740 Oberst
des Infanterie-Regimentes Moltke (1809 reducirt), wurde 1743 wegen Auszeichnung im Treffen bei Simbach General, 1753 Inhaber des gegenwärtigen 27. Infanterie-Regimentes und 1771 kaiserlicher und römischer Reichsfeldmarschall. Er
starb am 18. September 1789.

und Suffelheim, Fürst Esterhazy blieb mit zwei Hußaren-Regimentern zur Deckung des stehengebliebenen Zeltlagers und der Brücke bei Reschwog. Die Hauptarmee marschirte nach Gersdorf bei Wörth.

Diese Bewegungen des österreichischen Heeres veranlaßten den Herzog von Coigny, der die Zeit des ungünstigen Wetters gehörig zur Ausrüstung von Fort Louis benützt hatte, sich zurückzuziehen, um nicht vor dem Eintreffen der erwarteten Verstärkungen etwa in ein allgemeines Gefecht engagirt und geschlagen zu werden. In Folge dieser Bedenken verließ die französische Armee in der Nacht vom 28. auf den 29. Juli die Ufer der Motter und zog sich hinter die Zorn. Auf die Meldung der zur Beobachtung der feindlichen Bewegungen ausgesandten starken Patrouillen, daß der Feind abziehe, brach um 3 Uhr Morgens der Generalmajor Prinz Baden-Durlach mit allen Hußaren und einigen Infanterie-Abtheilungen zu dessen Verfolgung auf, die er bis auf eine kleine Meile von Straßburg ausgedehnt hatte. — Feldmarschall-Lieutenant Bärenklau hatte indeß Hagenau und Bischweiler besetzt und leichte Truppen über die Zorn auf der Straße nach Reichstädt bis Hördt vorgeschoben. Trenk brach gleichzeitig aus dem Hagenauer Forst, vertrieb eine Abtheilung Baiern aus dem Kloster Neuburg und machte reiche Beute. Als die Meldung am Morgen des 29. eintraf, daß die zu Pfaffenhofen gestandenen baierischen und pfälzischen Truppen sich über das Gebirge zurückgezogen hätten, marschirte Feldmarschall-Lieutenant Ghilany mit dem Nadasdy'schen Corps an die Motter, ließ Pfaffenhofen besetzen, stellte sich auf den Höhen am linken Ufer jenes Flusses auf und entsandte starke Streifpatrouillen gegen Zabern und Pfalzburg, um Stärke und Fassung des Feindes zu erkunden. Die Armee marschirte am 30. nach Hagenau. An eben diesem Tage waren das Nadasdy'sche Corps bis Hochfelden, das Bärenklau'sche bis Druisenheim und Generalmajor Prinz Baden-Durlach mit der Vorhut nach Bischweiler vorgerückt. Bei der Verfolgung des Feindes wurden einige Baiern, unter diesen der General-Adjutant Oberst von Greller und der Major Baron Hornstein gefangen.

Marschall Coigny zog sich am 30. nach dem nur eine Stunde von Straßburg entfernten Bischheim, wo er, mit seinem rechten Flügel an dieses Dorf, mit dem linken an eine steile Höhe gelehnt, Stellung nahm; vor der Front floß die Suffel.

Am 31. Juli rückte die öſterreichiſche Vorhut unter dem Prinzen Baden=Durlach vorwärts bis Hördt. Nadasdy aber marſchirte mit ſeinem Corps vor die befeſtigte Stadt Zabern, die er ſogleich zur Uebergabe aufforderte. Der Commandant derſelben, Marquis du Châtelet, welcher wußte, daß der General=Lieutenant Duc d'Harcourt mit 6000 Mann bereits von der Saar in dem nur drei Stunden entfernten Pfalzburg eingerückt war, verweigerte die Uebergabe. Sogleich befahl Graf Nadasdy, die Stadt zu ſtürmen; mit unaufhaltbarer Wuth drangen ſeine Truppen in den Ort, aus welchem die Franzoſen gegen Pfalzburg flüchteten. Zabern wurde geplündert, man ſchätzte die ge= wonnene Beute auf 300.000 Gulden, in den Magazinen befanden ſich 4000 Centner Salz. Um ſich gegen die aus den Niederlanden kom= menden franzöſiſchen Verſtärkungstruppen zu ſichern, wurde eine ſtarke Reiter=Abtheilung nach Wörth zurückbeordert, welche bis unter die Kanonen von Bitſch ſtreifte, wobei es mit der Beſatzung zu kleinen Scharmützeln kam. Am Abende des nächſten Tages (1. Auguſt) wurde auch der Prinz von Baden=Durlach mit 4000 Mann Infanterie und 1000 Reitern nach Wörth zurückbeordert, um die von Bitſch kommen= den Wege zu beobachten, und den etwa von daher kommenden Feind nach Kräften abzuhalten. Die öſterreichiſche Armee war am 1. Auguſt nach Hochfelden marſchirt. Feldmarſchall=Lieutenant Bärenklau bezog am 2. Morgens am linken Ufer der Zorn bei Weyersheim ein vor= theilhaftes Lager, er ſandte zur Recognoscirung der Gegend und der feindlichen Aufſtellungen mehrere Streifpatrouillen aus, die einige kleine glückliche Gefechte mit den Franzoſen und Baiern beſtanden.

Marſchall Coigny hatte am 2. Auguſt ein anderes Lager hinter dem Canal von Straßburg bezogen, deſſen Fronte und rechte Flanke gegen jeden Angriff geſichert waren. Als Bärenklau dieſe Bewegung bemerkte, ließ er einen Theil ſeiner Truppen bis Reichſtädt und an die Suffel auf eine und eine halbe Stunde von Straßburg vorrücken, wohin er am 3. Auguſt mit den übrigen folgte.

Als Prinz Carl und Feldmarſchall Traun am 9. in Er= fahrung brachten, daß die Franzoſen ihr Gepäck nach Schlettſtadt und Kolmar, woher ſie ihre Verſtärkung erwarteten, zurückgeſendet hatten, rückten ſie mit der Armee am 10. über die Zorn nach Wingersheim vor. Bärenklau traf in der Nacht vom 10. auf den 11. in Neugarten ein. Am 13. früh wurde Feldmarschall=Lieutenant Graf Nadasdy benachrichtigt, daß der Herzog von Harcourt mit seinem ganzen Corps zum Angriffe auf Zabern im Anmarsche sei. Er glaubte sich gegen diese bedeutende Uebermacht zur Behauptung dieses Ortes zu schwach und zog sich zurück, worauf Harcourt Zabern besetzte. Als jedoch schon zu Mittag Feldmarschall=Lieutenant Bärenklau auf Befehl des Prinzen Carl seine Vereinigung mit Nadasdy bewirkt hatte, und nun diese Beiden gemeinschaftlich gegen Zabern wieder vorrückten, zog sich Harcourt, von der Täuschung befangen, er habe das ganze Heer des Prinzen vor sich, auf das Eilfertigste hinter diese Stadt zurück, deren Mauern so schnell von den Kroaten und Panduren überstiegen wurden, daß die feindliche Besatzung kaum Zeit hatte, bei dem Thore von Pfalzburg hinaus den wilden Stürmenden zu entrinnen. Die Hußaren verfolgten die Fliehenden bis zum Einbruche der Dunkelheit und brach= ten einige Gefangene, worunter zwei Officiere, ein. Die Franzosen, welche sich bis Pfalzburg zurückzogen, hatten einen Gesammtverlust von mehr als 200 Mann an Todten und Verwundeten, während jener der Oesterreicher in 11 Todten und 56 Verwundeten und über 40 Pferden bestand.

Wir haben bereits erwähnt, daß König Ludwig XV. auf die Nachricht von dem Rheinübergange des österreichischen Heeres in Person 60.000 Mann aus den Niederlanden nach dem Elsaß führen wollte. Auf seiner Reise nach dem Elsaß wurde der König, durch schwere Krankheit in Metz festgehalten, in Ausführung dieses Entschlusses für seine eigene Person gehindert, und der Marschall Herzog von Noailles hatte den Oberbefehl dieser Verstärkungsarmee übernommen. Die erste Colonne derselben, bestehend aus den zwei Truppen=Divi= sionen des Herrn von Maubourg und des Herzogs von Grammont, zählte in 25 Bataillons und 15 Schwadronen beiläufig 12.000 Mann Infanterie und 1500 Reiter, und war am 11. August in Schlettstadt eingerückt. Abends vorher war Marschall Noailles bereits in Straß= burg eingetroffen, und hatte am 11. das Lager der Oesterreicher vom dortigen Münster aus besichtigt. Er war der Meinung, daß der Uebergang des Prinzen Carl über die Zorn nur eine Drohdemon= stration sei, die Fassung der Franzosen zu prüfen, und daß er ernstlich auf seinen Rückzug denke. Er bemerkte ganz richtig, daß je länger der

Prinz diesen verzögere, desto vortheilhafter es für den König von Preußen sei. Noailles begab sich hierauf in das Hauptquartier des Marschalls Coigny nach Dorlisheim, wo ihn dieser und Seckendorf erwarteten. Es fanden zwischen diesen Generälen nun wiederholte Berathungen statt, deren Endbeschluß war, daß Marschall Noailles am 15. mit allen bereits aus Flandern gekommenen Truppen über den Rhein gehen, an die Kinzig rücken, und von Coigny mit starken Cavallerie-Abtheilungen verstärkt werden sollte. Schon waren die Befehle zur Ausführung gegeben, da wuchs der Rhein mächtig an, die Insel, welche zwischen zwei Brücken lag, wurde überschwemmt, und man mußte erst eine Bockbrücke erbauen, um über die Gewässer, die diese bedeckten, zu kommen.

Während dieser Berathungen der feindlichen Heerführer hatten sich Prinz Carl und Feldmarschall Traun bereits ihren Brücken zu nähern begonnen. Ersterer hatte ein Schreiben seiner Schwägerin, der Königin erhalten, die ihm mittheilte, „daß der König von Preußen im Begriffe stehe, mit einer starken Armee in Böhmen einzufallen, und es daher nothwendig sein dürfte, Elsaß zu verlassen und auf die Vertheidigung der eigenen Erblande zu denken". Prinz Carl hatte erfahren, daß die Franzosen Brücken oberhalb Straßburg schlagen, und die erste Colonne ihrer Verstärkungstruppen bereits eingetroffen sei. Das österreichische Heer ohne Verlust über den Rhein zurückzubringen, war und mußte nun das Ziel des Strebens sowol des Prinzen als des kriegserfahrenen Feldmarschall Traun sein, — ein Ziel, das diese beiden Feldherren durch ihre klugen, umsichtigen Anstalten im Angesicht ihrer nun an Streitkräften überlegenen, aber zu ängstlichen und umsichtigen Gegner auch glücklich erreichten.

Feldmarschall-Lieutenant Graf Nadasdy hatte schon am 14. August den Befehl erhalten, unter Zurücklassung einer Beobachtungstruppe bei Zabern mit seinem Corps nach Hochfelden zu marschiren. Die Feldmarschall-Lieutenants Ghilany und Bärenklau wurden beordert, bei Alsheim und Reichstädt eine Aufstellung zu nehmen. Am 15. brach die Hauptarmee unter Prinz Carl und Traun aus dem Lager bei Wingersheim auf, um ihren Brücken drei Stunden näher ein neues zwischen Weiersheim und Geidertheim, die Zorn vor ihrer Fronte zu beziehen. Nadasdy marschirte am 16. nach Hummeln, zwischen Brumpt

und Hochfelden, die Panduren besetzten die bei dem ersteren Orte ge=
legenen Wälder. Feldmarschall=Lieutenant Bärenklau aber wurde be=
ordert auf das rechte Rheinufer zu gehen, um die Brücken zu decken
und die Zufuhren von allen Seiten frei zu halten.

Marschall Noailles, der nunmehrige Oberbefehlshaber des ver=
einigten französisch=deutschen (baierischen) Heeres, hatte sich am 16. in
Bewegung gesetzt und bezog mit den aus Flandern gekommenen Truppen
ein Lager bei Bischheim. Sowol das Heer Kaiser Carls VII. unter
Feldmarschall Seckendorf, als die bisherige Armee des Herzogs von
Coigny schlossen sich an dessen linken Flügel an. Der österreichische
General=Adjutant von Franquini war am selben Tage (16.) mit einer
Freicompagnie über den Suffelbach gegen den Canal von Straßburg
zu einer Recognoscirung vorgerückt. Acht französische und baierische
Schwadronen rückten nun gegen ihn. — Franquini trat, nachdem er
die hitzigsten Verfolger stutzen gemacht, seinen Rückmarsch an. Er traf
auf diesem die Generale Esterhazy und Ghilany, welche mit einigen
hundert Reitern in gleicher Absicht der feindlichen Stellung sich näherten.
Sie fielen nun vereint von zwei Seiten mit solchem Nachdruck in die
feindlichen Cavallerie=Abtheilungen, daß dieselben in einem Augenblick
zerstoben und in wilder Flucht einen Theil der zu ihrer Unterstützung
nachrückenden Jäger niederritten. Diese letzteren wurden nun theils
zusammengehauen, theils in den Canal gesprengt. Die Franzosen ver=
loren in dem kurzen Gefechte bei 100 Mann an Todten und Ver=
wundeten, 3 Officiere und 28 Mann als Gefangene, während der
österreichische Verlust im Ganzen nur 6 Mann, worunter 1 getödteter
Officier, betrug.

Mit einer Abtheilung Hußaren ging Feldmarschall=Lieutenant
Bärenklau am 17. auf das rechte Rheinufer über, stellte seine Hußaren
zur Beobachtung am rechten Ufer der Kinzig auf und ließ, mit Aus=
nahme der Brücken von Griesenheim, Neumühl und Willstadt, die er
besetzte, alle übrigen zerstören.

Marschall Noailles gab die Absicht auf, mit einem Theile oder
seiner ganzen Armee über den Rhein zu gehen und gegen die Brücken
der Oesterreicher etwas zu unternehmen. Der Uebergang über die
Kinzig und die anderen Gewässer schien ihm mit nur einem Theile
seines Heeres zu gewagt im Angesichte Bärenklau's. Bei einem

Uebergange mit der ganzen Armee fürchtete er aber ganz Ober-Elsaß preiszugeben, und besorgte, mit der Verpflegung nicht auszulangen. Er begann erst am 19. sich gegen Hochfelden in die rechte Flanke der Oesterreicher zu bewegen, und ging mit Tagesanbruch des 21. nächst diesem Orte über die Zorn, wo er sein Heer in Schlachtordnung auf= stellte, aus der er dann mit großer Vorsicht gegen das Corps des Feldmarschall-Lieutenants Grafen Nadasdy, welches aus ungefähr 6000 Mann leichter Truppen bestand, auf dem Wege nach dem drei Stunden entfernten Brumpt vormarschirte. Schritt vor Schritt zog sich Nadasdy zurück, dessen Hußaren stets mit dem vorrückenden Feinde plänkelten, und sogar eine sich ergebende Gelegenheit benützten, der französischen Avantgarde durch einen kecken ungestümen Angriff einen Verlust von mehr als 100 Mann beizubringen. Dieser Umstand trug bei, den Marschall Noailles in seinen Bewegungen noch behutsamer zu machen. Während dieses ganzen Vormarsches hatte Noailles seine Truppen durch nutzlose Aufmärsche auf einem kurzen Wege derart er= müdet, daß er gegen Abend bei Brumpt anlangte, wo er sein Haupt= quartier nahm und sein Heer vor diesem Orte lagern ließ. Dasselbe war nach seinem eigenen Berichte so ermattet, daß er am 22. im Lager bei Brumpt stehen bleiben mußte.

Prinz Carl hatte indeß erneuert die Nachricht von dem bevor= stehenden und bald darauf von dem wirklichen Einfalle der Preußen in Böhmen erhalten. Er wartete daher nicht erst den bestimmten Befehl ab, der ihn mit seiner Armee nach Böhmen berief, sondern versammelte schon am 20. August seine Generäle zu einem Kriegs= rathe, dem er eine von dem General der Cavallerie Grafen Batthyani eingelangte Meldung vorlegte, daß der König von Preußen sich bereits in Böhmen befinde. Die einstimmige Erklärung der Generäle lautete für die Rückkehr über den Rhein. F e l d m a r s c h a l l G r a f T r a u n war es hier, der insbesondere bemerkte, daß von der Erhaltung einer a u s e r l e s e n e n u n d s t a r k e n Armee, wie sich diese jetzt am linken Rhein= ufer befinde, auch das S c h i c k s a l der öster reichischen Staaten ab= hänge. Darum müsse jede Schlacht mit den Franzosen womöglich vermieden werden. Selbst ein Sieg wäre ohne große Wirkung, da man doch jedenfalls über den Rhein zurückmarschiren müsse. Eine ohne Verlust bewerkstelligte Rückkehr über diesen Strom wäre selbst höher anzuschlagen, als eine gewonnene Schlacht. Feldmarschall Graf Traun war der eigentliche Leiter der Bewegungen des österreichischen Heeres, und dennoch trat er überall bescheiden zurück, wenn es galt: „den Ruhm gelungener Unternehmungen zu ernten". Dieses Verdienst wußte Prinz Carl wohl zu würdigen, und die Anspruchslosigkeit Trauns hatte zwischen den beiden Feldherren ein für den Dienst ihrer Herrscherin äußerst ersprießliches und glückliches Einvernehmen zur Folge.

Ungesäumt wurden nun die Vorbereitungen zum Uebergange über den Rhein getroffen. Am 21. August um 3 Uhr Morgens, gleichzeitig als die Franzosen bei Hochfelden über die Zorn gingen, brach das österreichische Heer seine Zelte ab und stellte sich, den linken Flügel an diesen Fluß, den rechten an ein Gehölz bei Weitbruch gestützt, in Schlachtordnung. Prinz Carl und Traun hatten ihr Hauptquartier nach Weitbruch verlegt. Den ganzen Tag blieb die Armee in der genommenen Stellung; in der nächsten Nacht jedoch trat sie in zwei Colonnen über Bischweiler den Rückzug hinter die Motter an, wo sie sich, den rechten Flügel bei obigem Orte, den linken bei Rohrweiler, aufstellte, nach dem Abkochen aber fünf Stunden weiter bis Beinheim marschirte. Alles Gepäck wurde an diesem Tage sogleich über den Rhein geschickt. Die verschiedenen Besatzungen kleinerer Oerter waren eingezogen worden, dagegen alle nächstgelegenen wichtigen Punkte stark besetzt. Feldmarschall-Lieutenant Bärenklau stellte sich hinter den bei Suffelheim gemachten Verhau, die Generäle Prinz Baden-Durlach und Graf Herberstein besetzten den Hagenauer Forst; — bei Augenheim war Feldmarschall-Lieutenant Ghilany mit drei Hußaren-Regimentern, einigen Theißern und Kroaten aufgestellt. Zu dessen Unterstützung stand zu Reschwog Feldmarschall-Lieutenant Graf Daun mit dem ganzen Grenadiercorps und zwei Infanterie-Regimentern. Endlich sicherte Feldmarschall-Lieutenant Graf Nadasdy, der in die Gegend von Sultz gerückt war, die rechte Flanke der österreichischen Armee.

Der preußische Feldmarschall Schmettau, der sich als Abgesandter seines Königs im französischen Hoflager zu Metz befand, drang mit Ungestüm darauf, daß Noailles sich schlagen, den Feind doch nicht ganz ruhig über den Rhein ziehen und den Truppen seines Königs ungeschwächt entgegenrücken lassen solle. Um sich dem scharfen Tadel

Schmettau's [1]) nicht Preis zu geben, schickte der französische Marschall am 22. drei Corps, jedes von 2000 Mann Infanterie und 1000 Reiter, unter dem Chevalier von Belle=Isle [2]) (Bruder des Marschalls), dem

---

[1]) Samuel Freiherr, später Graf von Schmettau, geboren 1684, stand bereits in seinem 15. Lebensjahre 1699 in einem Ansbachischen Regimente und focht im holländischen Dienste unter Prinz Eugen und Marlborough, trat 1714 in polnische Dienste und wurde vom Könige August nach der Schlacht bei Kowalewo zum Obersten der Artillerie ernannt. 1717 begab sich Schmettau zur Belagerung von Belgrad und that sich so hervor, daß Prinz Eugen, der dessen Brauchbarkeit seit Jahren kannte, nicht eher ruhte, als bis er ihn für den kaiser= lichen Dienst gewonnen hatte. Schmettau kämpfte sodann in Sicilien, erntete als General=Quartiermeister in der Schlacht bei Villafranca 1719 großen Ruhm, leitete dann die Belagerung von Messina, bezwang 1731 den Aufruhr der Ge= nueser und wurde 1733 Feldmarschall=Lieutenant und Inhaber eines 1741 redu= cirten Infanterie=Regimentes. Er wohnte dem Feldzuge 1734 am Rheine gegen die Franzosen bei und wurde im April 1735 Feldzeugmeister. Im Türkenkriege 1737 bis 1739 kämpfte Feldzeugmeister Schmettau mit Auszeichnung, vertrieb 1737 die Türken aus Kossowo, rief das Landvolk gegen sie auf und besetzte die Pässe gegen Bosnien. 1739 übertrug ihm Kaiser Carl VI. die Vertheidigung Bel= grads, welches er im Laufe einer Woche so in Vertheidigungsstand setzte, daß er jedem feindlichen Angriffe Trotz bieten konnte, aber in Folge eines übereilten Friedensschlusses mußte ungeachtet der heftigsten Vorstellungen und Proteste Schmettau's die Festung den Türken übergeben werden. Wie schon früher, suchte eine Partei am Hofe und in der Armee gegen Schmettau zu intriguiren; aber der General behielt die Gunst des Kaisers, wie aus einem Briefe Carl VI. de dato Wien 20. April 1740 glänzend erhellt, und nachdem dieser ihm das Commando der 5000 Mann starken Besatzung bis zur Uebergabe und Schleifung Belgrads übertragen, erhielt Schmettau die Ernennung zum Principal=Commissär bei der Grenzbestimmung in Serbien, Slavonien und Syrmien. Er gab Memoiren über diesen Feldzug in französischer Sprache heraus, welche zwanzig Jahre nach seinem Tode zu Frankfurt 1772 erschienen sind. Nach dem Tode des ihm wohl= wollenden Kaisers Carl VI. wurde er zwar im April 1741 zum Feldmarschall ernannt, jedoch im Commando übergangen. Er hatte nahe an ein Vierteljahr= hundert Oesterreich ehrenvolle Dienste geleistet, begehrte nun in aller Form seinen Abschied und trat in die Dienste seines eigentlichen Landesherrn, des Königs von Preußen, der ihn sogleich als General=Feldmarschall und Großmeister der Artillerie aufnahm. Da er aber nicht persönlich gegen Oesterreich fechten wollte, so wurde Schmettau auf dieses gestellte Ansuchen in diplomatischer Verwendung erst nach München, später nach Paris geschickt. Kaiser Carl VII. erhob ihn nebst seinem Bruder und fünf Vettern 1742 in den Reichsgrafenstand. Graf Schmettau hatte in 23 Schlachten und 32 Belagerungen mitgekämpft und starb am 18. August 1751 zu Berlin. Siehe von Wurzbach, Lexikon, Band XXX, Seite 188.

[2]) Louis Charles Armand Fouquet, gewöhnlich Chevalier de Belle=Isle genannt, Bruder des gleichnamigen Grafen und Marschalls, geboren

Grafen von Bercheny[1]), einem ungarischen Emigranten, und dem Grafen von Löwendahl[2]) den Oesterreichern nach. Die beiden Ersteren marschirten gegen Hagenau, Letzterer zog gegen Bischweiler, wohin am Morgen des nächsten Tages Noailles seine ganze Armee nachrücken

---

1693 zu Agde, begleitete diesen fast in allen Feldzügen Frankreichs jener Zeit. Am 19. Juni 1747 bei dem Angriffe des von piemontesischen Truppen besetzten Coll d'Assiette stürmten fünfzehn französische Bataillone diese Position. Viermal wichen sie zurück, da stellte sich der Chevalier Belle-Isle, von dem man behauptete, daß er sich dort den Marschallsstab erkämpfen wollte, an die Spitze der Stürmenden. Eine große Anzahl Officiere schaarte sich um ihn. Obschon verwundet, drang er, ein glänzendes Beispiel altfranzösischer Tapferkeit, mit der kühnsten Todesverachtung vor, und es gelang dem heldenmüthigen Officier die Verschanzungen zu erklimmen. Schon pflanzte der Chevalier das französische Lilienbanner auf die gewonnene Höhe, da wird er von einer piemontesischen Kugel zu Tode getroffen. Siehe Ritter von Arneths Maria Theresia's erste Regierungsjahre, III. Band, Seite 302. 303.

[1]) Ladislaus Ignaz Graf Bercheny (auch französisirt häufig Berchény genannt), geboren zu Eperies 1689, machte als ungarischer Magnat die ersten Feldzüge 1708 unter dem Fürsten Rakoczy gegen das Haus Oesterreich mit. Nach Beendigung dieser Unruhen begab er sich 1711 nach Frankreich und nahm 1712 daselbst Dienste. Von dieser Zeit focht er in den Feldzügen am Rhein und in Spanien, commandirte im Rheinfeldzuge 1734 ein aus Ungarn formirtes französisches Hußaren-Regiment unter dem Marschall Berwick, zeichnete sich bei Philippsburg besonders aus und wurde 1738 Maréchal de camp. 1741 bis 1743 machte er die Feldzüge in Böhmen und am Rhein mit, wurde 1744 General-Inspector der Hußaren und kam 1745 zur Armee nach Flandern. Er befehligte immer die Avantgarde im Vorwärtsmarsche, die Arrieregarde bei Rückzügen. Er focht noch 1748 in Italien, 1757 in Deutschland, wurde am 15. März 1758 zum Marschall von Frankreich ernannt. Dieser tapfere Krieger starb als Greis von 89 Jahren 1778. Siehe von Wurzbach, Lexikon, I, 293. 294.

[2]) Ulrich Friedrich Woldemar Graf von Löwendahl, geboren 1700 in Hamburg, diente 1713 als Gemeiner im kaiserlichen Heere, wurde 1714 Hauptmann und ging in dänische Dienste, wo er sich im Kriege gegen die Schweden auszeichnete. Im Türkenkriege kämpfte er wieder im kaiserlichen Dienste bei Peterwardein, vor Temesvar und Belgrad, zeichnete sich dann in Sicilien aus und nahm an den meisten wichtigen Kriegsbegebenheiten von 1718 bis 1721 Theil. König August von Polen ernannte ihn zum Feldmarschall und General-Inspector der Infanterie, er befehligte 1734 und 1735 am Rheine die sächsischen Truppen, trat dann in russische Dienste, zeichnete sich in der Krim und der Ukraine aus und ging endlich 1743 als General-Lieutenant in die französische Armee, in der er in den Belagerungen von Menin, Ypern, Freiburg viel Geschick zeigte. 1745 befehligte Graf Löwendahl in der Schlacht bei Fontenoy die Reserve-Armee, eroberte Gent, Oudenarde, Ostende und Nieuport, vertheidigte Antwerpen und nahm Bergen op Zoom, weshalb er Marschall von Frankreich wurde. Er starb 1755.

ließ. Belle-Isle und Berchenn, die auf ihre Meldungen, daß der Feind in großer Stärke hinter den Verhauen von Suffelheim stehe, bedeutend verstärkt wurden, griffen Suffelheim mit solcher Uebermacht an, daß Bärenklau endlich genöthigt wurde, seine dortige Stellung aufzugeben und sich gegen die Armee mit einem Verlust von 2 Geschützen und 150 Mann zurückzuziehen.

Prinz Carl und Feldmarschall Traun standen mit dem österreichischen Heere, dessen linker Flügel an Beinheim, der rechte an Geisenheim gelehnt war, zu dem Rückzuge über den Rhein, der in der Nacht erfolgen sollte, bereit. Zu dessen Deckung wurde Feldmarschall-Lieutenant Graf Daun, der mit den Grenadieren bei Reschwog stand, bestimmt, und zu diesem Zwecke noch mit einem Infanterie- und zwei Dragoner-Regimentern verstärkt. — Auch ließ Prinz Carl noch fünf Grenadier-Compagnien zu den Truppen des Feldmarschall-Lieutenants Ghilann (der, wie schon erwähnt, bei Augenheim stand) stoßen, als die Angriffscolonnen des französischen General-Lieutenants Grafen Löwendahl gegen diesen Ort vorrückten.

Um 4 Uhr Nachmittags den 23. Aug. 1744 begann die österreichische Cavallerie den Rückzug über den Rhein, das Gepäck der Generäle folgte; die Infanterie zog sich nach Beinheim, wo sie in Vierecken aufgestellt, die Nacht zum Beginne ihres Rückzuges erwartete. — Als Feldmarschall-Lieutenant Daun gewahrte, daß der Feind sich verstärkt habe, rückte er mit allen Grenadieren in die Verschanzungen, die zwischen Reschwog und Augenheim, den alten Canal vor der Front, erbaut worden waren.

Nach dem Anlangen der Gardebrigade und der Einnahme Suffelheims beschloß Marschall Noailles den Angriff von Augenheim, wohin er sämmtliche Truppen nun vorrücken ließ. Als diese aber, nachdem sie sich in die nöthige Verfassung gesetzt, zum Sturme auf das Dorf vorrückten, sahen sie dasselbe von allen Seiten in Flammen auflodern, auch fing schon die Dunkelheit einzubrechen an. Feldmarschall-Lieutenant Ghilann hatte mit seinen Reitern bereits den Rückzug nach Beinheim angetreten, die fünf Grenadier-Compagnien zu Daun geschickt, und um das Vordringen des Feindes zu erschweren, den Ort Augenheim in Brand stecken lassen. Noailles ließ nun an der Löschung des Brandes arbeiten und die Truppen des General-Lieutenants Löwendahl mit der Gardebrigade vor Augenheim eine solche Aufstellung nehmen, daß diese, mit dem linken Flügel an Runzenheim gelehnt, in nächster Verbindung mit den Truppen Belle-Isle's und Berchenh's, die nach der Einnahme des Dorfes Suffelheim daselbst verblieben waren, sich befanden. Mittlerweile war es bereits Nacht. Daun hatte, nachdem die fünf Grenadier-Compagnien aus Augenheim zu ihm gestoßen waren, die zwei Brücken abbrechen lassen, welche über den sumpfigen Graben, der seine Stellung deckte, führten. Sein Corps war über erhaltenen Befehl bereits zum Rückzuge gesammelt, als auf einmal unter Trompeten-, Paukenschall und Trommelgewirbel der Feind, der sich in aller Stille dem Graben genähert hatte, den Grenadieren eine volle Lage gab, dann in den Graben stürzte und sich durch den sumpfigen Boden auf das andere Ufer hinarbeitete. Dauns Grenadiere, von der ersten Ueberraschung bald gefaßt, gaben heftiges Feuer auf die in dem Graben befindlichen Feinde, sowol dies als einige ungestüme Bajonnetangriffe warfen die Franzosen nach kurzem aber heftigem Kampfe wieder auf die andere Seite des Grabens zurück. Die Verwirrung der zwischen dem Graben und Augenheim dichtgedrängten französischen Colonnen auf diesen unerwarteten Widerstand der Oesterreicher war ungemein groß. Es ertönte nun das verworrenste Geschrei und der wildeste Lärm. Die Dienerschaft der französischen Generäle suchte mit den Handpferden und Gepäck sich durch die Truppen nach Augenheim zu flüchten. Marschall Coigny, hiedurch vom Pferde gerissen, war mehrere Minuten in Gefahr, zertreten zu werden. Zwei feindliche Generäle und mehrere andere Officiere wurden verwundet, zwei der letzteren vom Garderegimente getödtet. — Klugerweise benützte Feldmarschall-Lieutenant Graf Daun diese allgemeine Verwirrung zu seinem ungefährdeten Rückzuge, den er auf die ihm zugekommene Nachricht, daß die Armee des Prinzen Carl bereits die Brücken passirt habe, nun langsam und geordnet antrat. Um 4 Uhr Morgens des 24. August waren die Grenadiere, sowie überhaupt a l l e österreichischen Truppen auf dem r e c h t e n Rheinufer bei Wintersdorf versammelt. Die Brücken wurden sogleich abgebrochen, die Pontons auf die Wagen geladen, die Rheinschiffe verbrannt und zerschlagen. Diese Arbeit währte einen großen Theil des Tages, ohne im Mindesten vom Feinde gestört zu werden. Inzwischen hatte die Armee das bei Ottersdorf ausgesteckte

Lager bezogen, in dem sie am 25. Rasttag hielt. — Der ganze Ver=
lust, welchen die österreichische Armee bei dem Rückzuge über den Rhein
im Angesichte eines weit überlegenen Feindes erlitt, bestand aus
321 Mann, und zwar in 36 Todten, 91 Verwundeten, worunter
General Dungern und 8 Officiere, und 194 Vermißten.

Im offenen Widerspruche mit der Wahrheit unbestreitbarer That=
sachen lautet eine officielle Depesche des Marschalls Noailles vom
25. August an den französischen Kriegsminister d'Argenson, worin
jener berichtet: „daß von 32 Grenadier=Compagnien nur 11 Grenadiere
über die Brücken entkommen, daß man Hußaren, Dragoner und Mus=
ketiere in den Rhein gestürzt und einen Theil des Gepäckes des Prinzen
Carl von Lothringen in selben geworfen habe. Die Brücken hätten
die Franzosen verbrannt". In einem Schreiben an König Friedrich II.
vom 1. September sagte Noailles: „daß Prinz Carl sich mit Schande
und Verlust, „avec honte et perte", über den Rhein gezogen hätte,
und daß seine Armee unrettbar verloren gewesen wäre, wenn der Tag
noch drei Stunden gewährt hätte. Friedrich der Große, der kriegs=
erfahrene Feldherr, wußte diese lügenhaften Angaben nach Verdienst zu
würdigen und war eben nicht der Mann, sich Sand in die Augen
streuen zu lassen. Wie man sieht, haben die Franzosen zu allen Zeiten
in Erfindung und Uebertreibung von Kriegsbulletins Unglaubliches ge=
leistet, sowol unter dem ancien régime des Lilienbanners als unter
den Adlern der Prätorianer der Napoleoniden!

Marschall Noailles ließ sein Heer am 24. bei Fort Louis ein
Lager beziehen. Er wollte bei dieser Festung zwei Brücken schlagen,
wozu die Schiffe von Straßburg herabkommen sollten, dann aber über
den Rhein dem Prinzen Carl nachsetzen, den er zwischen seiner und
der deutschen (baierischen) Armee unter Seckendorf zu fassen gedachte,
um ihn auf dem rechten Ufer zu erreichen und zu schlagen, was ihm
bisher nicht gelungen war. Feldmarschall Seckendorf, dessen Heer am
21. in Hochfelden eingetroffen war, befand sich auf dem Marsche nach
Germersheim, wo er über den Rhein gehen und den Marsch der
Oesterreicher so lange aufhalten sollte, bis das Heer des Marschalls

Noailles herankäme. Am 27. war die baierische Armee in Germers=
heim eingerückt und sollte am 29. den Rhein überschreiten.

Indessen war Prinz Carl und Feldmarschall Traun am
26. aus dem Lager bei Ottersdorf mit der Armee aufgebrochen, und
hatten auf ihrem Weitermarsche über Mörsch, Grötzingen u. s. w. am
28. Pforzheim erreicht. Feldmarschall=Lieutenant Bärenklau führte die
Arrieregarde. Jetzt erhielt Prinz Carl ein Schreiben seiner Monarchin
vom 22. mit dem bestimmten Befehle, zur Rettung der Erblande aus
dem Elsaß herbeizueilen. Maria Theresia machte ihrem Schwager
bekannt, daß am 15. August General Schwerin mit 20.000 Mann
aus dem Glatzischen in Böhmen eingerückt und der König Friedrich
in eigener Person mit 50.000 Mann durch die sächsischen Kurlande gegen
Prag im Anmarsche sei. Sie habe dem General der Cavallerie Grafen
Batthyani, der bei Hayd mit seinem Corps lagere, den Befehl gegeben, sich
der Elbe zu nähern, um den Sachsen die Hand zu reichen, welche die
tractatmäßige Hülfe von 30.000 Mann bereit hielten, und auf die
Erhaltung der böhmischen Landeshauptstadt sein vorzüglichstes Augen=
merk zu richten. Dem Prinzen Carl wurde die Ordre ertheilt, zur
Deckung Baierns entweder bei Ingolstadt, oder wo er es für zweck=
dienlich erachten würde, ein Corps aufzustellen, die Besatzung von
Freiburg nach Erforderniß zu verstärken und die Waldstädte und
Vorderösterreich möglichst zu besetzen. Da der König von Preußen
rasch vorrücke, so möge der Prinz den Marsch seines Heeres möglichst
beschleunigen. Bereits hatte Prinz Carl im Sinne dieses Befehl=
schreibens gehandelt und war dem Wunsche seiner erlauchten Herrscherin
schon zuvorgekommen, was für diese Sache von wesentlichem Vortheile
war. — Das Hauptverdienst daran gebührte unstreitig dem Rathe
und den Entwürfen des Feldmarschalls Grafen Traun.

In Pforzheim war am 29. ein Rasttag gehalten worden, den
Prinz Carl und Traun zur Berufung eines Kriegsrathes benützten,
der die Vorkehrungen zur Sicherung Freiburgs festzustellen hatte. Man
beschloß, die Besatzung auf die erforderliche Höhe von 7000 Mann zu
bringen, und diese Festung sollte übrigens auch mit allem Nöthigen bis
Ende October versehen werden. Es wurden 4 Bataillons, 955 Theißer,
50 Hußaren und 70 Dragoner, mehrere tüchtige Genie= und Artillerie=
Officiere, sowie 30 Artilleristen nach Freiburg bestimmt, wo der

Feldmarſchall = Lieutenant Baron Damnitz befehligte. Der deutſche
Ordens=Comthur General Jakob Joſeph Freiherr von Hagenbach
wurde mit der Führung dieſer Verſtärkungen betraut und dem Commandanten von Freiburg beigegeben. (Hagenbach, ſeit ſeiner Jugend
im Dienſte Oeſterreichs, galt als einer der ausgezeichnetſten Officiere
der Armee. Im Feldzuge 1739 gegen die Türken commandirte der=
ſelbe in der Schanze Periſan das Hauptwerk, ſchlug am 26. Juli,
von 8000 Muſelmännern angegriffen, durch ſechs Tage drei Stürme
ab, und rückte in Anerkennung ſeiner Tapferkeit zum Oberſten vor.
In den Schlachten bei Mollwitz (1741) und Czaslau (1742) that er ſich
neuerdings hervor und wurde 1743 General. — Später vertheidigte er
1746 die Citadelle von Namur und ſtarb 1756 als Feldmarſchall=
Lieutenant und Inhaber des heutigen 22. Infanterie=Regimentes.)

Am 30. marſchirte das öſterreichiſche Heer über Ebertingen und
Weißach nach Kanſtadt, wo es am nächſten Tage eintraf und am
1. September raſtete. Hier erhielt Prinz Carl die Nachricht, daß die
Baiern, nachdem ſie bei Germersheim den Uebergang bewirkt, ihr altes
Lager bei Philippsburg bezogen hätten, und daß ſich fünf franzöſiſche
Regimenter bei ihnen befänden. Am 2. September marſchirte die
öſterreichiſche Armee von Kanſtadt nach Schorndorf, und General
Hagenbach trat mit den nach Freiburg beſtimmten Verſtärkungen, ohne
einem Hinderniſſe von Seite des Feindes zu begegnen, den Marſch
dahin an, wo er auch dann anlangte. Am 3. ſetzte Prinz Carl mit
dem Heere ſeinen Marſch von Schorndorf über Gmünd, Aalen, Neres=
heim, Amersdingen, Biſſingen bis nach Donauwörth fort, wo er am
10. September mit demſelben einrückte.

<hr>

Es läßt ſich nicht in Abrede ſtellen, daß ſowol der Rheinüber=
gang als der weitere Rückzug des öſterreichiſchen Heeres durch die
wenig energiſche Weiſe, mit welcher erſt Marſchall Coigny, dann
Noailles den Krieg führten, weſentlich erleichtert wurde. Die ſchwere
Erkrankung ihres Königs, der, wie ſchon erwähnt, in Metz dar=
niederlag, ſchien auch auf die Thätigkeit der franzöſiſchen Krieger lähmend
einzuwirken. Die Aufmerkſamkeit ganz Frankreichs war auf den un=
gewiſſen Ausgang der Krankheit Ludwigs XV. gerichtet. Als der

König von Preußen bereits in Böhmen eingefallen war, und nun nicht mehr so leicht von dem Bündnisse mit Frankreich zurücktreten konnte, lag es nicht in der Politik des Letzteren, ihm zur Eroberung dieses Landes behülflich zu sein, und es hatte nicht Lust, für Preußen sich zu sehr zu erwärmen et de travailler pour la Prusse. Ehe noch der allgemeine Zweck, die Vernichtung der österreichischen Macht erfüllt war, wollte Jeder seine Sonderzwecke erreichen; — ein Um= stand, dem Maria Theresia nebst ihrem eigenen Muthe, der Tapfer= keit ihrer Krieger und der treuen Anhänglichkeit ihrer Völker, ihre Rettung verdankte. Die französischen Marschalle, mit den Absichten ihres Hofes wohl vertraut, entwarfen zur Fortsetzung des Krieges folgenden Plan, der auch die Genehmigung Ludwigs XV. erhielt und in seinen Hauptzügen ausgeführt wurde. Zuerst sollte Frei= burg belagert werden, nachher wollte man sich der Waldstädte, der österreichischen Besitzungen am Bodensee und der Grafschaft Bregenz bemächtigen. Mit Letzterem hoffte man sich durch Vorarlberg und Tirol einen Weg in die Lombardie zu eröffnen.

　　Marschall Noailles war mit seinem Heere am 25. und 26. August im Lager bei Fort Louis geblieben. Als seine Brücken über den Rhein fertig waren, führte am 27. der Chevalier Belle=Isle 27 Schwadronen über den Rhein, dem in den zwei nächstfolgenden Tagen die übrige französische Armee folgte. Noailles begab sich an das Hoflager seines wiedergenesenen Königs nach Metz und Coigny übernahm nun den Oberbefehl. Am 1. September lagerte das französische Heer, welches die Oesterreicher verfolgen sollte, bei Mühlberg. Chevalier Belle=Isle, der die Vortruppen (7000 Mann) befehligte, und sich mit einer 6000 Mann starken Abtheilung von Seckendorfs Heer, die ihm General= Lieutenant Segur und der baierische General=Lieutenant Puisasque zu= führten, vereinigt hatte, traf am 3. September, wo das österreichische Heer nach Gmünd kam, zu Kanstadt ein. Kaum die letzten Hußaren von Bärenklau's Arrieregarde hatten die vordersten seiner Reiter zu Gesicht bekommen. Marschall Coigny, mit dem Plane zur Belagerung von Freiburg beschäftigt, war langsam den Rhein hinaufgezogen und erschien am 18. September vor Freiburg, ließ die Laufgräben am 21. eröffnen, und nach heldenmüthiger Vertheidigung wurden am 7. November die Stadt, am 30. die beiden dortigen Schlösser übergeben. Dieser

Platz war Frankreichs einziger erheblicher Preis für seine wenn auch
nicht energischen, doch erschöpfenden Anstrengungen des Feldzuges 1744
in Deutschland. Ludwig XV. begriff gar wohl, daß Freiburg nicht
in langem Besitze der Franzosen verbleiben würde, ließ daher die
Festungswerke sprengen und schloß einen der wichtigsten Sperrpunkte
Deutschlands auf. Chevalier Belle=Isle hatte Villingen besetzt, das
die Oesterreicher verlassen hatten, und Abtheilungen bis in die Gegend
von Constanz vorgeschickt.

In Donauwörth hatte Prinz Carl dem Feldmarschall
Grafen Traun den Oberbefehl über das Heer übergeben und war
auf mehrere Tage in das Hoflager nach Wien abgereist. Der erhal=
tenen Weisung gemäß traf der Feldmarschall sogleich die nöthigen
Vorkehrungen zur Vertheidigung Baierns. Die in diesem Lande be=
findlichen 10 Bataillons und 9 Cürassier=Compagnien wurden durch
10 Bataillons, 4 Cavallerie=Regimenter und mehrere irreguläre Truppen
verstärkt und auf 20.000 Mann gebracht, über die Feldmarschall=Lieute=
nant Bärenklau das Commando erhielt. Demselben wurde in seiner
Instruction eingeschärft, sich in kein Hauptgefecht einzulassen und dabei
nur Schritt für Schritt der Uebermacht zu weichen. Nebst Donauwörth
wurden Ingolstadt und Wasserburg in Vertheidigungsstand gesetzt.
Nachdem die für Baiern bestimmten Truppen von den übrigen geschie=
den und wegen des weiteren Marsches durch die Oberpfalz die nöthigen
Maßregeln getroffen waren, marschirte Feldmarschall Traun am
14. mit der Armee nach Damersheim und dann über Leutershofen und
Kupferberg nach Dietfurth, wo er am 18. eintraf. In seinem Weiter=
marsche kam er am 24. über Burglengenfeld nach Waldmünchen, am
26. nach Taus in Böhmen, und hatte am 27. Stankau erreicht,
wo Prinz Carl, an diesem Tage von Wien kommend, wieder das
Commando des Heeres übernahm. Tags darauf in Poritzen, hielt
er dort am 29. Rasttag und berichtete nach Wien, daß er gegen
Mirotitz ziehen und sich am 2. October daselbst mit dem Corps
des Generals der Cavallerie Grafen Batthyani ver=
einen werde. Am 30. marschirte die Armee nach Nepomuk, General

Festetics [1] erhielt den Befehl, in Königsaal die Preußen bei Prag zu beobachten, Feldmarschall-Lieutenant Graf Nadasdy wurde nach Mirowitz, Feldmarschall-Lieutenant Ghilany nach Beraun beordert, und so das ganze linke Moldau-Ufer bis in die Gegend von Budweis beobachtet, und dem Feinde die Herbeischaffung seiner Bedürfnisse erschwert. Am 1. October marschirte das Heer nach Schlüsselburg, am 2. nach Miro‐ titz, wo es sich mit Batthyani's Corps vereinte, das Tags zuvor daselbst eingerückt war.

---

[1] Joseph Freiherr von Festetics de Tolna, geboren 1694, trat erst 16jährig in die Armee. Im Türkenkriege 1716 und 1717, im Rheinfeldzuge 1734 mit Auszeichnung verwendet, war er 1733 bereits Oberst des gegenwärtigen 3. Hußaren-Regimentes. Im Feldzuge 1737 nahm er mit seinen Hußaren am 19. Juli die Palanka Bagna, unterstützte im August den Obersten Lentulus auf seinem hartbedrängten Posten Novipassera und verstärkte die Besatzung dieses Platzes, dem er auch Munition und Proviant zuführte. 1738 hatte Oberst Feste‐ tics höchst rühmlichen Antheil an der Vertheidigung von Semendria, war bei Kornia und Mehadia ebenso in der Verfolgung der zahlreichen Räuberbanden im Banate thätig, und stand 1739 bei der unglücklichen Schlacht von Krotzka in der Avantgarde. Er wurde zum Lohne seiner Thaten 1739 General und 1742 In‐ haber desselben Hußaren-Regimentes. Im Erbfolgekriege commandirte er die Blockaden von Prag und Eger, zeichnete sich bei Braunau 1744 und bei Coslau in Schlesien wiederholt aus, wurde 1749 in den Grafenstand, 1754 zum General der Cavallerie erhoben und starb am 4. Mai 1757.

VIII.

Feldzug 1744 in Böhmen.

Das österreichische Heer, das unter Prinz Carl und Feldmarschall Graf Traun nunmehr dem Könige von Preußen gegenüberstand, zählte nach seiner Vereinigung mit dem Batthyani'schen Corps
32.218 Mann Infanterie, worunter 4176 leichte Truppen, 15.118
Mann deutsche Reiter und 3157 Hußaren, in Allem 50.493 Mann.

Ordre de bataille
der bei Schémelitz versammelten ungarisch-böhmischen Armee im October 1744.

Oberbefehlshaber: Prinz Carl von Lothringen.

Adlatus: Feldmarschall Graf Traun.

(Die Artillerie commandirte Generalmajor Feuerstein.)

Feldzeug-meister und Generale der Cavallerie	Feld-marschall-Lieutenants	General-majors	Regimenter	Bataillons	Grenad.-Comp.	Escadrons	Gren. zu Pferde u.Carab.-Comp.
			Erstes Treffen.				
G. d. C. Graf Hohenembs	Ballayra Preysing	Defin Bentheim Möringer	Althann-Dragoner	—	—	6	1
			Joh. Palffy-Cürass.	—	—	6	1
			Hohenembs- „	—	—	6	1
			Carl Palffy- „	—	—	6	1
FZM. Baron Thüngen	Daun	Helfreich	Franz Lothringen-Inf.	3	2	—	—
			Max Hessen- „	3	2	—	—
			Botta- „	3	2	—	—

Feldzeug-meister und Generale der Cavallerie	Feld-marschall-Lieutenants	General-majors	Regimenter	Bataillons	Grenab.-Comp.	Escadrons	Gren. zu Pferde u.Carab.-Comp.
FZM. Baron Thüngen	Grünne	Hohenau	Jung-Königsegg-Inf.	1	1	—	—
			Platz- „	1	1	—	—
			Ghulay- „	4	2	—	—
G. d. C. Fürst Waldeck	Wolfen-büttel	Puebla	Kollowrat-Infanterie	3	2	—	—
			Vettes- „	4	2	—	—
			Merch- „	2	1	—	—
	Schulen-burg	Marschall	Daun- „	3	2	—	—
			Neipperg- „	2	1	—	—
			Carl Lothringen-Inft.	3	2	—	—
G. d. C. Bar. Ber-lichingen	Franz St. Ignon	Spada	Bernes-Cürassiere	—	—	6	1
			Diemar- „	—	—	6	1
	P.Sachsen-Gotha	Kalkreuter	Portugall- „	—	—	6	1
			Liechtenstein-Dragon.	—	—	6	1

Zweites Treffen.

Feldzeug-meister und Generale der Cavallerie	Feld-marschall-Lieutenants	General-majors	Regimenter	Bataillons	Grenab.-Comp.	Escadrons	Gren. zu Pferde u.Carab.-Comp.
G. d. C. Graf Hohenembs	St. Ignon	Locatelli	Ballayra-Dragoner	—	—	6	1
			Hohenzollern-Cüraff.	—	—	6	1
	Philipert	Könitz	Czernin- „	—	—	6	1
			Franz St. Ignon-Cür.	—	—	6	1
FZM. Baron Thüngen	Königsegg	Starhem-berg	Alt-Königsegg-Inf.	3	2	—	—
			Wurmbrand- „	3	2	—	—
			Browne- „	2	1	—	—
	Kolowrat	Thürheim	Grünne- „	3	2	—	—
			Kheul- „	3	2	—	—
FZM. Fürst Waldeck	Picco-lomini	—	Haller-Infanterie	2	1	—	—
			Bethlen- „	3	2	—	—
	Luzan	Durlach	Esterhazy- „	4	2	—	—
			Marschall- „	2	1	—	—
			Ulvary- „	1	1	—	—
			Schulenburg-Infant.	1	1	—	—
	Merch	—	Waldeck- „	4	2	—	—
			Harrach- „	2	1	—	—
G. d. C. Bar. Ber-lichingen	Birkenfeld	Kuefstein	Birkenfeld-Cürassiere	—	—	6	1
			Carl St. Ignon-Cür.	—	—	6	1

Feldzeug= meister und Generale der Cavallerie	Feld= marschall= Lieutenants	General= majors	Regimenter	Bataillons	Grenab. Comp.	Escabrons	Gren. zu Pferde u. Carab.=Comp.
G. d. C. Bar. Ber= lichingen	Birkenfeld	Forgacs	Lanthiery=Cüraffiere	—	—	6	1
			Sachſen=Gotha=Drag.	—	—	6	1
Reſerve-Corps.							
		Belesznay	Ghilany=Hußaren	—	—	9	
Ghilany			Nadasdy „	—	—	9	
			Kalnoky „	—	—	8	
		Oberſt Trenk	Panduren	—	—		
			Warasdiner Grenzinf.	—	—		
		Gelhay	Preyſing=Dragoner	—	—	6	1
	Bernes	Bechinie	Württemberg=Drag.	—	—	6	1
			Luchefi „	—	—	6	1
		Brettlack	Philipert „	—	—	6	1
		Oberſt Minsky	Karlſtädter Grenzinf.	—	—		
			Kroaten	—	—		
	Nadasdy		Eſterhazy=Hußaren	—	—	9	
		Deſſewffy	Baranyay „	—	—	9	
			Feſtetics „	—	—	9	

Der General der Cavallerie Graf Batthyani ging am 5. mit den Generalen Luchefi und Roggendorf nach Baiern, um den Ober= befehl über die dort befindlichen Truppen zu übernehmen. Dieſer ſehr verdiente Heerführer war ſchon an und für ſich zu ſchwach, um dem vierfach überlegenen König von Preußen die Spitze zu bieten, auch war die Zuſammenſetzung ſeines, in Allem 19.855 Mann zählenden Corps nicht derart, um große Wagniſſe ausführen zu können. So hatten beiſpielsweiſe die bei ihm befindlichen Warasdiner ſich einmal revoltirt und in einer Anzahl von mehr als tauſend Mann ihre Fahnen ver= laſſen. Unter ſolchen Verhältniſſen war es denn kein Wunder, daß ein genialer Held, der die Macht der Krone mit dem Feldherrenſtabe in ſ e i n e r Perſon vereinte, mit einem ſtarken Heere einſtweilen in Böhmen ungehindert den Herrn und Meiſter ſpielen konnte.

Prinz Carl und Feldmarſchall Traun verblieben mit der Armee den 3. und 4. in Mirotitz, wo ſie erfahren hatten, daß

Frauenberg und Budweis in die Hände der Preußen gerathen wären, König Friedrich bei Tein über die Moldau gegangen sei und ihnen entgegenrücke. Der Prinz äußerte hierüber: daß der König sich durch diese Bewegungen von seinen Magazinen entferne, und es hiemit erleichtere, ihn von seinen Ländern abzuschneiden. Er könne hiebei keine andere Absicht haben, als eine Schlacht zu liefern. Prinz Carl und Traun suchten eine solche wenigstens so lange zu vermeiden, bis die Vereinigung mit dem sächsischen Armeecorps vollzogen wäre, welches in Gemäßheit des bestehenden Bündnisses der Herzog von Sachsen-Weißenfels [1]) herbeiführte. Die beiden österreichischen Feldherren beschränkten sich daher im Anfange darauf, die Bewegungen des Königs zu beobachten und demselben durch ihre leichten Truppen möglichst viel Schaden zuzufügen. Der Feind, bei dem gerade diese Waffengattung von geringerer Tüchtigkeit war, litt durch eine solche Kampfweise weit mehr, als es in anderer Art hätte geschehen können.

Es wurden von allen Seiten größere und kleinere Streifparteien zur Beobachtung des Feindes ausgesandt. So wurde von Mirotitz General Desin mit 1000 Pferden in die Gegend von Pisek beordert, Graf Nadasdy, der bis Worlick vorgerückt war, sandte gegen Mühlhausen den Major Dessewffy von Festetics-Hußaren, welcher die dort liegenden vier Schwadronen preußischer Hußaren überraschte und nach einem glücklichen Gefechte mit dem nicht gehörig vorbereiteten Feinde, einen Rittmeister und 91 Mann gefangen zurückbrachte und 111 Pferde erbeutete; dagegen selbst den kaum nennenswerthen Verlust von 7 Mann an Todten und Verwundeten erlitt. (Der tapfere Commandant dieser österreichischen Streifpartei Adam Graf Dessewffy blieb im nächsten Feldzuge 1745, zum Oberstlieutenant vorgerückt, vor dem Feinde.)

Am 4. October ging die Armee des Königs auf zwei Brücken bei Tein über die Moldau und lagerte, den rechten Flügel hinter Groß-Demelin, den linken gegen Neuhof anderthalb Stunden von

---

[1]) Johann Adolf II., Herzog von Sachsen-Weißenfels, führte 1734 den Danzig belagernden Russen ein sächsisches Corps zu, im österreichischen Erbfolgekriege befehligte er das sächsische Heer 1742 gegen, 1744 für Oesterreich. 1745 nahm er Theil an der unglücklichen Schlacht bei Hohenfriedberg und starb 1746. Mit ihm erlosch die Weißenfelser Linie, deren Lande nun wieder mit Kursachsen vereinigt wurden.

ihren Brücken. Durch falsche Nachrichten getäuscht, glaubte König
Friedrich, Prinz Carl stehe mit seiner Armee bei Protiwin, und begab
sich zu Pferde unter starker Bedeckung dahin, um Stellung und Gegend
zu recognosciren. Ohne jedoch von dem österreichischen Heere, das
fünf Meilen von ihm entfernt stand, etwas zu hören, hatte Friedrich
am nächsten Tage in derselben Richtung einen Recognoscirungsritt
unternommen, und kehrte, das Mißliche dieser Ungewißheit fühlend,
ins Lager zurück. Er durfte es, ohne gesicherter Verpflegung, beständig
von österreichischen Streifparteien umschwärmt, nicht wagen, sich von
seinen Brücken zu entfernen. Immer in der Hoffnung, Gelegenheit
zu einem erwünschten Zusammenstoße mit der Armee des Prinzen
Carl zu finden, blieb der König bis zum 8. in dem Lager bei Demelin
und marschirte sodann am nächsten Tage nach Bechin.

Prinz Carl und Traun rückten am 5. mit dem Heere von
Mirotitz nach Tehimelitz, ließen bei Warta und 1½ Stunden unterhalb Floßbrücken erbauen und die Pontons zur Schlagung dreier
Brücken bereit halten. Nach einer genauen Recognoscirung der dortigen
Gegend ließ der Prinz das Nadasdy'sche Corps von Worlick auf das
rechte Ufer der Moldau nach Kostelez marschiren und daselbst lagern.
Feldmarschall-Lieutenant Graf Nadasdy hatte zugleich Befehl erhalten,
alle Zufuhren vom Lande in die preußischen Magazine zu hindern,
diese, wo sie sich fänden, wegzunehmen, und dem Feinde die Verbindung
mit Prag abzuschneiden. Am 7. erschien bereits eine seiner Streifparteien, aus zwei Hußaren-Schwadronen unter Rittmeister Luszensky [1])
bestehend, vor Tabor, und forderte diese Stadt zur Uebergabe auf,
welche zwei preußische Bataillons zur Besatzung hatte und in der
des Königs Bruder Prinz Heinrich von Preußen [2]) sich krank befand.

———————

[1]) Gabriel Baron Luszensky wurde 1754 Oberst des gegenwärtigen
3. Hußaren-Regimentes, 1757 General, gehörte im siebenjährigen Kriege zu den
glücklichsten Parteigängern der österreichischen Armee, wurde 1760 Feldmarschall-
Lieutenant und starb 1773 zu Moor.

[2]) Prinz Heinrich von Preußen, der philosophische und heldenmüthige
Bruder Friedrich des Großen, geboren am 18. Jänner 1726 zu Berlin, machte
den ersten Feldzug als Oberst 1742 mit und wohnte am 17. Mai der Schlacht
bei Czaslau bei. 1744 war er im Gefolge des Königs, vertheidigte Tabor gegen
die Angriffe Nadasdy's, konnte aber dessen späteren Fall nicht hindern, 1745
nahm er ruhmvollen Antheil an der Schlacht bei Hohenfriedberg. 1757 befehligte

General-Lieutenant Nassau [1]) wurde vom Könige auf die Nachricht hievon
sogleich mit 8 Bataillons und 35 Schwadronen beordert, zur Rettung
Tabors, von wo das preußische Heer seine spärliche Verpflegung bezog
und zur Befreiung seines Bruders die ganze Nacht zu marschiren,
um bei Tagesanbruch Tabor zu erreichen. Schlechte Wege, Regen,

----

Prinz Heinrich eine Brigade unter dem König, trug damit zum Siege bei Prag
bei und zog sich nach der Schlacht bei Kollin glücklich zurück. Bei Roßbach wurde
der Prinz verwundet. Im Feldzuge 1758 deckte er mit einem Corps die Süd-
grenzen des preußischen Staates und entwickelte eines der eminentesten strategischen
Talente, indem er sich gegen eine zwei- bis dreimal überlegene Macht hielt. Nie
wurde er geschlagen, nie beging er einen militärischen Fehler, wie ihm sein königlicher Bruder und Feldherr das überaus ehrenvolle Zeugniß gibt. 1762 siegte
Prinz Heinrich bei Friedberg. Nach dem Hubertsburger Frieden zog sich Prinz
Heinrich auf sein geliebtes Schloß Rheinsberg zurück, wo er den Wissenschaften
und Künsten lebte, insbesondere der französischen Literatur. In einer diplomatischen
Mission besuchte der Prinz 1770 die Kaiserin Katharina II. in St. Petersburg.
Hier kam die erste Theilung Polens zur Sprache, und der Prinz schloß die Präli-
minarien dieses Vertrages zur Zufriedenheit des Königs ab. Schon einige Jahre
früher wollte die polnische Reichsversammlung ihm die Krone Polens anbieten,
aber er vernahm diesen Antrag mit Gleichgültigkeit und König Friedrich ging
nicht darauf ein. Im baierischen Erbfolgekriege 1778 befehligte Prinz Heinrich
ein Heer Preußen und Sachsen, welches von Dresden aus in Böhmen einfiel,
aber Mangel an Lebensmitteln und die feste Stellung des Feldmarschalls Loudon
zwangen ihn zum Rückzuge. 1784 ging er in einer diplomatischen Mission nach
Paris, um gegen die Vergrößerungspläne Kaiser Josephs II. zu wirken. Unter
seinem Neffen König Friedrich Wilhelm II. lebte der philosophische Prinz gänzlich
von den Geschäften entfernt in Rheinsberg, wo er am 3. August 1802 im hohen
Alter von 76 Jahren starb. Vie privée politique et militaire du Prince Henri
de Prusse. Paris 1809.

   [1]) Christoph Ernst Graf von Nassau, aus altem schlesischen von den
Grafen von Nassau entsprossenen Geschlechte, geboren in Hartmansdorf bei Glogau,
machte bei der preußischen Armee die Feldzüge in Flandern mit, ging dann in
hessische Dienste, aus diesen wegen eines Zweikampfes in sächsische, stieg in diesen
bis zum Oberst, zeichnete sich am Rhein und in Polen aus, trat dann als Generalmajor wieder in die preußische Armee, wo er ein Dragoner-Regiment errichtete.
Er machte die Feldzüge 1741 und 1742 mit, führte 1744 die Avantgarde des
Fürsten Moriz von Dessau, wurde General-Lieutenant, nahm nach der Eroberung von Prag mit seinem Corps Tabor, Budweis, Frauenberg, deckte
bei dem allgemeinen Rückzuge aus Böhmen jenen des Generals Einsiedel aus
Prag und trug viel zum Siege seines königlichen Feldherrn bei Hohenfriedberg
bei. Mit 7000 Mann nach Oberschlesien geschickt, nahm er Kosel und Jägerndorf, wurde 1746 Graf und starb 1755 in Sagan. Mit seinem Sohne erlosch
seine Linie.

Finsterniß und Wald zwangen Naffau, bei Tein den Anbruch des Tages
abzuwarten, und bei seinem erst Nachmittags erfolgten Erscheinen vor
Tabor waren nur mehr in der Ferne schwache österreichische Patrouillen
zu sehen.

Auf die Nachricht von dem Abmarsche des Königs aus dem
Lager bei Demelin sandte Feldmarschall-Lieutenant Ghilany mehrere
Streifparteien in jene Gegend, und ließ sein Corps folgen. Tein war
nur von zwei preußischen Grenadier-Bataillons besetzt und sollte bis
zum völligen Abzuge der dort befindlichen Bäckerei vertheidigt werden.
Die Panduren griffen zuerst die Brückenschanze am linken Ufer der
Moldau an, die von ihrer Besatzung, 200 Grenadieren, eilig geräumt
worden war, ohne daß diese die Brücken hinter sich abwarfen oder
verbrannten. Die Panduren folgten den Preußen über die Brücke, zu
ihrer Unterstützung ließ Feldmarschall-Lieutenant Ghilany den General
Minsky, der eben mit den Warasdinern und Banalisten angekommen
war, folgen. Auch rückten von verschiedenen Seiten österreichische
Hußaren, die oberhalb der Stadt durch den Fluß gesetzt hatten, an,
und der Rest des Fußvolkes rückte über die Brücken nach. Da räumten
die Preußen die Stadt Tein und zogen sich auf eine gegen Bechin
liegende Höhe. General Ziethen [1]), der, um das aus Budweis erwartete

---

[1]) Hans Joachim von Ziethen, geboren 1699 auf dem väterlichen
Gute Wustrau, trat bereits 1714 in preußischen Militärdienst, erst bei der Infanterie, später bei den Dragonern, wurde wegen eines Duells auf die Festung
geschickt, später sogar cassirt, 1730 aber bei dem Hußarencorps wieder angestellt,
als Rittmeister machte er 1735 im preußischen Hülfscorps unter den Oesterreichern
den ersten Feldzug gegen Frankreich mit. Im schlesischen Feldzuge zeichnete er sich
als kühner Parteigänger aus und wurde 1741 Oberst und Commandeur der
Hußaren, 1744 General. Als solcher focht Ziethen mit Auszeichnung bei Hohenfriedberg und Hennersdorf. Später zog er sich einige Jahre zurück, und trat bei
Ausbruch des siebenjährigen Krieges wieder in die Activität als General-Lieutenant. Er siegte 1757 bei Reichenberg, entschied die Schlachten bei Prag und
Leuthen, befehligte bei Kollin den linken Flügel der Cavallerie, und entriß 1760
durch die Eroberung der Siptitzer Höhen dem Feldmarschall Daun den bereits
erfochtenen Sieg bei Torgau. — Nach dem Frieden lebte Ziethen in Berlin;
von seinem Könige hochgeehrt, von seinen Soldaten geliebt starb er daselbst am
26. Jänner 1786. Ihm wurde 1790 ein Denkmal in Rheinsberg gesetzt und seine
Bildsäule von Schadow 1794 auf dem Wilhelmsplatze in Berlin aufgestellt. Er
war einer der populärsten preußischen Helden des siebenjährigen Krieges, sowol
in der Armee als im Volke und sein Andenken lebt heute noch, gefeiert in Bildern

Brot nachzubringen, im verlassenen Lager des Königs mit zwei Regi=
mentern zurückgeblieben war, deckte nun den Rückzug der beiden
Grenadier=Bataillons und setzte sie in Stand, das Gefecht, das am
Mittag begonnen, bis zum Einbruche der Nacht auszuhalten, wo sie
dann dem Heere des Königs folgten. Den Preußen wurden 2 Offi=
ciere und 192 Mann theils getödtet, theils verwundet, und die Truppen
Ghilany's, der nun vor Tein Stellung nahm, hatten einen Gesammt=
verlust an Todten, Verwundeten und Gefangenen von 276 Mann und
86 Pferden. Unter den Todten befand sich der Hußaren=Rittmeister
Graf Michael Esterhazy. — Die schnelle Besetzung von Tein hatte
für den Feind einen anderen erheblichen Nachtheil zur Folge. Prinz
Moriz von Dessau [1]), der mit zwei Grenadier=Bataillons von Frauen=
berg Brot auf drei Tage zum Heere bringen sollte, sah sich genöthigt,
das auf sechs Schiffen geladene Brot, zu dessen Nachführung der
König in Tein 400 Wagen bereit halten ließ, in die Moldau zu werfen
und auf Seitenwegen, Tein vorbei, seinem Heere nachzuziehen.

König Friedrich, als er Ghilany's Angriff auf Tein vernahm,
war von Bechin mit 7 Cavallerie=Regimentern und 8 Kanonen gegen
diesen Ort aufgebrochen, da er jedoch um 11 Uhr Nachts auf
die Reiterei Ziethens und die aus Tein gezogenen Grenadiere traf,
kehrte er wieder in sein Lager bei Bechin zurück, wo er einige Tage
verblieb und am 12. ein neues vor Tabor bezog. König Friedrich war
sich wohl bewußt, daß er nicht daran denken dürfe, zwischen Tabor,
Neuhaus, Budweis und Frauenberg die Winterquartiere beziehen zu
können, und daß er demnach jetzt in der vorgerückten Jahreszeit, wo
es noch möglich sei, trachten müsse, sich die gänzlich unterbrochene

---

und Kriegsliedern. Ihm verdanken die preußischen Hußaren die Berühmtheit,
welche sie sich im siebenjährigen Kriege erworben und in allen späteren er=
halten haben.

[1]) Moriz Prinz von Anhalt=Dessau, jüngster Sohn des preußischen
Feldmarschalls Fürsten Leopold, geboren 1712 in Dessau, trat bereits in seinem
fünfzehnten Jahre in die preußische Armee, wohnte 1734 und 1735 den Rhein=
feldzügen bei, wurde 1742 Generalmajor, 1745 General=Lieutenant, 1757 General
der Infanterie und focht bei Hohenfriedberg, Kesselsdorf, Prag, Kollin, Roßbach,
Zorndorf, Leuthen und Hochkirch, wurde in letzterer Schlacht durch den Leib
geschossen und gefangen, jedoch auf Ehrenwort entlassen, avancirte zum Feld=
marschall, kehrte nach Dessau zurück und starb 1760.

Verbindung mit Prag und der Elbe wieder zu eröffnen. Es fing seinem
Heere, das rings von den österreichischen leichten, von gewandten
Parteigängern geführten Truppen umschwärmt wurde, bereits an den
ersten Lebensbedürfnissen zu mangeln an. Alle Classen der Landes-
bewohner: Clerus, Adel, Bürger und Volk waren gegen die Preußen,
welche die Dörfer überall menschenleer fanden. Was sich nur immer
fortbringen ließ, war in den Wäldern verborgen. Die Feinde erhielten, was man der Gewalt nicht verweigern konnte. Jede erzwungene
Zufuhr, jeder Marsch, die kleinste Truppenbewegung wurde dem nächsten
österreichischen Posten kundgegeben. Der König stand überdies in einem
wenig fruchtbaren, durch Teiche, Moräste und Wälder durchschnittenen,
mit schlechten Communicationen versehenen Landestheile. Er hatte
unterlassen, sein Hauptmagazin von Leitmeritz nach Prag zu schaffen.
Die daselbst zurückgelassene schwache Besatzung war nicht genügend,
eine Zufuhr zur Armee zu decken. Auch mußte der König sogar
fürchten, daß Prag voll feindlicher Bewohner, in dem sich sein Belagerungsgeschütz und viele tausend Kranke befanden, durch Ueberfall wieder
in die Hände der Oesterreicher geriethe. Aus all' diesen wichtigen
Gründen faßte Friedrich den Entschluß, sich mit der böhmischen Hauptstadt in Verbindung zu setzen, — ließ aber, statt Tabor und Budweis
zu räumen, bedeutende Streitkräfte in diesen Plätzen, deren zweckloser
Verlust bei einem etwaigen Rückzuge zu erwarten stand. Am 14. October marschirte das preußische Heer von Tabor weg, und den 18. bezogen König Friedrich und Feldmarschall Graf Schwerin [1]) bei

---

[1]) Kurt Christoph Graf von Schwerin, geboren 1684 in Schwedisch-
Pommern, studirte in Leyden, Greifswald und Rostock, trat 1701 in holländische
Dienste, machte den Feldzug 1704 unter Prinz Eugen und Marlborough mit,
und wurde 1705 Hauptmann. Er trat 1706 in den mecklenburgischen Dienst
und wurde 1708 Oberst. Der Herzog von Mecklenburg sandte ihn 1712 an
Carl XII. nach Bender mit Aufträgen und ernannte ihn nach seiner Rückkehr
zum General. 1720 trat er in die preußische Armee, und wurde in diplomatischer
Mission nach Warschau gesandt, wo er die Unruhen in Thorn zum Besten der
Protestanten beilegte. 1730 Gouverneur von Pritz, 1731 General-Lieutenant,
vertrieb er 1733 die hannoverschen Truppen aus Mecklenburg. Er genoß der
besonderen Gunst König Friedrich Wilhelms I., den er auf Reisen begleitete. 1739
wurde Schwerin zum General der Infanterie und nach der Thronbesteigung
Friedrichs II. zum Feldmarschall ernannt und in den Grafenstand erhoben. Im
ersten schlesischen Kriege führte Feldmarschall Schwerin den rechten Flügel der

Konopischt das Lager. General-Lieutenant Nassau wurde nach dem drei Viertelstunden entfernten Beneschau entsendet; der Oberst und General-Adjutant von Winterfeld[1]) aber mit einigen Truppen nach Prag und Leitmeritz beordert, um die Zufuhren zur Armee zu decken, das in letzterem Orte befindliche Magazin näher zu bringen und den rückwärtigen Streifereien der österreichischen Parteien zu wehren.

Prinz Carl und Feldmarschall Traun hatten schon nach der Räumung Teins durch die Preußen die Vermuthung ausgesprochen, daß der König sich bei Prag oder hinter der Elbe stellen würde, durch welche Bewegung die Verbindung mit Oesterreich und Mähren wieder geöffnet würde. Die beiden österreichischen Feldherren dachten nun über die Moldau zu gehen und langsam an die Sazawa vorzurücken, um dem verbündeten sächsischen Armeecorps Zeit zur Vereinigung zu geben. Wäre diese bewirkt, und König Friedrich hätte sich auf Prag

---

preußischen Armee und entschied am 10. April 1741 den Sieg bei Mollwitz, wo er allein die Schlacht befehligte, als Friedrich der Große das Schlachtfeld bereits verlassen hatte, worauf er Gouverneur von Neisse und Brieg wurde. 1744 fiel er in Böhmen ein, vereinigte sich mit Friedrich und zwang am 16. September Prag zur Capitulation. Bei dem später erfolgten Rückzuge der Preußen aus Böhmen, zeichnete sich Feldmarschall Schwerin durch dessen geschickte Führung aus. Beim Ausbruche des siebenjährigen Krieges erhielt Feldmarschall Graf Schwerin den Oberbefehl über das schlesische Armeecorps und operirte gegen Feldzeugmeister Piccolomini. Am 6. Mai 1757 bei dem Sturme auf das befestigte Lager bei Prag, ergriff Schwerin die Fahne und führte seine weichende Truppe mit dem Rufe: Vorwärts Kinder, folget mir! zu einem erneuerten Angriff auf die österreichischen Batterien. Von fünf Kartätschenkugeln aus voller Ladung mit einem Male getroffen, sank der tapfere Führer Feldmarschall Graf Schwerin zerschmettert zu Boden, von der blutgetränkten Fahne bedeckt, die er im Tode noch krampfhaft festhielt. Auf dem Wilhelmsplatze in Berlin steht seit 1769 sein Marmorbild, ebenso befindet sich auf der Stelle, wo der tapfere General fiel, ein Denkmal, auf Veranlassung preußischer Officiere 1824 errichtet. Die ehrenvollste Anerkennung wurde dem Andenken Schwerins dadurch erwiesen, daß Kaiser Joseph II. den 7. September 1776 auf der Stelle, wo er gefallen war, von einer Anzahl Grenadier-Bataillons und schwerer Geschütze ein Viereck bilden ließ, ihnen die Heldentugend des im Kampfe gegen Oesterreich gefallenen preußischen Feldmarschalls rühmte, und ihm zu Ehren mit Geschütz- und Gewehrfeuer eine dreimalige Salve geben ließ. Eine Handlung, würdig eines Ritters und ein wahrhaft kaiserlicher Charakterzug! — Leben des Grafen Schwerin, Berlin 1790.

[1]) Ueber den General Hans Carl von Winterfeld siehe Notizen über dessen Tod Thürheims Feldmarschall Fürst Carl Joseph de Ligne. Wien, Wilhelm Braumüller, 1877, 8⁰, Seite 21.

gezogen, so wollten sie mit der Armee gegen Kuttenberg marschiren, bei Kolin oder Nimburg die Elbe übersetzen und denselben von Schlesien und seinen zu Königgrätz und Pardubitz befindlichen Magazinen abzu= schneiden trachten. Dies war im Allgemeinen der Hauptzug des österreichischen Operationsplanes, den Prinz Carl nach Wien berichtete. Sowol er als Traun säumten nicht die Aus= führung zu beginnen. Feldmarschall=Lieutenant Ghilany [1]) sollte den Nachzug der Preußen stets zu beunruhigen und aufzuhalten suchen, Nadasdy hingegen die Vorhut derselben hemmen, deren Bewegungen erschweren, und gegen die Seiten wirken; zu welchem Zwecke dessen Corps durch den Feldmarschall=Lieutenant Bernes mit vier Cavallerie= Regimentern unterstützt werden sollte.

Am 15. October brachen Prinz Carl und Feldmarschall Traun aus dem am 5. bezogenen Lager bei Tschimelitz auf, führten das Heer über vier bei Worlick, Groswihr und Podskalny geschlagene Floß= und Pontonbrücken über die Moldau, und marschirten mit dem= selben am 16. nach Chlumetz. Am selben Tage war auch Feldmarschall= Lieutenant Graf Nadasdy von Kosteletz wo er seit 5. stand, aufge= brochen, und marschirte über Chyska, Prtschitz nach Janowitz, wo er am 18. eintraf. Eine seiner Patrouillen hatte 40 Proviantwägen erbeutet und Major Graf Dessewffy in einem Gefechte bei Mitschin mit 300 preußischen Hußaren, 2 Officiere, 14 Gemeine und 25 Pferde genommen. Am 17. meldete der mit seinem Corps bei Sobieslau stehende Feldmarschall=Lieutenant Ghilany, daß der Feind bei Jankow und Wlaschim lagere und nicht gerade auf Prag, sondern gegen die über die Sazawa führende Poleschauer Brücke marschire. Am selben

---

[1]) Johann Freiherr von Ghilany stammte aus Ungarn und war in frühester Jugend Soldat. Als Rittmeister im heutigen 9. Hußaren=Regimente wohnte er dem Türkenkriege 1716 und 1717 und der Schlacht bei Francavilla 1719 bei, wurde 1733 Oberst dieses Regimentes, welches in der Schlacht bei Bitonto 1734 bei der ausgezeichnetsten Bravour beinahe aufgerieben wurde. 1735 zum General befördert, wurde Ghilany Inhaber eines eben errichteten 1767 wieder reducirten Hußaren=Regimentes, welches sogleich am Rhein und an der Mosel Proben seiner Tapferkeit ablegte. General Ghilany focht in den Türkenkriegen 1738 und 1739 und erwarb sich durch seine Leistungen die Feldmarschall=Lieute= nants=Charge. In allen großen Kämpfen des Erbfolgekrieges in Böhmen und Deutschland zeichnete er sich aus, insbesondere im Feldzuge 1744. Seit 1751 General der Cavallerie starb er 1752.

Tage noch rückte Ghilany bis Mieschitz bei Tabor, welche Stadt er gleich auffordern ließ. Auf die Meldung Ghilany's, daß der dortige Commandant sich ernstlich vertheidigen wolle, beorderten Prinz Carl und Traun den General Marschall[1]) (späteren, 1758, so berühmten Vertheidiger von Olmütz) mit 1000 Mann Infanterie, 4 Grenadier= Compagnien, 2 zwölf=, 2 sechspfündigen Kanonen und 2 Haubitzen vor Tabor zur Unterstützung Ghilany's. Am 16. hatte der von letzterem abgeschickte Oberstlieutenant Schwaben in der Nähe dieser Stadt, nach Zerstreuung der Bedeckung, 400 für die preußische Armee bestimmte polnische Ochsen erbeutet.

Am 20. war das österreichische Heer von Chlumetz nach Wosseczan gerückt, Nadasby am folgenden Tage nach Neweklow marschirt, wo er wieder vor der Armee zu stehen kam. Er berichtete, daß die feindliche Armee mit dem rechten Flügel bei Konopischt und mit dem linken bei Beneschau stehe. Eine feindliche Fouragirung hatte Nadasby durch den

---

[1]) Ernst Dietrich Baron, später Graf Marschall, einem alten thüringischen Geschlechte entstammend, geboren zu Burgholzhausen 1692, trat achtzehnjährig in die Dienste seines Landesherrn des Kurfürsten von Sachsen als Fähnrich, machte den Feldzug in den Niederlanden unter Marlborough, später jenen in Polen und Ungarn als Adjutant mit. Feldmarschall Graf Seckendorf nahm ihn in gleicher Stellung in den kaiserlichen Dienst. Bei Messina 1719 wurde Marschall verwundet und rückte im Seckendorf'schen, gegenwärtigen 18. In= fanterie=Regimente vom Hauptmann bis zum Obersten vor. Im Treffen bei Colorno 1734 wurde er abermals verwundet, machte dann später die Türkenkriege mit und wurde 1739 General. Im österreichischen Erbfolgekriege erhielt General Marschall 1742 bei Czaslau eine schwere Wunde, ebenso später bei Trautenau, nachdem er sich in den Feldzügen 1742—1745 wiederholt ausgezeichnet hatte. Zum Feldmarschall=Lieutenant befördert, vertheidigte er Mastricht, das letzte Bollwerk der Holländer, von diesen eigens hiezu erbeten, bis zum Aachener Frieden 1748 mit ausgezeichnetem Erfolge und wurde Feldzeugmeister. Im siebenjährigen Kriege deckte er 1757 mit einem Corps Mähren und befehligte in der Schlacht bei Kolin die Infanterie des rechten Flügels. Seinen bleibenden Ruhm erwarb sich Marschall 1758 durch die heldenmüthige Vertheidigung der Festung Olmütz, wurde hierauf Feldmarschall und erhielt in der dritten Promotion 4. September 1758 das Großkreuz des Maria Theresien=Ordens, welchen Auszeichnungen 1760 die Erhebung in den Grafenstand folgte. Friedrich II. sprach zum Sohne des heldenmüthigen Vertheidigers von Olmütz, als ihm dieser in späterer Zeit vorgestellt wurde, die bezeichnenden Worte: „Je n'ai que trop bien connu votre père à Olmütz". Seit 1742 war Graf Marschall Inhaber des 18. Infanterie= Regimentes und starb als Gouverneur der Festung Luxemburg am 31. August 1771. Näheres siehe von Wurzbach, Lexikon, Band XVII, Seite 12 bis 14.

Obersten Grafen Zollern angreifen lassen, wobei die Preußen einen
Verlust von 91 Pferden und 6 Wägen, nebstdem 1 Officier, 4 Sol=
daten und 41 Knechten an Gefangenen erlitten. Fast gleichzeitig hatte
Major Cognazzo bei Königsaal 16 mit Proviant beladene Wägen
erbeutet. Eine von Nadasdy's Streifparteien war auf einen größeren
preußischen Transport von 1000 Brotwägen und vielen Reconva=
lescenten, welche von Prag zum Heere des Königs zogen, gestoßen. Aber
der starken Bedeckung wegen konnte sie keinen ernstlicheren Angriff
unternehmen, doch wurden 36 Pferde erbeutet und 3 Mann gefangen.
Es kam bei den leichten Truppen Ghilany's und Nadasdy's fortwährend
zu einer Menge kleiner Gefechte, die fast immer zum Vortheile der
österreichischen Hußaren und Panduren endeten, und wenn auch im
Einzelnen unerheblich, doch in ihrer Gesammtheit von großem Nutzen
waren. Die Oesterreicher begnügten sich nicht mit Umschränkung des
preußischen Heeres, ihre Parteien schwärmten oft weit hinter selben
im Leitmeritzer Kreise und hinderten möglichst die Zufuhren nach Prag
und die Einbringung der vom Feinde ausgeschriebenen Geldforderungen.

Am 21. recognoscirte Prinz Carl in Begleitung des Feld=
marschalls Grafen Traun die Stellung der Preußen, die er
mit dem rechten Flügel bei Beneschau, mit dem linken bei Bistritz ge=
lagert fand. Es kam hiebei mit den preußischen Fourageurs zum Ge=
fechte, in dem 2 Officiere und 46 Mann gefangen und 100 Pferde
erbeutet wurden.

Die lang ersehnte Vereinigung mit dem sächsischen
Hülfscorps wurde endlich am 21. und 22. October bewirkt. Das
Corps schloß sich bei Radisch an den linken Flügel der öster=
reichischen Armee und sollte immer diese Stelle einnehmen. Es
bestand aus: 13.874 Mann Infanterie, 5847 Reitern und 522 Ar=
tilleristen. Die Stärke der vereinten österreichisch=sächsischen Armee
betrug nunmehr 46.092 Mann Fußvolk, 23.422 Reiter, in Allem
69.514 Mann[1]). Das preußische Heer, das einige Bataillons in
Prag, Budweis, Frauenberg und Tabor detachirt hatte, und besonders
durch Desertion schon erheblich geschwächt war, mochte sich ungefähr
auf 60.000 Mann belaufen.

---

[1]) Siehe Beilage C.

Inzwischen hatten sich im südlichen Böhmen wichtige militärische Ereignisse zugetragen. Oberst Trenk, der Budweis und Frauenberg bezwingen sollte, war am 17. October mit seinen Panduren und einigem Geschütz vor Budweis angekommen. Der dortige preußische Befehlshaber General von Kreutz verweigerte die Uebergabe, als Trenk ihn hiezu aufforderte. Dieser, auf keine Weise mit den Erfordernissen zu einer ordentlichen Belagerung versehen, beschloß die Stadt zu erstürmen und wählte hiezu die Nacht vom 21. auf den 22. October. Um Mitternacht watete er mit seinen Panduren durch die Moldau und begann sogleich den Angriff. Mit gleich großer Tapferkeit als dieser unternommen wurde, war auch die Vertheidigung geleitet. An den Wällen und Thoren währte das Gefecht bis am Morgen. Trenk hatte bereits 17 Officiere und 190 Panduren todt oder verwundet, als um 6 Uhr Morgens der feindliche Commandant Chamade schlagen ließ und Waffenstillstand begehrte. Bei dem ersten Uebergabszeichen hatte das Stürmen aufgehört, sollte jedoch, als das Begehren kund wurde, wieder erneuert werden. Als die Panduren sich bereit zeigten, den Platz um jeden Preis zu nehmen, ergab sich General von Kreutz sowol aus militärischen als Menschlichkeits-Rücksichten mit der Besatzung als kriegsgefangen. Diese bestand nebst dem General und 31 Oberofficieren aus 895 Köpfen; 10 Fahnen und 4 Kanonen waren die Trophäen des Siegers.

Das Schloß Frauenberg, welches Trenk schon auf seinem Anmarsche gegen Budweis eingeschlossen, und das Wasser, das diese Feste vom Fuße des Berges durch eine Maschine erhielt, abgeleitet hatte, ergab sich an dem der Uebergabe von Budweis nächstfolgenden Tage (23.) unter gleichen Bedingungen wie dieses. Die Besatzung bestand in dem Major Conradi als Commandanten, 6 Oberofficieren und 275 Mann. Nebstdem fand man 22 Centner Pulver und 203 Centner Mehl.

Am 20. Abends war auch General Marschall mit seinen Truppen bei dem Kloster Klokot nahe bei Tabor angekommen. Ghilany, der ihn erwartet hatte, marschirte den 21. nach Chotowin, den 22. weiter nach Neu-Stuppow. Am 21. ließ Marschall eine Breschbatterie errichten und Laufgräben aufführen und begann mit Tagesanbruch des 22. die Beschießung von Tabor. Um 3 Uhr Nachmittags bot die

Besatzung die Uebergabe gegen freien Abzug. Als aber diese nicht
bewilligt wurde, das Feuer von neuem heftig begann und bei ein=
brechender Nacht alle Anstalten zur Erstürmung getroffen waren, ergab
sich der feindliche Commandant Oberst Kalnein am 23. um 3 Uhr
Nachts mit der Besatzung kriegsgefangen. Es befanden sich mit dem
Commandanten 38 Stabs= und Oberofficiere, dann 1395 Mann,
2 dreipfündige Kanonen, 30.000 Flintenpatronen und einige tausend
Centner an Mehl, Brot und Früchten in dem Platze. König Fried=
rich, den es später reute, Besatzungen in Budweis und Tabor ge=
lassen zu haben, hatte den Commandanten durch mehrere Boten den
Befehl geschickt, die Plätze zu räumen, keiner konnte jedoch durchdringen.
Am 27. rückte General Marschall mit seiner Truppe von Tabor wieder
zur Armee ab.

    Prinz Carl und sein unermüdlicher Rathgeber Feldmarschall
Graf Traun waren nach der Vereinigung mit den Sachsen fort=
während darauf bedacht, den preußischen König aus seiner festen
Stellung heraus zu manövriren und ihm die Verbindung mit der
oberen Elbe, mit Schlesien und seinem Magazine in Pardubitz abzu=
schneiden. Denselben mit den leichten Truppen so eng als möglich zu
umstellen, alle seine Bewegungen zu hemmen und vorzüglich seine Ver=
pflegung zu erschweren, dies war Trauns wohldurchdachter Plan,
der die Billigung des Prinzen Carl erhalten hatte, und auch bisher
mit glücklichem Erfolge durchgeführt worden war. In diesem Sinne
erhielten auch die verschiedenen detachirten Commandanten ihre Instruc=
tionen und Befehle. Feldmarschall=Lieutenant Graf Nadasdy, der zu
Neweklow stand, hatte ein 400 Reiter zählendes Commando bei Teinitz
über die Sazawa zu entsenden, um durch Streifungen am rechten
Ufer die Verbindung des Feindes mit Prag zu erschweren, Feldmar=
schall=Lieutenant Ghilany, der bei Neu=Stuppow stand, erhielt die
Weisung, über Wlaschim und Dibischau vorzurücken, um die Preußen
in ihrer linken Flanke einzuengen und ihnen die Hülfsquellen am
linken Sazawa=Ufer möglichst zu entziehen. Feldmarschall=Lieutenant
Baron Festetics sollte auf der Straße nach Beneschau bis Toschitz
vorrücken, gleichfalls eine Streifabtheilung über die Sazawa senden,

um die Zufuhren von Böhmisch=Brod, Kollin und Pardubitz zu er=
schweren. Der General=Adjutant Franquini stand zu Chrast im
Chrudimer Kreise mit 850 Grenzern und 400 Hußaren. Ein zwar
mißlungener Versuch eines Ueberfalls auf Pardubitz von Seite dieses
Officiers mußte den König für diesen wichtigen Punkt besorgt machen.
Ein Commando Franquini's von 150 Reitern, welches in Daschitz
stand, machte die Verbindung mit dem Glatzischen unsicher. Endlich
stand Major Cognazzo mit 800 Dalmatinern und 150 Hußaren bei
König saal, und Major Simbschen mit einem Bataillon Banater
und 300 Reitern bei Beraun.

Diese lästige Umgürtung, die fortwährenden Neckereien der öster=
reichischen leichten Truppen und Streifparteien, sowie endlich die feind=
liche Stimmung des Landes ließen den König von Preußen lebhafter
als je eine Schlacht erwünschen. Ein erfochtener Sieg seinerseits konnte
seine unangenehme Lage mit einem Male ändern und ihm zu dem
Besitz ruhiger Winterquartiere zwischen der Moldau, Elbe und Sazawa
verhelfen. Friedrich beschloß demnach, die verbündeten Oester=
reicher und Sachsen zur Schlacht zu zwingen. Bei einer solchen
hoffte er mit Sicherheit, würde ihm die Ueberlegenheit seiner Haupt=
waffe, der Infanterie, deren Exercier= und Manövrirfähigkeit schon
damals eines europäischen Rufes sich erfreute, den Sieg ver=
schaffen, umsomehr als auf dem dortigen durch Hügel, Wälder und
Teiche coupirten Terrain die Cavallerie der Oesterreicher zu einer unter=
geordneten, mehr oder weniger selbst unthätigen Rolle gezwungen war.
Dazu kam noch das Bewußtsein eigenen Feldherrntalentes, im ent=
scheidenden Momente unterstützt durch die moralische Gewalt der könig=
lichen Autorität. — Aber König Friedrich hatte in seiner Be=
rechnung einen gar wichtigen Factor vergessen, nämlich den nicht zu
übersehenden Umstand, daß die Leitung des gegnerischen
Heeres in der Stunde der Entscheidung auf der Stimme
eines vielerprobten Kriegsmannes und erfahrenen Feld=
herrn beruhte, der genugsam bewiesen hatte, daß er nicht gesonnen
sei, etwas zu wagen, wo ohne Wagniß das Ziel sich erreichen
ließ — des Feldmarschalls Grafen Traun.

Das österreichische Heer hatte am 23., in der Absicht das preußische zu umgehen, einen Flankenmarsch von Wosseczan nach Janowitz gemacht und lagerte dort auf vortheilhaft gelegenen Höhen, die eine freie Aussicht auf einen längs der Front fließenden Bach gewährten. Einzelne Dörfer, Teiche und sumpfige Stellen beengten die völlig im Bereiche der Geschütze gelegenen Uebergangspunkte. Ein Angriff auf den linken Flügel der Verbündeten mochte dem Feinde die geringsten Schwierigkeiten bieten, da sich dort die Hügel einigermaßen verflachten, doch waren sie dicht bewaldet und von den sächsischen durch Oesterreicher verstärkten Truppen stark besetzt.

In acht Colonnen rückte König Friedrich am 24. Nachmittags aus seinem Lager bei Konopischt in südlicher Richtung gegen die Verbündeten auf sehr schlechten Wegen vor und traf Abends bei Hollan, eine halbe Stunde vor dem Lager der Sachsen ein, wo er sein Heer hinter einem Walde in Schlachtordnung aufstellte. Bei Annäherung der Preußen traten die Verbündeten ins Gewehr. Prinz Carl verstärkte die Sachsen mit der Cavallerie-Reserve des Feldmarschall-Lieutenants Bernes [1]) und sieben Infanterie-Regimentern. Die beiden Gegner brachten die Nacht in steter Kampfbereitschaft zu.

Bei einem Wachfeuer auf dem linken Flügel befanden sich Prinz Carl und Feldmarschall Graf Traun. Die Vortruppen hatten Befehl erhalten, die Nacht nicht von ihrer Stelle zu rücken und nur längs der Linie zu patrouilliren. Ungeachtet einer hellen Mondnacht fiel doch von keiner Seite ein Schuß, und eine tiefe unheimliche Stille schien gleichsam für den nächsten Morgen einen heißen gewaltigen Kampf vorherzusagen, — eine Wahrscheinlichkeit, welche die Aussagen mehrerer in der Nacht herübergekommener preußischer Deserteure fast zur Gewißheit erhob. Am Morgen des 24. sah man wirklich mehrere preußische Colonnen im Anmarsche gegen die Sachsen. Der Herzog von Sachsen-Weißenfels rückte nun gleichfalls vor und besetzte die vortheilhaftesten Punkte auf den Höhen. Prinz Carl sowie der Feldmarschall waren entschlossen, die Schlacht anzunehmen, da ihre vortheilhafte Stellung gegründete

---

[1]) Joseph Graf Bernes war seit 1738 Inhaber des heutigen 7. Dragoner-Regimentes, wurde 1745 General der Cavallerie und starb 1751.

Hoffnung zum Siege gab. Friedrich II. fand ungeachtet seiner Sehnsucht nach Schlacht und Entscheidung, nachdem er Stellung und Gegend recognoscirt, einen Angriff auf die Sachsen zu gewagt. Da er auch auf dem rechten Flügel der Verbündeten keine Blößen entdeckte, beschloß der König, bei dieser Lage sich gegen Abend wieder in sein verlassenes Lager zurückzuziehen, nicht ohne Hoffnung, daß vielleicht die Verbündeten sich verleiten ließen, über den morastigen Bach zu setzen und die Stellung der Preußen anzugreifen. — Und es hätte auch nur wenig gefehlt, daß dies wirklich geschehen wäre. Wohl wissend, wie sehr Maria Theresia sich sehnte, den genialsten und gefährlichsten ihrer Gegner einmal in offener Feldschlacht besiegt zu sehen, war Prinz Carl sehr geneigt, die anscheinend günstige Gelegenheit und kriegerische Stimmung der Truppen zu benützen und so mit einem Schlage den Feldzug schnell und rühmlich zu beenden. Die jüngeren Generäle, den Wunsch ihrer Herrscherin und den kriegerischen Thatendurst ihres Oberbefehlshabers genau kennend, drangen nun mit wiederholten Bitten in den Prinzen, den Befehl zum Angriffe zu ertheilen. Doch dieser, im vollen Bewußtsein der schweren Verantwortlichkeit einen solch entscheidenden, in seinen Erfolgen doch immer noch ungewissen Schritt zu unternehmen, ohne die Zustimmung des ihm als vornehmsten Rathgeber von seiner Monarchin beigegebenen Feldmarschalls, begehrte die Meinung des Grafen Traun zu hören. Die Wohlfahrt Oesterreichs, das Geschick der Armee beruhte auf dem Worte, das dieser sprechen würde. Die Schlacht wäre geliefert worden, wenn er den Sieg auch nur gehofft, oder den laut ausgesprochenen Wünschen sich fügend, Alles dem höheren Ermessen des obersten Feldherrn anheimgestellt hätte. Der Feldmarschall hatte aber schon in Italien bewiesen, daß er selbst durch die dringendsten Befehle sich nicht bewegen lasse, seine innerste Ueberzeugung aufzuopfern, und sich nicht zu Operationen treiben lasse, die er für verderblich halte. Mit Ruhe und Besonnenheit trat Graf Traun der allgemeinen Aufregung entgegen und erklärte unumwunden, daß unfehlbar der angreifende Theil, welcher es auch sein möge, eine vollständige Niederlage erleiden würde. Gewiß wäre Trauns Wort in Erfüllung gegangen, wenn die Oesterreicher sich ihrer vortheilhaften Stellung begeben, über den sumpfigen Bach gesetzt, und die schlachtgeübten Preußen angegriffen hätten, um ein Ziel zu erreichen, das sie o h n e S ch l a ch t erreichen konnten, wie es die Folge auch wirklich bewies.

Die Lage König Friedrichs II. wurde durch Verweigerung einer Schlacht verschlimmert, da sein starkes Heer in der Gegend von Beneschau alle Lebensmittel aufgezehrt hatte, und er durch diesen Umstand gezwungen wurde, sein Lager zu verlassen und sich in nörd= licher Richtung zurückzuziehen. Als derselbe, der nicht angreifen konnte, die Hoffnung verlor, angegriffen zu werden, setzte er sich Nachmittags um 2 Uhr zurück nach Konopischt in Marsch. Grenadiere bildeten seine Arrieregarde. Nur österreichische Hußaren folgten den Preußen, fanden aber keine Gelegenheit, den wohlgeordneten Rückmarsch derselben zu stören.

Am 26. ging der König mit seinem Heere über die Sazawa und bezog bei Pischeli ein Lager. Von Beneschau wurde General= Lieutenant Nassau mit 9 Bataillons und 30 Schwadronen gegen Kammerburg geschickt, um den Feldmarschall=Lieutenant Ghilany, der von Dibischau dahin marschirt war, von dort zu delogiren. Ghilany wollte nur die Stärke des Feindes erkennen, keineswegs aber seine besonders für Reiterei sehr ungünstige Stellung vertheidigen. Er war= tete so lange, bis Nassau seine ihm überlegenen Kräfte entwickelt und ein bedeutendes Geschütz in Wirksamkeit gesetzt hatte, und zog sich dann nach Sazawa, von wo er am 27. nach Janowitz marschirte, um den Preußen den Weg nach Kuttenberg zu verlegen.

Feldmarschall=Lieutenant G r a f N a d a s d y, der am 26. von Neweklow nach Teinitz marschirt war, sandte von dort den Obersten Graf Kalnoky [1]) mit 300 Hußaren dem Feinde nach. N a s s a u ging

---

[1]) A n t o n G r a f K a l n o k y, einer alten siebenbürgischen Familie ent= sprossen, auf seiner Besitzung Köröspatak im Szeklerlande 1706 geboren, begann seine militärische Laufbahn im Khevenhüller'schen Dragoner=Regimente (1801 als Modena reducirt). In den Türkenkriegen 1737 bis 1739 war er Major bei dem 1748 reducirten Pestwarmagey'schen Hußaren=Regiment und rückte zum Oberst= lieutenant vor. Im österreichischen Erbfolgekriege errichtete Graf Kalnoky auf eigene Kosten das gegenwärtige 2. Hußaren=Regiment, zu dessen Inhaber, Obersten und Commandanten er sogleich ernannt wurde. 1744 stand er bereits mit seinen Hußaren bei der Rheinarmee auf Vorposten, bewies sich 1745 vor= züglich im Gefechte bei Jägerndorf als tapferer umsichtiger Officier und wurde 1746 Generalmajor. Er commandirte bis zum Aachener Frieden leichte Truppen

am 27. bei Kammerburg über die Sazawa, brach die Brücke hinter sich ab und lagerte am rechten Ufer. Am nächsten Tage marschirte er, durch Infanterie und Cavallerie verstärkt, nach Schwarzkostelek und am 31. October, in Erwartung bedeutenden Widerstand zu finden, kampffertig nach Kolin, welches er besetzte und in diesem Orte sein Quartier nahm. Er verfügte sogleich das Nöthige, um sich gegen einen ersten feindlichen Anlauf halten zu können, behielt ein Bataillon bei sich und ließ sein Corps über die Elbebrücke ziehen und am rechten Ufer dieses Flusses lagern.

Das österreichische Heer war am 27. aus seiner Stellung bei Janowitz nach Bistritz aufgebrochen, das sächsische Hülfscorps verließ erst am nächsten Tage jenes Lager und marschirte nach Konopischt. Prinz Carl ließ dies letztere durch drei Cavallerie-Regimenter unter Feldmarschall-Lieutenant Bernes verstärken. Auch nach Baiern hatte er zur Verstärkung des Corps des Generals der Cavallerie Grafen Batthyani schon am 11. den General Minsky[1]) mit den unter ihm stehenden Warasdinern abgeschickt, nun wurden auch von Bistritz aus, da jenes österreichische Corps von den Franzosen und dem Heere Kaiser Carls VII. stark gedrängt wurde, noch sechs Bataillons unter Befehl des Feldmarschall-Lieutenants Grafen Luzan und Generalmajors Grafen Thürheim[2]) dahin in Marsch gesetzt.

---

mit meist gutem Erfolge. Im siebenjährigen Kriege zeichnete sich General Kalnoky insbesondere bei Kolin aus und wurde im Juli 1757 Feldmarschall-Lieutenant. Im Feldzuge 1758 deckte er die böhmische Grenze und stand bei Trautenau, führte hier den kleinen Krieg mit großem Geschicke, rückte 1759 zum General der Cavallerie vor und starb am 16. Juni 1783. Näheres siehe von Wurzbach, Lexikon, Band X, Seite 402. 403.

[1]) Anton Freiherr Minsky von Strattendorf war Oberst der Warasdiner, wurde 1744 General, 1746 Inhaber des eben errichteten Warasdiner Creuzer Regimentes und starb 1747 in dem Rufe eines geschickten Streifcorpsführers.

[2]) Franz Ludwig Graf Thürheim, geboren am 27. Juni 1710, Sohn des Feldmarschalls Franz Sebastian Grafen Thürheim, trat sechszehnjährig in die kaiserliche Reiterei, war mit 22 Jahren bereits Rittmeister im Zollern'schen Cürassier-Regimente (1801 als Kronprinz-Dragoner reducirt), wurde als Hauptmann zum Franz Paul Wallis'schen Infanterie-Regimente (Nr. 36) übersetzt und that sich im Feldzuge 1734 in Italien, besonders als Commandant der Grenadier-Compagnie, hervor, so daß er im officiellen Schlachtberichte unter den Ausgezeichneten der Schlacht bei Parma, 29. Juni, genannt wird. (Schells Militär-Zeit-

Am 29. marschirte Feldmarschall=Lieutenant Ghilany nach Kuttenberg und sandte den Oberstlieutenant Baron Schwaben mit 300 Reitern zur Recognoscirung gegen Kolin. Ghilany meldete, daß der König von Preußen von Bischeli gegen Prag ziehe und schon 20 Bataillons und alles Gepäcke vorausgeschickt habe. Oberst Kalnoky sandte aus Eule eine ähnliche Meldung ins österreichische Hauptquartier, und daß er den feindlichen General=Adjutanten Oberstlieutenant von Arenstädt, nebst einem Commissär gefangen habe.

Prinz Carl und Feldmarschall Traun marschirten am 30. October in der Richtung gegen Kuttenberg, wo sie am 5. November mit dem Heere einrückten. Feldmarschall=Lieutenant Graf Nadasdy, der am 30. von Teinitz aufgebrochen war, stand am 1. November in Wondrzegow.

---

schrift, Jahrg. 1824.) Mit gleichem Ruhme machte Thürheim den Feldzug 1737 gegen die Türken mit, wurde in Folge dessen, obgleich erst 28 Jahre alt, 1738 Oberst und Commandant des heutigen 59. Infanterie=Regimentes (damals Wenzel Wallis, 1740 Daun), mit welchem er 1738 und 1739 in Siebenbürgen stand. Im Erbfolgekriege wurde Oberst Thürheim in der Schlacht von Czaslau 1742 schwer blessirt und mußte zeitlebens ein silbernes Hirnblättchen tragen. In Folge Auszeichnung im Treffen bei Simbach 9. Mai 1743 wurde er General=Feldwacht= meister, machte die Feldzüge 1744 und 1745 am Rhein, in Böhmen und Baiern mit, wurde bei Gründung der Wiener=Neustädter Militär=Akademie unter der Oberdirection des Feldmarschalls Grafen Daun erster Unter= oder Local= director, 1752. — Auf seine Bitte rückte er bei Ausbruch des siebenjährigen Krieges 1756 zu der in Böhmen operirenden Armee und wurde, seit 1752 Feld= marschall=Lieutenant, im Juni 1757 Stadtcommandant von Prag, wo er in nächster Nähe des Feindes mit Strenge und Energie die Ordnung handhabte. Mit 2. Februar 1757 wurde Feldmarschall=Lieutenant Thürheim Inhaber des gegenwärtigen 25. Infanterie=Regimentes und im Herbste dieses Jahres Com= mandant der Festung Schweidnitz, welche er vom 15. December 1757 bis 16. April 1758 auf das Tapferste gegen die Preußen vertheidigte und sich erst nach ange= legtem Hauptsturme auf ehrenvolle Bedingungen ergab. Die österreichische Gar= nison zog in der Stärke von 4924 Mann, worunter 1150 Kranke am 18. April aus dem Striegauer Thore ab. (Hirtenfeld, Geschichte des Maria Theresien=Ordens, I. Band, Seite 27; Streffleurs Militär=Zeitschrift, 1860, Seite 268.) Am 23. Sep= tember 1763 zum Feldzeugmeister befördert, wurde Graf Thürheim in der Folge Gouverneur der Festung Luxemburg, Capitän der Trabanten=Leibgarde und endlich am 18. März 1778 Feldmarschall. Außerdem war er Geheimer Rath und Kämmerer. Nach einer 56jährigen Dienstzeit und 16 mitgemachten Feldzügen starb Feldmarschall Graf Thürheim im 73. Lebensjahre zu Wien am 10. No= vember 1782.

König Friedrich, in gänzlicher Unwissenheit über die Lage Nassau's, da in der Entfernung von 12 bis 13 Stunden zwischen Pischeli und Kolin viele kleine österreichische Abtheilungen streiften, denen das Land-volk allen möglichen Vorschub leistete, war am 31. October von Pischeli nach Schwarzkostelez marschirt, bezog am 1. November in der Gegend von Böhmischbrod ein Lager, nahm am 3. Stellung zwischen Kaurzim und Schwoischitz und lagerte am 4. endlich bei Groß-Gbell, anderthalb Stunden von Kolin, dessen Besetzung durch Nassau er erst Tags vorher vernommen hatte.

Durch diese Besetzung Kolins sowol, als durch die Nähe des preußischen Heeres, war es den Oesterreichern nicht mehr möglich, mit ihrer Hauptmacht gegen die linke Flanke und den Rücken der Preußen zu operiren; ihre Absicht mußte sich jetzt darauf beschränken, den König zur Räumung Böhmens zu bewegen. Eine gewonnene Schlacht oder die Wegnahme des feindlichen Magazines zu Pardubitz konnte der alleinige zu diesem Ziele führende Weg sein.

Nachdem Prinz Carl am 5. und 6. das preußische Lager bei Groß-Gbell durch seinen General-Quartiermeister Obersten Gramlich hatte erkunden und aufnehmen lassen, versammelte er am 7. einen Kriegsrath, dem er den aufgenommenen Plan vorlegte und die ganze Situation auseinandersetzte. Der Kriegsrath erklärte einmüthig: „das Beste sei, eine starke Abtheilung zwischen Kolin und Pardubitz über die Elbe setzen zu lassen, was den König zu einer Bewegung zwingen müsse, indem er dadurch die nöthigen Subsistenzmittel für sein Heer verlöre". Abweichend von dieser allgemeinen Ansicht erklärte Feld-marschall Graf Traun: „die Wegnahme und Zerstörung des Magazins von Pardubitz sei jetzt das Wichtigste; das Heer müsse des-halb nach Czaslau marschiren, und von da sogleich ein starkes Corps gegen Pardubitz senden, um das Eine oder das Andere zu bewirken". Prinz Carl äußerte: „daß der Marsch nach Czaslau in der allgemeinen Meinung und bei den Soldaten für einen Rückzug gelten, und deshalb einen nachtheiligen Eindruck machen würde, und daß er es nicht ange-messen finde, die vortheilhafte Stellung, die man innehabe, aufzugeben"; der Prinz trat demnach der Meinung des Kriegsrathes bei.

Am folgenden Tage, 8., wurde schon mit der Ausführung des Planes begonnen. Feldmarschall-Lieutenant Graf Nadasdy mußte von

Wondrzegow nach Kaurzim marschiren, und wurde, um zwischen Prag
und dem Könige kräftiger wirken zu können, durch zwei sächsische
Uhlanen-Pulks verstärkt. Doch während man sich mit diesen Vorkehrungen beschäftigte, meldete Feldmarschall-Lieutenant Festetics, der
zu Chotuschau (ganz nahe an dem preußischen rechten Flügel) stand,
daß die preußische Armee von Groß-Gbell aufgebrochen wäre und nach
Kolin marschire. Er habe ihre aus vier Schwadronen bestehende
Arrieregarde angegriffen und auf die Colonne geworfen. Am 9. November ging König Friedrich mit seinem Heere unter Deckung
des Nassau'schen Corps über die Elbe, wo er jenes in Cantonirungen verlegte. Er hoffte, im Besitz des Königgrätzer, Bunzlauer
und Leitmeritzer Kreises und in Verbindung mit Prag und seinen
eigenen Ländern, ruhige Winterquartiere hinter der Elbe zu finden,
seinem durch Krankheiten und Desertion geschwächten Heere daselbst
Erholung zu gewähren, und alsdann gestärkt, den nächsten Feldzug mit
der Eroberung Böhmens und Mährens ruhmvoll zu beenden. General-
Lieutenant Nassau sollte Kolin als den einen, General Dumoulin Pardubitz als den anderen Stützpunkt seiner Stellung decken.

Die Beschlüsse des kurz vorher im österreichischen Hauptquartier
abgehaltenen Kriegsrathes wurden durch den Rückzug König Friedrichs
über die Elbe unausführbar gemacht. Die Entsendung eines starken
Corps über diesen Fluß wäre jetzt ebenso zwecklos als gefährlich gewesen. Nur die Wegnahme des Magazines zu Pardubitz oder ein gelungener Uebergang des ganzen österreichischen Heeres über die Elbe
konnte die Räumung Böhmens von dem Feinde erwirken. Ein solcher
zwischen Kolin und dem 6 Meilen entfernten Pardubitz bewerkstelligter
Uebergang mußte, gehörig benützt, von den entscheidendsten Folgen
sein, da er die preußische Armee trennte; — und, da der König bereits
einen großen Theil seiner Truppen in Cantonirungen verlegt hatte, war
auch die Ausführung eines derartigen Unternehmens wesentlich erleichtert.
Traun faßte daher den Plan, der auch die Billigung des Prinzen
Carl erhielt, „durch Bedrohung von Pardubitz den Feind flußaufwärts
zu ziehen und dann unterhalb an einem geeigneten Punkte über die
Elbe zu gehen". Durch die mehrmaligen Truppensendungen nach
Baiern war das Heer des Prinzen Carl bedeutend geschwächt worden

und betrug selbst mit Zuzählung des sächsischen Hülfscorps nicht mehr als 41.073 Mann Infanterie und 19.315 Reiter, zusammen 60.388 Mann. Diesen Streitkräften war König Friedrich gewachsen, und konnte sich ihnen sogar durch Heranziehung von Reserven bald über-legen zeigen.

Auf Erhalt der Nachricht von dem Rückzuge des Königs hatte Prinz Carl den Feldmarschall-Lieutenant Grafen Schulenburg mit 17 Grenadier-Compagnien, 2000 Füselieren und 700 Mann Cavallerie sogleich nach Alt-Kolin entsendet, um, wenn der Feind, wie man er-wartete, die Elbe verließ, gleich Alles zum Uebergange der österreichischen Armee zu bereiten und die nöthigen Brücken zu schlagen. Der preußische General-Lieutenant Nassau blieb indeß mit 13 Bataillons und 10 Schwa-dronen in Kolin und suchte diesen Platz durch Verschanzungen möglichst gegen einen Angriff zu sichern. Da der König keine Anstalten machte, die Ufer der Elbe zu verlassen, so mußten die Oesterreicher bedacht sein, einen weiteren Rückzug des Feindes zu erzwingen.

Am 11. November marschirten die Sachsen aus dem Lager bei Kuttenberg nach Czaslau, von wo sie schnell und unbemerkt sich gegen Pardubitz wenden konnten, am 12. rückten sie nach Choltitz. Das österreichische Heer marschirte am 13. nach Neuhof, Prinz Carl und Traun blieben aber noch mit ihrem Hauptquartier in dem Eine und eine halbe Stunde entfernten Kuttenberg. Diese beiden Feldherren hatten während dieser Zeit den Elbestrom sorgfältig untersuchen lassen, um einen geeigneten Uebergangspunkt zu finden. Die Gegend von Przelautsch wurde am vortheilhaftesten zu diesem Zwecke erachtet, weil sich daselbst eine Höhe fand, von der das Geschütz das rechte Elbe-Ufer sehr wirksam bestreichen konnte. Der 15. November wurde bestimmt, den Uebergang bei Przelautsch zu unternehmen.

Am 14. um Mitternacht wurde Feldmarschall-Lieutenant Graf Nadasdy mit dem Obersten Trenk beordert, gegen Neu-Kolin anzu-rücken und durch einen Scheinangriff die volle Aufmerksamkeit des Feindes auf diesen Punkt zu ziehen. General Preysing [1]) sollte zu

---

[1]) Ernst Friedrich Baron Preysing kam mit dem vom Kurfürsten von Baiern 1719 dem Kaiser Carl VI. überlassenen Dragoner-Regimente (welches 1750 reducirt wurde) in den österreichischen Dienst. In diesem war er 1738 Oberst geworden, zeichnete sich im Türkenkriege 1738 vortheilhaft aus und wurde

deren Unterstützung oder Aufnahme in der Ebene bei Neu-Kolin mit drei Cavallerie-Regimentern Stellung nehmen. Zu gleicher Zeit sollte Oberst Patatich[1]) mit 200 Kroaten auf Plätten an der gegenüber liegenden Insel landen und durch Klopfen und Hacken dem Feinde die Schlagung einer Brücke glauben machen. Feldmarschall-Lieutenant Graf Schulenburg, der, wie wir weiter oben erwähnt, mit seinen Truppen, bei denen sich auch die Pontons und das schwere Geschütz befanden, bei Alt-Kolin stand, wurde mit diesen nach Bzloch beordert, was kaum anderthalb Stunden von dem Uebergangspunkte Przelautsch entfernt ist. — Auch sollte der General-Adjutant Oberst Baron Buccow[2]), der zu Chrudim stand, gegen Königgrätz auf eine Weise marschiren, daß der Feind seine Bewegung entdecke und für diesen Punkt besorgt werde. Bis in die kleinsten Details war der Plan zu dieser Unternehmung von dem Feldmarschall Grafen Traun ent- worfen und die Dispositionen gegeben worden. Das österreichische und sächsische Heer waren aus ihren Stellungen um die bestimmten Stunden aufgebrochen. Ersteres gelangte nach Przelautsch, letzteres an die Elbe. — Die Anordnungen waren allerorts befolgt worden. Auf den Höhen

---

zur Anerkennung mit den im Treffen bei Kornia eroberten Siegeszeichen an das kaiserliche Hoflager nach Wien geschickt. 1740 wurde er General, rückte 1754 zum General der Cavallerie vor und starb 1760.

[1]) Stephan Baron Patatich war Oberst bei den sogenannten Bana- listen-Grenzern und wurde am 22. Mai 1745 in dem Gefechte bei Neustadt in Schlesien schwer blessirt und gefangen.

[2]) Adolf Nicolaus Freiherr von Buccow war einer altadeligen norddeutschen Familie entsprossen, genoß eine treffliche Erziehung und wurde seiner Kenntnisse und Fähigkeiten wegen General-Adjutant des Prinzen Carl von Lothringen. 1744 war er bereits Oberst und zeichnete sich in diesen und den nächsten Feldzügen wiederholt aus. Er eroberte Mittelwalde im Glatzischen, er- stürmte Kosel und wurde General. Im siebenjährigen Kriege bereits Feldmarschall- Lieutenant, trug er wesentlich nach der Schlacht bei Leuthen zur Deckung des Rückzuges der Armee bei, erhielt das Großkreuz des Maria Theresien- Ordens und wurde 1758 General der Cavallerie. Auch war er Inhaber eines 1767 aufgelösten Cürassier-Regimentes. 1758 trug General der Cavallerie Baron Buccow viel zum Entsatze von Olmütz bei, bewies bei jeder Gelegenheit Umsicht und Talent, namentlich bei Dresden, wurde bei Torgau 1760 verwundet und nach seiner Wiederherstellung zum Commandirenden in Siebenbürgen ernannt, wo ihn inmitten seiner Thätigkeit der Tod im kräftigsten Mannesalter 1764 er- eilte. Seine Zeitgenossen schildern ihn als intelligenten General und tüchtigen Soldaten. Näheres siehe von Wurzbach, Lexikon, II. Band, Seite 187.

von Jankowitz und Przelautsch wurden die Geschütze aufgestellt, und
der Uebergang sollte sogleich beginnen, da zeigte es sich, daß sieben
Pontons in der Nacht auf dem Marsche nach Bzloch in einen morastigen
Grund gerathen waren und man daher nicht im Stande war, die
erforderlichen Brücken zu schlagen. Man mußte die steckengebliebenen
Pontons erst aus dem Moraste hervorziehen, über diese Verzögerung
war der günstige Augenblick verloren, und da der Feind bereits von
allen Seiten herbeieilte, wurde die ganze Unternehmung eingestellt. Die
Oesterreicher bezogen ein Lager bei Bzloch, wohin ihr Hauptquartier
kam, und die Sachsen marschirten in ihre vorige Stellung nach Choltitz
zurück. Feldmarschall-Lieutenant Graf Nadasdy hatte den befohlenen
Scheinangriff auf Kolin unternommen, bei welchem Oberst Trenk
durch eine Kanonenkugel am Fuße verwundet wurde.

Die mißlungene Unternehmung hatte die Preußen aufmerksam
gemacht, und somit war das Gelingen eines etwa wiederholten Ver=
suches wol mit Recht sehr zu bezweifeln. Prinz Carl und Traun
suchten nun diese zu täuschen und glauben zu machen, daß sie mit
ihrem Heere rückwärts am linken Ufer die Winterquartiere beziehen
wollten und den Gedanken jeder weiteren Unternehmung völlig auf=
gegeben hätten. Sie hofften durch dahinzielende Scheinbewegungen die
Preußen sicher zu machen und wollten dann den Uebergang unterhalb
Przelautsch bei Teltschitz erzwingen. Der 19. November wurde zur
Ausführung dieses Unternehmens bestimmt. Feldmarschall Graf
Traun hatte die Dispositionen hiezu auf das Genaueste in allen
Details dem Prinzen Carl vorgelegt, und am 18. Abends und in
der folgenden Nacht wurden die nöthigen Vorkehrungen, Märsche und
Bewegungen eingeleitet und bewerkstelligt. Das Schulenburg'sche Corps
brach das erste gegen Teltschitz auf, an dessen Spitze 17 Grenadier=
Compagnien unter Oberst Sincere [1]), ihnen folgten 2000 Füseliere,
diesen General Feuerstein [2]) mit 40 Kanonen und 8 Haubitzen. Hinter

---

[1]) Ueber den General Baron Sincere siehe Thürheims Feldmar=
schall Carl Joseph Fürst de Ligne, Wien, Wilhelm Braumüller, 1877. S. 33—35.

[2]) Anton Ferdinand Freiherr Feuerstein von Feuersteinsberg,
einer aus Bregenz stammenden altadeligen Familie entsprossen, trat im Jahre
1707 in die österreichische Artillerie und war schon 1728 Oberstuckhauptmann,
1732 Zeuglieutenant, Oberstlieutenant, und im Laufe des Türkenkrieges Oberst.

dem Geschütze fuhren die Pontons, dann kamen Hußaren und hinter diesen 500 deutsche Reiter. Diesem Corps folgte das übrige Heer, die Treffen dicht aneinander geschlossen, vorne das Fußvolk, hinter diesem die Cavallerie. Der Marsch ging über Zdechowitz und Chwaletitz. Beide Flügel hielten vor Teltschitz in Marschordnung. Die Cavallerie-Reserve unter General Prehsing nahm hinter den Höhen von Koitz Stellung. Nadasdy hatte Kolin im Auge zu behalten und diese Stadt sogleich zu besetzen, falls der Feind sie räumen würde. Oberst Patatich sollte wie bei der früheren Unternehmung mit seinen Kroaten die Insel besetzen; Feldmarschall-Lieutenant Ghilany aber hatte den Befehl erhalten, ein Commando von 200 Reitern bei Wally über die Elbe setzen zu lassen, welches sich auf dem Wege zwischen Semin und Pardubitz aufstellen und die Verbindung abschneiden sollte. Oberst Buccow endlich wurde angewiesen, sobald sich die Gelegenheit böte und im Falle sich bei dem Feinde Verwirrung zeigte, das Magazin zu Pardubitz in Brand zu stecken.

Am 19. um 4 Uhr Früh stellte General Feuerstein sein Geschütz in vier Batterien auf, von denen die eine aus acht Haubitzen bestand. Vier Stücke wurden an die Grenadiere abgegeben. Um 5 Uhr Früh schifften die österreichischen und sächsischen Grenadiere über die Elbe und setzten sich in dem jenseitigen Gesträppe fest. Die preußischen Vorposten bemerkten jetzt erst, daß sich am rechten Ufer Oesterreicher befänden. Nun eilte das im Gestütthofe von Kladrub liegende preußische Bataillon Wedel herbei. Ehe dies aber geschah, hatte schon ein großer Theil der Grenadiere den Uebergang bewirkt. Mit einem lebhaften Geschütz- und Gewehrfeuer wurde das feindliche Bataillon, das drei Kanonen mit sich führte, von den österreichischen Grenadieren empfangen.

Im österreichischen Erbfolgekriege rückte Feuerstein zum Generalmajor und Commandanten der Feldartillerie vor und zeichnete sich bei Trautenau 1745 besonders aus. Seine vielfachen Verdienste um die Waffe, die er zu heben bemüht war, wurden ungeachtet manchen Widerstandes seine Vorschläge anzunehmen, 1746 durch die Ernennung zum Feldmarschall-Lieutenant und 1753 zum Feldzeugmeister anerkannt. 1753 wurde Feuerstein in den Freiherrnstand erhoben. Im siebenjährigen Kriege commandirte er die Artillerie bei Prag 1757, wo er verwundet wurde, bezwang Gabel und Zwickau, mußte aber seiner Blessuren halber 1759 aus der Activität treten und starb zu Natikau in Böhmen 1780 als 90jähriger Greis. Näheres siehe von Wurzbach, Lexikon, Band IV, Seite 214.

Vergebens versuchten die Preußen, diese mit ruhmvoller Entschlossen=
heit in die Schiffe zurückzutreiben. Die Grenadiere behaupteten nicht
nur ihren Posten, sondern rückten stets mehr verstärkt gegen das Ba=
taillon Wedel vor, das endlich nach dem tapfersten Widerstande ge=
nöthigt wurde, sich mit dem Verluste einer Kanone nach dem Gestütthofe
zurückzuziehen. In diesem Gefechte, das gegen 8 Uhr endete, verloren
die Oesterreicher und Sachsen 165 Mann an Todten und Verwundeten.
Während desselben waren fünf Brücken geschlagen worden, über die
noch während des Kampfes die leichte Reiterei setzte. Um 8 Uhr Mor=
gens begann das vereinigte Heer den Uebergang, der ohne irgend einem
weiteren Hinderniß bereits um 2 Uhr Nachmittags bewirkt war.

Ein in Elbeteinitz befindliches feindliches Bataillon wurde durch
eine dahin abgeschickte Abtheilung delogirt und zog sich gegen Kolin.
Das österreichisch=sächsische Heer lagerte nun im Freien auf der Ebene
in nächster Nähe seiner Brücken. Mit dem Erfolge dieser Unternehmung
war auch schon über den Ausgang des Feldzuges und die Unmöglich=
keit des längeren Verweilens der preußischen Armee in Böhmen
entschieden.

Als König Friedrich in Ternova, seinem Hauptquartiere
(eine halbe Stunde von Pardubitz), am 19. das Feuer hörte, glaubte
er Nassau in Kolin angegriffen, und sandte Kundschafter und Patrouillen
aus, um Bestimmtes über Ort und Ursache des Feuers zu erfahren.
Erst um Mittag vernahm der König den Elbe=Uebergang des öster=
reichisch=sächsischen Heeres bei Teltschitz. Er mußte vor Allem nun
darauf bedacht sein, die in Cantonirungen zerstreuten Abtheilungen
seiner Armee zu sammeln, von welcher General=Lieutenant Nassau mit
einem großen Theile nun abgeschnitten war, und überdies die Oester=
reicher und Sachsen mit gesammter Kraft am rechten Elbe=Ufer standen.
Um 9 Uhr Abends hatte der König sein Heer in Wischenjowitz, dem
Mittelpunkte seiner Quartiere, vereint. In Pardubitz war eine Be=
satzung von drei Bataillons belassen. Der König versammelte nun
seine ersten Generäle zu einem Kriegsrath. Die Meinung des Königs
war, Böhmen einstweilen aufzugeben und sich nach Schlesien zurück=
zuziehen, woher ihm die Kriegsmittel kamen. Die Generäle stimmten

dem klugen Entschlusse ihres königlichen Feldherrn bei, und Friedrich brach schon am 20. gegen Chlumetz auf. Auch der Besatzung von Prag sollte der Adjutant von Bülow den Befehl bringen, Böhmen unverzüglich zu räumen.

General-Lieutenant Nassau, als er durch eine ausgesandte Hußaren-Abtheilung den Uebergang der Verbündeten bei Teltschitz vernommen, dachte sogleich an die Wiedervereinigung mit dem Heere seines Königs und ließ demgemäß ungesäumt sein ganzes Corps über die Elbe gehen und die Brücke hinter sich abwerfen. Bei Einbruch völliger Dunkelheit ließ er Lagerfeuer anzünden, brach aber mit seinem Corps auf, und sein Weitermarsch wurde erst am 20. Früh von den Oesterreichern bemerkt, da die Lagerfeuer über Nacht fortwährend unterhalten wurden. Es gelang Nassau, über Podiebrad, Neu-Liczow und Nechanitz, das österreichische Heer umgehend, sich am 24. mit der Armee des Königs zu vereinigen, welche an diesem Tage von Woschnitz durch Königgrätz marschirte und in den Dörfern am linken Elbe-Ufer Cantonirungen bezog.

———

Das verbündete österreichisch-sächsische Heer marschirte am 20. November nach Elbeteinitz, wo die beiden Feldherren Meldungen des Feldmarschall-Lieutenants Grafen Nadasdy und des Obersten Buccow erhielten. Die des Ersteren war jene, daß die Preußen Kolin geräumt und die Brücke abgeworfen hätten. Oberst Buccow hatte der erhaltenen Ordre gemäß am 19. des Feindes Verwirrung benützt und war mit vier Freicompagnien, von denen drei beritten waren, und 20 Hußaren bei Pardubitz über die Elbe gegangen. „Der Feind hätte die dortigen Vorstädte abgebrannt, die zu retten Buccow sich vergebens bemühte, dabei wäre aber das preußische Hauptmagazin in Brand gerathen", meldete dieser Oberst.

Am 21. marschirten Prinz Carl und Feldmarschall Traun mit dem verbündeten Heere über Schischetitz und Chlumetz gegen Königgrätz und bezogen am 25. bei Kratenau, drei Stunden von letzterem Orte entfernt, ein Lager. Feldmarschall-Lieutenant Ghilany stand mit seiner Heeresabtheilung bei Bohdanetz, Feldmarschall-Lieutenant Nadasdy zu Barchow und ein Commando unter Oberstlieutenant

Schwaben streifte bei Pleß. Die preußische Besatzung von Pardubitz hatte in der Nacht vom 22. auf den 23. diese Stadt geräumt und das noch immer brennende Magazin im Stich gelassen. Oberst Buccow besetzte Pardubitz sogleich, fand nur Heu und Stroh verbrannt, und rettete noch 30.000 Strich Hafer, 2000 Centner Mehl, bedeutende Vorräthe an Korn und anderen Bedürfnissen.

Am 25. war Nadasdy nach Neschanitz marschirt und Schulen= burg zur Deckung des linken Flügels nach Trnow, Feldmarschall=Lieute= nant Ghilany und Oberstlieutenant Schwaben folgten an den beiden Elbe=Ufern den Bewegungen des eigenen Heeres, jene der Feinde un= ausgesetzt beobachtend.

Erst am 27. trat König Friedrich in drei Colonnen seinen weiteren Rückzug von Königgrätz an. Die erste derselben zog auf dem nächsten Wege in die Grafschaft Glatz, die zweite, welche der König führte, marschirte mit der dritten auf Jaromirz, von wo erstere weiter über Braunau nach Schlesien rücken, letztere unter General=Lieutenant Du= moulin aber den Weg über Trautenau und Schatzlar einschlagen sollte. Die vom General Truchseß geführte Arrieregarde der Colonne des Königs wurde beim Uebergange über den Metaubach von den Panduren angegriffen und erlitt einigen Verlust. Der größte aber, den die Preußen auf ihrem Rückzüge erlitten, bestand in der großen Zahl der Ausreißer, wenn auch die in verschiedenen Geschichtswerken angegebene Zahl von 30.000 bei der österreichischen Armee angekom= menen Deserteurs doch etwas zu hoch beziffert sein mag. Am 1. December zogen die Preußen nach Lewin, wo schon Tags vorher österreichische Streifparteien ein glückliches Gefecht gehabt hatten. Die dritte Colonne des General=Lieutenants Dumoulin hatte auf ihrem Marsche durch die Vortruppen Nadasdy's, die ihr zur Seite zogen, ziemlichen Verlust erlitten. Die österreichischen leichten Truppen drangen selbst ins Glatzische ein, und Oberst Buccow hatte sich am 2. December nach einem glücklichen Gefechte Mittelwaldes bemächtigt. Das öster= reichisch=sächsische Hauptheer hatte am 27. November Königgrätz besetzt und am 2. December bezogen die Verbündeten Cantonirungsquartiere. Das Hauptquartier des Prinzen Carl und Feldmarschalls Traun kam nach Opotschna. Braunau und Schatzlar wurde vom Feinde geräumt, hingegen Reinerz und Wünschelburg von den Oesterreichern beſetzt. — Die Winterpoſtirung wurde geordnet, und die Befehligung derſelben dem General der Cavallerie Grafen von Hohenembs übertragen. Feldzeugmeiſter Baron Thüngen wurde mit 8 Infanterie und 5 Cavallerie-Regimentern in die Oberpfalz entſendet.

Eine einzige feindliche Heeresabtheilung, die Beſatzung der böhmiſchen Hauptſtadt, war nicht in der Lage, ſich dem Rückzuge des Königs gegen Schleſien anzuſchließen. General-Lieutenant Graf Einſiedel, ihr Commandant, war am 19. November bereits von ſeinem Könige befehligt worden, Prag zu räumen und den Rückmarſch nach Schleſien anzutreten. Dieſer erhielt noch die Weiſung, die Werke des Wiſſehrad und Lorenzi-Berges zu ſprengen, bevor er Prag verließe. Die nicht transportablen Geſchütze ſollten vernagelt, die Lafetten verbrannt, und die überzähligen Flinten ins Waſſer geworfen werden. Einſiedel bildete ſich aber ein, daß dieſe Ordre zurückgenommen würde, und verſchob daher die Ausführung, bis es zu ſpät war. Einen ähnlichen Befehl erhielt der bei Leitmeritz ſtehende Oberſt Winterfeld. Die Beſatzung von Prag beſtand aus 11 Bataillons Fußvolk und dem Rothenburg'ſchen Dragoner-Regimente. Am 25. November beging Einſiedel die große Ungeſchicklichkeit, ſeinen Abmarſch für den 26. um 3 Uhr Früh öffentlich verkünden zu laſſen, und ſo geſchah es, daß, als die Preußen Prag verließen, vom Reichsthore und dem Augezder Thore Grenzer und Panduren unter Major Baron Simbſchen [1]) und

---

[1]) Joſeph Carl Freiherr von Simbſchen war Anfangs Hauptmann bei den ſlavoniſchen Grenztruppen und hatte eine ſlavoniſche ſogenannte Freipartei errichtet, mit der er ſich bereits in der Schlacht bei Campoſanto 1743 großen Ruhm erworben. Später kam er mit dieſer nach Baiern und hatte bei der Belagerung von Ingolſtadt in der Nacht vom 12. auf den 13. Auguſt 1743 mit 30 Mann die beim Feldkircher Thore am bedeckten Wege gelegene und von Faſchinen verfertigte Lunette im Angeſichte der Beſatzung in Brand geſteckt, und dadurch weſentlich den Angriff auf dieſer Seite erleichtert. 1744 wurde er Major bei den Temesvarer-Banater Grenztruppen, zeichnete ſich am 26. November d. J. bei Prag aus, rückte bis 1756 zum Oberſten und zugleich Inhaber des aus dem Trenk'ſchen Pandurencorps formirten gegenwärtigen 53. Infanterie-Regimentes vor. Er commandirte im December 1757 ein Detachement bei Neuſtadt, wurde von dem preußiſchen Oberſten Werner angegriffen und mußte ſich zurückziehen. Am 15. Jänner 1758 bei Graetz in Mähren vertheidigte er ſich gegen einen Angriff der Preußen auf das Tapferſte und zwang dieſe, ſich mit vielem Verluſte zurückzuziehen; ebenſo leiſtete Simbſchen in der Belagerung von Olmütz ungemein gute Dienſte und wurde General; 1762 Feldmarſchall-Lieutenant ſtarb er 1763·

Dalmatiner unter dem Major Cognazzo einbrachen und ihren Nach=
trab angriffen. Es kam noch zu lebhaftem Straßenkampfe, besonders
in der Jesuitengasse, und Verwirrung verbreitete sich in den Reihen
der Preußen. Geschütz, Munition und Gepäck wurden im Stiche ge=
lassen und fielen den österreichischen Truppen in die Hände, deren
Verlust ein geringer war: 4 Todte, worunter auch der tapfere Major
Cognazzo, und 70 Verwundete, während das feindliche Bataillon
Brandes allein 70 Todte und Verwundete zählte. Mehrere der Bürger=
schaft von Prag, ja selbst Weiber und Kinder hatten von Häusern
und Dächern an dem Gefechte Theil genommen, auch waren sie es,
die gleich nach der so unvorsichtigen Bekanntgebung des Marsches von
Seite Einsiedels, den in Beraun stehenden Major Baron Simbschen,
sowie auch Major Cognazzo in Königsaal hievon verständigt hatten.

Die Verbündeten suchten nun dem General Einsiedel den Rück=
weg nach Schlesien abzuschneiden. Zu diesem Zwecke wurde der Cheva=
lier de Saxe mit einem sächsischen Corps gegen ihn abgeschickt. Fort=
während von den leichten ungarischen Truppen umschwärmt, marschirte
Einsiedel nach Leitmeritz und von da über Gabel nach Friedland. Zu
dessen Aufnahme hatte König Friedrich, der inzwischen in Schlesien
eingerückt war, ihm den General=Lieutenant von Nassau mit einem
Corps von 12.000 Mann entgegengeschickt. Um in der Schnelligkeit
seines Weitermarsches nicht gehindert zu werden, ließ General Einsiedel
sein sämmtliches Gepäck verbrennen, selbst die Kassawägen, deren Inhalt
er unter die Officiere vertheilen ließ. Der sächsische Oberst Plodowsky,
der die preußische Nachhut angriff, nahm zwar 10 Officiere und
60 Mann gefangen und eroberte 6 Kanonen, konnte aber doch die
Vereinigung Einsiedels mit Nassau nicht hindern. Am 16. December
betrat Ersterer mit seinen durch Hunger und Kälte stark geplagten
und durch Desertion sehr gelichteten Reihen den Boden Schlesiens.
So war nun Böhmen ohne Schlacht vom Feinde befreit worden.

Dieser Erfolg war vorzugsweise den vortrefflichen und mit Ge=
nauigkeit durchgeführten Entwürfen des Feldmarschalls Grafen
Traun zu danken. Hier hatte dieser unser Held dem
großen und genialen königlichen Feldherrn gegenüber
sein strategisches Genie in vollstem Glanze entwickelt.
Der Feldzug 1744 in Böhmen ist allein hinreichend, dem

Feldmarschall Grafen Traun einen der hervorragend=
sten Plätze in den Reihen berühmter Feldherren aller
Nationen und aller Zeiten in der Geschichte zu sichern.
Von ausländischen Schriftstellern ist dies stets mehr als von
jenen seines Vaterlandes gewürdigt worden, am allermeisten aber
von seinem großen Gegner, dem Könige Friedrich selbst, der den
Marschall Traun seinen Lehrer in der Kriegskunst, den
Feldzug 1744 aber seine Schule nannte. Es sind Friedrichs
Worte nach dem gelungenen Ueberfall vom 19. November und dem an diesem
Tage bei Teltschitz vollführten Elbe=Uebergang der Oesterreicher bekannt:
„Ich möchte unter Traun ein paar Feldzüge gemacht haben“. In
seinen Aufzeichnungen über jene Ereignisse (Histoire de mon temps,
II, 143) mißt König Friedrich alles Verdienst seiner Gegner
dem Feldmarschall Grafen Traun bei, während er den Prinzen
Carl völlig mit Stillschweigen übergeht. Es wurde auch im Heere
und im Volke allgemein behauptet, daß Feldmarschall Traun
wol dem Namen nach unter dem Prinzen von Lothringen gedient,
aber in Wahrheit die Seele der Unternehmungen ge=
wesen sei; dem alten Marschall gestand die allgemeine
Stimme den Ruhm des Feldzuges 1744 zu. — Bei all dem
sollte man aber doch nie vergessen, daß alle Pläne und Entwürfe
Trauns erfolglos geblieben wären, ohne die edle und selbstver=
leugnende Bereitwilligkeit, mit welcher der feurige, schlacht= und thaten=
durstige Prinz von Lothringen den eigenen glühenden Wunsch, eine
Schlacht zu schlagen unterdrückte, die Vorschläge seines ihm von der
Monarchin beigegebenen kriegserfahrenen Rathgebers annahm, und
deren genaue Durchführung mit Sorgfalt und Strenge überwachte;
ungeachtet ihn die meisten, insbesondere die jüngeren Generäle davon
abzuhalten und stets zur Ergreifung der Offensive anzueifern trach=
teten, ein Umstand, der oft beitrug, Trauns Stellung noch mehr
zu erschweren.

* * *

Nachdem also Böhmen nun ganz vom Feinde geräumt war und
die beiden österreichischen Feldherren die Armee in Cantonirungen
verlegt hatten, wollten selbe mit den österreichischen Truppen den Cordon

längs dem Glatzischen bis Trautenau ziehen lassen, welchen die Sachsen im Königgrätzer und Bunzlauer Kreise, wo für sie die Winterquartiere angetragen waren, fortsetzen sollten. Im Glatzischen hatte Feldmarschall-Lieutenant Graf Nadasdy Wünschelburg, Feldmarschall-Lieutenant Ghilany Reinerz und Oberst Buccow Mittelwalde besetzt. Prinz Carl und Feldmarschall Traun waren vorläufig mit der Einrichtung der Winterquartiere beschäftigt und erwarteten nur die Genehmigung der Königin Maria Theresia, um dem Heere, das nach zwei im Laufe eines Sommers gemachten beschwerlichen Feldzügen der Ruhe bedurfte, selbe angedeihen zu lassen. Mit lebhafter Freude hatte Maria Theresia die Nachrichten, welche aus Böhmen ihr zukamen, begrüßt. Die Wiedereroberung Schlesiens schwebte als lockendes Bild der muthigen Seele dieser erhabenen Fürstin vor, und es wurde demnach dem Prinzen Carl befohlen, den Cordon an der Grenze des Glatzischen zu belassen, mit dem übrigen Heere aber nach Schlesien zu marschiren und die Winterquartiere daselbst zu nehmen, damit man um so schneller im nächsten Feldzuge sich der ganzen Provinz bemächtige. Nur ungern entschloß sich der Prinz, diesem Befehle seiner königlichen Schwägerin nachzukommen. Vergebens stellte Prinz Carl alle die Hindernisse vor, welche die Beschaffenheit des Landes, der Wege, der Witterung und die Ermüdung der Truppen einer derartigen Unternehmung entgegenbrachten, Feldmarschall Traun unterstützte diese Vorstellungen des Prinzen mit dem ganzen Gewichte seiner Kriegserfahrung. Aber vergebens! — Die beiden Heerführer mußten zur Ausführung schreiten. Prinz Carl schrieb darüber an seinen Bruder, den Großherzog von Toscana (ddo. 15. December 1744): „Nous marchons selon vos ordres pour tenter s'yl y at mojens d'entrer en Silesie, mais je vous le repete encore, cette expedition ne me plait point, cepandant par obeissance je la tanteray demain".

Um zu sehen, was die Preußen beginnen würden, beschloß Prinz Carl, zuerst den Obersten Buccow nach Schlesien vorrücken zu lassen, und dieser wurde beordert, von Mittelwalde nach Johannesberg zu marschiren. Zu dessen Unterstützung rückten General Luchese[1]) mit

---

[1]) Joseph Graf Luchese d'Averna war längere Zeit General-Adjutant, wurde als General 1743 Inhaber eines 1767 reducirten Cürassier-Regimentes,

600 Reitern nach Landeck und General Helfreich [1]) mit 3 Bataillons nach Habelschwerdt. Buccow besetzte, ohne Widerstand zu finden, am 7. December Patschkau. Als Prinz Carl vernahm, daß der Feind überall weiche, glaubte er, daß dieser das Land am rechten Ufer der Neisse zu räumen beabsichtige, und hiedurch die Möglichkeit geboten würde, in dem feindlichen Landestheile 5 bis 6 Cavallerie- und 3 Infanterie-Regimenter in Winterquartiere zu verlegen. Feldmarschall-Lieutenant Ghilany wurde beordert, mit 2 Hußaren-Regimentern, General Preysing aber mit dem Reservecorps den Bewegungen des Obersten Buccow zu folgen. Die Absicht des österreichischen Feldherrn war, den Postirungs-Cordon durch Waidenau, Freiwalde, Zuckmantel, Neustadt und Ratibor zu ziehen und mit dem Heere unverzüglich theils über Waidenau, theils über Altstadt in Schlesien einzudringen. Die Anstalten wurden getroffen, die österreichische Armee in drei Colonnen durch das Glatzische und das Gebirg über Altstadt nach Oberschlesien zu führen. Die erste Colonne, aus 2 Fuß- und 2 Reiterregimentern bestehend, trat am 9. December unter Befehl des Feldzeugmeisters Fürsten Waldeck den Marsch nach Friedberg und Waidenau an. Die zweite, ebenso starke Colonne, vom Prinzen Carl geführt, bei welcher sich auch der Feldmarschall Graf Traun befand, brach am 10. auf und zog gegen Ziegenhals, endlich die dritte Colonne, aus 4 Cavallerie- und 2 Infanterie-Regimentern bestehend, nahm unter den Befehlen des Generals der Cavallerie Baron Berlichingen den selben Weg. Am 19. December waren die drei Colonnen bei Ziegenhals vereint, wo sie in enge Cantonirungen verlegt wurden. In dem Maße als die Armee sich näherte, hatten die vorausgeschickten Generäle weiter

---

1745 Feldmarschall-Lieutenant und machte mit drei Cavallerie-Regimentern in der Schlacht von Piacenza 1746 eine glänzende Attaque auf die feindliche Reiterei, die er zum Weichen brachte und wesentlich zum entscheidenden Erfolge jenes Tages beitrug. Er wurde 1754 General der Cavallerie, 1755 Gouverneur von Brüssel und fiel 1757 in der Schlacht bei Leuthen.

    [1]) Christian Baron Helfreich wurde 1737 Oberst beim Infanterie-Regimente Großherzog von Toscana (heute Nr. 1) zeichnete sich an der Spitze desselben wiederholt im Türkenkriege aus, so 1737 im Treffen am Timock, 1738 bei Mehadia und Kornia, und wurde in Anerkennung dessen Generalmajor. Später focht Baron Helfreich von 1742 bis 1745 in Baiern, am Rhein und in Böhmen, wurde 1750 Inhaber des 9., später Peterwardeiner Grenzregimentes, 1754 Feldzeugmeister und starb 1758.

vorzurücken. Am 15. December hatte Prinz Carl eine Meldung des Feldmarschall-Lieutenants Grafen Nádasdy aus Großwaltersdorf er- halten, daß er in diesem Orte von sieben aus Glatz gekommenen Schwadronen preußischer Hußaren angegriffen worden sei, die er aber zurückgetrieben, ihnen 30 Mann getödtet, 1 Officier und 35 Mann gefangen und 54 Pferde erbeutet habe. Am 16. hatten Oberst Buccow Neustadt, Feldmarschall-Lieutenant Ghilany Langenbruck und Wiese mit ihren Truppen besetzt; — Nádasdy war über Waidenau hinausgerückt, seine Streifcommanden kamen bis Köpernik in der Gegend von Neisse. Der preußische General-Lieutenant von Lehwald, der ein Truppencorps bei Frankenstein befehligte, machte einen Versuch, sich Patschkau's zu bemächtigen, wurde aber mit Verlust zurückgewiesen.

Am 21. December rückte das österreichische Heer nach Schlesisch- Neustadt, in dessen Umkreis es cantonirte. Prinz Carl hoffte nun eine bedeutende Truppenzahl in Preußisch-Schlesien und dem Glatzischen überwintern zu können, umsomehr, da die Preußen Ratibor verlassen und sich gegen Kosel gezogen hatten. Den österreichischen Postirungs- Cordon wollte der Prinz längs der Neisse ziehen.

Nachdem am 20. December Troppau und Jägerndorf von ihren starken feindlichen Besatzungen (etwa 10.000 Mann) verlassen wurden, schickte der Feldmarschall Graf Esterhazy [1]) die bei Oderberg befindliche ungarische Insurrection dem Feinde gegen Ratibor entgegen und be- reitete sich, mit der Haupttruppe zu folgen. General Keuhl [2]) besetzte

---

[1]) Joseph Graf Esterházy von Galantha, geboren zu Papa 1682, war Anfangs zum geistlichen Stande bestimmt, erhielt mehrere geistliche Beneficien, so in seinem 15. Jahre vom Kaiser Leopold I. die Abtei der h. Jungfrau von Baska. 1700 wurde er in Wien zum Doctor der Philosophie promovirt. 1705 zog er aber den Priesterrock aus und widmete sich dem Dienste der Waffen. Er zeichnete sich nun im Rakoczy'schen Kriege 1705 bis 1711, in den beiden Türken- kriegen 1716 bis 1718 und 1736 bis 1739 und endlich im schlesischen Erbfolge- kriege 1740 bis 1748 rühmlichst aus; in letzterem organisirte er die·ungarische Insurrection und führte sie selbst an. 1708 war er bereits Oberst eines Hußaren- Regimentes, 1721 Generalmajor, 1733 Feldmarschall-Lieutenant, Grenzcommandant von Illyrien, Banus von Kroatien, Slavonien und Dalmatien, 1741 endlich Feldmarschall und Judex curiæ. Dieser verdienstvolle Krieger und Staats- mann starb am 10. Mai 1748. Näheres siehe von Wurzbach, Lexikon, Band IV, Seite 100.

[2]) Carl Gustav Freiherr von Keuhl, geboren 1694, wurde als Oberstlieutenant bei Wallis-Infanterie, heute Nr. 36, in der Schlacht bei

am 22. Troppau und General Preysing Leobschütz. Noch immer wichen
die Preußen und im selben Maße rückten die Oesterreicher vor, so
war am 27. December General Keuhl bis Tienskowitz bei Kosel,
Preysing mit zwei Cavallerie-Regimentern nach Polnisch-Neukirchen
vorgerückt. Feldmarschall-Lieutenant Ghilany nahm zwischen Krappitz
und Kosel Stellung. Das Corps des preußischen General-Lieutenants
von der Marwitz, welches König Friedrich bei seinem Einfalle in
Böhmen zur Deckung Schlesiens zurückgelassen hatte, war bei dem
Vorrücken der Oesterreicher gegen Neisse gezogen, da ihm aber der
Weg dahin versperrt worden war, blieb es bei Kosel und war durch
die angeführten Bewegungen und Aufstellungen der Oesterreicher fast
ganz umschlossen.

Als Alles beendigt schien, verließ Prinz Carl am 29. December
die Armee, um sich an den Hof seiner königlichen Schwägerin nach
Wien zu begeben. Er übergab vor seinem Abgehen dem Feldmarschall Grafen Traun den Oberbefehl mit der Weisung, noch
einige Tage in Neustadt zu verbleiben; bis dahin würde der Cordon
formirt sein und die nach Schlesien bestimmten Regimenter würden
ihre Winterquartiere daselbst zu beziehen anfangen, wo er sodann ebenfalls nach Wien abgehen könne.

König Friedrich hatte dem Fürsten Leopold von Anhalt-
Dessau am 13. December zu Schweidnitz das Commando seines

Guastalla 1734 verwundet, 1735 Oberst im Regimente Wachtendonk Nr. 25 und
1740 General, zeichnete sich bei Mollwitz 1741 aus, wurde verwundet und erhielt
das 1746 reducirte Infanterie-Regiment des in dieser Schlacht gefallenen Feldmarschall-Lieutenants Baron Göldy. 1745 zum Feldmarschall-Lieutenant ernannt,
focht Baron Keuhl in der Schlacht bei Piacenza 1746 mit großer Bravour, verlor
aber in dieser Schlacht durch einen Schuß das linke Auge. Nichtsdestoweniger
wohnte er nicht nur den Feldzügen bis zum Aachener Frieden, sondern auch den
zwei ersten des siebenjährigen Krieges bei. Im April 1747 erhielt er, da sein
Regiment 1746 von den Genuesern meist gefangen wurde, das heutige 49. Infanterie-Regiment; wurde 1749 commandirender General in Innerösterreich und
Geheimer Rath, 1754 aber Feldzeugmeister. In der Schlacht bei Breslau 1757
erhielt er bei einem an der Spitze seines Regimentes unternommenen Angriffe
eine schwere Verwundung, welche ihm einige Monate später im 64. Lebensjahre
am 26. Juni 1758 den Tod brachte. Wurzbach, Lexikon, Band XI, S. 204.

Heeres übergeben, ihm aufgetragen, Schlesien und die Grafschaft Glatz zu schützen und war dann nach seiner Residenzstadt Berlin abgereist. — Merkwürdig in seiner Art ist der Protest, welcher von preußischer Seite gegen den Einmarsch der Oesterreicher in Schlesien erhoben wurde. Fürst Leopold von Anhalt schrieb nämlich bereits am 9. December 1744 an den Feldmarschall Grafen Traun, wie folgt:

„Ich habe bey der jetzigen Gelegenheit nicht Anstand nehmen „können, Euer Excellenz zu eröffnen, wie S. königl. Majestät jüngsthin „mit besonderem Befremden vernehmen müssen, daß nicht nur einige „der Königl. ungarischen Truppen unlängst in der Grafschaft Glatz „eine wirkliche Invasion unternommen und darinnen viel feindliche „und ganz unanständige Dinge verübet haben, sondern auch daß von „Mähren und andren Orten aus allerhand Streifereyen und ver= „schiedene Plünderungen in dem Sr. königl. Majestät zustehenden „Antheil von Oberschleßien geschehen wollen."

„Sonder mein Anführen ist Euer Excellenz bekannter als „bekannt, daß des Königs Majestät, als Sie wie ein Stand des Reichs „zur Herstellung der Ruhe im Reich und Aufrechthaltung der kayserl. „Würde resolviren müssen, einen Theil der Truppen der Röm. Kays. „Majestät als auxiliares zu überlassen, Allerhöchst dieselbe gleich „anfangs und beständig auf das feyerlichste declariret haben, wie „diesem gethannen pas unerachtet, Sie dennoch vor dero „Person mit der Königin von Ungarn und Böheimb „Majestät in beständiger Freundschafft leben und sich „an dem mit derselben getroffenen Bresslauer Frie= „den genauest halten wollten."

„Wie sehr aber durch obvermelte von den königl. Ungarischen „Truppen gethane demarches der Breslauische Friedens Tractat „infringiret worden und was daher endlich vor Suites erfolgen „müssen, solches will zu Euer Excellenz eigner Einsicht überlassen „und vor Mein Theil nur noch zu überlegen geben, ob nicht dergleichen „Unternehmungen Gelegenheit geben können, daß andern Ständen, „welche der Königin von Ungarn und Böheimb Majestät Auxiliar „Truppen überlassen, dabei aber vor deren Person und vor derer=

„selben Lande sich eine beständige Neutralität reserviret haben, ein
„gleiches, wie an Uns versuchet werden wollen, wiederfahren können."
Ein in seiner Sophistik denkwürdiges Actenstück!

Der nunmehrige Befehlshaber des preußischen Heeres in Schlesien,
Fürst Leopold, unter dem Namen „der alte Dessauer" historisch bekannt und in unzähligen Liedern und Märschen gefeiert, war
einst Waffengefährte des Prinzen Eugen und stand selbst einige Jahre
als Oberst und Generalmajor im Dienste des Hauses Oesterreich.
Des Fürsten Johann Georg II. und der Prinzessin Henriette Katharina von Oranien Sohn, war er geboren am 3. Juli 1676. Auf einer
Rückreise von Venedig, auf der er die lecken, oft seltsamen Abenteuer
des Kurfürsten August des Starken von Sachsen theilte, kam er nach
Wien, wo er mit Auszeichnung von Kaiser Leopold empfangen und
ihm ein Infanterie-Regiment verliehen wurde, doch quittirte er
bereits 1700, nachdem er zum Generalmajor vorgerückt war, den
kaiserlichen Dienst und trat in den preußischen über. Seit 1693 war
er seinem Vater in der Regierung gefolgt. Er zeichnete sich im
spanischen Erbfolgekriege, wo er die preußischen Hülfstruppen anführte,
wiederholt aus, so bei Hochstädt 1704, wie in den Schlachten bei
Cassano und Turin 1705. Später 1709 kämpfte er in den Niederlanden bei der Belagerung von Tournay, in der Schlacht bei
Malplaquet und bezwang die Festung Douay nach langer hartnäckiger
Vertheidigung. 1712 wurde Fürst Leopold preußischer Feldmarschall
und war ein bevorzugter Liebling des Soldatenkönigs Friedrich Wilhelm I. Der Kampf Preußens gegen die Schweden 1713 bis 1714
kann als die glänzendste Kriegsepoche des Fürsten Leopold betrachtet
werden, und sein Kriegsruhm stieg um so höher, da er einem so ge-
fürchteten Kriegshelden wie König Carl XII. gegenüber stand. Im
ersten schlesischen Kriege hatte Fürst Leopold den Auftrag, Brandenburg gegen einen Einfall von Hannover aus zu decken, und erhielt
sodann ein Commando in Schlesien. Später Sieger von Kesselsdorf,
starb er am 7. April 1747 als königlich preußischer und zugleich Reichs-
feldmarschall, auch Gouverneur von Magdeburg, zu Dessau. Tapfer
und klug, war Fürst Leopold ein großer General, leutselig und jovial,

aber auch von bekannter Derbheit. Ihm wurde 1800 in Berlin eine von Schadow gefertigte Statue errichtet; seine Lebensbeschreibung findet sich in den biographischen Denkmalen Varnhagens van Ense, II. Band, zweite Auflage, Berlin 1845.

Dies war also der kurzgefaßte Lebenslauf des Feldherrn, der dem Feldmarschall Grafen Traun nun gegenüberstand. Als von allen Seiten die Nachricht einging, daß die Oesterreicher mit Macht gegen Oberschlesien vorrückten, verstärkte Fürst Leopold das bei Frankenstein stehende Corps des General-Lieutenants von Lewald mit einigen Regimentern und befahl, 25 Bataillons und 90 Schwadronen in der Gegend von Neisse und Ottmachau zu sammeln. Am 5. Jänner 1745 waren diese Truppen bei Neisse concentrirt, und am 9. ging Fürst Leopold in vier Colonnen über die Neisse.

Feldmarschall Graf Traun berichtete schon unterm 3. Jänner 1745 aus Neustadt an den kaiserlichen Hofkriegsrath zu Wien Folgendes: „Daß sich nach allen übereinstimmenden Kundschafts- „nachrichten der Feind zwischen Ottmachau und Neisse concentrire. „Dies sei ein unzweifelhaftes Factum, — die Absicht sei ungewiß, die „Stärke der zusammengezogenen Truppen schätze er bei Vergleichung „aller Kundschaftsnachrichten auf wenigstens 20.000 Mann. Die öster- „reichische Reiterei wäre an Zahl der preußischen überlegen, dagegen „aber das Fußvolk viel schwächer, da er nur vier Regimenter gegen- „wärtig beisammen habe. Die Artillerie sei schon nach Oesterreich „abgerückt; für jeden Musketier wären nur 24 Patronen vorhanden, „weshalb er nach Olmütz den Befehl gesandt habe, 400.000 Patronen „nach Jägerndorf zu schicken, die jedoch zu spät kommen dürften. — „In fünf bis sechs Stunden könne der Feind sich sehr leicht sammeln, „und in weiteren drei Stunden zu Neustadt sein; er habe demnach „alle Vorkehrungen getroffen, um diesen Ort vor einem Ueberfall zu „schützen und Widerstand zu leisten. Die im Rückmarsche nach Mähren „befindlichen Regimenter habe er Halt machen lassen und dem General „der Cavallerie Grafen Hohenembs befohlen, die Reserve unter dem „Feldmarschall-Lieutenant Grafen Bernes nach Neustadt zu beordern. „Unter den gegenwärtigen Umständen große und geräuschvolle Be- „wegungen mehr schädlich als nützlich erachtend, setze er sich mit Ver- „meidung alles Aufsehens in die erforderliche Verfassung. Die Vortruppen

„der ungarischen Insurrection streiften bis Kreuzburg und Brieg. Dem
„Feldmarschall Grafen Esterhazy habe er aufgetragen, noch tiefer in
„des Feindes Land zu bringen. Die in Oppeln gestandenen Preußen
„hätten sich über die Oder gezogen und Oberst Buccow habe gleich
„diese Stadt besetzt und bei weiterer Verfolgung der Preußen einen
„Rittmeister und einige Hußaren gefangen genommen."

Vom General der Cavallerie Grafen Hohenembs hatte der Feldmarschall die Meldung vom 3. Jänner erhalten, daß er die eine
Postirung, von Landeck über Habelschwerdt, Reinerz, Lewin, Wünschelburg und Neurode, dann weiter an der böhmischen Grenze über
Braunau, Trautenau, Schatzlar, Freiheit, gezogen habe. Der sächsische
Cordon gehe über Hohenelbe, Reichenberg, Kratzau und Friedland und
sei mit dem seinen verbunden. Die nicht für den Cordonsdienst
nöthigen Truppen hätten bereits die Winterquartiere bezogen.

Die Truppen unter Hohenembs bestanden in 9318 Mann Infanterie und 4548 Reitern. Von diesen standen 5632 Mann Fußvolk
und 2593 Pferde auf Postirung.

Am 10. Jänner hatte Feldmarschall Graf Traun die
nächstliegenden Regimenter um Neustadt gesammelt, am 11. rückten
die Truppen in die bei Kunzendorf gewählte Stellung. Ghilany und
Buccow standen auf dem rechten Flügel, die Generäle Nadasdy und
Philipert hielten Neustadt besetzt. Am nächsten Tag rückte Fürst Anhalt
mit großer Uebermacht (25.000 Mann) gegen Neustadt. Nadasdy
und Philipert[1]) zogen sich auf den linken Flügel der Stellung. Der
linke feindliche Flügel kam dem rechten der Oesterreicher gegenüber,

---

[1]) Philipp Baron Philipert zeichnete sich als Oberst des Hamilton'schen Cürassier-Regimentes (jetzt 7. Dragoner-Regiment) im Feldzuge 1734 in
Italien im Treffen bei Colorno besonders aus, da er mit 500 Cürassieren eine
3000 Mann starke feindliche Cavallerie-Truppe in Schach gehalten, und dadurch
der eigenen Infanterie die Eroberung Colorno's wesentlich erleichterte. Er avancirte 1737 zum General, machte noch die späteren Kriege gegen die Türken mit,
wurde 1742 Feldmarschall-Lieutenant und erhielt 1741 das Dragoner-Regiment
des bei Mollwitz gebliebenen Feldmarschall-Lieutenants Baron Römer. Nachdem
er den Feldzügen 1741 bis 1748 in Deutschland und Böhmen beigewohnt hatte,
starb Feldmarschall-Lieutenant Baron Philipert 1753; sein Dragoner-Regiment
wurde 1801 als Coburg-Dragoner reducirt.

während die Preußen ihren rechten an Neustadt lehnten. Die Stärke
der letzteren war jener Trauns weit überlegen. Eine Schlacht anzunehmen, hielten sowol der Feldmarschall wie sämmtliche Generäle für unvortheilhaft. Demzufolge brach das österreichische Heer
vor Tagesanbruch des 13. nach Jägerndorf auf. Der Marsch vollzog
sich in größter Ordnung und Ruhe; die Generäle Nadasdy, Keuhl
und Philipert führten die Nachhut, und zwischen 3 und 4 Uhr Nachmittags traf Feldmarschall Traun mit seinen Truppen in Jägerndorf ein. Bis 16. blieb Alles ruhig. Um Mittag dieses Tages jedoch
kam vom Feldmarschall-Lieutenant Ghilany die unerwartete Meldung,
daß der Feind in vollem Anmarsche begriffen sei. Bald darauf erschienen vier preußische Hußaren-Regimenter, bei 1500 Mann stark,
und Feldmarschall-Lieutenant Ghilany mußte vor der schnell erschienenen Uebermacht sich zurückziehen. Seine Hußaren geriethen in einige
Verwirrung, 40 wurden gefangen und die Preußen drangen bis in
die Vorstädte von Jägerndorf. Die Thore und Brücken wurden nun
sogleich besetzt, die preußischen Hußaren zogen aus dem von allen
Seiten gegen sie eröffneten Feuer, und die Ordnung wurde wieder
vollkommen hergestellt. Jetzt erschien aber das preußische Heer
des Fürsten Leopold in drei Colonnen, deren mittelste sich auf
eine Höhe gegenüber von Jägerndorf stellte, die anderen aber zu beiden
Seiten weiter rückten, als wollten sie die Stadt umschließen.

Feldmarschall Graf Traun, entschlossen einem ernstlichen
Gefechte auszuweichen, trat zwei Stunden vor Einbruch der Nacht
seinen Rückmarsch nach Benisch an, wo er sein Quartier nahm, das
Fußvolk in den nächstliegenden Dörfern cantoniren ließ und ihm
Benisch, der Reiterei aber den Ort Spachendorf als Sammel-
plätze anwies. Erst am nächsten Morgen (17.) hatten die Preußen
die Räumung Jägerndorfs erfahren, wo nun Fürst Leopold sein
Quartier nahm und seine Truppen in der Umgegend Cantonirungen
bezogen. Von hier aus ließ der preußische Feldherr den General-
Lieutenant Nassau mit 4 Infanterie- und 3 Cavallerie-Regimentern
nach Troppau abrücken. Am 19. Mittags besetzte Nassau diese Stadt
und verlegte seine Truppen ebenfalls in Cantonirungen. Nachdem der
Fürst von Anhalt in Jägerndorf den General Bredow mit 6 Bataillons als Besatzung zurückgelassen hatte, führte er am 21. seine

übrigen Truppen nach Niederschlesien zurück und nahm in Neisse sein
Hauptquartier. Seine weitere Absicht ging nun dahin, auch die Graf=
schaft Glatz zu befreien und das rechte Ufer der Oder vor den Streif=
zügen der ungarischen Insurrection zu sichern.

General = Lieutenant von Lewald wurde mit seinen
Truppen zur Wiederbesetzung der Grafschaft Glatz bestimmt. (Hans
von Lewald, geboren 1685 in Preußen, Soldat seit 1700, war bei
Friedrichs II. Thronbesteigung 1740 Generalmajor und Chef eines
Regimentes, 1742 wurde er General=Lieutenant und commandirte
später bei Kesselsdorf, 1745, den linken Flügel. Im siebenjährigen
Kriege, seit 1751 Feldmarschall, befehligte Lewald 1757 die Armee in
Preußen gegen die Russen, griff Apraxin am 30. August bei Groß=
Jägerndorf an, mußte aber weichen, darauf drängte er die Schweden
aus Pommern, wurde 1759 Gouverneur in Berlin, hielt diese Stadt
einige Zeit gegen die Oesterreicher und Russen, mußte sich aber nach
Spandau zurückziehen, nahm jedoch nach dem Abzuge der Feinde seinen
früheren Gouverneursposten wieder ein. Er starb 1768 im hohen
Alter von 83 Jahren zu Berlin.)

Am 17. Jänner rückte General Lewald mit 8 Bataillons,
10 Schwadronen und 6 Geschützen vor Patschkau. Die dortige öster=
reichische Besatzung unter Oberst St. Andrée und der in nächster Nähe
mit 1000 Panduren zu Fuß und 200 zu Pferde stehende General
Luchesi zogen sich vor der feindlichen Uebermacht nach Johannesberg
und von dort nach Landeck; die Panduren wurden zur Armee des
Feldmarschalls Traun nach Benisch gesandt, da sie nicht zur
Besetzung dieser Cordonsstrecke bestimmt waren. Lewald begnügte sich
einstweilen mit der Besetzung von Patschkau, Waidenau und Johannes=
berg. Die ungarische Insurrection hatte ihr bisheriges Hauptquartier
Ratibor verlassen, als die Preußen Troppau besetzten, und sich über
Oderberg nach Teschen zurückgezogen, ihre Vortruppen blieben zu Hultschin,
Beneschau und Oderberg. Die Gesammtzahl der Insurrection bestand
zu jener Zeit aus nahe an 2000 Mann Fußvolk und über 5900
Reitern. Um sich am rechten Ufer der Oder behaupten zu können,
beorderte der Feldmarschall Graf Traun den General Feste=
tics mit seinen Hußaren und dem Esterhazy'schen Infanterie=Regimente
zu ihrer Verstärkung. Es blieb auch wirklich den ganzen Winter

über das rechte Oderufer bis an die Thore von Kosel und Oppeln im Besitze der ungarischen Insurrectionstruppen. Sie streiften selbst auf das linke Ufer und auf dem rechten bis nach Oels und Bern= stadt in der Nähe von Breslau. Die Preußen sahen sich wiederholt genöthigt, zur Hemmung ihrer Einfälle bedeutende Truppentheile ab= zusenden. Doch nach Art der Kosaken wichen die Ungarn vor jedem wohlgeordneten Angriffe zurück, kehrten aber sogleich wieder um, sobald sich die Preußen wendeten. Am 9. Februar hatte General von Nassau bei Ratibor der Insurrection einige Verluste beigebracht, aber einen dauernden Erfolg gegen den kleinen Krieg dieser irregulären leichten Schaaren konnten die Preußen nicht erreichen, und das rechte Oder= ufer blieb in fortwährendem Besitze der ersteren. Das feindliche Heer hielt Troppau und Jägerndorf besetzt und hatte am linken Ufer der Neisse Winterquartiere bezogen.

Feldmarschall Graf Traun ließ seine Armee in Mähren nun auch die Winterquartiere beziehen. Der Postirungscordon ging von Freudenthal über Wagstadt und schloß sich dann an die Posten der ungarischen Insurrection. Am 29. Jänner verlegte der Feld= marschall sein Hauptquartier nach Hof, am 30. nach Sternberg und verfügte sich, da nichts weiter vorfiel, nachdem er dem Feld= marschall=Lieutenant Grafen Carl St. Ignon[1]) den Ober= befehl übergeben hatte, nach Wien. — Nach einigen lebhaften Gefechten hatten am 14. und 15. Februar die Preußen die öster= reichischen Vortruppen aus dem Glatzischen verdrängt; dann erst trat Ruhe in den beiderseitigen Winterquartieren ein.

---

[1]) Carl Graf Saint Ignon war 1731 Oberst und Commandant des 1801 reducirten Cürassier-Regimentes Graf Mercy, focht 1734 unter den Befehlen seines Inhabers in Italien, wurde kurz nachher wegen Auszeichnung General und erhielt 1737 ein 1775 reducirtes Cürassier-Regiment. 1745 zum General der Cavallerie befördert, wohnte er den meisten Feldzügen des österreichischen Erbfolge- krieges mit lobenswerther Thätigkeit bei und starb 1750.

IX.

Letzter Feldzug des Feldmarschalls Grafen Traun.

1745.

———

Am 20. Jänner 1745 war Kaiser Carl VII., der über die Eroberung fremder Staaten seine eigenen verloren hatte, doch zuletzt in der Burg seiner Ahnen zu München gestorben. Sein siebenzehn= jähriger Sohn Maximilian Joseph folgte ihm als Kurfürst von Baiern. Durch seines Baters trauriges Schicksal gewarnt, widerstand er klüger den trügerischen Lockungen Frankreichs und Preußens und schloß am 22. April zu Füßen die Friedenspräliminarien mit der Königin Maria Theresia. — Freilich war er durch den kurzen und glücklichen Winterfeldzug des Generals der Cavallerie Grafen Batthyani, der im Laufe eines Monats (vom 21. März bis 20. April 1745) ganz Baiern erobert hatte, zur Annahme dieses Friedens genöthigt worden. Der junge Kurfürst hatte seine Stimme bei der bevorstehenden Kaiserwahl dem Großherzog Franz von Toscana zu geben versprochen. Dadurch hatten sich nun sieben Kurfürsten für den Gemal Maria Theresiens entschieden. Nur zwei: Brandenburg und Pfalz waren gegen den Großherzog; — aber ein französisches Heer lagerte um Frankfurt, entschlossen, die Wahl zu hindern oder doch so lange als möglich zu verzögern.

Der Feldmarschall Herzog von Aremberg[1]) stand mit einem Heere von 32.000 Oesterreichern, Hannoveranern und Holländern

———

[1]) Leopold Philipp Herzog von Aremberg, geboren zu Mons 1690, war ein Sohn des an den Folgen seiner in der Schlacht bei Szalankamen

seit December 1744 am Niederrhein, seit Ende Februar 1745 aber an der Lahn, doch war er bei weitem zu schwach, um die Franzosen anfänglich unter Marschall Maillebois, später unter dem Herzog von Conti zum Rückzuge vom Main hinter den Rhein zu veranlassen. — Als der General der Cavallerie Graf Batthyani seinen Feldzug siegreich beendigte, hatte die Armee des Herzogs von Aremberg, der anrückenden französischen Uebermacht ausweichend, die Lahn schon verlassen, entschlossen, sich bei weiterer Vorrückung des Feindes aus ihrem Lager bei Thal Ehrenbreitstein weiter an die Sieg zurückzuziehen.

Nach dem Friedensschlusse zu Füssen war der geeignete Augenblick gekommen, wo eine bedeutende österreichische Macht aus Baiern vorrücken, sich mit dem verbündeten Heere (des Herzogs von Aremberg) vereinen und dann die Franzosen zur schleunigen Räumung des rechten Rheinufers zwingen konnte. Graf Batthyani wurde zum Feldmarschall ernannt, mit dem Befehle, den Herzog von Aremberg im Commando des verbündeten Corps abzulösen. Letzterer erhielt eine andere Bestimmung in den Niederlanden.

Die Leitung des in Baiern aufgestellten österreichischen Corps wurde dem Feldmarschall Grafen Traun übertragen und dieser übernahm am 8. Mai 1745 zu Neuburg vom Feldmarschall Grafen

---

erhaltenen Wunden 1691 zu Peterwardein verstorbenen kaiserlichen Generals Herzog Philipp Carl Franz von Aremberg. Kaum 19 Jahre alt, wurde Herzog Leopold Philipp in der Schlacht bei Malplaquet verwundet, war 1716 bereits General, Ritter des goldenen Bließes und Inhaber des heutigen 28. Infanterie-Regiments. In der Schlacht bei Belgrad 1717 befehligte er den rechten Flügel der kaiserlichen Infanterie und trug durch geschickte Manöver viel zum Siege bei. 1719 Gouverneur von Mons, commandirte er als Feldmarschall-Lieutenant 1735 im Rheinfeldzuge bei Bruchsal ein Corps, wurde 1736 Feldmarschall und commandirender General in den Niederlanden, und vermittelte 1743 die Allianz zwischen England und Holland. In der siegreichen Schlacht bei Dettingen am 27. Juni 1743 commandirte der Feldmarschall Herzog von Aremberg das österreichische Corps gegen die französischen Generäle Gramont und den Duc de Noailles und wurde blessirt. Im Feldzuge 1744 befehligte er die verbündete Armee gegen den berühmten Marschall Graf Moriz von Sachsen. 1745 erhielt er die Statthalterschaft von Hennegau, und starb am 4. März 1754 auf seinem Schlosse zu Everle. Zur Zeit seines Ablebens war er Doyen des Toisonistes. Außerdem ein Freund Voltaires, mit dem er in Correspondenz stand, war er ein Kenner und Gönner der Wissenschaften und Künste.

Batthyani den Oberbefehl. Feldmarschall Traun war beauf=
tragt, eine so starke Streitmacht als nur immer möglich zu sammeln
und das verbündete Corps (des Feldmarschalls Grafen Batthyani) an
sich zu ziehen. Sodann sollte er sich dem Rheine nähern und die
französische Armee, welche sich unter dem Oberbefehle des Prinzen
Conti diesseits des Rheines befand, auf das linke Ufer zurückdrängen,
den Reichslanden Luft machen und dadurch die Freiheit der Kaiserwahl
beschützen. Sobald die Vereinigung mit dem verbündeten Corps voll=
zogen sein würde, sollte der Feldmarschall Graf Traun die
Leitung des ganzen Heeres übernehmen.

Der dienstbare Stand der zum Marsche an den Rhein bereiten,
nun unter dem Befehle Trauns stehenden Truppen betrug in Allem
nur 24.503 Mann. Die Gesammtzahl des Fußvolkes (25 Infan=
terie=Bataillons nebst Banalisten und Warasdinern) betrug 15.331
Mann, die Linien=Cavallerie 6537, jene der regulären und irregulären
Hußaren 2434 Reiter. Die festen Plätze in Baiern, als Ingolstadt,
Braunau, Passau und Schärding hatten ihrer mehr oder weniger
größeren Wichtigkeit angemessene österreichische Besatzungen. General
Trips [1]) hatte mit seinen Hußaren und Warasdinern Stellung bei
Günsburg genommen, Donauwörth hielt Feldmarschall=Lieutenant
Bärenklau besetzt. In einem Schreiben der Königin vom 15. Mai
erhielt Feldmarschall Traun die Weisung: „da sein Heer nicht
viel über 24.000 Mann zähle, noch ein Bataillon Mercy (jetzt Nr. 56)
aus Bregenz, die Karlstädter Grenzer und die in Baiern aufgestellten
kleinen Abtheilungen an sich zu ziehen und in Ingolstadt, Braunau
und Schärding nur die vertragsmäßigen Besatzungen zu belassen". —
„Uebrigens", äußerte die Königin, „daß es am besten sein dürfte,
wenn der Feldmarschall seinen Zug durch Schwaben nehme."

---

[1]) Adolf Baron Berghe de Trips diente Anfangs in dem 1750
reducirten Dragoner=Regimente Preysing, wurde 1739 Oberst in dem 1767
reducirten Hußaren=Regimente Splenyi und zeichnete sich mit diesem im Feldzuge
1741 in Schlesien aus. 1742 Generalmajor und 1743 Inhaber eines nach dem
Aachener Frieden 1748 reducirten Hußaren=Regimentes, eroberte er 1745 Pfarr=
kirchen, Plättling und den Posten Isereck und entschied das Treffen bei Nord=
heim. Er wurde Feldmarschall=Lieutenant und vertheidigte 1746 den Posten bei
Asche. Im Jahre 1748 trat er in holländische Dienste, wo er als General der
Cavallerie 1772 gestorben ist.

Feldmarschall Graf Traun berichtete hierauf an seine Monarchin: daß er alle Anstalten treffe, um das Heer noch vor Ende des Monats gegen Mergentheim zu führen. Bis dahin werde es sich zeigen, was der Feind im Schilde führe, und er somit im Stande sein, die weitere Vorrückung den Umständen gemäß zu bewirken. Von Mergentheim könne er sich rechts nach Aschaffenburg und Hanau oder links nach Heilbronn und den Neckar wenden. Die Hauptsache sei, daß das verbündete Heer und das seine in vollem Einverständniß ihrer Bewegungen und Unternehmungen blieben, mögen sie nun getrennt oder vereint sein.

Am 25. Mai setzte sich das österreichische Heer gegen Mergentheim in Marsch, wo es am 4. Juni eintreffen sollte. Es war in drei Colonnen eingetheilt, deren erste vom Feldmarschall-Lieutenant Prinzen Birkenfeld, die beiden anderen Colonnen, welche einen Tag später, am 26. aufbrachen, wurden vom Feldmarschall Grafen Traun selbst und dem Feldmarschall-Lieutenant Baron Bärenklau geführt. General Trips mit den beiden Hußaren-Regimentern Baranyay und Trips nebst 1000 Warasdinern war bereits gegen Mergentheim abgerückt. General Baron Andlau erhielt den Befehl über alle in Baiern zurückbleibenden Truppen, mit der Weisung, die noch für die Armee bestimmten Nachschübe bei ihrem Eintreffen sogleich dieser folgen zu lassen.

Am 26. Mai war Feldmarschall Graf Traun mit seinem Hauptquartier zu Teutingen, am 27. zu Wolferstadt, am 29. zu Megesheim, am 30. zu Dirwang, am 1. Juni zu Schnabelsdorf und am 2. zu Schrozberg. Auf diesen Märschen erlitt die Armee durch Desertion einige Verluste, denn wie der Feldmarschall berichtet, sollen täglich 30 bis 40 Mann entwichen sein. Der Marsch gegen Mergentheim hatte bei den Franzosen viele unschlüssige Hin- und Hermärsche veranlaßt, da sie nicht wußten, ob Traun sich gegen den Neckar oder den Main wenden würde. Dieser hatte von Schrozberg aus einen Brückenhauptmann mit einigen Officieren an den Main geschickt, um Schiffe und nöthiges Materiale zur Schlagung einer Brücke zusammen zu bringen.

General Trips hatte starke Abtheilungen der Vorhut an den Neckar entsendet. Der in jener Gegend den Feind befehligende General-Lieutenant La Fare verließ zu Ende Mai Wimpfen und Heilbronn,

brach die bei erſterem Orte geſchlagenen drei Brücken ab und zog ſich
über Sinzheim und Wisloch gegen Heidelberg und Ladenburg. Ob der
franzöſiſche General zu dieſem Rückzuge durch die Vermuthung, daß
ſich Feldmarſchall Traun gegen den Neckar oder Main wenden
würde, bewogen wurde, oder ob er nur Befehle ſeines Feldherrn befolgte,
iſt ungewiß.   Noch vor dem Tage des Abmarſches der Franzoſen
griffen öſterreichiſche Hußaren eine feindliche Abtheilung am rechten
Neckarufer an, und jagten ſie in größter Verwirrung über die Brücken
bei Wimpfen, wobei ſie 2 Officiere und 28 Mann gefangen nahmen.
Am Tage nach dem Abmarſche erbeuteten ſie 20 mit Mehl und anderem
Proviant beladene Schiffe. — Am 4. Juni vereinigten ſich die drei
Colonnen des öſterreichiſchen Heeres dem Marſchplane gemäß zu Mergentheim.   Die Hauptmacht der Franzoſen lagerte zwiſchen Heidelberg
und Ladenburg unter den Befehlen des Prinzen Conti.   Andere ihrer
Heeresabtheilungen ſtanden bei Darmſtadt, Aſchaffenburg und Frankfurt.

Der feindliche Feldherr Louis François de Bourbon
Prinz von Conti, geboren zu Paris am 13. Auguſt 1717, befehligte im öſterreichiſchen Erbfolgekriege, 1744 bereits General-Lieutenant, eine franzöſiſche Armee in Piemont, gewann die Schlacht bei
Coni, wurde aber durch üble Witterung genöthigt, nach Frankreich
zurückzukehren.   1745 commandirte er, wie wir erſehen, das franzöſiſche Heer in Deutſchland und 1746 in Flandern.   Später fiel er
bei Ludwig XV. in Ungnade und ſtarb 1776.   Seine Gemalin Louiſe
Diane von Orleans, geſtorben zwanzigjährig im September 1736, war
die jüngſte Tochter des Regenten.   Der Prinz von Conti ward mit
päpſtlicher Dispenſation Maltheſer-Großprior von Frankreich.

Das Heer des Prinzen Conti beſtand damals (Juni und Juli
1745) in 71 Bataillons, 111 Schwadronen ſchwerer Reiterei, 35 Dra-
goner-Schwadronen, 8 Schwadronen Hußaren und 6 Freicompagnien[1]).
Das Bataillon zu 500 Mann, die Schwadron zu 60 dienſtbaren
Reitern gerechnet, eine doch gewiß ſehr geringe Annahme, ſo zählte
Conti's Armee außer den Freicompagnien 35.500 Mann Fußvolk und
9240 Reiter.   Seine Macht war daher mehr als ſtark genug, die
beiden Heere der Gegner einzeln zu ſchlagen, und hinreichend ſtark,

---

[1]) Siehe Beilage D.

ihrer vereinten Macht den Kampf zu bieten. Wollte Conti sich am
Main behaupten, so mußte er der Vereinigung der beiden öster=
reichischen Feldmarschälle Batthyani und Traun ent=
gegenwirken und eines oder das andere dieser Heere zu schlagen suchen,
so lange sie noch getrennt waren. Nach ihrer Vereinigung blieben ihm
geringe Chancen sich am Main oder selbst am Neckar zu halten. Der
Versuch eines derartigen Unternehmens konnte im günstigen Falle des
Gelingens die ganze Lage des Prinzen Conti auf einmal sehr vortheilhaft
ändern, im schlimmsten Falle aber doch nur dessen Rückzug auf das
linke Rheinufer zur Folge haben, den er bei unthätiger Abwartung
der Vereinigung der beiden österreichischen Heere schließlich doch an=
treten mußte.

Feldmarschall Graf Traun hatte beschlossen, an den Main
zu rücken. Am 5. Juni marschirte er in der Richtung gegen Heidel=
berg nach Boxberg, welcher Ort dem pfälzischen Kurfürsten gehörte,
der gegen die Königin von Ungarn feindselig gesinnt war, weshalb das
österreichische Heer auch starke Requisitionen daselbst ins Werk setzte.
In gegründeter Besorgniß dessen, was der französische Feldherr gegen
ihn unternehmen konnte, hielt Feldmarschall Graf Traun den
Uebergang über den Main und den Weitermarsch gegen Aschaffenburg
so lange die feindliche Armee auf dem rechten Rheinufer stand, und
er überdies keine bestimmte Nachricht von dem Anmarsche Batthyani's
hatte, für höchst gefährlich, weshalb er bis zum 9. Juni in Boxberg
blieb, an diesem Tage rückte der Feldmarschall mit dem Heere
von Boxberg rechts ab, dem Main zu, nach Hardheim. Am 11. kam
er mit seiner Colonne nach Wertheim an den Main, wo er endlich
durch den hannöverschen General=Adjutanten Baron Hardenberg die
Meldung erhielt, daß das verbündete Heer, dessen Führung der Feld=
marschall Graf Batthyani bereits übernommen habe, am 16. in der
Gegend von Gießen eintreffen würde. — Graf Traun sandte hierauf
den Oberstlieutenant Hohm zu dem Heere der Verbündeten mit fol=
gender Instruction für den Feldmarschall Batthyani und
machte diesem bekannt: „daß die Franzosen in der Gegend von Darm=
stadt, dem Odenwald, Aschaffenburg und Frankfurt in verschiedenen
Lagern stünden, auch einige Truppen an der Bergstraße zur Sicherung
der Magazine von Heidelberg und Ladenburg aufgestellt wären, und

daß Conti sein Heer in kürzester Zeit concentriren könne. Dessen Absicht scheine dahin zu gehen, die Vereinigung beider österreichischen Heere zu erschweren, und sich jedenfalls am Main festzusetzen. Bliebe die feindliche Armee in ihrer dermaligen Stellung, so solle sich Batthyani bei seinem Weitermarsche mehr links halten, er (Traun) selbst würde sich mehr rechts den Main hinaufziehen, denn Alles wäre daran gelegen, sich bald zu vereinigen, ohne sich einzeln bloßzustellen. Bei der größeren Annäherung des Feldmarschalls Batthyani werde er seinen Anmarsch beschleunigen". — Uebrigens erbat Feldmarschall Traun die wechselseitige Mittheilung aller Nachrichten, um den Weitermarsch nach Stellung und Bewegung des Feindes einzurichten. Die Verpflegung des Heeres, das Ansammeln vieler Vorräthe wurde der Aufmerksamkeit des Feldmarschalls Batthyani besonders von Traun empfohlen.

Die Aufstellung des österreichischen Heeres am 11. Juni war folgende: Feldmarschall Traun mit seiner Colonne, wie schon erwähnt, in Wertheim, jene des Feldmarschall-Lieutenants Bärenklau in Unter-Werbach, die des Feldmarschall-Lieutenants Prinzen Birkenfeld in Lengenfeld. General Trips nahm mit der Vorhut Stellung zu Mittenberg.

Auf eine weitere Nachricht des Feldmarschalls Grafen Batthyani, daß das verbündete Heer am 23. in Gellnhausen eintreffen würde, erwiderte Traun, daß der Marsch nach diesem Orte durch den Spessart viele Beschwerlichkeiten, als: große Wälder, Engwege u. s. w. biete, Batthyani möge daher gegen Orbe marschiren, während er sich am linken Rheinufer gegen Lohr hinaufziehen wolle. Auf diese Art lege man eine höchst beschwerliche Gegend zwischen sich und den Feind, der seine Stellung in etwas verändert und den größten Theil seiner Macht von Dieburg gegen Bobenhausen gezogen habe. Auch würde die Vereinigung der beiden Heere durch diese Art des Marsches am sichersten und ohne Gefahr einzeln angegriffen zu werden, bewirkt.

Am 14. Juni hatte Feldmarschall Graf Traun die Nachricht von seinen Kundschaftern erhalten, daß die französische Hauptmacht bei Dieburg und nur einige Abtheilungen zu Bobenhausen und Obernburg stünden, und Aschaffenburg, wo man einen Theil der dortigen steinernen Brücke abgeworfen habe, mit 800 bis 900 Mann besetzt sei. Die Stärke des Feindes wurde auf etwas über 50.000 Mann

angegeben. Weitere Kundschafternachrichten sagten, daß die Franzosen das schwere Gepäck und ihre Kranken bei Oppenheim über den
Rhein geschickt, und eines ihrer kleineren Magazine in Darmstadt
dem dortigen Landgrafen zum Kaufe angeboten hätten. Dies Alles
ließ vermuthen, daß Prinz Conti, nachdem er so lange in Unthätigkeit
verharrt, nun nach Vereinigung der beiden Heere an ernstliche Behauptung des Mains gar nicht denken würde.

Am 20. Juni setzte Feldmarschall Graf Traun die beiden
Colonnen der Feldmarschall-Lieutenants Prinz Birkenfeld und Baron
Bärenklau auf dem linken Mainufer gegen Lohr in Marsch; gleichzeitig mußten am rechten 1000 Warasdiner den Spessart in allen
Richtungen durchsuchen. Der Feldmarschall selbst marschirte mit
der dritten Colonne erst am 23. von Wertheim nach Heidenfeld, am
24. nach Lohr, am 26. nach Flammersbach und am 27. nach Orbe,
wo er sich mit dem dort eingerückten Heere des Feldmarschalls Grafen Batthyani vereinte. Die beiden anderen
Colonnen hatten bereits einige Tage früher, am 23. und 25. ihre
Vereinigung bewirkt. Die französische Hauptmacht lagerte um
diese Zeit bei Steinheim. General-Lieutenant Du Chatel hatte mit
2 Brigaden Fußvolk, 4 Cavallerie-Schwadronen und einigen Freicompagnien die Gegend in und um Offenbach besetzt. Ebenso standen starke
französische Abtheilungen zu Aschaffenburg, Seligenstadt und Höchst.
Kleinere waren längs des linken Mainufers vertheilt, welche Posten
am Ufer des Flusses unterhielten. Von dieser feindlichen Aufstellung
erhielt Graf Traun zu Orbe Kundschaftsberichte, welche zugleich
benachrichtigten, daß die Franzosen bei Höchst einige Brücken über den
Main zu schlagen beabsichtigten, deren Bau aber noch nicht begonnen wurde.

Am 1. Juli rückten die Heere der Feldmarschälle Grafen
Traun und Batthyani in ein gemeinsames Lager bei Gellnhausen. Feldmarschall Graf Traun übernahm den Oberbefehl über das vereinigte Heer, welches an Linien-Infanterie
56 Bataillons, an deutscher Reiterei 92 Schwadronen, dann 8 Cara-
binier- und Grenadier-Compagnien zu Pferde zählte. Die leichten
Truppen bestanden aus 4 Hußaren-Regimentern, 6 Freicompagnien zu
Pferd und zu Fuß, den Warasdinern, Banalisten und Theißern. Diese

gesammten Truppen waren in zwei Treffen und eine Reserve ein=
getheilt [1]). Gleichzeitige Berichte geben den dienstbaren Stand des ver=
einten Heeres auf 42.000 Mann an, eine Ziffer, welche vielleicht um
einige Tausend zu gering genommen sein dürfte. — Man hatte durch
Kundschafter erfahren, daß die Franzosen bei Höchst einige Brücken
geschlagen hätten, und bei diesem Orte sowie am rechten Mainufer
Schanzen zu bauen anfingen.

Am 5. Juli führte G r a f   T r a u n das Heer nach Langen=
Selbold, wo am selben Tage der Großherzog von Toscana bei der
Armee eintraf. Am 8. Juli marschirte das Heer nach Windecken, am
10. nach Nieder=Erlenbach und am 12. um Frankfurt nach Schwal=
bach. Feldmarschall=Lieutenant Bärenklau wurde mit 2500 Mann an
den Main zur Bedrohung des Feindes entsendet. Die Franzosen ver=
ließen bei seiner Annäherung Hochheim und gingen auf den bei diesem
Orte geschlagenen Brücken, die sie hierauf verbrannten, über den Main.

Am 13. marschirte das österreichische Heer nach Hofheim, am
15. nach Hörsheim, wo man sogleich vier Brücken über den Main zu
schlagen begann. Prinz Conti verließ nun auch das linke Mainufer
und zog sich gegen Darmstadt, nur bedacht, sein Heer mit dem ge=
ringsten Schaden auf das linke Rheinufer über die Brücken zu bringen
welche unterhalb Worms, zwischen Rhein=Türkheim und Nordheim ge=
schlagen und mit einem Brückenkopf gedeckt waren. Die österreichische
Avantgarde ging über den Main und verfolgte die Franzosen gegen
Darmstadt, wobei sie viel Gepäck erbeutete und 7 Officiere nebst
40 Mann gefangen nahm.

Nachdem alle Brücken beendet waren, führte G r a f   T r a u n
das gesammte Heer über den Main (bei Hörsheim) und marschirte
bis Trebur, wo er ein Lager bezog. Am selben Tage war auch Feld=
marschall=Lieutenant Bärenklau bei Biberich mit einer starken Abtheilung
über den Rhein gesetzt, rückte am 16. gegen das durch Verschanzungen
gesicherte und von einer 500 Mann starken französischen Freicompagnie
besetzte Oppenheim, dessen Verschanzungen er sogleich angriff. Sie
wurden nebst dem Orte erstürmt, was nicht niedergehauen oder in den
Rhein gesprengt wurde, gerieth nebst dem Befehlshaber und allen

---

[1]) Siehe Beilage E.

Officieren in Gefangenschaft. Am 18. rückte Feldmarschall Traun mit dem Heere nach Wolfskehl, am 19. nach Biebisheim. An diesem Tage führte das französische Heer bei Rhein-Türkheim seinen Rückzug auf das linke Rheinufer aus. Nur General Trips kam am 19. mit der Armee Conti's zum Gefechte. Derselbe, der mit dem größten Theile der Hußaren, Grenztruppen und Freicompagnien, in beiläufiger Stärke von 5 bis 6000 Mann dem Heere Trauns voranzog, war am 18. Juli bei Biblis angekommen. Er fand das französische Heer hinter Wattenheim, einen großen Theil der Fronte und den linken Flügel durch den Weschnitzbach gedeckt, in zwei Treffen gelagert. General Trips sah wol, daß er mit seiner geringen Macht nichts gegen das überdies in gut verschanzter Stellung befindliche französische Heer zu unternehmen vermöge, indeß ließ sich mit aller Sicherheit voraussehen, daß Prinz Conti, durch Bärenklau auf dem linken, durch Traun auf dem rechten Ufer bedroht, den Rheinübergang in in der Nacht oder am Morgen des 19. beginnen würde. Trips durfte hoffen, bei dem Rückzug und Uebergang des Feindes Gelegenheit zu vortheilhaften Angriffen zu finden und setzte sich demgemäß in Verfassung. In der Nacht hatten die Franzosen was sie noch von Gepäck bei sich hatten und einen Theil des Geschützes über die Brücke zurückgeschickt, und verließen noch vor Tagesanbruch das Lager hinter Wattenheim, um sich den Brücken zu nähern. Trips, auf ihre Bewegung aufmerksam, warf sich gegen 5 Uhr Früh auf eine 500 Pferde zählende französische Cavallerie-Abtheilung, welche den Rückzug ihres aus dem Orte Bobstadt abrückenden Fußvolkes deckte, und zersprengte sie gänzlich. Ohne besonderen Widerstand bemächtigten sich seine Grenzer auch einiger Schanzen bei Wattenheim. Das französische Heer hatte vor und hinter Nordheim Stellung genommen, es kam noch zu einem heftigen Gefechte. General Minsky griff, mit Warasdinern und Banalisten herangekommen, auf Befehl des Generals Trips Nordheim an. Mit größter Entschlossenheit warfen sich die Kroaten auf den Ort und waren in kürzester Zeit Meister desselben. Die französische Besatzung flüchtete zwischen den von ihnen erbauten Redouten durch, die Kroaten und Hußaren folgten, aber kamen in ein heftiges Kreuzfeuer und mußten sich zurückziehen. General Trips mußte gegen 10 Uhr Früh das Gefecht abbrechen und sich mit der Behauptung von Nordheim begnügen, da er nicht mit der bedeutenden Uebermacht des Feindes einen weiteren Kampf fortsetzen konnte. Ohne weitere Störung zogen sich nun die Franzosen durch den Brückenkopf über den Rhein. Nach gänzlich bewirktem Uebergange verbrannten sie um 5 Uhr Nachmittags die Brücken. Es scheint, daß General Trips mit nur sehr wenigem Geschütz von geringem Kaliber versehen war, und doch leistete er Hinreichendes, um mit Grund zu vermuthen, daß ein Angriff des gesammten Heeres am 19. und ein gleichzeitiges Erscheinen Bärenklau's am linken Rheinufer dem Feinde eine entscheidende Niederlage bereitet hätte. Es scheint jedoch, daß die Sicherung der Kaiserwahl der Hauptzweck dieser ganzen Campagne gewesen sei, über den man nicht hinaus wollte. Dieser war aber nicht nur in politischer, sondern auch in militärischer Hinsicht von hoher Bedeutung. War die deutsche Kaiserkrone im Besitze der österreichischen Herrscher, so ließ sich wol mit gutem Grunde erwarten, die Gesammtkraft des deutschen Reiches gegen Frankreich, den beständigen Feind aufbieten zu können. Selbst eine nur bewaffnete Neutralität der deutschen Fürsten war für Oesterreich ein großer Gewinn, da dieses nun seine Kräfte mehr in Italien und den Niederlanden verwenden und England leichter von den einzelnen Regenten deutsche Truppen gegen Subsidien erhalten konnte. Ein materielles Hemmniß für größere Unternehmungen mochte jedoch, wie man auch anführte, in dem gänzlichen Mangel der zur Bezwingung der jenseits des Rheines befindlichen feindlichen, mitunter starken Verschanzungen unumgänglich nöthigen schweren Geschütze bestanden haben, denn es befand sich nicht einmal ein zwölfpfündiges Stück beim Heere.

Prinz Conti rückte nach bewirktem Rheinübergange nach Worms und nahm am 20. Juli bei Oppenheim, Mutterstadt und der Rehhütte Stellung.

Feldmarschall Graf Traun marschirte mit seinem Heere von Bibisheim am 23. nach Lorsch, am 28. nach Weinheim und am 30. nach Heidelberg, wo er am rechten Ufer des Neckar, seinen rechten Flügel gegen Ladenburg, den linken bei Heidelberg lagern und über diesen Fluß drei Brücken schlagen ließ. Seine Verpflegung bezog das Heer größtentheils aus den Gebietstheilen des feindlich gesinnten Kurfürsten von der Pfalz.

Am 5. August ließ der Feldmarschall das rechte Rheinufer durch eine Postenkette besetzen. 3000 Mann Fußvolk und 1500 deutsche Reiter unter dem Befehle des Feldmarschall-Lieutenants Grafen Gaisruck[1]) wurden nach Graben entsendet und besetzten den Rhein von Schreck bis Philippsburg; von da bis Mannheim 5000 Mann unter General Trips. Von der Mannheimer Neckarbrücke bis nach Germsheim wurden die Rheinposten durch den in St. Lambert stehenden General Baranyay aufgestellt. 2000 Mann Infanterie und 800 Cavalleristen unter General Lannoy besetzten die weitere Strecke bis gegen Oppenheim, bei welchem Orte Feldmarschall-Lieutenant Bärenklau am linken Rheinufer stand. Frankfurt war durch diese Aufstellung von Seite des linken Mainufers vollkommen gesichert. Um diese Krönungsstadt noch vor etwa möglichen Streifereien am rechten Mainufer zu sichern, wurde am 20. August der hannöversche General-Lieutenant von Sommerfeld mit 8 Bataillons, 1500 deutschen Reitern, 1000 Kroaten und 600 Hußaren nach Bibrich mit dem Auftrage abgeschickt, daselbst eine Brücke zu schlagen und die Entsendung seiner Streifparteien bis an die Saar auszudehnen. Die Franzosen hatten sich allmälig bis in die Gegend von Speyer zurückgezogen, um den Oberrhein leichter decken zu können.

Am 14. September wurde endlich, nachdem Frankfurt gegen jeden feindlichen Angriff vollkommen gesichert war und dem Vollzuge des Wahlactes kein Hinderniß mehr im Wege stand, der Großherzog von Toscana, Maria Theresiens erlauchter Gemal als Franz I. zum Kaiser der Deutschen gewählt. Am 16. wurde aus diesem Anlasse ein feierliches Tedeum abgehalten. In ihren Wirkungen und Folgen

---

[1]) Franz Sigmund Graf Gaisruck, geboren um 1700, war Oberst des Infanterie-Regimentes Graf Wurmbrand (1809 reducirt), focht 1735 als General im Rheinfeldzuge gegen die Franzosen und 1737 bis 1739 gegen die Türken. 1739 Feldmarschall-Lieutenant, erzwang er 1743 die Uebergabe von Landau und erhielt das 42. Infanterie-Regiment. Seit 1745 Feldzeugmeister kämpfte er in den Feldzügen in Flandern ebenfalls mit Auszeichnung. Nach dem Aachener Frieden 1748 nach Wien berufen, betheiligte sich Graf Gaisruck an der Organisirung des Feldkriegs-Commissariats. Am 29. Juni 1754 zum Feldmarschall befördert, fungirte Gaisruck noch mehrere Jahre als commandirender General in Slavonien bis er 1769 starb. Siehe von Wurzbach, Lexikon, Band V, Seite 57.

konnte diese nun glücklich vollzogene Wahl der Deutschen einem großen Siege über die Franken gleichgehalten werden.

Am 19. September reiste der neue Kaiser in Begleitung des Feldmarschalls Grafen Batthyani seiner erhabenen Gemalin bis Aschaffenburg entgegen, da sie eigens von Wien gekommen war, den Krönungsfeierlichkeiten beizuwohnen. Am 28. besichtigten die beiden Majestäten, welche Tags vorher in Heidelberg eingetroffen waren, das Heer und speisten in einem Zelte vor dem Lager. Feldmarschall Graf Traun und die höhere Generalität, einschließlich der Feldmarschall-Lieutenants, waren zu ihrer Tafel gezogen. Die General-Feldwachtmeister, sämmtliche Stabsofficiere und Cavaliere speisten an besonderen Tafeln. Das Spiel zahlreicher Regiments-Musiken erklang in harmonisch kriegerischer Weise, unterbrochen von den Grüßen der Geschütze und begleitet von dem Jubelchoral vieler tausend Stimmen freudig begeisterter Krieger. Jeder Mann vom Feldwebel und Wachtmeister abwärts mit Einschluß der Hannoveraner und Holländer erhielt einen Reichsgulden, ein Pfund Fleisch und eine Maß Wein.

Am 4. October verreisten beide Majestäten unter dreimaligem Freudenfeuer des Heeres zur Krönung nach Frankfurt, welche in der ehrwürdigen deutschen Reichs- und Krönungsstadt am 9. October 1745 in feierlichster und würdigster Weise vollzogen wurde. Am 16. kamen Kaiser und Kaiserin von Frankfurt nach Heidelberg zurück, von wo sie, nachdem Feldmarschall Graf Traun mit der Generalität seine ehrfurchtsvollsten Glückwünsche abgestattet hatte, den folgenden Tag nach Wien abreisten.

Der Feldmarschall beschäftigte sich nun angelegentlichst mit der bevorstehenden Errichtung der Winterquartiere und der Rheinpostirung. Das gesammte Fußvolk sollte zwischen Heidelberg und Mainz bequartiert werden, die Reiterei aber sich am linken Neckarufer bis Pforzheim ausbreiten. Die Festungen Kehl, Philippsburg und Mainz in vertheidigungsfähigen Stand gesetzt und mit starken Besatzungen versehen zu wissen, war eine Hauptsorge des Feldmarschalls Traun, der auch bemerkte, daß die Winterquartiere erst dann, wenn die feindliche Armee sich zertheile, bezogen werden könnten. Schon am 8. October wurden 4 Infanterie- und 2 Reiterregimenter unter Feldmarschall-Lieutenant Graf Grünne zur Armee nach Böhmen beordert und in zwei Colonnen am 13. und 15. dahin in Marsch gesetzt. Ebenso gingen 2 Hußaren-Regimenter, das Bartollotti'sche Corps, die irreguläre Reiterei des Save- und Donaustromes, im Ganzen 1354 Mann, nach Vorderösterreich ab. Durch diese Absendungen war der dienstbare Stand der österreichischen Truppen auf 12.364 Mann Infanterie und 6109 Reiter herabgekommen. Am 2. November marschirten auch die Holländer auf Befehl der Generalstaaten vom Heere ab, ihrer Heimat zu.

Der französische Feldherr Prinz Conti hatte sich um diese Zeit von Speher gegen Landau und hinter die Linien der Queich gezogen, schickte später die Cavallerie in die Franche Comté und nach Lothringen zurück, und verlegte das Fußvolk in Cantonirungen zwischen der Queich und Lauter, später aber in Winterquartiere an der Saar, Mosel und Maas.

Nun konnte auch der Feldmarschall Graf Traun in Hinsicht auf den Feind mit ziemlicher Beruhigung daran denken, sein Heer in die Winterquartiere zu verlegen, aber die Reichskreise stellten der Beziehung solcher die größten Schwierigkeiten entgegen. Nach einem Berichte des Feldmarschalls de dato 20. November hatte man weder Magazine noch Lieferanten, und die Kreise wollten sich zu gar keiner Leistung herbeilassen. Eine Concentrirung der Truppen, im Falle dieselbe nöthig gewesen wäre, konnte kaum in sechs Tagen möglich sein. Da nach einem weiteren Berichte vom 23. sämmtliche Reichsstände den kaiserlichen Truppen die willige Quartierseinnahme verweigerten, sah sich Feldmarschall Graf Traun bemüssigt, da die Truppen bei der vorgeschrittenen Jahreszeit nicht länger im Felde gehalten werden konnten, auch ohne Bewilligung zur Verlegung derselben zu schreiten. — Um jedoch die Last der Einquartierung möglichst zu erleichtern, wurden die wenigen österreichischen Truppen an beiden Ufern des Neckar so weit auseinander dislocirt, daß der rechte Flügel von dem linken 36 Meilen und einige Regimenter sechs bis acht Märsche vom Sammelplatze Heidelberg, dem Hauptquartiere Trauns entfernt waren.

Der hannöversche General-Lieutenant von Sommerfeld hatte, entrüstet über die Unwillfährigkeit der Mitstände seines Herrn, mit seinem Corps schon den Rückmarsch nach Hannover begonnen. Nur Trauns Vorstellungen und dessen Hinweisung auf die für das deutsche Reich zu befürchtenden Gefahren, vermochten ihn, zwischen

dem Main und der Lahn Quartiere zu beziehen und daselbst die Be=
fehle seiner Regierung abzuwarten.

Schon hatte der Feldmarschall Graf Traun den Befehl
der Kaiserin erhalten, zur Verstärkung der kaiserlichen Armee in
Böhmen mit seinen Truppen abzurücken und gegen Eger zu marschiren,
als der mit Preußen am 25. December abgeschlossene Friede in diesen
Anordnungen eine große Aenderung hervorbrachte.

Die alliirte Rhein=Armee löste sich nun allmälig auf. Die
österreichischen Truppen, welche der Feldmarschall Herzog von Arem=
berg früher aus den Niederlanden geführt hatte, mußten unter Befehl
des Feldmarschall=Lieutenants Baranyay ¹) wieder dahin zurückkehren.
Mehrere kaiserliche Infanterie= und Cavallerie=Regimenter wurden unter
Befehl des Feldzeugmeisters Grafen Browne ²) nach Italien in Marsch

---

¹) Johann Freiherr von Baranyay von Boderfalva, geboren
1685 in Ungarn, trat im 21. Lebensjahre (1706) bei den Hußaren ein, und war
1734 Oberstlieutenant in dem eben errichteten gegenwärtigen 6. Hußaren=Regi=
mente, damals Karoly. Am 20. September 1734 hatte er mit 210 Hußaren
1500 feindliche Fourageurs ungeachtet ihrer beihabenden, 1000 Mann starken Be=
deckung in dem Thale bei Offenburg angegriffen und mit Verlust von 400 Todten,
28 Gefangenen und 111 Pferden in die Flucht geschlagen. Die Bauern des
Schwarzwaldes unterstützten den Angriff der Hußaren von der Höhe eines Berges
durch ein wohl angebrachtes, gut genährtes Kleingewehrfeuer auf das Thätigste.
Im Feldzuge 1735 machte Oberstlieutenant Baranyay mit 300 Hußaren den
Vortrab der vom General Baron Stein befehligten, aus deutscher Reiterei be=
stehenden Avantgarde. Baranyay stieß mit den beiden feindlichen Parteigängern
Oberstlieutenant Galhau und Capitän Pauli bei Schmiedeberg zusammen. Er ließ
seine Hußaren absitzen, und diese griffen den zwischen Klippen und Felsen
aufgestellten Feind rasch an, nachdem sie dessen Gewehrsalve überstanden hatten,
hieben 6 Officiere und 280 Mann zusammen, und nahmen die beiden Partei=
gänger nebst 14 Officieren und 220 Mann gefangen. Für diese Bravour rückte
Baranyay 1736 zum Obersten im Regimente vor, und hielt sich im Türkenkriege
1737 sehr tapfer im Treffen bei Banjaluka. Noch im selben Jahre zum General
befördert, machte er die Feldzüge 1742 und 1743 in Baiern und am Rhein mit
Auszeichnung, und wurde 1746 Feldmarschall=Lieutenant. Im Feldzuge dieses
letzteren Jahres commandirte er die Cavallerie, mit welcher er in der Schlacht
bei Rocour thätigst mitwirkte. Nach dem Aachener Frieden mit der Reorgani=
sation der Cavallerie beauftragt, wurde Baranyay 1754 General der Cavallerie
und starb am 22. April 1766 im 81. Lebensjahre. Seit 1739 war er Inhaber
des gegenwärtigen 8. Hußaren=Regiments. Thürheims Geschichte der Reiter=
regimenter, Wien 1862, II. Band, Die Hußaren, Seite 137, 162, 221.
²) Maximilian Ulysses Reichsgraf von Browne, geboren 1705
zu Basel, altem katholischem Geschlechte Irlands entstammend, kämpfte bereits

gesetzt, dagegen andere aus Böhmen nach Franken und Schwaben ver=
legt, und endlich die neu errichteten Freicompagnien wegen ihrer Zucht=
losigkeit theils aufgelöst, theils unter die Regimenter vertheilt.

Am 24. Jänner 1746 verließen die letzten österreichischen Truppen
den Rhein und oberrheinische Kreistruppen besetzten den Cordon.

Feldmarschall Graf Traun reiste nunmehr von Heidel=
berg nach Wien ab, und der 69jährige Held sollte keinen Kriegs=

1734 Oberst, im gegenwärtigen 57. Infanterie=Regimente O'Neulau bei Parma,
Quistello und Guastalla, an beiden letzteren Orten sich vorzüglich auszeichnend,
wurde nun General und bewährte sich im Feldzuge 1735 in Tirol, dessen Grenzen
gegen Italien er mit seinen Truppen deckte. In den drei Feldzügen gegen die
Türken 1737 bis 1739 erwarb er sich namentlich in den Kämpfen von Banjaluka
1737 und Krotzka 1739 neuen Ruhm und wurde 1737 Inhaber des gegenwärtigen
36. Infanterie=Regimentes, 1739 Hofkriegsrath und Feldmarschall=Lieutenant. Im
österreichischen Erbfolgekriege focht er in den Schlachten bei Mollwitz 1741, bei
Czaslau 1742, commandirte 1743 die Avantgarde in Baiern, führte Ende Mai
1743 die Einnahme von Deggendorf und am 6. Juni den Donau=Uebergang bei
Wischelburg aus. Vorzüglichen Ruhm erwarb sich Graf Browne in Italien bei
der Einnahme von Veletri, in welche Stadt er am 11. August 1744 unvermuthet
eindrang und sieben feindliche Regimenter aufrieb. 1745 wieder in Baiern, war
er bei der Erstürmung von Vilshofen, und erhielt, als er die Kroaten von der
Niedermetzelung der Besatzung abhalten wollte, einen Schuß in den Schenkel. Im
Feldzuge 1746 abermals in Italien, eroberte er am 24. März Guastalla, entschied
am 15. Juni den blutigen Sieg bei Piacenza und nahm Theil an der Expedition
in die Provence. Seit 1747 Feldzeugmeister, erhielt Browne 1749 das Gouverne=
ment in Siebenbürgen, später, 1751, das General=Commando in Böhmen, und
wurde im Juni 1754 Feldmarschall. Browne's Warnungen an den Hofkriegs=
rath über die Absichten Friedrichs II. in Böhmen blieben unbeachtet. Zwar ver=
lor Feldmarschall Graf Browne am 1. October 1756 die Schlacht bei Lobositz,
jedoch war der Sieg des Gegners mit großen Opfern erkauft. Anfangs 1757 zu
Berathungen nach Wien berufen, konnte der Feldmarschall mit seinen Ansichten
über den Plan des nächsten Feldzuges nicht durchdringen. Er erhielt den Orden
des goldenen Vließes. Am 6. Mai 1757 in der Schlacht bei Prag wurde Feld=
marschall Browne tödtlich verwundet, und durch diesen traurigen Umstand der
fast erkämpfte Sieg den österreichischen Truppen wieder entrissen. Doch genoß
Browne vor seinem Hinscheiden am 26. Juni noch den Trost, die Folgen des
Sieges von Kolin im Entsatze von Prag zu sehen, und die Umstände aus dem
Munde des Siegers selbst zu hören, hierin glücklicher als sein heldenmüthiger
Gegner Feldmarschall Schwerin, der ihm gegenüber siegend starb, und Alles für
verloren hielt. Nach dem Zeugnisse eines seiner Zeitgenossen: Kuniaczo, Ge=
ständnisse eines Veterans, Breslau 1788, II. Theil: „vereinigte Feldmarschall
„Graf Browne die methodische Kriegskunst Khevenhüllers mit der Klugheit
„und Vorsicht Trauns und der kühnen Entschlossenheit Eugens. Friedrich II.
„schätzte ihn hoch". Näheres siehe von Wurzbach, Lexikon, II. Band, S. 161.

schauplatz mehr betreten, das greise Haupt n i ch t m e h r mit neuem
Lorbeer umwinden; er hatte seinen letzten Feldzug mit ruhm=
reichem Erfolge geendet und abermals mit nur geringen Opfern, ohne
eine Schlacht geschlagen und Tausende von Kriegerleben geopfert zu
haben, den vorgehabten Zweck, nämlich den Schutz der alten Krönungs=
stadt Frankfurt und die Freiheit und Sicherheit der Kaiserwahl erreicht,
und diese letztere konnte für das Haus Oesterreich wol einem Siege
und einer Niederlage seiner Feinde gleich erachtet werden.

X.

Feldmarschall Graf Traun wird Commandirender in Siebenbürgen. —
Sein Ableben, Familie und Charakteristik. — Urtheile berühmter
Zeitgenossen.

1746 bis 1748.

Bei den immer lichter werdenden Aussichten zum baldigen
allgemeinen Frieden, ward es dem greisen Helden gegönnt, nach
den vielfachen physischen und moralischen Strapazen der letzten vier
Feldzüge (1741—1745) durch ein volles Jahr in Wien auszuruhen,
bis er zu Anfang 1747 zum Gouverneur und commandirenden General in Siebenbürgen ernannt wurde.

Feldmarschall Graf Traun begab sich nun ungesäumt
auf diesen hohen Vertrauensposten, jedoch nur ein Jahr erlaubte ihm
das Geschick in diesem neuen Wirkungskreise seine gewohnte segen-
bringende Thätigkeit auszuüben. Denn am 10. Februar 1748 beschloß
dieser ruhmvolle Feldherr zu Hermannstadt sein thatenreiches Leben,
das er auf einundsiebenzig Jahre gebracht hatte. Ein volles halbes
Jahrhundert hatte Feldmarschall Graf Traun seinem Vaterlande vorzügliche Dienste geleistet (1697—1748) und in 18 Feldzügen
mit Auszeichnung gekämpft. (Diese waren der spanische Successionskrieg von 1701—1712, der Feldzug 1718 in Sicilien, 1734 in Neapel,
1742 und 1743 in Oberitalien, 1744 am Rhein und in Böhmen und
1745 an den Ufern des Main- und Rheinstromes.)

In dem Presbyterium der auf dem Hauptplatze zu Hermannstadt
stehenden katholischen Kirche wurde dem Hingeschiedenen ein schönes
Monument errichtet.

Feldmarschall Graf Traun war zweimal vermält, und zwar zuerst mit Juliana Polapina Gräfin von Faletti aus Piemont. (Vermälungstag und Todestag dieser ersten Gemalin konnten wir in keinem der genealogischen Werke jener Zeit eruiren.) Zum zweiten Male vermälte sich der Graf, bereits in seinem 70. Jahre, im September 1747 mit Sidonia von Hinderer, der Witwe des kaiserlichen Hofkriegsrathes Joseph Adam von Dierling, die ihren Gemal mehrere Jahre überlebte, deren Todestag aber gleichfalls nirgends auffindbar ist.

Der Todestag des Feldmarschalls selbst wird in dem seiner Zeit als Autorität geltenden Genealogischen Handbuche Gottlob Friedrich Krebels, Leipzig, Joh. Friedrich Gledit'sche Buchhandlung, 8°, als der 18. Februar 1748 angegeben, während er in den zwei existirenden, nur kurzen Biographien (Hormayrs Plutarch, 17. Bändchen, und Schels' Militärische Zeitschrift, Jahrgang 1842, VI. Heft), sowie auch in allen lexikalischen Notizen als der 10. Februar 1748 angegeben ist, welches Datum nach Allen auch das richtige zu sein scheint.

Nach dem officiellen Genealogischen Schematischen Reichs-Staats- und Handbuch für das Jahr 1748 (also Trauns Todesjahr), herausgegeben zu Frankfurt am Main bei Franz Varrentrapp, Seite 281, erscheint als einziger Sohn des Feldmarschalls aus erster Ehe: Carl Joseph, geboren im Februar 1718, gestorben am 20. Jänner 1747. Dieser wird auch in Gräffers Geschichte der kaiserlichen Regimenter, III. Band, als (seit 1746) Oberst und Commandant von seines Vaters Regiment und unter dem angegebenen Todesjahr 1747, in Mantua gestorben, aufgeführt.

Oberstlieutenant von Schels in seiner Biographie des Feldmarschalls Traun gibt ebenfalls diese Nachricht über Carl Joseph Grafen Traun, des Feldmarschalls einzigen Sohn; doch führt er noch nebstbei an, daß in der Musterliste des Infanterie-Regimentes Traun vom Juni 1747 ein Sohn des Feldmarschalls unter dem Namen Graf Ferdinand Traun als Oberstlieutenant angeführt erscheint, mit dem Beifügen, daß derselbe damals 37 Jahre alt, zu München geboren war, zwei Kinder hatte, und bei der Armee im Genuesischen commandirt stand. — Dieser Graf Ferdinand Traun, sowie dessen Gemalin oder Nachkommenschaft ist aber in gar keinem genealogischen Werke weder aus jener noch aus neuerer Zeit ersichtlich. Der historisch-genealogische Atlas des Dr. Carl Hopf, I. Band, 1858, gr. 4⁰, Gotha bei Perthes, gibt Seite 378 und 379 eine große Stammtafel des gesammten Hauses der Grafen Abensperg und Traun mit allen seinen blühenden und abgestorbenen Linien, in welcher der Feldmarschall Graf Otto Ferdinand ohne Nachkommenschaft aufgeführt erscheint. Bei diesen vielen genealogischen Widersprüchen und dem bei Beginn unserer Skizze bereits angeführten Uebelstande des Abganges archivarischer Quellen der erloschenen Eschelberger Linie des Grafenhauses Traun ist es ungemein schwierig, mit Bestimmtheit das Richtige anzuführen, jedoch scheint nach den gleichzeitigen Staats- und Handbüchern die Angabe über Carl Joseph Grafen Traun mit ziemlicher Sicherheit als die richtige bezeichnet werden zu können.

Wie schon in diesen Blättern erwähnt, wurde noch im Todesjahre des Feldmarschalls, nach dem Aachener Frieden, das Infanterie-Regiment Traun reducirt.

Der Feldmarschall Graf Traun hatte sich in der kurzen Zeit seines Wirkens in Siebenbürgen gleichfalls die allgemeine Liebe und hohe Achtung der dortigen Bevölkerung erworben, wenn auch sein für das Vaterland zu frühes Hinscheiden ihn hinderte, für dieses seiner Verwaltung anvertraute Land das zu werden, was er einst für Mailand gewesen! Er starb, in Siebenbürgen nicht weniger betrauert, geehrt und gesegnet, als ehemals bei der Niederlegung der Statthalterschaft von der lombardischen Hauptstadt.

Seine edle Humanität, seine Uneigennützigkeit und sittlichen Tugenden stellen Traun auf einen der Höhepunkte in der Geschichte der Menschheit, wie nicht minder seine Tapferkeit, seine tiefe Einsicht im Kriegswesen, seine Kenntnisse und Feldherrngaben! Das ihm in hohem Grade eigene Talent, seinen Gegner durch unerklärbare Bewegungen zu desorientiren und ihn durch kriegerische Scheindemonstrationen dahin zu weisen, wo man ihn haben will, dieses seltene Talent, in welchem er selbst dem großen Kriegsfürsten Montecuculi nicht nachstehen mochte, sichern Traun einen der hervorragendsten Plätze unter den Feldherren aller Nationen und aller Zeiten, und gründen seinen gerechten Anspruch auf den Dank der Nachwelt, die das Verdienst, ein Land ohne blutige Schlacht vom Feinde gereinigt zu haben, weit über alles Thatenglück setzt, gegen welches der Feldmarschall überhaupt sehr mißtrauisch war.

„Mit einer solchen Armee ist Nichts zu verlieren", sagte ein junger Feldherr im Vollgefühle eigener Kraft und in stolzer Freude soeben erst errungener Vortheile. „Nichts, gnädigster Herr! als Baiern und Böhmen", versetzte mit kaltblütiger Ruhe der kriegserfahrene Held. Wenn Traun das oft so zuversichtlich hingeworfene: „Man wird den Feind schlagen" hören mußte, war seine Antwort immer: „Dazu gehören Zwei, Einer der schlägt und Einer der sich schlagen läßt".

Seine freimüthige Redeweise, sein edler uneigennütziger Charakter, seine Unparteilichkeit, seine Menschlichkeit, vor Allem aber seine Wahrheitsliebe hatten ihm so manche mächtige Feinde zugezogen; — die Schwierigkeiten der militärischen Stellung Trauns wurden von ihnen oft benützt, um nach Möglichkeit gegen ihn zu intriguiren, ihn zu stürzen und zu entfernen, oder ihn zu dem Entschlusse freiwillig zurückzutreten zu bewegen; ja man ging sogar einmal so weit, seinen Patriotismus und seine Uneigennützigkeit zu verdächtigen. Es bedurfte bisweilen des vollen Einflusses der Kaiserin selbst, um den Feldmarschall Traun auf seinem Platze zu erhalten, — gegen alle Anschuldigungen und Vorwürfe, welche sowol eine mächtige Partei in ihrem Rathe, als auch selbst unter dem Feldmarschall stehende Generäle vorbrachten. Es gab wenige Regenten, welche einen so ausgezeichneten Scharfblick in der Würdigung ihrer Diener hatten, wie die Kaiserin Maria Theresia. Ihr ganzes Leben hat diese erhabene geistvolle Fürstin dieses Talent in eminentem Grade bewährt und die Wahl ihrer Staatsmänner, Feldherren, Diplomaten, wie anderer Organe war meist eine glückliche zu nennen. Welch eine glänzende Reihe großer Männer im Felde, im Cabinete, in der Verwaltung, Gesetzgebung, in schönen Künsten und Wissenschaften verdankt nicht Oesterreich dem Scharfblicke und der richtigen Würdigung dieser erhabenen, in Allem und Jedem wahrhaft kaiserlichen Frau. Sie war es auch, nur Maria Theresia allein, die den oft verfolgten und verdächtigten Feldmarschall Traun der Armee, und Oesterreich erhielt.

Ein ausgezeichneter Historiker der Neuzeit (Ritter von Arneth, Maria Theresias erste Regierungsjahre, III. Band, Seite 54 und 55, Wien 1865, Wilhelm Braumüller, 8⁰) gibt auch in seinem trefflichen Werke interessante Andeutungen über das Verhältniß des Feldmarschalls Grafen Traun zu dem Oberfeldherrn Prinzen Carl von Lothringen. Obgleich im Feldzuge 1744 zwischen diesen beiden Heerführern ein sehr befriedigendes Einvernehmen geherrscht hatte, so war dies wol die Folge von der ungemeinen Bescheidenheit Trauns, eines Mannes, der seinen eigenen Werth wohl fühlte, aber es verschmähte, diesen durch Andere erst zur Geltung zu bringen, — er trat immer zurück, wo es galt, den Erfolg und Ruhm zu ernten, und überließ in solchen Fällen dem Prinzen den Vortritt. Aber die allgemeine Stimme des Heeres, welche stets behauptete, der Feldmarschall Traun sei die Seele der Unternehmungen, er diene nur dem Namen nach unter dem Prinzen, und der Ruhm des Feldzuges 1744 am Rhein und in Böhmen gebühre dem alten Feldmarschall, konnte unmöglich dem Prinzen Carl ganz unbekannt sein, und mußte begreiflicher Weise ein peinliches Gefühl in der ehrgeizigen Seele des jungen kriegerischen Fürsten erzeugen.

Die Aeußerungen desselben über Traun, der halb so viele Feldzüge mitgemacht hatte als Prinz Carl Lebensjahre zählte (Prinz Carl war im December 1712 geboren, zur selben Zeit war Traun bereits als Oberst bei dem Entsatze von Cardona), klingen bisweilen fast komisch. So die Bemerkung: Traun beschäftige sich nicht mit dem Detail des Heerwesens und scheine ein Neuling in der Kriegführung zu sein („il [Traun] n'entre dans aucun detaille et semble etre tout nouveau dans le metiers"). Ein andermal nennt der Prinz den Feldmarschall so schüchtern, daß es immer nothwendig sei, ihm ganz genaue und unzweideutige Befehle zu ertheilen, indem er niemals das Geringste auf sich zu nehmen wage. (Schreiben des Prinzen Carl aus Opotschno, de dato 3. December 1744: „en cas que la Reyne voulu qu'il [Traun] reste „icy ou quelque autre commission, il faut qu'elle ayet la bonté „de luy ecrire ses ordres bien précis, car il est sy craintif ou „bien je ne scays quoy qu'il n'ozerat jamais rien prendre sur

„luy". Dieser Brief des Prinzen ist an seinen Bruder den Großherzog
gerichtet.)

Endlich betonte Prinz Carl zu oft wiederholten Malen das
vorgerückte Alter und die körperliche Gebrechlichkeit Trauns, welche
beide Uebelstände aber den Feldmarschall doch nicht gehindert hatten,
trotz der rauhesten Jahreszeit durch dreißig Stunden zu Pferde zu
sitzen, und stets die nöthigsten Vorkehrungen zur Abwehr der Angriffe
der Preußen zu treffen. (Bericht des Venetianer Gesandten Erizzo
de dato 23. Jänner 1745.)

Aus allen diesen Anführungen läßt sich wol mit ziemlicher Bestimmtheit annehmen, daß Prinz Carl im Feldzuge 1745 der Ver-
setzung des Feldmarschalls Traun auf einen anderen Kriegsschauplatz nicht fremd gewesen sein mag, abgesehen von der Nothwendigkeit,
das Commando über die Armee, welche die Franzosen aus Deutschland
vertreiben und die Kaiserwahl in Frankfurt schützen sollte, in so ver-
trauenswerthe Hände, wie jene Trauns zu legen.

Der Feldzug 1745 in Böhmen gegen Preußen war aber kein
glücklicher zu nennen, und nach dem Verluste der Schlachten von
Hohenfriedberg und Soor beklagte man in der Armee vielfach die Ab-
wesenheit des Feldmarschalls Grafen Traun von diesem
Kriegsschauplatze. Aber auch Staatsmänner von Einsicht, wie der bei
dem Friedenscongresse zu Dresden fungirende bevollmächtigte Minister
Graf Friedrich Harrach [1]), meinten, wenn man den Krieg fortführen

---

[1]) Friedrich August Gervas Graf von Harrach, geboren am
18. Juni 1696, war ein Sohn des jüngeren der beiden bekannten spanischen
Gesandten zur Zeit der Erledigung der spanischen Erbfolge. Er war früher Gesandter in Turin und Regensburg, dann 1732 Obersthofmeister und Oberstkämmerer der Erzherzogin Maria Elisabeth, Statthalterin der Niederlande, und
fungirte 1745 als bevollmächtigter Minister bei dem Friedenscongresse zu Dresden,
nachdem er bereits früher, 1742, den Frieden von Breslau geschlossen hatte. Graf
Harrach war auch in den folgenden Jahren oberster Kanzler des Königreiches
Böhmen und besaß den Ritterorden des goldenen Bließes. Er war ein vollendeter
Staatsmann mit festem Charakter und liebenswürdigen Umgangsformen. Der
preußische Gesandte Graf Podewils nannte Harrach in einer Depesche vom 24. Mai
1747: „sans contredit le ministère le plus éclairé de tous ceux qu'il y a à
la cour de Vienne". Harrach war gerade nicht reich, aber wohl rangirt; ein
weiser Haushälter, hielt er sich von unnöthigen Geldverschwendungen fern, war
daher unabhängig, aber gerade deshalb ließ ihn der Staatssecretär nicht auf-

wolle, wozu sich noch ausreichende Hülfsmittel finden ließen, so müßte man dem Feldmarschall Grafen Traun den Oberbefehl über= tragen. In einem Briefe Harrachs aus Rima, 18. December 1745, an den Grafen Ulfeld, der, wie wir in diesen Blättern gesehen haben, zu den steten Gegnern Trauns im Conferenzrathe gehörte, kommt folgende Stelle vor: „si j'avois à dire quelque chose, je voudrois „donner à Traun une armée de 80 m. hommes des trouppes „allemandes et 20 m. Housards et Warasdins et bons Croates „ou Slavoniens, pour entrer la Moravie etc.“

Obzwar wir bereits die Worte und das Urtheil des großen Gegners Friedrich II. von Preußen über Traun anläßlich des Feld= zuges 1744, und insbesondere nach dem Ueberfalle bei Solonitz erwähnt haben, wollen wir noch einige Stellen aus einer unserer früheren Schriften, (Thürheims Feldmarschall Fürst Carl de Ligne, Wien, Braumüller, 1877, 8⁰, Seite 65—67), welche die volle Anerkennung des genialen Königs und ruhmreichen Kriegsfürsten enthalten, hier wiederholen.

Bei der bekannten Zusammenkunft des preußischen Monarchen mit Kaiser Joseph II. im Lager zu Neustadt im September ·1770,

---

kommen und stellte der Kaiserin vor: „Harrach sei durch Vermögen, Geist, Er= „fahrung und Festigkeit, wo nicht Starrheit des Charakters unabhängiger und „selbstständiger, als eigentlich einem Unterthan zieme“, und empfahl dagegen den Grafen Ulfeld, „der angenehmer, lenksamer, kurz bei Gelde, daher als ver= „gnügungslustiger Weltmann jederzeit wie der Käfer am Feuer zu halten“. Graf Harrach war in Opposition mit den anderen Ministern, insbesondere Haugwitz, als Vertheidiger der historischen Rechte, der alten Freiheiten und Privilegien der Stände, die nun geschmälert werden sollten, um einer neu erstehenden Macht: der Bureaukratie zu weichen. Graf Harrach verfocht seine Meinung so lange er konnte, fiel aber in Ungnade bei der Kaiserin Maria Theresia und legte die Würde eines Obersten Kanzlers des Königreiches Böhmen ab. — Er war ein echter Edelmann, der seine Ansichten nicht jedem beliebigen Systeme unterwarf, und daher lieber zurücktrat, als gegen seine Ueberzeugungen handeln zu müssen. — Er starb kurz nachher, am 4. Juni 1749; man behauptete, der Tod dieses Mannes, der sich damals noch in der Vollkraft seiner Jahre befand, sei durch die Ungnade der Kaiserin be= schleunigt worden. Ein Umstand, den auch Ritter von Arneth im vierten Theile seiner Geschichte Maria Theresias Seite 24 erwähnt. Arneth III. und IV. Theil: Maria Theresias erste Regierungsjahre. von Wurzbach, Lexikon, VII, Seite 375.

sagte Friedrich der Große zu dem damaligen General, späteren Marschall Fürsten Carl de Ligne: „Wissen Sie, wer mir das Wenige gelehrt „hat, was ich weiß? Ihr alter Marschall Traun! ja, dies war „ein Mann!" Der König wiederholte derlei Aeußerungen mehrmals dem von ihm besonders bevorzugten geistreichen Fürsten de Ligne. Bei Gelegenheit eines Hofconcertes bat er diesen, ihm jene österreichischen Generäle und Stabsofficiere zu zeigen, welche schon unter dem Feldmarschall Grafen Traun gedient hatten, „denn diesen Mann „betrachte er als seinen eigentlichen Lehrer in der Kriegskunst, „der ihn mehr als einmal corrigirt habe".

„Ah, da waren Eure Majestät für den genossenen Unterricht „sehr undankbar, und Sie hätten sich wenigstens einmal von ihm „schlagen lassen sollen", erwiderte der Fürst de Ligne.

„Ich wurde aber nicht geschlagen, weil ich mich nicht geschlagen „habe", sagte König Friedrich.

„Dies war oft die Methode der größten Feldherren, Sire. Zum „Beispiel in der Campagne 1674 und 1675 haben es Montecucculi „und Turenne ebenso gemacht", antwortete de Ligne.

„Es ist kein Unterschied zwischen Traun und dem „Ersteren, aber, o guter Gott, welch' großer Unterschied zwischen „dem Andern und mir", waren die Worte des philosophischen königlichen Kriegshelden, und haben aus dem Munde eines Gegners und eines der größten Feldherren seiner Zeit den höchsten Werth! Die Geschichte hat sie aufgezeichnet und dem Kriegsruhme des Feldmarschalls Traun eines der schönsten ehrendsten Monumente damit gesetzt.

Traun gehörte nicht unter die schlachtgierigen Feldherren; er wollte nur dann schlagen, wenn das Ziel nicht anders zu erreichen, durch den Sieg mehr als das Schlachtfeld zu gewinnen war. Er säumte jedoch auch nicht, den Kampf zu suchen, wenn sich, wie bei Campo Santo, eine besonders günstige Gelegenheit zeigte. Ein charakteristisches Merkmal großer Feldherren ist das Entziffern der Absichten und Pläne ihrer Gegner, und diese Kunst war dem Feldmarschall Traun in hohem Grade eigen.

Ein österreichischer Historiker, Freiherr von Hormayr, sagt am Schlusse seiner leider nur sehr kurzen Biographie Trauns (20 Seiten) unter manchem Andern folgende denkwürdige Worte, mit denen wir unsere Skizze abschließen wollen: „Es ist ein großer Ruhm, in kriege= „rischen Zeiten der glückliche Anführer sieggekrönter Heere zu sein und „den Staat dadurch zu mehren. Aber nicht Jedem ist solches Glück „beschieden, und es ist vielleicht ein noch größerer Ruhm, in der „höchsten dringendsten Noth sich an die Spitze stellen und den Staat „erretten, wie Traun und Khevenhüller".

Wo nicht immer ein siegreicher, doch ein unüberwundener Feldherr tritt die ehrwürdige Gestalt des Feldmarschalls Grafen Traun aus der Nebelferne von Oesterreichs Vergangenheit — und den Tagen seiner großen Kaiserin vor unser geistiges Auge!

Stammtafel

des

k. k. Feldmarschalls und goldenen Vließes Ritter

Otto Ferdinand Grafen von Abensperg und Traun

in gerader Linie.

———

Wolfram oder Wilfin Herr von Abensperg nennt sich und sein erbautes Schloß nach dem vorbeifließenden Traunfluß der erste Landherr von Traun, 1071—1094, uxor incomperta.

Otto I. lebte 1074—1127. Gemalin Agnes von Wachsenberg und Wilhering.

Wernhard I. um 1113. Gemalin Hedwig von Rottau.

Hiltpold I. 1142—1156. Gemalin Katharina von Sultzburg.

Dietrich um 1175. Gemalin unbekannt.

Berthold † 1216. Gemalin Gutta Strein von Schwarzenau.

Wernhard IV. 1216, † 1236. Gemalin Anna von Sonnenberg.

Otto II. von Eschelberg 1236, † 1276, Gemalin Barbara Herrin von Zinzendorf.

Hartneid II. 1276, † 1335. Gemalin Adelheid von Hartheim.

Hans I. von Traun 1335, † 1363. Gemalin Elisabeth Herrin von Studeck.

Hans II. 1363—1386. Gemalin Euphemia Herrin von Ehrenfels.

Wolfgang 1430—1456. Gemalin Clara von Freyberg.

Hans IV. von Eschelberg 1470, † 1500. Gemalin Praxedis Herrin von Scherffenberg.

Christoph † 1550. Gemalin Kyburg von Auersperg.

Otto † 1572. Gemalin Herzenlanth Freiherrin von Schifer.

Otto Bernhard † 1605. Gemalin Judith Herrin von Polheim.

Seit 1658 Reichsgraf Otto Maximilian † 1658. Gemalin
Rebekka Schrottin Freiin von Kindtberg.

Otto Lorenz † 1695. Zweite Gemalin Eva Susanna Freiin
Rueber zu Pixendorf.

Otto Ferdinand Graf von Abensperg und Traun,
Ritter des goldenen Bließes, k. k. Feldmarschall,
geboren am 27. August 1677, gestorben am 10. Februar 1748.

Wappen.

Von Silber und schwarz, senkrecht getheilt, ohne Bild. Grafen=
krone. Der gekrönte Helm mit schwarz=silbernen Decken trägt einen
offenen Adlerflug, dessen rechter Flügel silbern, der linke schwarz ist.
(Gothaisches genealogisches Taschenbuch der gräflichen Häuser, 1871,
Seite 1.)

Biographien und biographisch-lexikale Artikel

über den k. k. Feldmarschall

Grafen Otto Ferdinand Abensperg und Traun.

Schels Johann Baptist, Oesterreichische militärische Zeitschrift, Jahrgang 1842, VI. Heft, enthält eine vollständige, aber leider nur kurze Biographie, die auf 24 Klein-Octavseiten, 302—325, den ganzen Lebenslauf des Feldmarschalls Grafen Traun umfaßt. Sie hat das Verdienst, Correctheit der angegebenen Daten zu besitzen, da deren Verfasser, Oberstlieutenant von Schels als jahrelanger Vorstand der k. k. Kriegsbibliothek, dem die Registratur und Archive des damaligen Hofkriegsrathes zur Benützung offen standen, — mit allem Rechte als eine Autorität in kriegsgeschichtlichen österreichischen Werken angesehen werden kann, und sich als Redacteur der damaligen österreichischen Militär-Zeitschrift im In- und Auslande in einer langen Reihe von Jahren, 1818 bis zu seinem am 8. October 1847 erfolgten Tode allgemein anerkannte Verdienste um die Kriegsgeschichte und Militär-Literatur Oesterreichs erworben hatte.

Hormayr Joseph Freiherr, Oesterreichischer Plutarch. Wien 1809. 17. Bändchen, Seite 196—216, enthält ebenfalls nur 20 Klein-Octavseiten und ist betitelt: Otto Ferdinand Graf von Abensperg und Traun. XXXIV.

Dieselbe biographische Lebensskizze erscheint auch im Jahrgange 1857 des bestandenen Kalenders „Austria" abgedruckt.

Diese beiden so kurzen Biographien sind bis zu gegenwärtiger Stunde (December 1876) die einzigen längeren über Feldmarschall Traun erschienenen.

Lexikalische biographische Artikel enthalten noch die Sammelwerke:

Reilly Joseph von, Skizzirte Biographien der berühmtesten Feldherren Oesterreichs vom Maximilian I. bis auf Franz II. Wien 1813. 4⁰.

C. A. Schweigerd, Oesterreichs Helden und Heerführer, III. Band, Wien, Prandel und Mayer, 1854. — Doch sind diese beiden Artikel noch kürzer als die von Schels und Hormayr. Die beiden letzteren enthalten Porträts des Feldmarschalls Grafen Traun.

Ferner:

Das große Zedler'sche Universal-Lexikon, Leipzig und Halle 1747.

Pierers Universal-Lexikon, Altenburg, 17. Band, Seite 772.

Meyers Universal-Lexikon, und endlich

Gräffers Oesterreichische National-Encyklopädie, V. Bd., Wien 1836, Seite 394—398.

Ueber das militärische Wirken des Feldmarschalls Grafen Traun sind werthvolle Aufzeichnungen in:

A. Ritter von Arneths Maria Theresias erste Regierungsjahre, II. Band, Wien 1864, Wilhelm Braumüller, Seite 144—146, 165—169, 171—175, 177—179, 184 bis 190, 274—278, 332, 337, 338, 351, 352, 390, 420, 422, 431, 435—438, 441, 495, 500—502, 505, 518, 520, 540, 541, 547, 548, 557 und 561. Im III. Bande, Wien 1865, Seite 54—56, 78, 96—98, 100, 101, 140, 162, 411, 444.

Die Jahrgänge der Oesterreichischen Militär-Zeitschrift 1823, I. Band; 1824, I. und II. Band; 1826, I. Band; 1829 III. Band; 1837 III. und IV. Band, enthalten nach authentischen archivarischen Quellen äußerst gediegene Darstellungen einzelner Feldzüge des Feldmarschalls Grafen Traun.

Ueber den Familienstand und genealogische Notizen finden
wir in den einst bestandenen vortrefflichen Handbüchern über den
Feldmarschall Grafen Traun;

Neues genealogisch-schematisches Reichs-Staatshand-
buch für das Jahr MDCCXXXXVIII (1748) Frankfurt a. M. bei Franz Barrentrapp (Todesjahr Trauns).
Krebels Gottlob Friedrich, Genealogisches Handbuch
für 1766. Leipzig, Johann Friedrich Gledische Handlung,
II. Theil, Seite 59.

Alle übrigen über Traun erschienenen Notizen bestehen nur in
kurzen, wenige Zeilen enthaltenden Erwähnungen mit Ausnahme der
Histoire de mon temps des Königs Friedrich II. von
Preußen.

Aus diesen angeführten Quellen haben wir uns bemüht, ein
chronologisch zusammenhängendes Bild des in seinem Vaterlande nie
genug gewürdigten Helden und Feldherrn zusammenzustellen.

Beilagen.

Beilage A zu Seite 124.

Der dienstbare Stand der österreichischen Armee in Italien
betrug im Jänner 1743 an:

Infanterie = Regimentern:		Cavallerie = Regimentern:	
Wallis	602 Mann	Miglio=Cürassiere . .	553 Mann
Traun	574 „	Berlichingen=Cüraff.	535 „
Diesbach	637 „	Havor=Hußaren . . .	314 „
Piccolomini	1032 „	Maroscher	205 „
Roth	595 „	Slavonier	285 „
Deutschmeister . . .	407 „	Summa 1892 Mann	
Slavonier	975 „		
Summa 4822 Mann			

Beilage B zu Seite 141.

Dienstbarer Stand der Armee in Italien Ende Mai 1743.

Infanterie=Regimenter:

Wallis	823 Mann	Uebertrag	5187 Mann
Traun	1004 „	Roth	859 „
Basquez	399 „	Deutschmeister . . .	1051 „
Marully	946 „	Andrassy	871 „
Diesbach	852 „	Slavonier	1203 „
Piccolomini	1163 „	Partitanten	876 „
Fürtrag 5187 Mann		Summa 10047 Mann	

Cavallerie-Regimenter:

Savohen-Dragoner	613	Mann und Pferde
Kohary- „	657	„ „ „
Miglio-Cüraffiere	705	„ „ „
Berlichingen-Cüraffiere	644	„ „ „
Havor-Hußaren	477	„ „ „
Spleny-Hußaren	731	„ „ „
Maroscher-Hußaren	225	„ „ „
Slavonier Hußaren	271	„ „ „

Summa 4322 Mann und Pferde.

Mithin die Totalsumma 14.369 Mann.

Beilage C zu Seite 198.

Schlachtordnung des königl. polnisch-sächsischen Auxiliarcorps in Böhmen im Jahre 1744.

General-Feldmarschall: der regierende Herzog zu Sachsen-Weißenfels.

Erstes Treffen.

Infanterie: Erstes Garderegiment und die beiden Regimenter Prinz Gotha und Prinz Xavier, jedes zu 2 Bataillons, 4 einzelne Bataillone der Regimenter Königin, Weißenfels, Brühl und des zweiten Garderegimentes, zu jedem dieser Bataillone eine Grenadier-Compagnie.

Cavallerie: 4 Escadrons Gardecarabiniers und 8 Escadrons der Reiterregimenter Schlichting, Bestenpostel, königlicher Prinz und Sondershausen (von jedem derselben nämlich 2).

Generalität.

General: Chevalier de Saxe.

General-Lieutenants: Birkfeld und von Polenz.

Generalmajors: Baron Haxthausen und Neuborn.

Zweites Treffen.

Infanterie: 1 Bataillon von jedem der Regimenter Kosel, Almpech, Riesemäusel, Schönberg, Pirch, Römer nebst 6 Grenadier-Compagnien.

Cavallerie: 2 Escadrons von jedem der Reiterregimenter Maffei, O'Bym, Gersdorf, Haubring. — Ein Uhlanencorps mit drei Pulks Uhlanen unter den Obersten Slobowski, Sichbzinski und Wilczanski.

Generalität.

General: Chevalier de Saxe.

General-Lieutenant: von Jasmund.

Generalmajors: von Dürfeld, von Frankenberg, von Schlichting.

Zusammen formirte das Corps: 16 Infanterie-Bataillons, 16 Grenadier-Compagnien, 20 Escadrons und 3 Uhlanenpulks.

Die Artillerie commandirte Generalmajor Wilster.

Beilage D zu Seite 234.

Armee des Prinzen von Conti im Feldzuge 1745.

Mit den Corps der General-Lieutenants De la Fare und De la Motte.

Infanterie-Regimenter: Navarre, La Marinne, Bourbonois, Monacco, Courtin, Montmorin, Brancas, Bretagne, Artois, Royal Roussillon Bourbon, Ruergue, Vermandois, Royal Italien, Royal Comtois, Bonnac, Tallard, Royal Lorraine, Montboisier, Guise, Bassigni, Luxembourg, Daunis, La Marche, Bressé, Torret, Bigorre, Bollonnois, Bearn Berry, Penthièvre, Nice, Grenadiers Milices, Xaintonge, Provence, Montmorency. — Alle diese Regimenter formirten 52 Bataillons, außerdem 19 Bataillons unter General-Lieutenant Segur.

Cavallerie-Regimenter: Maitre de camp Général, Commissaire, Royal Pologne, La Reine, Dauphin, Etranger, Bretagne, d'Anjou, Condé, Bourbon, Conti, Barbançon, Bellefont, Heudicourt, Fouquet, Chabot, Broglie, Vintimille, Maugiron, Dandelot, Beau= villiers, Beaucaire, St. Simon, Du Rhumain. — Zusammen 91 Escadrons, überdies 20 Escadrons unter General=Lieutenant Segur.

Dragoner: Colonel Général, Du Roy, d'Orleans, Bertillac, d'Harcourt Vibraye, Surgeres, Nicolai. — Zusammen 35 Escadrons, 8 Escadrons Hußaren und 6 Freicompagnien.

Generalität.

Erstes Treffen.

Commandirender General: Prinz von Conti.

General=Lieutenants: De la Fare, Clermont, de Refuge, Mobourg, De la Motte, Crulange, St. André, de Rieux.

Maréchaux de camp: de Biffy, St. Gal, de Maupeau, de Brissac, de Lervi, de Chaumont, de Chephy, la Rivière, de Montconseil.

Zweites Treffen.

General=Lieutenants: Fenelon, Villemur, La Ravohe, Chazeron, Beauclair, Segur, Du Chatel.

Maréchaux de camp: de Thermes, de l'Aigle, de la Brurie, Sienner, Lussan, Pont Chartrain, Bellefont, Du Châtelet, Pont St. Pierre, Courtin, Randon.

Reserve.

General=Lieutenants: Coigny, Fremur.

Maréchaux de camp: de Nicolai, Des Touches.

Beilage E zu Seite 238.

Die am 1. Juli 1745 bei Gellnhausen versammelte Armee der Verbündeten (Oesterreicher, Hannoveraner und Holländer).

Oberbefehlshaber: Feldmarschall Graf Traun.

Erstes Treffen.

Oesterreichische Truppen. Die Infanterie=Regimen= ter: Bärenklau, Königsegg und Hildburghausen, jedes mit 3 Bataillons;

Aremberg, Vivary, Forgacs jedes mit 2 Bataillons; Waldeck, Gaisruck, Salm jedes mit einem Bataillon. — Die Cavallerie-Regimenter: Portugal-Cürassiere mit 6 Escadrons und 1 Carabinier-
Compagnie, ferner Batthyani-, Zollern- und Ballayra-Dragoner mit
6 Escadrons und 1 Grenadier-Compagnie.

Hannoveranische Truppen. Die Infanterie-Ba-
taillons der Regimenter Druchtleben, Maider, Block, Horn, Freude-
mann, Maydel, Soubiron und 2 Bataillons Garden. — An Cavallerie 1 Escadron Gardes à cheval, 1 Gardes du corps, 2 des
Regimentes Hammerstein und 4 von Pontpietin.

Holländische Truppen. Einzelne Bataillone der Regimenter
Orange Geldern, Grotenray und Sachsen-Gotha, 3 Escadrons des
Reiterregimentes Hessen-Philippsthal und eine von Rechtern.

Im Ganzen formirte das erste Treffen 30 Bataillons,
4 Grenadier- und Carabinier-Compagnien und 41 Escadrons.

Generalität.

Feldmarschall: Graf Batthyani.

Feldzeugmeister: Fürst Salm und Graf Browne.

Feldmarschall-Lieutenants: die Grafen Carl Palffy,
Luchesi, Gaisruck und Grünne, Fürst Piccolomini; der holländische
General-Lieutenant Schmissaert und die hannoveranischen General-
Lieutenants Soubiron, Sommerfeld und Courierre.

Generalmajors: die Grafen Serbelloni, Ostein, Thürheim
und Lannoy, die Freiherren Gemmingen, Roth und Gelhay, Ariosti,
die hannoveranischen Maydel und Baron Hammerstein, die holländischen Wolward und Lützen.

Zweites Treffen.

Oesterreicher. Die Infanterie-Regimenter: Los
Rios, Schulenburg, Merch, Keuhl, Starhemberg, Wolfenbüttel, Wurmbrand, jedes mit 2 Bataillons; Bethlen, Heister und ein neu errichtetes Regiment, jedes mit einem Bataillon. — Die Cavallerie-
Regimenter Lobkowitz- und Bentheim-Cürassiere mit 6 Escadrons
und 1 Carabinier-Compagnie, die Dragoner Holly und D'Ollone mit
6 Escadrons und 1 Grenadier-Compagnie.

Hannoveraner. 6 einzelne Bataillons der Infanterie-Regimenter Wrangel, Middachten, Krueg, Hugo sonst Malwel, Klinkowström, Sommerfeld. — 4 Escadrons des Reiterregimentes Busch und je 2 Escadrons der Regimenter Wreden und Schulzen.

Holländer. 3 einzelne Bataillons der Regimenter Leeuve, Schmissaert, Sachsen-Gotha. 3 Escadrons des Reiterregimentes Schwegen und 2 von Nassau Stadthuder.

Summa des zweiten Treffens 26 Bataillons, 4 Grenadier- und Carabinier-Compagnien und 37 Escadrons.

Generalität.

Feldmarschall-Lieutenants: Prinz Birkenfeld, Graf Luzan, Baron Bärenklau, Baron Holly und der hannoveranische General-Lieutenant Druchtleben.

Generalmajors: die Grafen Leopold Palffy, Starhemberg, Rogendorf und Groß, Barone Brettlach und Elberfeld, die hannoveranischen Groote und Klinkowström, die holländischen Constant und Hohst van Ohen.

Reserve-Corps.

Die Dragoner-Regimenter Styrum und de Ligne, jedes zu 5 Escadrons, und 4 Escadrons Cordua-Cürassiere, also 14 Escadrons deutscher Reiterei, die Hußaren-Regimenter Karoly, Belesnay, Bartolotti, Trips und Baranyay, 5 Freicompagnien zu Pferd und die Theißer.

An Infanterie die Banalisten und Warasdiner.

Commandant der Reserve: Feldmarschall-Lieutenant Graf Przichowsky.

Feldmarschall-Lieutenant: Freiherr von Baranyay.

Generalmajors: Graf Bournonville, Baron Trips und von Minsky.

Die

Generalität, Regimenter und Corps

der

kaiserlichen Armee.

Vom Ausbruche des spanischen Successionskrieges bis zum Aachener Friedensschlusse.

1701 bis 1748.

Eine militär=historisch=biographische Skizze.

———————

Die großen Kriege, welche Kaiser Leopold I. während seiner langen, achtundvierzigjährigen Regierung (1657—1705) zu führen hatte, besonders der sechszehnjährige Türkenkrieg von 1683—1699 und während desselben der mit Frankreich geführte achtjährige Krieg veranlaßten eine starke Vermehrung der Truppen und mannigfache Veränderungen und Einrichtungen bei denselben. Bis zu dieser Zeit waren die Regimenter immer von verschiedener Stärke gewesen, und ob man gleich unter Kaiser Rudolf II. ein System angenommen zu haben scheint, nach welchem jedes Regiment 3000 Mann stark sein sollte, so zeigen doch die Armeelisten im dreißigjährigen und den folgenden Kriegen, daß einige Regimenter 5000, andere 2000 Mann zählten, und einige sogar noch schwächer gewesen sind. Unter Kaiser Leopold I. wurden sämmtliche Regimenter auf gleichen Fuß eingerichtet und bei denselben die Monturen eingeführt, welche jedoch von dem jedesmaligen Inhaber bestimmt und angeordnet wurden. Ein Infanterie-Regiment wurde auf 12 Compagnien zu 150 Mann gesetzt und in 3 Bataillons getheilt, dabei wurde aus den im Regiment bisher bei jeder Compagnie vertheilten 8 Grenadieren eine eigene Grenadier-Compagnie von 100 Mann formirt.

Ein Cavallerie-Regiment wurde auf 12 Compagnien zu 100 Mann gesetzt und formirte 6 Escadronen. Ueberdies wurden viele neue Regimenter, und unter diesen besonders Dragoner-Regimenter errichtet, diese letzteren erhielten 1702 eine eigene Grenadier-Compagnie zu Pferde, Grenadiers à cheval. (Siehe Thürheims Reiterregimenter der k. k. Armee, Wien, Geitler, 1862, I. Theil, Seite 39.)

Die Hußaren-Regimenter wurden ebenfalls unter Kaiser Leopold I. auf einen beständigen Fuß und den deutschen Cavallerie-Regimentern an Stärke gleichgesetzt. Denn bis dahin waren sie doch als Corps von Freiwilligen zu betrachten, die nur in Kriegszeiten bestanden. Sie wurden meistens von den Comitaten gestellt und führten deren Namen, als z. B. Raaber, Vesprimer, Comorner rc. Hußaren. Näheres über diese Truppe habe ich in meinem oben erwähnten Werke, in dem nur die Geschichte der Hußaren behandelnden II. Theile der Reiterregimenter angeführt.

Kaiser Leopold I. hinterließ also seinem Nachfolger 37 Regimenter Infanterie, 20 Cürassier-, 11 Dragoner- und 4 Hußaren-Regimenter. Kaiser Joseph I. vermehrte diese Zahl, noch mehr aber dessen Nachfolger Kaiser Carl VI. Die Infanterie-Regimenter wurden 1711 auf 15 Füselier-Compagnien zu 140 Mann gesetzt und in 3 Bataillons getheilt. Bei den Cürassier-Regimentern wurde eine Carabinier-Compagnie errichtet. Auch wurde der Stand der Cürassier- und Dragoner-Regimenter auf 12 ordinäre Compagnien oder 6 Escadrons festgesetzt nebst einer Carabinier- beziehungsweise Grenadier-Compagnie, in Summa mit dem Stabe 1000 Köpfe. Die Hußaren-Regimenter hatten nur 10 Compagnien oder 5 Escadrons, zusammen mit dem Stabe 809 Köpfe.

Es bestanden 1740 bei Kaiser Carls VI. Tode 53 Infanterie-Regimenter, 18 Cürassier-, 14 Dragoner- und 7 Hußaren-Regimenter, doch fast alle incomplet.

Kaiserin Maria Theresia sah sich gleich bei ihrem Regierungsantritte durch den ausbrechenden österreichischen Erbfolgekrieg genöthigt, ihre Armee zu vermehren, insbesondere errichtete die ungarische Nation viele ungarische Infanterie- und Hußaren-Regimenter.

Die kroatischen und slavonischen Regimenter, welche sich im Erbfolgekrieg unter dem Obersten Baron Trenk als Panduren und Raitzen so fürchterlich machten, gaben Anlaß zur Errichtung beständiger Regimenter, die unter dem Namen der Grenzregimenter bis noch vor wenigen Jahren bekannt waren. Früher wurden die kroatischen und slavonischen Regimenter im Kriege mit gutem Erfolge verwendet, im Frieden aber entlassen.

Der Anfang zur Errichtung der Grenzregimenter wurde 1746 in Kroatien gemacht unter Anleitung des Feldmarschalls Prinz Joseph Friedrich Wilhelm von Sachsen=Hildburghausen und im Karlstädter Generalat kurz vor dem Aachener Frieden vier Infanterie=Regimenter und ein Hußaren=Regiment, im Warasdiner Generalat zwei Infanterie=Regimenter und ein Hußaren=Regiment in den Jahren 1745—1748 errichtet. Die Aufstellung der übrigen Grenzregimenter gehört den späteren Jahren der Regierung Maria Theresiens an, und liegt daher außer den Grenzen unserer Skizze, sowie auch die vorzügliche Hebung der österreichischen Artillerie durch den Feldmarschall Joseph Wenzel Fürsten Liechtenstein erst der dem Aachener Frieden folgenden Epoche angehört.

Nach dieser kurzen Einleitung wollen wir nun zu den Listen der Generalität, Regimenter und Corps der uns vorgezeichneten Zeitperiode übergehen, und nehmen das Jahr 1701 als Anfangs=, 1748 als Ausgangspunkt.

Die Hoffriegsraths=Präsidenten waren:

1701. Feldmarschall Heinrich Fürst Mannsfeld.
1703. Eugen Prinz von Savoyen, General=Lieutenant.
1736. Feldmarschall Lothar Graf Königsegg=Rothenfels.
1739. Feldmarschall Joseph Graf Harrach (bis 1762).

Die Generalität.

a) General-Lieutenants, später Generalissimus

genannt, mit den ausgedehntesten Vollmachten, gab es in der vorerwähnten Epoche nur zwei, und zwar nach den Ernennungsjahren:

1697.

Ludwig Wilhelm Markgraf von Baden, Feldmarschall, Ritter des goldenen Vließes. Dieser, am 8. April 1653 geboren, diente zuerst (1675) unter Montecuculi und dem Herzoge von Lothringen gegen Turenne, erhielt das 1809 reducirte 23. Infanterie=

Regiment und wurde 1682 Feldmarschall-Lieutenant. Er focht mit
Auszeichnung bei der Belagerung Wiens 1683 wie in den folgenden
zwei Feldzügen und wurde 1685 Feldmarschall. Bei Mohacz
1687 entschied der Markgraf den schon zweifelhaften Sieg. Im Feldzuge 1688 unterwarfen sich Illok, Peterwardein und Tittel. 1689
übernahm er den Oberbefehl des Heeres und die von ihm gegebenen
Verhaltungspunkte werden für ein Meisterwerk der Kriegskunst gehalten. Markgraf Ludwig siegte beim Uebergange über die
Morawa, bei Nissa und Widdin, 1691, sowie mit großen Verlusten
in der Schlacht bei Salankamen. 1693 übernahm er den Oberbefehl am Rhein gegen die Franzosen, verhielt sich in den Feldzügen
1693 bis 1697 vertheidigungsweise, wohl wissend, daß auch sein Gegner
nichts wagen würde. Kein Haupttreffen, nur Züge und Gegenzüge
bezeichnen diese Feldzüge. Im spanischen Erbfolgekriege war er an der
Spitze der vereinigten kaiserlichen und Reichsarmee und nahm 1704
Landau. Sein Plan, 1705 Frankreich von der Mosel aus in seinen
Grenzen anzugreifen, scheiterte an den späten Zurüstungen der
Reichsstände. Markgraf Ludwig von Baden, welcher 26 Feldzüge
gethan, 25 Belagerungen beigewohnt und in 13 Haupttreffen mitge-
fochten, starb am 4. Jänner 1707 zu Rastadt. Näheres siehe: Des
Markgrafen von Baden Feldzüge. Karlsruhe 1840, von
Röder von Diersburg.

1707.

　　　Prinz Eugen von Savoyen. Ueber diesen Oesterreichs
ruhmvollsten und siegreichsten Feldherrn auch nur oberflächliche Daten
hier anzugeben, wäre wol überflüssig. Wir verweisen auf das drei-
bändige ausgezeichnete Werk des Ritter von Arneth: Prinz
Eugen von Savoyen. Wien 1864. Wilhelm Braumüller,
k. k. Hofbuchhändler, 8°, 3 Bände, — was die übrigen zahlreichen
über den Prinzen Eugen erschienenen Werke und Schriften anbelangt
bietet ein reiches Quellenmateriale von Wurzbachs Biographisches
Lexikon, XXVIII. Band, Seite 296—316.

b) Feldmarschälle von 1701—1748.

Die Würde eines kaiserlichen Feldmarschalls war am häufigsten von den Kaisern Leopold I., Carl VI. und der Kaiserin Maria Theresia verliehen und eben damals mehr zur Hofehre geworden. Theils die Dankbarkeit Kaiser Carls VI. für einige ihm treu gebliebene spanische Granden, theils politische Rücksichten für die verschiedenen kleineren deutschen Höfe und Reichsstände, sowie unter der frommen Kaiserin Maria Theresia die Rückkehr in den Schooß der alten Mutterkirche, zahlreiche Conversionen, gaben die Veranlassung zur Verleihung der Feldmarschallswürde, — neben dem militärischen Verdienste auch an solche, deren Namen eine fast undurchdringliche Obscurität umgibt, und wo daher alle Forschungen nach militärischem oder kriegerischem Wirken resultatlos bleiben müssen.

Bei Beginn des 18. Jahrhunderts befanden sich, ihrer Ancienität nach geordnet, folgende Feldmarschälle aus der zweiten Hälfte des 17. Jahrhunderts am Leben:

Ernennungs-jahr	Feldmarschälle	Abgangs-, meist Todesjahr
1668.	Pfalzgraf Christian von Baiern-Sulzbach .	1708.
1676.	Herzog Johann Adolf von Holstein-Plön .	1704.
1683.	Ernst Rüdiger Graf von Starhemberg, Wiens ruhmvoller Vertheidiger und Hofkriegsraths-Präsident .	1701.
1687.	Aeneas Graf Caprara	1701.
1687.	Carl Theodor Fürst von Salm	1710.
1689.	Heinrich Fürst von Mansfeld	1715.
1694.	Johann Wirich Graf Daun	1706.
1695.	Kurfürst August II. der Starke von Sachsen, späterer König von Polen	1733.
1695.	Franz Graf Taaffe	1704.
1696.	Kurfürst Carl von Pfalz-Neuburg . . .	1742.
1696.	Herzog Friedrich zu Schleswig-Holstein .	1724.
1696.	Marquis Obizzi	1712.
1696.	Hans Carl Graf von Thüngen	1709.

Ernennungs-jahr	Feldmarschälle	Abgangs-, meist Todesjahr
1697.	Hermann Graf Limburg - Styrum gefallen in der Schlacht am Schellenberg	1704.
1698.	Carl Prinz Lothringen - Comercy gefallen in der Schlacht bei Luzzara	1702.
1698.	Ferdinand Graf Aspremont-Reckheim . .	1708.
1699.	Leopold Herzog von Lothringen	1729.

Im Ganzen 17 Feldmarschälle am Ende des Schlußjahres des 17. Jahrhunderts.

Ernannt wurden von 1701 bis 1748 folgende Feldmarschälle:

1701.

N. Marchese von Pescara und del Vasto. Unter den vielen vornehmen Neapolitanern, welche nach Entdeckung eines, die Proclamirung und Erhebung des Erzherzogs Carl von Oesterreich als König Carl III. von Neapel bezweckenden, Complotes von Seite der Behörden Philipps V. verfolgt, ihre Heimat verließen, und Oester= reichs Schutz suchend, sich in großer Anzahl in Eugens Heerlager be= gaben, war der erste im Range der Marchese von Pescara und del Vasto. Politische Gründe und Dankbarkeit für die dem Erzhause Oesterreich thatsächlich bewiesene Treue und Anhänglichkeit dieser den höchsten Ständen Neapels angehörigen Flüchtlinge hatten Kaiser Leo= pold I. bewogen, den vornehmsten unter ihnen, Marchese del Vasto, den Rang eines kaiserlichen Feldmarschalls zu verleihen. Der neue Feldmarschall konnte, wie Prinz Eugen an den Kaiser meldet, von ihm nur mit größter Mühe von dem Entschlusse abgehalten werden, in dieser Charge beim Heere wirkliche Dienste zu leisten, da er nicht die geringsten militärischen Kenntnisse und Kriegserfahrungen besaß. Abgangsjahr unbekannt.

1702.

Heinrich Fürst von Nassau=Osnabrück, Herr von Owerkercke, in holländischen Diensten, erhielt die Feldmarschalls= würde 1702 und war zugleich General=Feldmarschall der General= staaten. Er starb am 18. October 1708 bei der Belagerung der Festung Ryssel.

Carl Ludwig Graf zu Naſſau-Saarbrück, geboren 1665, geſtorben 1723.

1704.

Johann Ernſt Graf von Naſſau-Weilburg, geboren 1664, war General in kurpfälziſchen Dienſten, erhielt 1704 den kaiſer- lichen Feldmarſchallsrang. Im Feldzuge 1704 befehligte Graf Naſſau im Auguſt ein aus 20.000 Mann pfälziſchen, oberrheiniſchen und weſtphäliſchen Truppen formirtes Corps, welches, um den Feind über die Bewegungen des Hauptheeres zu täuſchen, im Schwarzwalde und den Stollhofener Linien zurückgelaſſen worden war. Der Erfolg dieſer Täuſchung war wenige Tage nachher der Sieg bei Höchſtädt. Feldmarſchall Graf Naſſau-Weilburg ſtarb 1719.

Chriſtian Markgraf von Brandenburg-Baireuth, ge- boren 1646, focht in den Feldzügen gegen Frankreich und vor Wien 1683, ſo wie in allen Feldzügen von 1692 bis 1707. Er errichtete 1701 das heutige 41. Infanterie-Regiment und ein Dragoner-Regi- ment, eroberte 1703 Neumarkt in der Pfalz und ſtarb 1712.

Der Held von Wien und Sieger von Saragoſſa und Villa- vicioſa, Guido Graf Starhemberg, ſiehe S. 9, geſtorben 1737.

Sigmund Joachim Graf Trautmannsdorf war 1636 geboren, aus der ſogenannten Johann Hartmann'ſchen Linie dieſes uralten angeſehenen Geſchlechtes, trat früh in den kaiſerlichen Dienſt, wo er bis zum Oberſten eines Dragoner-Regimentes vorrückte, 1683 aber mit Genehmigung des Kaiſers Leopold I. als General-Feldwacht- meiſter in kurſächſiſche Dienſte trat und ein ſeinen Namen führendes Küraſſier-Regiment daſelbſt befehligte. Im ſelben Jahre folgte er dem Kurfürſten zum Entſatze von Wien. 1684 bis 1685 ſtreifte Traut- mannsdorf mit einer aus Deutſchen und Kroaten zuſammengeſetzten Truppe nach Bosnien, wo er in einem Gefechte bei Gradiska 2 Agas und 30 andere türkiſche Officiere gefangen nahm. In der Schlacht bei Widdin 1689 rettete er durch perſönliche Tapferkeit den Grafen Veterani, wurde aber gleich dieſem ſchwer verwundet. 1692 befand er ſich bei der in Dalmatien und der Herzegowina gegen die Türkei operirenden Landarmee der Republik Venedig. 1700 wurde Graf Trautmannsdorf von Kaiſer Leopold I. aus dem kurſächſiſch-polniſchen

Dienst zurückberufen, zum General der Cavallerie ernannt und bei der
Armee des Prinzen Eugen in Italien verwendet. Er focht 1702 in
der Schlacht bei Luzzara, und deckte 1703 und 1704 die Grenze des
Herzogthums Parma. 1704 zum Feldmarschall ernannt, verließ
er die Armee, da er sich mit dem Feldmarschall Grafen Starhemberg
nicht vertrug und sich diesem ihm an Rang höheren, an Lebens-
und Dienstjahren aber jüngeren Feldherrn nicht fügen
wollte. Er zog sich nach Venedig zurück, wo er im 70. Lebensjahre,
von mancher Wunde bedeckt, am 1. April 1706 starb.

Siegbert Graf Heister begann 1665 seine militärische
Laufbahn, wurde im Treffen bei Rheinfelden 1678 als Major schwer
verwundet, errichtete 1682 ein 1748 reducirtes Infanterie-Regiment
und wurde dessen Oberst. In der Besatzung von Wien 1683 wurde
er bei Vertheidigung der Hauptstadt verwundet, 1686 Generalmajor,
focht er unter Caprara in Oberungarn, 1688 bei Belgrad war er
beim Sturme einer der ersten in der Festung. In den folgenden
Feldzügen that sich Heister bei jeder Gelegenheit hervor, namentlich
bei Patakin, Nissa und Temesvar, wurde 1692 Feldmarschall-Lieutenant und in den Grafenstand erhoben; bei Zenta 1697 wurde er verwundet. In den Feldzügen 1704 und 1705 kämpfte er, zum Feldmarschall ernannt, gegen die Rakoczy'schen Malcontenten in Ungarn
und siegte namentlich bei Korontscho, 14. Juni 1704, und bei Ge-
rentscher unterhalb Thyrnau, 26. December. — 1707 war er bei der
Armee in Deutschland und am Rhein, 1708 wieder gegen die Malcontenten in Ungarn bei Trentschin, nahm Neutra ein und eroberte
1709 Sümegh, Simontornya und Veszprim. An den Feldzügen 1716
und 1717 gegen die Türken hatte Feldmarschall Heister rühmlichen
Antheil, verlor in der Schlacht bei Belgrad seinen Sohn Rudolf, der
als Oberst an der Spitze von des Vaters Regiment mit 18 Wunden
bedeckt fiel. Der Feldmarschall überlebte diesen Verlust nicht lange
und starb am 22. Februar 1718 auf seinem Gute Kirchberg in
Steiermark. Er war ein tapferer General, hatte sich aber durch sein
rohes, grausames Walten in Ungarn den Haß dieser Nation zugezogen.

Johann Ludwig Graf von Bussy-Rabutin, aus vor-
nehmer französischer Familie 1642 geboren, trat kurz vor der Belagerung Wiens 1683 aus lothringischen Dienst in den kaiserlichen mit

Oberstlieutenantsrang. Er zeichnete sich bei Wien durch Streifungen mit seinen Dragonern gegen Neustadt und Pottendorf aus, ebenso bei Ofen und Neuhäusel 1685, wurde 1686 Oberst, erntete neue Lorbeern bei Fünfkirchen und Hatvan. Bei Belgrad 1688 wurde er verwundet; — 1689 zum General und Inhaber des heutigen 10. Dragoner=Regimentes ernannt, war er in diesem Jahre bei der Armee am Rhein und in den Feldzügen 1691 bis 1695 bei der Armee in Italien. 1696 wurde Graf Rabutin, wie man ihn gewöhnlich nannte, General der Cavallerie und Commandirender in Sieben=bürgen, focht 1696 bei Olasch, 1697 bei Zenta. In dem Kriege gegen die Rakoczy'schen Malcontenten mußte er 1704 bis 1706 Sieben=bürgen vertheidigen, sich aber wegen Mangel an Unterstützung bis an die Grenzen von Steiermark in zehnmonatlichem Marsche zurückziehen. 1707 gelang es Rabutin, Siebenbürgen dem Kaiser zu unterwerfen, 1712 erhielt er die Geheime Rathswürde, nachdem er bereits 1704 zum Feldmarschall ernannt worden war. Im November 1717 endete der Tod sein thatenreiches Leben. Sein Charakter wird als offen, gerade und ehrliebend geschildert, als Feldherr reich an Er=fahrung, aber in seinen Maßregeln zu strenge. Seine Gemalin, eine geborne Prinzessin Holstein=Wittenberg, war eine der geistreichsten ge=feiertsten Frauen Wiens in damaliger Zeit.

Carl Thomas Prinz von Baudémont, geboren 1670, aus dem Hause Lothringen, trat, erst vierzehnjährig, 1684 in das kaiserliche Heer und zeichnete sich in den Schlachten von Salankamen 1691 und Zenta 1697 so vortheilhaft aus, daß er jedesmal mit der Siegesbotschaft nach Wien gesandt und mit besonderem Lobe empfohlen wurde. Die Ernennung zum General der Cavallerie war der gerechte Lohn jener glänzenden Tapferkeit, welche unbestreitbar dem französischen Wesen eigen ist, und an dem Prinzen von Baudémont einen ihrer edelsten Repräsentanten in des Kaisers Heer gefunden hatte. — Am 31. October 1701 überfiel er zwei spanische Reiterregimenter, tödtete 300 Soldaten, nahm den größten Theil gefangen, eroberte 9 Standarten und erbeutete nebst allem Gepäck 500 Pferde. Mit Auszeichnung commandirte er in der Schlacht bei Luzzara 1702 die Reiterei des rechten Flügels und trug durch eine glänzende Attaque gegen die heftigen, von Vendome selbst geleiteten Angriffe wesentlich zur glück=

lichen Entscheidung jenes Tages bei. Aber leider raffte der Tod am 12. Mai 1704 den erst 34jährigen Prinzen zu Ostiglia an einem heftigen Fieber dahin. Seine seltenen kriegerischen Eigenschaften wurden von Freund und Feind hochgeschätzt, obgleich noch jung an Lebens= jahren, war er doch an Kriegserfahrung alt, denn er hatte bereits 18 Feldzüge durchgekämpft und durch jedem derselben seinem Namen neuen Ruhm gebracht.

Heinrich (Marquis Rumigny) Graf von Galloway, geboren 1647, ein in Folge des Widerrufes des Edictes von Nantes ausgewanderter und in England naturalisirter Franzose, wurde von der Königin Anna bei Ausbruch des spanischen Successionskrieges als Generalissimus nach Portugal geschickt, wo er 1704 das Commando an Stelle des Marschalls Schomberg übernahm. Er befehligte nun die 1704 und 1705 ziemlich unthätig zwischen den Festungen an der portugiesischen Grenze herummanövrirende englische Armee und wurde 1705 bei Badajoz verwundet. Kaiser Leopold I. verlieh dem Ober= befehlshaber der mit seinen Truppen in Spanien cooperirenden eng= lischen Armee 1704 den Rang eines kaiserlichen Feldmarschalls. In der Schlacht bei Almanza 1707 und bei Gudino 1709 geschlagen, wurde Galloway nach England zurückberufen und starb, in der Folge Landoberrichter von Irland 1720.

Ludwig Graf Herbeville, aus französischem Geschlechte, errichtete 1683 das 1801 reducirte Coburg=Dragoner=Regiment und focht 1683 als dessen Oberst und Commandant vor Wien, machte die späteren Feldzüge in Ungarn gegen die Türken mit, zeichnete sich 1691 bei Salankamen, 1696 bei Olasch aus und wurde General der Caval= lerie. 1702 bis 1704 bei der Armee in Deutschland, eroberte er 1703 Amberg, 1704 Hof bei Regensburg uud Straubing und wurde zum Feldmarschall ernannt. In den Kämpfen gegen die Ra= koczy'schen Insurgenten zeichnete er sich wiederholt aus, schlug Rakoczy selbst bei Putmeritz und Bibersburg und nahm ihm 30 Kanonen und 46 Fahnen ab (12. August 1705), entsetzte Großwardein, erfocht am 11. November d. J. einen neuen Sieg bei Sibo; rückte dem Feld= marschall Rabutin zu Hülfe nach Siebenbürgen, wo alle festen Plätze in seine Hände fielen und die Huldigung des Kaisers von den Ständen des Landes zu Hermannstadt nun vorgenommen werden konnte. Im August 1706 legte Graf Herbeville das Commando nieder und starb 1709 im 70. Lebensjahre.

Johann Franz Graf Gronsfeld von Bronhorst, von einer altadeligen in Limburg ansässigen Familie abstammend, war der Sohn des 1662 verstorbenen, im dreißigjährigen Kriege mehr durch seine Unfälle als Erfolge bekannt gewordenen kurbaierischen Feldmarschalls Jodok Maximilian. 1639 geboren, widmete sich Johann Franz frühzeitig dem Waffendienste. Die französischen Kriege am Rheine hatte er zuerst mitgemacht, war später mit Auszeichnung im Türkenkriege verwendet worden, so daß ihm 1692 ein Cürassier-Regiment (jetzt Dragoner Nr. 9) verliehen wurde. 1703 befehligte Graf Gronsfeld in Passau, welches er jedoch im Jänner des nächsten Jahres dem Kurfürsten von Baiern übergeben mußte, dagegen besetzte er, mittlerweile zum Feldmarschall befördert, 1705 München, und commandirte 1710 an des Prinzen Eugen Stelle, der in den Niederlanden den Oberbefehl persönlich leitete, die Reichsarmee am Rheine, ohne Gelegenheit zu erhalten, etwas Entscheidendes ausführen zu können. 1716 wurde Graf Gronsfeld Gouverneur in Luxemburg, wo er am 8. April 1718 verschied.

N. Graf Corstel (?).

1705.

Landgraf Georg von Hessen-Darmstadt, geboren 1669, kämpfte seit frühester Jugend für Oesterreich und erhielt 1691 das 1768 aufgelöste Cürassier-Regiment Kleinhold. In Spanien verfocht der Prinz eifrig die Sache König Carls III., bemächtigte sich 1704 Gibraltars und vertheidigte diesen Posten 1705 auf das Herzhafteste. Der Prinz, zum Feldmarschall ernannt, erlag am 14. September 1705 einer bei dem Sturme auf Barcellona (22. August) erlittenen schweren Verwundung am rechten Fuße.

Carl Theodor Fürst zu Salm, geboren 1648, errichtete im spanischen Erbfolgekriege ein Regiment gegen Frankreich, hatte sich 1684 in Ungarn gegen die Türken ausgezeichnet, namentlich bei Waitzen und Ofen, wurde 1685 Geheimer Rath und Feldmarschall, Oberst-hofmeister des Erzherzogs Joseph, bei dessen Thronbesteigung in der

Feldmarſchallswürde beſtätigt und 1705 Premierminiſter, welche Stellen er aber 1709 niederlegte, ſich auf ſeine niederländiſchen Güter zurückzog und 1710 zu Aachen ſtarb. Seine Gemalin war eine Pfalzgräfin und Enkelin der ſchönen Königin von Böhmen Eliſabeth Stuart. Seine katholiſche Religion war das Hinderniß zur Beſteigung des engliſchen Thrones, denn er ſtand weit näher den Stuarts in der Verwandtſchaft als das Haus Hannover.

Friedrich Wilhelm Fürſt zu Hohenzollern-Hechin- gen wohnte als kaiſerlicher Feldmarſchall-Lieutenant der Schlacht bei Salankamen 1691 bei, erhielt mittelſt Diplom Kaiſer Leopolds I. die Ausdehnung des Reichsfürſtenſtandes für ſeine geſammte Deſcendenz männlichen und weiblichen Geſchlechtes. Im Feldzuge 1702 in Deutſch- land, wurde er bei Frieblingen gefangen. Er war ſeit 1690 Inhaber des 1801 reducirten Dragoner-Regimentes Kronprinz und ſtarb 1735.

Julius Heinrich Graf Frieſen, aus ſchleſiſcher Familie abſtammend, trat zuerſt in holländiſche Dienſte, rückte bis zum Oberſten vor, verließ dieſe, wurde kurſächſiſcher Geheimer Rath und Kriegs- präſident, trat 1690 als Feldmarſchall-Lieutenant in kaiſerliche Dienſte und erhielt ein 1741 reducirtes Infanterie-Regiment. Im ſpaniſchen Erbfolgekriege ſtand er bei der Armee am Rhein, zeichnete ſich durch die tapfere dreißigtägige Vertheidigung Landau's 1703 gegen Tallard aus, wofür er von Kaiſer Leopold I. ein eigenhändiges Dankſchreiben nebſt der Beförderung zum Feldzeugmeiſter erhielt. 1704 wurde Frieſen Commandant der wieder eingenommenen Feſtung Landau, be- zwang 1705 Druſenheim, wurde Feldmarſchall und ſtarb 1706.

1707.

Johann IV. Graf Palffy von Erdöd, geboren 1663, trat 1681 in die Armee und focht als Cornet im Cüraſſier-Regimente ſeines Vetters des Feldmarſchalls Grafen Carl Palffy (1720 reducirt) bei dem Entſaße von Wien 1683. Als Rittmeiſter war er 1686 bei der Belagerung von Ofen, wurde 1688 General-Adjutant des Prinzen Carl von Lothringen, 1689 Oberſt und Inhaber des heutigen 9. Huſaren-Regimentes, welches er aber 1700 mit einem 1801 redu- cirten Cüraſſier-Regimente vertauſchte. 1693 wurde Graf Palffy General, nachdem er ſich bei der Belagerung von Philippsburg durch mehrere glückliche Handstreiche mit seinen Hußaren hervorgethan hatte. Gefürchteter Duellant, hatte er den Prinzen Johann Friedrich Würt=temberg tödtlich in einem Pistolenduelle verwundet, wurde aber von der Untersuchung freigesprochen. In einem Gefechte bei Mainz wurde Palffy schwer verwundet; 1697 war er Judex curiae von Ungarn, 1700 Feldmarschall=Lieutenant, 1704 Banus von Kroatien und 1707 F e l d m a r s c h a l l. 1708 erfocht er mit dem Feldmarschall Heister bei Trentschin einen glänzenden Sieg über die Rakoczy'schen Malcon=tenten, bemächtigte sich ihrer festen Schlösser und vermittelte in per=sönlicher Besprechung mit dem Fürsten Rakoczy den Szathmarer Frieden. Im Türkenkriege 1716 und 1717 zeichnete sich Feldmarschall Graf Palffy bei Peterwardein, Temesvar und Belgrad vorzüglich aus. 1736 commandirte er im Lager bei Futak ein Hülfcorps von 30.000 Mann, zog sich aber, da er unthätig dort verweilen mußte, gänzlich zurück. 1740 erhielt er das goldene Vließ und das General=Commando in Ungarn. Kaiser Carl VI. empfahl wenige Tage vor seinem Ableben die Erbin seiner Staaten dringend dem Schutze Palffy's. Noch vor der Krönung Maria Theresias zum Palatin erwählt, setzte der acht=undsiebenzigjährige Greis Ungarns Krone auf das Haupt dieser in der Fülle der Jugend und Schönheit prangenden Fürstin, welche ihn mit dem Namen „Vater“ beehrte. Seinem energischen Bemühen verdankte sie den kräftigen Beistand der Ungarn, er selbst konnte nur mit Mühe abgehalten werden, als Oberfeldherr der ungarischen Insurrection den Kriegszug ungeachtet seines hohen Alters mitzumachen. Maria Theresia übersandte dem edlen Greise ihr eigenes reichgeschmücktes Reitpferd, einen mit Diamanten besetzten goldenen Degen und einen Diamant=ring von großem Werthe. 1746 machte der dreiundachtzigjährige Feld=marschall und Palatin der Königin zu Kittsee seine letzte Aufwartung und starb am 24. März 1751. Als Soldat werden dem Feldmarschall Grafen Palffy nicht allein Umsicht und Tapferkeit, sondern auch ein ungewöhnliches t a k t i s c h e s Talent zugesprochen. Näheres mit inter=essanten Details siehe v o n W u r z b a c h, Lexikon, XXI. Band, Seite 218.

J o h a n n J o s e p h G r a f H u y n hatte alle französischen und türkischen Feldzüge seiner Zeit mitgemacht, und war sogar vom Prinzen Eugen noch als General der Cavallerie zum Nachfolger im Commando

bezeichnet worden. Mit Patent vom 11. Juni 1707 erfolgte seine
Ernennung zum Feldmarschall; er starb 1719. In Aner=
kennung seiner ausgezeichneten Dienste bei Vertheidigung Ungarns
gegen die Türken, hatte 1697 eine erneuerte Bestätigung des Grafen=
standes für den Grafen Johann Joseph Huhn statt.

Leopold Graf Herberstein, geboren 1655, war bereits
bei der Belagerung Wiens 1683 Feldmarschall=Lieutenant, dann Com=
mandirender der windisch=slavonischen Grenzen, erhielt 1691 das 1809
reducirte Infanterie=Regiment Stain und wurde Feldzeugmeister. Er
focht 1701 bis 1706 die Feldzüge unter Prinz Eugen in Italien,
zeichnete sich besonders bei Luzzara 1702 und Turin 1706 aus, und
erhielt zuletzt die Stelle eines Hoffkriegsraths=Vicepräsidenten, nachdem
er 1707 zum Feldmarschall ernannt worden war. Biederkeit,
Herzensgüte und Wohlthätigkeit werden an seinem Charakter
vorzüglich gerühmt, und viele edle Züge ihm nacherzählt; er starb am
24. December 1728 und wurde unter militärischem Gepränge bei
St. Anna in Wien beigesetzt. Interessante Details liefert von Wurz=
bach, Lexikon, VIII. Band, Seite 347. 348.

1708.

Wirich Philipp Graf von Daun, siehe Seite 17 dieses
Buches.

1709.

Markgraf Carl Wilhelm von Baden=Durlach hatte
1715 das heutige 49. Linien=Infanterie=Regiment auf eigene Kosten
errichtet, er war der Erbauer des Karlsruher Residenzschlosses (1715)
und Stifter des Ordens der Treue. Er starb 1738.

1712.

Georg Wilhelm Markgraf von Brandenburg=Bai=
reuth erhielt die beiden 1701 von seinem Vater Christian Ernst
errichteten Regimenter, heute Nr. 41 und gegenwärtiges Hußaren
Nr. 15, und wurde gleichzeitig, 1712, Feldmarschall. Er hatte
in der kaiserlichen Armee im spanischen Erbfolgekriege gegen Frankreich
gefochten und war bei Landau verwundet worden, zugleich polnischer
General der Cavallerie, starb er zu Baireuth 1726.

Leopold Graf Schlik, geboren 1663, wohnte als Freiwilliger im Cüraffier-Regimente Taaffe (1775 reducirt) der Belagerung von Neuhäufel und der Schlacht bei Gran 1684 bei und wurde
als Hauptmann 1686 vor Ofen verwundet; 1689 war er bereits
Oberst des Löwenschild'schen Dragoner-Regimentes (jetzt Uhlanen
Nr. 6), deffen Inhaber er 1690 wurde; 1692 Generalmajor, hatte
er alle Feldzüge in Ungarn gegen die Türken mitgemacht, und wurde
bei einem Ausfalle der Türken aus Belgrad verwundet. Kaiser Leopold I. verlieh nun dem Grafen Schlik auf Lebensdauer das Grenz-
generalat zwischen der Donau und Siebenbürgen. In Angelegenheiten
der spanischen Erbfolge, sowie bei den Verhandlungen des Karlowitzer
Friedens wurde dieser General auch diplomatisch verwendet (1697 und
1699). Als Feldmarschall-Lieutenant commandirte er 1703 die in
Oberösterreich gegen Baiern aufgestellten Truppen, drang über Salzburg in dieses Land ein, besetzte einen großen Theil Niederbaierns,
erlitt aber bei Eisenbirn von dem Kurfürsten eine Niederlage. Als
General der Cavallerie befehligte Schlik in Oberungarn gegen die
Rakoczy'schen Malcontenten. Ueber Dukla in Ungarn eingedrungen,
hatte er sich im Preßburger und Neutraer Comitate mit einigen treuen
Magnaten vereint, besiegte am 1. November 1703 den Ladislaus
Ocskay bei Lewenz und befreite dadurch die Bergstädte von dem Feinde.
1707 wurde Schlik zur Organisirung des Mailändischen verwendet,
1708 begleitete er als Kriegscommiffär den Prinzen Eugen in die
Niederlande und war bei der Eroberung von Ryffel. 1712 wurde er
zum Feldmarschall ernannt, schon früher Geheimer Rath, ward
er 1713 Oberster Kanzler von Böhmen. Er beendete 1714 den Bau
der böhmischen Hofkanzlei zu Wien, heutiges Ministerium des Innern,
und starb, erst 60 Jahre alt, am 10. April 1723. Der Feldmarschall
galt (siehe Ritter von Arneth, Prinz Eugen, III. Band) als
notorischer Gegner des Prinzen Eugen. von Wurzbach, Lexikon,
XXX. Band, Seite 126.

Johann Martin Freiherr von Gschwind zu Pöck-
stein, in Kärnten 1645 geboren, vorzüglich militärisch gebildet, erwarb sich als Artillerie-Oberstlieutenant durch seine ausgezeichneten
Dienste bei der Türkenbelagerung Wiens das Oberstenpatent. In den
Kriegen gegen die Franzosen Muth und Talent wiederholt erprobend,

wurde er 1693 General und Inhaber des heutigen 35. Infanterie-Regimentes, 1694 blockirte er Casale, ohne daß die Franzosen die Blockade zu heben suchten. 1703 commandirte Gschwind in Tirol und war mit der Landesvertheidigung betraut, jedoch verursachte seine Sorglosigkeit daselbst einen Angriff des Kurfürsten von Baiern, an den er lange nicht glauben wollte und dem das starke Kuefstein und Ehrenberg zum Opfer fielen. Nicht ohne Grund nannte der Volkswitz in Tirol ein schnelles Aufgeben des Landes à la Gschwind. Dessenungeachtet wurde er 1712 Feldmarschall und starb am 10. April 1721 zu Wien, wo er, der letzte seines Stammes, in der Franciskanerkirche begraben liegt. Er war ein Freund und eifriger Beschützer der Künste und Wissenschaften.

1713.

Philipp Landgraf von Hessen-Darmstadt, geboren 1671, trat 1691 zum Katholicismus über, diente früh in der kaiserlichen Armee, wurde 1701 Inhaber eines Cürassier- (heutigen 6. Dragoner-) Regimentes, — 1713 Feldmarschall und starb am 12. August 1736 als General-Gouverneur von Mantua.

1714.

Leo Graf Ulefeld, ein Sohn des bekannten dänischen Grafen Corfiz Ulefeld und der unglücklichen Eleonora Christina, hatte als kaiserlicher General Anfangs unter Montecuculi, später in Siebenbürgen gedient, und war mit Kaiser Carl VI. nach Spanien gegangen, wo er sich bei Vertheidigung von Barcellona große Verdienste sammelte, die ihm der Kaiser nie vergaß. Seit 1700 war er Inhaber eines Cürassier- (heutigen 4. Dragoner-) Regimentes, wurde Vicekönig in Catalonien, nach Abtretung Spaniens aber (1714) Feldmarschall und als Hauptmann der Hatschierengarde in Wien angestellt, wo er 1716 starb.

1716.

Hannibal Marquis Visconti war früh im Dienste Oesterreichs, im spanischen Erbfolgekriege bereits General und seit 1700 Inhaber des 1734 reducirten Cürassier-Regimentes Pignatelli.

Im Feldzuge 1733, seit 1716 Feldmarschall, widerstand er den Franzosen im Castell von Mailand, das er nach längerer tapferer Vertheidigung am 2. Jänner 1734 mit allen Kriegsehren verließ. Er starb in hohem Greisenalter 1750.

Heinrich Tobias Freiherr von Haßlinger, aus einer österreichischen nach Schlesien eingewanderten Familie abstammend, geboren 1640 und in den Türkenkriegen von der Belagerung Wiens an bis zum Karlowitzer Frieden General-Quartiermeister und General-Adjutant, in welcher Stellung er vom Obersten bis zum Feldmarschall-Lieutenant vorrückte. 1689 erhielt er das heutige 11. Infanterie-Regiment, 1706 die Feldzeugmeistercharge. Später wurde Haßlinger Commandirender in Schlesien und Commandant in Glogau, welchen Posten er viele Jahre bekleidete und 1716 zum Feldmarschall ernannt wurde, aber schon am 3. December d. J. starb.

1717.

Carl Alexander Prinz, seit 1733 regierender Herzog von Württemberg, geboren in Stuttgart 1684, trat 1698 in das kaiserliche Heer. Im spanischen Successionskriege gab er insbesondere bei Landau 1702 und Malplaquet 1709 Beweise von Muth und Umsicht und hatte Vieles zu den Siegen bei Peterwardein und Belgrad im Türkenkriege 1716 und 1717 beigetragen, wurde sodann Gouverneur von Serbien und 1717 Feldmarschall. 1712 war er in Venedig zur katholischen Kirche übergetreten, welche Conversion Schiller in seinem „Geisterseher" behandelt. 1733 trat er die Regierung des Herzogthums Württemberg an und starb plötzlich 1737 in seiner Residenz zu Ludwigsburg. Er war seit 1703 Inhaber des heutigen 17. Infanterie-Regimentes und seit 1733 des gegenwärtigen 11. Dragoner-Regimentes.

Eberhard Friedrich Freiherr von Neipperg, geboren 1655, seit seiner Jugend in der kaiserlichen Armee, war seit 1700 Inhaber des heutigen 7. Infanterie-Regimentes, das er nach dem häufigen Gebrauche jener Zeit 1717 seinem Sohne Wilhelm Reinhard, damals Obersten, späteren Feldmarschall, mit kaiserlicher Bewilligung abtrat. Als Feldzeugmeister war er Commandant von Philippsburg, überdies Director der Ritterschaft in Kraichgau. 1717 zum Feldmarschall ernannt, starb er 1725.

Carl Ernst Graf von Rappach war 1710 Feldzeugmeister und Vicecommandant der Artillerie zu Wien, wurde 1717 Feldmarschall und Stellvertreter des Oberdirectors der neu gegründeten Artillerieschule. Er starb 1719.

Stephan Graf Stainville, Inhaber eines nach seinem Tode 1720 reducirten Cürassier-Regimentes, war längere Zeit commandirender General in Siebenbürgen und deckte dieses Land im Türkenkriege 1716 und 1717 gegen feindliche Einfälle. 1717 zum Feldmarschall ernannt, starb er 1720.

Johann Philipp Graf Merode-Westerloo, geboren zu Brüssel 1674, diente zuerst in spanischen Diensten und war in den Feldzügen in den Niederlanden und später in Italien bis 1703 zum Maréchal de camp vorgerückt. Kaum hatte er das zwanzigste Jahr zurückgelegt, als er schon vom Könige Carl II. von Spanien das goldene Vließ erhielt. Wegen einer erlittenen Zurücksetzung verließ er die Dienste der Bourbonen und trat 1705 in jene des Hauses Oesterreich, erhielt ein Dragoner-Regiment und die Würde eines Generals der Cavallerie. Im Sommer 1717 wurde er zum Feldmarschall und Capitän der Trabantengarde ernannt. Er gerieth aber wegen seines Hochmuthes in Zerwürfnisse mit dem Prinzen Eugen, dem Commandirenden der Niederlande Grafen Behlen und dem dortigen Statthalter, machte sich mehrerer Widersetzlichkeiten schuldig und fiel in eine kriegsrechtliche Untersuchung, deren Entscheidung aber keineswegs ungünstig ausfiel, denn Marquis Merode-Westerloo blieb im Besitze seiner Würden und Güter und erhielt die Erlaubniß, sich nach den Niederlanden zurückzuziehen, wo 1732 ein Schlagfluß sein Leben beendigte. Sein innegehabtes Dragoner-Regiment ist das später so berühmt gewordene Latour-, heute Fürst Windisch-Graetz-Dragoner. Die von seinem Urenkel 1840 zu Brüssel herausgegebenen Memoiren des Feldmarschalls Grafen Merode-Westerloo, 2 Bände in 8°, Bruxelles, Société typographique belge, umfassen den Zeitraum von 1702 bis 1732 und geben die interessantesten Aufschlüsse über die damaligen Zeitverhältnisse und maßgebenden Persönlichkeiten. Näheres siehe von Wurzbach, Lexikon, Band XVII, Seite 398.

Franz Sebastian Graf Thürheim, geboren 1665, trat in frühester Jugend in das kaiserliche Heer und war bereits im sechs-

undzwanzigsten Lebensjahre General-Adjutant. Nach der Schlacht bei
Salankamen, 1691, wurde er wegen bewährter Tapferkeit vom commandirenden Feldherrn Markgrafen Ludwig von Baden, der in damaliger Zeit besonders hohen Auszeichnung gewürdigt, die eroberten
Fahnen und Roßschweife an das kaiserliche Hoflager nach Wien zu
überbringen. 1698 wurde Graf Thürheim Oberst und Inhaber eines
neu errichteten (heutigen 28.) Infanterie-Regimentes und 1701 General-
Feldwachtmeister, stand er mit seiner Brigade bei der Belagerung von
Landau. 1704 wurde er Feldmarschall-Lieutenant und übernahm am
4. Mai jenes Jahres den Oberbefehl über die gegen Baiern in der
Umgegend von Haag und Ried aufgestellten Operationstruppen. Nach
dem Siege bei Höchstädt rückte Feldmarschall-Lieutenant Graf Thürheim gegen Baiern vor, besetzte am 26. December 1704 Braunau
und am 5. Jänner 1705 Schärding. Er that sich auch insbesondere
durch seine Energie in Beseitigung der ihm von den oberösterreichischen
Landständen in Bezug auf Verpflegung und Dislocation gemachten
Hindernisse hervor, sowie er auch von den mit dem Feinde sympathi-
sirenden renitenten Klöstern starke Contributionen erhob. 1708 wurde
er Feldzeugmeister und kurz nachher Hofkriegsrath, 1713 General-
Kriegscommissär und Geheimer Rath und 1717 Feldmarschall.
1713 bis 1718 fungirte er mehrmals als erster kaiserlicher Landtags-
Commissär bei den ungarischen Landtägen zu Preßburg, wo er, ohne
die Rechte der ungarischen Nation zu verletzen, mit allem Nachdrucke
die Würde und Majestät der Krone vertrat. In Folge dessen wurde
dem Feldmarschall Thürheim mittelst königlichen Diplomes de
dato 6. September 1722 das ungarische Indigenat für sich und seine
Descendenz ertheilt. — Feldmarschall Graf Thürheim war Kämmerer
dreier Kaiser, Leopold I., Joseph I. und Carl VI., und starb zu
Wien am 10. April 1726.

Ein Spanier, Herr von Taraceno, abgängig 1724, muth-
maßlich nach Spanien zurückgekehrt.

Alexander Graf von Vehlen wurde 1717 Feldmar-
schall, fungirte mehrere Jahre als Obercommandant der kaiserlichen
Truppen in den Niederlanden zu Brüssel und starb 1727.

1718.

Nikolaus Graf Palffy von Erdöd, geboren 1657, kämpfte schon von früher Jugend gegen die Türken und hatte später ein eigenes Regiment errichtet, das er mit Auszeichnung in jenen Kämpfen selbst führte. 1687 wurde er Commandant zu Gran, 1690 wegen Auszeichnung vor Belgrad Generalmajor, 1692 Feldmarschall-Lieutenant, 1700 Geheimer Rath, 1701 Hauptmann der Arcieren-Leibgarde, dann General-Feldzeugmeister über die k. Land- und Feldzeughäuser. 1714 Judex curiae, schon früher, 1712, Ritter des goldenen Vliesses und am 15. October 1714 Reichspalatin von Ungarn. In Folge einer in seiner Jugend bei Belgrad erhaltenen Wunde hinkte er zeitlebens. 1718 wurde Graf Palffy Feldmarschall und starb zu Preßburg am 20. Februar 1732 im hohen Alter von 78 Jahren. Er stand, vom Prinzen Eugen hochgeschätzt, mit diesem in vertrauter Correspondenz über die politischen Zustände Ungarns. Näheres siehe von Wurzbach, Lexikon, Band XXI, Seite 214.

Max Wilhelm Prinz von Braunschweig-Lüneburg-Hannover, geboren 1666, eroberte Modena 1706, war seit 1695 Inhaber eines Cürassier- (heutigen 2. Dragoner-) Regimentes (ein Bruder König Georgs I. von England) und starb 1724.

1721.

Joseph Marquis Rubi von Rubini wurde 1721 Feldmarschall und Gouverneur der Festung Antwerpen. Er starb 1732.

1723.

Ferdinand Herzog von Braunschweig-Wolfenbüttel erhielt 1709 das heutige 29. Infanterie-Regiment und focht unter Prinz Eugen in den Türkenkriegen 1716 und 1717, wo er sich als Feldmarschall-Lieutenant namentlich bei Belgrad auszeichnete, wurde 1723 Feldmarschall, commandirte 1733 das Observationslager bei Pilsen und starb 1735.

Johann Carl Graf Caraffa ist in vorliegenden Blättern Seite 34 und 35 vielfach erwähnt. Er starb zu Wien 1743, über 70 Jahre alt, und war Inhaber eines 1768 reducirten Cürassier-Regimentes.

Herkules Graf Montecuccoli wurde 1704 General und hatte ſchon als Oberſt gegen die Malcontenten in Ungarn gekämpft, ſpäter zeichnete er ſich in Siebenbürgen und in den franzöſiſchen Feld= zügen aus. Er war ſeit 1701 Inhaber eines 1768 reducirten Cüraſ= ſier=Regimentes, wurde 1723 Feldmarſchall. Zuletzt war er als dienſtthuender Kämmerer der Kaiſerin Amalie, Witwe Kaiſer Joſephs I., zugetheilt. Er ſtarb 1735 zu Florenz. von Wurzbach, Lexikon, XIX. Band, Seite 45.

N. Graf von Santa Croce, 1725 wieder abgängig. Auf welche Art unbekannt.

Ferdinand Graf Cifuentes war ehemals Vicekönig Kaiſer Carls VI. auf der Inſel Sardinien, wurde 1723 Feldmar= ſchall und ſtarb 1750.

Johann Joſeph Graf Harrach, ſiehe Seite 116.

Max Adam Graf Starhemberg, geboren 1669, jüngerer Bruder des Feldmarſchalls Guido, war 1702 als perſönlicher Adju= tant Kaiſer Joſephs I. bei der Belagerung von Landau, wurde 1703 Inhaber des heutigen 24. Infanterie=Regimentes, 1704 Generalmajor, 1706 Feldmarſchall=Lieutenant, kämpfte mit Auszeichnung in Italien, ſpäter gegen die Rakoczy'ſchen Malcontenten in Ungarn, 1708 war er Commandant zu Thyrnau, wurde Feldzeugmeiſter und Hofkriegs= rath, zeichnete ſich in den Türkenkriegen 1716 und 1717 bei Peter= wardein, Temesvar und Belgrad rühmlichſt aus, und wurde vom Prinzen Eugen für ſeine bewieſene Umſicht und Tapferkeit öffentlich belobt. 1719 wurde Graf Starhemberg Geheimer Rath, 1720 General=Feld=, Land= und Hauszeugmeiſter oder Director der Artillerie, nachdem er bereits 1717 Superintendent der eben errichteten Ingenieur= Akademie zu Wien geworden war. Am 13. October 1723 wurde er zum Feldmarſchall ernannt, verſah zeitweiſe die wichtige Stelle des Hofkriegsraths=Präſidenten in Abweſenheit des Prinzen Eugen oder des Grafen Königsegg. Zuletzt Stadtcommandant von Wien, ſtarb Feldmarſchall Starhemberg am 22. November 1741 daſelbſt.

Joſeph Lothar Graf von Königsegg=Rothenfels, geboren 1673, mit ſechszehn Jahren Domherr zu Salzburg und Paſſau, dann als päpſtlicher Kämmerer in Rom, verließ er aber die heilige Stadt, das Schwert der Soutane vorziehend, und trat in das Cüraſſier-Regiment Hohenzollern, wo er von 1691 bis 1699 diente, dann bei der Infanterie, in welcher er die Feldzüge am Rhein 1702 und in Italien 1703 mitmachte. Im Sturme auf Landau war er verwundet worden, 1704 im Gefechte bei Biſchweiler in franzöſiſche Gefangenſchaft gerathen, wurde er, aus derſelben befreit, Gouverneur der Feſtung Mirandola, die er 1705 tapfer vertheidigte. Bei Turin 1706 zeichnete ſich Graf Königsegg durch Tapferkeit aus, wurde 1707 Feldmarſchall-Lieutenant und führte fünf Jahre in Mantua den Oberbefehl. 1714 begleitete er den Prinzen Eugen zu den Friedensunterhandlungen nach Raſtadt, bis 1717 war er Gouverneur in den Niederlanden, ſpäter Geſandter in Verſailles, dann in Warſchau, — Gouverneur in Siebenbürgen, dann wieder Geſandter im Haag, und 1725 in Madrid. 1723 war er Feld- marſchall geworden, und übernahm 1734 nach dem Tode des Feldmarſchalls Grafen Mercy den Oberbefehl über das Heer in Italien, machte einen glücklichen Ueberfall bei Quiſtello, erlitt aber eine Niederlage bei Guaſtalla; 1736 wurde Feldmarſchall Graf Königsegg Hofkriegsraths-Präſident, befehligte mit Mißgeſchick im Feld- zuge 1738 gegen die Türken, wurde 1739 Oberſthofmeiſter der Kaiſerin Eliſabeth Chriſtina; 1741 Haus- und Landzeugmeiſter. Außerdem war er als Conferenzminiſter thätig, auch beſaß er den Ritterorden des goldenen Bließes. Im Feldzuge 1742 war er längere Zeit dem Prinzen Carl von Lothringen beigegeben. 1745 commandirte der Feld- marſchall unter dem Herzoge von Cumberland das öſterreichiſche Corps im Heere der Verbündeten und erhielt bei Fontenoi eine Contuſion. Er ſtarb zu Wien im hohen Alter von 78 Jahren am 8. December 1751 und wurde in der Franciskanerkirche zu St. Hieronymus be- erdigt. Siehe von Wurzbach, Lexikon, Band XII, S. 229—231.

Damian Freiherr von Sickingen erfocht als Feldmar- ſchall-Lieutenant am 22. Jänner 1710 bei Vadkert an der Eipel einen entſcheidenden Sieg über die beiden Häupter des ungariſchen Aufſtandes Rakoczy und Bercseny, kämpfte ſpäter in den Niederlanden, wo er in franzöſiſche Gefangenſchaft gerieth, wurde 1716 Inhaber eines 1748 reducirten Infanterie-Regimentes, bald nachher commandirender General in Böhmen und Stadtcommandant in Prag, wo er 1730 ſtarb.

Heinrich Wilhelm Graf Wilczek wurde in mehreren diplomatiſchen Miſſionen verwendet, ſo zu Czar Peter dem Großen bezüglich der Malcontenten in Ungarn, ſpäter war er Geſandter am Hofe zu Warſchau, wurde 1717 Inhaber des gegenwärtigen 11. In= fanterie=Regimentes, 1723 Feldmarſchall und Hoffriegsrath. Zuletzt commandirender General in Schleſien und Commandant zu Glogau, Ritter des weißen Adlerordens, war er 1714 s. d. 8. April in den Reichsgrafenſtand erhoben worden und hatte unterm 10. Juni 1715 das ungariſche Indigenat erlangt. Er ſtarb am 19. März 1739.

N. Graf de la Puebla diente als General=Lieutenant erſt in der ſpaniſchen Armee, dann als Feldmarſchall=Lieutenant unter Starhemberg in Spanien, wurde von dieſem mit dem Entſatze von Venasque, eines befeſtigten Platzes, welcher den Grenzübergang von Aragonien nach Frankreich beherrſcht, beauftragt. Da Puebla mit der Vollziehung dieſes Befehles einige Zeit ſäumte, erhielt er abermalige ſtrenge Weiſung, an die Vertreibung der Franzoſen von Venasque zu ſchreiten. Um ſein Verſäumniß nachzuholen, griff nun am 15. Juni Feldmarſchall=Lieutenant Puebla den Feind mit verdoppelter Energie an, ging im Angeſichte des Feindes, der in vortheilhafter Stellung ſich befand, durch eine Furth, und da beim Uebergange über den Fluß das Pulver naß geworden, führte er an der Spitze des portugieſiſchen Regimentes Albuquerque einen glänzenden Bajonnetangriff aus. Die Franzoſen, geworfen, entflohen in wilder Haſt aus dem Lager und ließen vier Geſchütze, drei Mörſer und eine große Anzahl Gefangener in den Händen der ſiegreichen Stürmer. Puebla verproviantirte nun Venasque. — In der Schlacht von Saragoſſa am 19. Auguſt 1710 commandirte Puebla im erſten Treffen und hatte ehrenvollen Antheil an dem hier erfochtenen Siege. 1723 Feldmarſchall, ſtarb Graf Puebla 1725.

Carl Graf Lucini diente als Generalmajor unter Guido Starhemberg in Spanien. In der Siegesſchlacht von Saragoſſa im zweiten Treffen commandirte er mit Auszeichnung eine größtentheils aus Neapolitanern formirte Brigade und führte mit derſelben einen ſehr wirkſamen Bajonnetangriff aus, der, die Reihen des Feindes durchbrechend, die ihm gegenüber ſtehenden, meiſt aus neu geworbenen

Aragoniern bestehenden Bataillone zerstreute, deren viele die Waffen wegwarfen. Graf Lucini wurde 1723 Feldmarschall und Inhaber des heutigen 25. Infanterie-Regimentes. Er starb 1731.

1724.

Adrian Graf Wrangel wurde 1717 als Feldmarschall-Lieutenant General-Inspector über die in diesem Jahre zu Brüssel gestiftete Ingenieur-Akademie, 1718 Feldzeugmeister, 1719 Gouverneur zu Brüssel, 1724 Feldmarschall und ist 1736 gestorben.

1725.

Johann Freiherr von Zum Jungen (auch Zumjungen) siehe Seite 20.

Carl Graf von Luini, gestorben 1731.

1727.

Albertus Ernestus II. Fürst von Oettingen, aus der mit ihm erloschenen Linie Oettingen-Oettingen, geboren 1669, gestorben 1731.

1730.

Eberhard Ludwig Herzog von Württemberg, geboren 18. September 1676, regiert von 1693 durch vierzig Jahre sein Land bis zu seinem 1733 erfolgten Ableben. Er commandirte 1713 ein Corps im Schwarzwalde und war seit demselben Jahre Inhaber des heutigen 11. Dragoner-Regimentes.

Claudius Florimund Graf von Mercy, siehe S. 18 dieses Buches und Thürheims Fürst de Ligne, Wien, Braumüller, 1877, Seite 101 u. s. w.

1732.

Christoph Graf Behlen stand Anfangs als Major in kurbaierischen Diensten, trat 1702 in kaiserliche und diente als General-Adjutant Kaiser Josephs I. bei der Belagerung von Landau, kurz nachher kam er als Oberstlieutenant zur Armee nach Italien, 1706 ward er im Treffen bei Montechiaro gefangen, 1707 brachte er die

Nachricht, daß die Franzosen die Lombardie geräumt hatten, nach
Wien, wurde Oberst und erhielt ein Dragoner-Regiment. Er diente
in den späteren Feldzügen gegen die Franzosen und später gegen die
Türken in den verschiedenen Generalsgraden, wurde 1732 Feldmarschall und starb 1733.

1734.

Theodor Fürst Lubomirski, geboren 17. August 1697,
war Woiwode von Krakau und Starost Spisky, Ritter des goldenen
Bließes, machte gegen Stanislaus Leczynski Ansprüche auf die polnische
Krone nach König Augusts II. Tode, mußte aber, wie jener, vor
dem Könige August III. zurücktreten. Er trat 1734 in den kaiserlichen Dienst als Feldmarschall, wurde 1736 Inhaber des gegenwärtigen 2. Dragoner- (damals aber Cürassier-) Regimentes und starb
am 6. Februar 1745 zu Ujazdow bei Warschau.

Joseph von Browne Graf von Hautois war seit 1707
Inhaber des 1775 als Baron Jacquemin reducirten Cürassier-Regimentes, wurde 1734 Feldmarschall und starb 1739.

1736.

Emanuel Prinz von Portugal, geboren 1697, der jüngste
der Brüder des Königs Johann V., hatte in Folge eines Streites
mit diesem, in welchem der König so weit gegangen war, ihn ins
Gesicht zu schlagen, seine Heimat, in welcher er sich nicht mehr sicher
wähnte, verlassen. Mit Empfehlungen seiner Schwägerin, des Kaisers
jüngster Schwester, nach Wien gelangt, war er sogleich nach Ungarn
geeilt, um, seinem lebhaftesten Wunsche folgend, unter dem Prinzen
Eugen dienen zu können. Durch glänzende Tapferkeit suchte der neun-
zehnjährige Prinz den Flecken zu tilgen, welchen er durch die von
seinem Bruder erlittene Mißhandlung an seiner Ehre haftend glaubte.
Er wohnte als Volontär im ehemals spanischen Dragoner-Regimente
Galbes der Schlacht bei Peterwardein 1716 bei und wurde in den
Laufgräben von Temesvar verwundet. 1719 erhielt der Prinz ein
Cürassier-, heutiges 9. Dragoner-Regiment. — Schon früher hatte
ihm der Kaiser den goldenen Bließorden verliehen, 1736 wurde er
Feldmarschall, quittirte aber 1738 den kaiserlichen Dienst, kehrte

später nach Portugal zurück und starb um das Jahr 1766. Inhaber des oben erwähnten Regimentes war er bis zu seinem Ableben geblieben.

Philipp Leopold Herzog von Aremberg, siehe S. 230 dieses Buches.

Friedrich Heinrich Graf Seckendorf, siehe S. 87 dieses Buches.

1737.

Ferdinand Prinz von Baiern trat 1719 mit seinem Dragoner=Regimente, welches sein Vater, Kurfürst Max Emanuel dem Kaiser überließ, in den österreichischen Dienst mit Generalmajors= Charakter, wurde 1734 Feldmarschall=Lieutenant und Reichs=Feldzeug= meister, 1735 General der Cavallerie, 1737 Feldmarschall und starb 1738.

Herzog Carl Rudolf von Württemberg=Neustadt, des dänischen Elephantenordens Ritter, kaiserlicher und dänischer Feld= marschall, war durch einige Zeit nach dem Tode des Herzogs Carl Alexander (1737), im Namen dessen minderjährigen Sohnes Regent in Württemberg, legte aber 1738 diese Regentschaft wieder ab und starb 1741. Er war Inhaber (von 1737 bis 1741) des heutigen 11. Dragoner=Regimentes.

Franz Paul Graf Wallis, Freiherr von Carigh= main, geboren 1677, kam sogleich nach dem Tode seines Vaters, des als k. Feldzeugmeister 1689 bei Mainz gebliebenen Freiherrn Georg von Wallis, als Page mit seinem älteren Bruder Georg Olivier (siehe Seite 88) an den kaiserlichen Hof und wurde dem damaligen römischen Könige Joseph zur Dienstleistung zugetheilt. Als einst der König mit dem damaligen jungen Herzog Leopold von Lothringen sich in den Waffen übte, und der Letztere eine mit Taubenschrot geladene Flinte, dieses Umstandes unbewußt, auf den König losdrückte, sprang der junge Wallis so glücklich dazwischen, daß er den Schuß auffing. Ob= gleich diese Verwundung ihn lange Zeit in große Lebensgefahr brachte, und er sein ganzes Leben hindurch an deren Folgen zu leiden hatte, war selbe doch die erste Ursache seiner bevorzugten Laufbahn. Der Herzog von Lothringen gab Wallis sogleich eine Compagnie in seinem Regimente, mit welcher dieser 1697 seinen ersten Feldzug gemacht und

bei der Einnahme des Schloſſes Ebernburg verwundet wurde. Bis
1701 ſtand er als Hauptmann in Deutſchland, ſodann in Italien,
wo er im Treffen bei Chiari und 1702 bei Luzzara focht, wo er
abermals verwundet wurde. Kurz nachher Major, ſtand er in Miran=
dola, rückte 1705 zum Oberſtlieutenant vor und wurde Kämmerer.
1708 Oberſt und Commandant des Haßlinger'ſchen, heutigen 11. In=
fanterie=Regimentes, wohnte er allen weiteren Feldzügen in Deutſch=
land und unter dem Prinzen Eugen in den Niederlanden mit Auszeichnung
bei. 1716 Generalmajor, errichtete Wallis ein 1809 unter der
Nummer 43 reducirtes Infanterie=Regiment. Nachdem er den Türken=
krieg 1716 und 1717 mit bewährter Tapferkeit mitgekämpft hatte,
wurde Graf Wallis erſter Feſtungs=Commandant von Belgrad, vor
welchem Orte er ſich in der gleichnamigen Schlacht ganz beſonders
hervorgethan hatte, 1725 Feldmarſchall=Lieutenant, erhielt er 1727 das
Commando in Luxemburg. Sein Infanterie=Regiment hatte er 1718 mit
dem ehemaligen Regal'ſchen (heute Nr. 36) vertauſcht. Am 6. October
1729 wurde Graf Wallis zum commandirenden General in Sieben=
bürgen, auch wirklichen Hofkriegsrath und Geheimen Rath ernannt,
im Juli 1732 erhielt er interimsweiſe das Präſidium Gubernale,
welches vor ihm noch kein commandirender General in dieſem Lande
gehabt, und im October d. J. ertheilten die Stände ihm und ſeinem
ganzen Hauſe, das 1706 (die ältere Linie, der er angehörte) den öſter=
reichiſchen Grafenſtand erhalten hatte, das ſiebenbürgiſche Indigenat.
Unter ihm wurde das ſogenannte opus correctionum juris remo=
ratae justitiae im Großfürſtenthum Siebenbürgen eingeführt. Im
März 1734 wurde Graf Wallis Feldzeugmeiſter, im Juli 1736
General=Kriegscommiſſarius und endlich 1737 Feldmarſchall. Im
Feldzuge 1737 gegen die Türken unternahm Feldmarſchall Wallis einen
Streifzug in die Walachei, eroberte mit ſeinem Corps Campolongo
am 12. Auguſt und rückte bis Bukareſt vor, von wo ſich der Hospodar
eiligſt flüchtete. Doch wurde Graf Wallis in Folge plötzlicher Erkran=
kung genöthigt, ſich im Herbſte nach Hermannſtadt zu begeben, wo er
am 18. October 1737 im vollendeten 60. Lebensjahre ſtarb.

Ludwig Andreas Graf Khevenhüller=Frankenburg,
geboren 1683, geſtorben 1744, der bekannte Verfaſſer der Obſervations=
punkte und ſiegreiche Feldherr des Erbfolgekrieges. Wir behalten uns

vor, eine im Manuſcripte bereits beendete ſelbſtſtän=
dige Lebensſkizze baldmöglichſt der Oeffentlichkeit zu übergeben,
welche das ruhmvolle vielbewegte Leben dieſes Feldmarſchalls
beſchreiben ſoll, und auf die wir daher den geehrten Leſer zu verweiſen
uns erlauben.

Victor Graf Philippi, ein geborner Piemonteſe, hatte ſeine
Carriere dem Prinzen Eugen zu danken, bei welchem er einige Zeit
General=Adjutantensdienſte verſah und in deſſen Regimente er 1711
zum Oberſten befördert wurde. 1717 wurde er Commandant des
Dragoner= (heutigen 15. Huſzaren=) Regimentes Bayreuth, und, ſeit
1723 General, auch 1727 Inhaber desſelben. Während der Belage=
rung von Belgrad, 1717, wurde er zur Abſchließung der Capitulation
in die Feſtung geſchickt. Im November 1732 wurde Graf Philippi
zum kaiſerlichen Geſandten am königlich ſardiniſchen Hofe zu Turin
ernannt, 1733 aber wieder zurückberufen und zum Feldmarſchall=
Lieutenant befördert, als ſolcher machte er in der Hauptarmee den
Rheinfeldzug mit, wurde 1735 General der Cavallerie und am 22. April
1737 zum Feldmarſchall ernannt. Im Feldzuge 1737 gegen
die Türken commandirte Feldmarſchall Philippi am Marſche nach Niſſa
die aus einem ſtarken Armeecorps formirte Avantgarde des unter
Feldmarſchall Seckendorf operirenden Hauptheeres. Im Feldzuge 1738
erhielt Graf Philippi den Oberbefehl über die geſammte Reiterei
der im Felde ſtehenden Armee, und obwol im Range unmittelbar
vor dem Feldmarſchall Grafen Olivier Wallis, überließ er dieſem
freiwillig den Oberbefehl, obſchon er nach Abberufung des Feld=
marſchalls Seckendorf ſelben interimiſtiſch geführt und die große Zu=
friedenheit des Hofes erworben hatte. — Zu ſeinen Erfolgen in dieſen
beiden Feldzügen ſind zu zählen, die bei ſeiner Annäherung ſogleich
erfolgte Capitulation Niſſas am 25. Juli 1737, ſowie ferner die
Einnahme der Bergfeſte Uſitza in Bosnien nach kurzer Belagerung am
26. September jenes Jahres. Im Treffen bei Kornia am 4. Juli
1738 commandirte Feldmarſchall Graf Philippi den rechten Flügel, in
jenem bei Mehadia am 15. führte er den Oberbefehl, mußte jedoch
kurz nachher wegen ſchwerer Krankheit die Armee verlaſſen. Im Feld=
zuge 1739 übernahm er abermals den Oberbefehl über die Cavallerie,
aber ſchon bei Beginn der Operationen nöthigte ihn ſein wieder aus=

gebrochenes Leiden, zu seiner Heilung nach Wien abzugehen, wo er demselben am 24. October 1739 im 65. Lebensjahre erlag. Er wird von seinen Zeitgenossen als ein sehr kenntnißreicher und gewandter Officier, aber als ränkesüchtiger, verschlagener und zur Intrigue geneigter Mann geschildert.

1738.

Georg Olivier Graf Wallis, Seite 88 dieses Buches.

1739.

Hans Christoph Baron Scher, auch Seher geschrieben, von Sehertshof, war seit 1723 Inhaber eines Cürassier-(heutigen 4. Dragoner-) Regimentes, wurde 1739 Feldmarschall und befehligte im Feldzuge 1739 gegen die Türken die Cavallerie der operirenden Armee. Er starb 1743.

1740.

Otto Ferdinand Graf von Abensperg und Traun, dessen Lebensskizze vorliegende Blätter enthalten.

1741.

Carl Alexander Herzog von Lothringen, geboren 12. December 1712 zu Lüneville, trat 1736 in das kaiserliche Heer und seine Geistesgegenwart rettete in der unglücklichen Schlacht bei Krotzka 1739 den linken Flügel der Armee. Maria Theresia ernannte bald nach ihrer Thronbesteigung den achtundzwanzigjährigen Bruder ihres Gemals zum Feldmarschall. Er führte als solcher in den Feldzügen 1742 bis 1745 den Oberbefehl des Heeres, und die Feldmarschälle Königsegg, Khevenhüller und Traun standen dem jungen Feldherrn in Böhmen, Baiern und am Rhein als treu ergebene und kriegserfahrene Rathgeber zur Seite. 1746 wohnte der Herzog Carl Alexander der Schlacht bei Rocoux bei, wo der Herzog von Cumberland den Oberbefehl führte. Durch seine Vermälung mit der Erzherzogin Maria Anna, Schwester der Kaiserin Maria Theresia, war der Herzog von Lothringen Gouverneur und General-Capitän der Niederlande geworden, wo er nach dem Aachener Frieden zu Brüssel

ſeine Reſidenz nahm. 1757 erhielt er abermals den Oberbefehl der
Armee in Böhmen, ſiegte bei Breslau im November, verlor aber die
Schlacht bei Leuthen (5. December), nach welcher er den Oberbefehl
niederlegte, mit der entſchiedenen Erklärung, ihn nicht mehr zu übernehmen. Er kehrte nun auf ſeinen früheren Poſten nach Brüſſel
wieder zurück, wo er bis zu ſeinem zu Teruen am 4. Juli 1780
erfolgten Ableben reſidirte. Sein ſegensreiches Wirken als Gouverneur der Niederlande erwarb ihm die Liebe und den Dank der
Belgier, welche dieſem Fürſten noch während ſeines Lebens ein Standbild
errichteten mit der bedeutungsvollen Aufſchrift: Optimo principi!
In der belgiſchen Revolution 1790 wurde dies ſchöne Kunſtwerk
niedergeworfen. Nach dem frühzeitigen Ableben ſeiner Gemalin wurde
Herzog Carl von Lothringen Hochmeiſter des deutſchen Ordens. Sein
innegehabtes, dermaliges 3. Infanterie-Regiment beſaß er ſeit 1736,
alſo volle 43 Jahre als Inhaber. (Kaiſer Joſeph verlieh es ſogleich
nach deſſen Tode dem Erzherzog Carl, deſſen ruhmvollen Namen es
noch heute und den Allerhöchſten Anordnungen gemäß für ewige
Zeiten führt.)

Joseph auch Josias Friedrich Prinz von Sachsen-
Hildburghausen, ſiehe Seite 88—90 dieſes Buches.

Maximilian Prinz von Hessen-Cassel, geboren 1689,
war des St. Hubertus-Ordens Ritter, ſeit 1732 Inhaber des heutigen
27. Infanterie-Regimentes, commandirte im Rheinfeldzuge 1734 ein
Armeecorps im Schwarzwalde, wurde 1741 Feldmarſchall und
ſtarb am 8. Mai 1763.

Ludwig VIII. Landgraf von Hessen-Darmstadt, ge-
boren 1691, befand ſich unter Kaiſer Carl VI. am Wiener Hofe als
die Kaiſerin Maria Thereſia noch ein Kind war, und bewahrte ihr
und ihrem Hauſe ſtets treue Anhänglichkeit; er überbrachte auch das
Wahldecret zum deutſchen Kaiſer 1745 nach Heidelberg dem Groß-
herzog Franz von Toscana. 1739 hatte er die Regierung ſeines
Landes übernommen, und unterſtützte im ſiebenjährigen Kriege die
Kaiſerin Maria Thereſia ſo viel er nur konnte mit Truppen. Zuerſt
General der Cavallerie, wurde er 1741 Feldmarſchall, 1746
Inhaber des 1860 reducirten Dragoner-Regimentes Großherzog von

Toscana Nr. 4. Er war Ritter des weißen Adler=, Elephanten= und
St. Hubertus=Ordens und starb am 17. October 1768.

Heinrich Joseph Theodor Graf von Daun, geboren
1678, weihte dem Soldatenstande die Thätigkeit seines ganzen Lebens.
1711 war er bereits Inhaber eines 1809 unter der Nummer 45
reducirten Infanterie=Regimentes, wurde 1741 Feldmarschall,
Geheimer Rath und Hofkriegsrath und zuletzt Hauptmann der kaiser=
lichen Arcieren=Leibgarde, starb er zu Wien am 31. Jänner 1741.

Wilhelm Reinhard Graf Neipperg, siehe Seite 87.

Johann Franz Graf Nesselrode, siehe Seite 24.

Joseph Graf Esterhazy, siehe Seite 221.

Kaspar Graf Cordova, Graf von Alagon, einer der
ältesten und vornehmsten Familien Spaniens angehörig, 1674 in Ara=
gonien geboren, widmete sich früh dem kaiserlichen Dienste, focht im
spanischen Successionskriege, sowie im Türkenkriege 1716 und 1717
mit Auszeichnung und war Oberst im Cürassier=Regimente seines
Vaters Emanuel Fernando, der 1722 als kaiserlicher und königlich
spanischer General starb. Dieses Regiment, 1721 nebst zwei anderen
ehemaligen spanischen Regimentern in ein Cürassier=Regiment umge=
formt, ist das gegenwärtige 5. Dragoner=Regiment Kaiser Nikolaus, und
wurde 1726 dem inzwischen zum Feldmarschall=Lieutenant vorgerückten
Grafen Cordova verliehen. 1738 wurde dieser General der Cavallerie
und Hauptmann der Trabantengarde. Maria Theresia aber überhäufte
den letzten Sprößling der Grafen von Cordova mit vielen Auszeich=
nungen, indem sie ihn 1741 zum Feldmarschall und Ritter des
goldenen Bließes, zum Geheimen Rath und Präsidenten des hofkriegs=
räthlichen Justizcollegiums ernannte. 1749 fungirte Feldmarschall
Graf Cordova als Präses der zur Untersuchung des Schuldenwesens
bei den Regimentern eingesetzten Hofcommission. Er starb zu Wien
1756 im hohen Greisenalter.

Juan Hyacintho Conte Vasquez de Pino war seit
1734 Inhaber des 1796 reducirten Infanterie=Regimentes Schmid=
feld, wurde 1741 Feldmarschall, war Geheimer Rath und Käm=
merer und starb im 73. Lebensjahre am 23. December 1754.

Friedrich Ludwig Fürst zu Hohenzollern=Hechin=
gen, geboren 1688, wurde 1712 Inhaber eines 1801 als Kronprinz=

Dragoner reducirten Cüraffier-Regimentes, succedirte 1735 seinem Vater Friedrich Wilhelm als regierender Fürst, wurde 1741 Feldmarschall und starb unvermält am 4. Juni 1750.

Georg Christian Fürst von Lobkowic, siehe S. 144.

Gundacker Ludwig Joseph Reichsgraf von Althann, geboren 1665, wurde 1705 Oberst und Inhaber eines Dragoner- (heutigen 6. Uhlanen-) Regimentes, später Ritter des goldenen Bließes, General-Baudirector und General der Cavallerie, Geheimer Rath, Protector der k. k. Akademie der vereinigten bildenden Künste, 1741 Feldmarschall und starb zu Wien am 28. December 1747. Er war ein Kenner und Beförderer der schönen Künste und Wissenschaften; das Gebäude der Hofbibliothek in Wien ist nach seiner Angabe und Leitung erbaut.

1744.

Don Francesco Cavaliere Marulli, ein Spanier, Inhaber eines italienischen Regimentes, das nach dessen Ableben reducirt wurde. 1744 Feldmarschall, starb er 1751.

1745.

Carl Fürst Batthyani, siehe Seite 148.

Joseph Wenzel Fürst von Liechtenstein, geboren 1696, gestorben 10. Februar 1772. — Ritter des goldenen Bließes, Feldmarschall, Inhaber eines 1775 reducirten Dragoner-Regimentes, seit 1744 General-Land-, Feld- und Haus-Artillerie-Zeugmeister u. s. w., der ruhmvolle Sieger von Piacenza 1746, und der bekannte eigentliche Schöpfer und Reorganisator der österreichischen Artillerie, ist eine zu berühmte historische Persönlichkeit, um hier Daten seines Lebens und seiner kriegerischen Thätigkeit zu wiederholen. Wir verweisen auf von Wurzbach, Lexikon, XI. Band, Seite 156, und auf Hormayrs österreichischer Plutarch, II. Bändchen, Seite 63. — Im ersteren Werke reiche Quellenangabe. Eine detaillirte selbstständige Skizze dieses als Feldherrn und Staatsmann berühmten Mannes ist bis nun nicht erschienen.

Wilhelm Rudolf Graf von Hohenembs, siehe S. 155.

Carl Graf O'Gilvie diente in dem spanischen Erbfolgekriege, sowie den späteren Feldzügen gegen die Türken, wurde 1720

Inhaber eines längst reducirten Infanterie-Regimentes, 1733 commandirender General in Böhmen und Stadtcommandant von Prag, welches
er zweimal wegen des schlechten Vertheidigungszustandes, 1742 an die
Franzosen und 1744 an die Preußen zu übergeben gezwungen war.
Die Truppen waren namentlich das zweite Mal ungemein über diese
Capitulation erbittert, dessenungeachtet wurde O'Gilvie 1745 Feldmarschall und starb 1751.

Don Francesco de Gutierez Marchese de Los Rios,
ein Niederländer, wurde 1725 Inhaber des gegenwärtigen 9. Infanterie-
Regimentes, 1745 Feldmarschall, war Ritter des goldenen Vließes
und starb, seit 1754 Gouverneur der befestigten Stadt Ath zu Brüssel,
am 23. März 1775 in dem hohen Alter von 103 Jahren.

1746.

Carl Fürst zu Waldeck, siehe Seite 154.

Franz Graf Esterhazy, geboren 1682, diente in seiner
Jugend im spanischen Erbfolgekriege, bekleidete aber später mehrere
hohe Civilanstellungen, war Judex curiae, Obergespan des Borsoder
Comitates, später wirklicher Geheimer Rath, Ritter des goldenen Vließes
und Tavernicorum magister, wurde 1746 Feldmarschall, nachdem er sich bei Aufstellung der Insurrectionstruppen besonders verdient gemacht hatte. Er starb am 22. October 1754 zu Wien und
ist der letzte in der Epoche von 1701 bis 1748 ernannte Feldmarschall, womit wir demnach deren Reihe nach der uns vorgenommenen
Aufgabe schließen wollen.

c) Feldzeugmeister und Generale der Cavallerie, welche von 1701 bis 1748 ernannt wurden, alphabetisch geordnet [1]).

Ahumada, Johann Graf, Inhaber eines reducirten spanischen Fußregimentes, wurde 1723 Feldzeugmeister und erscheint

---

[1]) Wir haben die alphabetische Ordnung, — wenn sie auch in dem achtundvierzigjährigen Zeitraum die Ernennungsjahre chaotisch durcheinanderwirft,
aus folgenden Gründen gewählt, da eine nach den Ernennungsjahren zusammen-
gestellte Reihenfolge fortwährende Wiederholungen derselben Persönlichkeiten in
jeder Charge nämlich einerseits — eine sichere Präcisirung des Ranges der

1725 als abgängig, wahrscheinlich ist er, wie es zu jener Zeit mehrere seiner Landsleute thaten, wieder nach Spanien zurückgekehrt.

Auwach, Johann Wolfgang Freiherr von, wurde 1730 Feldzeugmeister und starb 1733.

Bagni, Scipio Hippolit Graf, einer uralten ursprünglich hetrurischen Familie entsprossen, geboren zu Montosa 1660, in seiner Jugend Edelknabe am Hofe Kaiser Leopolds I., zeichnete sich in den Feldzügen gegen Frankreich und die Türkei aus, war schon 1693 Feldmarschall-Lieutenant und Inhaber des heutigen 25. Infanterie-Regimentes, focht bei Zenta, später bei Luzzara und Cassano, dann 1710 in Spanien, wurde 1716 Feldzeugmeister und Geheimer Rath, und starb, der letzte Mannessprosse seines Stammes, am 1. October 1721 zu Wien.

Balayra, Ludwig Graf, wurde 1740 Inhaber eines Dragoner-Regimentes (jetzt Hußaren Nr. 15) und 1745 General der Cavallerie, starb 1753.

Bärner, Christof Freiherr, aus einem alten mecklenburgischen Geschlechte, hatte sich durch Muth und Talente von der untersten Stufe eines Constablers bis zur höchsten emporgeschwungen. Als Stuckhauptmann zeichnete er sich bei der Belagerung Wiens 1683 aus, commandirte unter Prinz Eugen bereits als General der Artillerie in Italien (1701 bis 1706), wurde 1706 Feldzeugmeister, 1710 Obercommandant der Artillerie im Feldzuge am Rhein und starb 1713 mit dem Rufe des geschicktesten Breschelegers seiner Zeit. Seine seltenen artilleristischen Kenntnisse und sein biederer Charakter erwarben ihm allgemeine Achtung. Prinz Eugen nannte ihn: seinen braven Constabler.

Battée, N. Freiherr von, 1716 General der Cavallerie, siehe Seite 12.

Berlichingen, Johann Friedrich Freiherr, ein tapferer Soldat, war 1710 Major, 1734 General, 1738 Inhaber eines 1768 redu-

---

Einzelnen aber ohne genaue Kenntniß der Patente andererseits ungemeine Schwierigkeiten geboten hätte. Wir stehen nicht für die volle Vollständigkeit dieser Listen, aber denkwürdige Namen sind gewiß kein einziger dieses Zeitraumes ausgelassen.

cirten Cürassier-Regimentes, commandirte als Feldmarschall-Lieutenant in den Feldzügen 1742 und 1743 in Baiern und Böhmen eine Division, rückte 1743 zum General der Cavallerie vor und starb 1751.

Bernes, Joseph Graf, ein tapferer Cavallerie-General, wurde 1738 Inhaber eines Cürassier- (heutigen 7. Dragoner-) Regimentes, kömmt in diesen Blättern mehrmals vor, wurde 1745 General der Cavallerie und starb 1751.

Bonneval, Claudius Alexander Graf, der bekannte Abenteurer und Renegat, geboren zu Paris 1675, focht als Oberst unter Vendome und Villeroi in Italien, zog durch seine Tapferkeit in der Schlacht bei Luzzara die Aufmerksamkeit des Prinzen Eugen auf sich, und trat wegen erlittener Kränkung aus der französischen Armee und am 6. April 1706 als Generalmajor in den österreichischen Dienst. Bei Alessandria zeichnete er sich aus, bei Tortona machte er mit eigener Hand die beiden Commandanten der Citadelle nieder, focht in der Provence, nöthigte 1708 Clemens XI. zu einem harten Vergleiche. Bei Peterwardein 1716 verwundet, bei Belgrad 1717 sich neuerdings auszeichnend, wurde er Hofkriegsrath. 1713 war er Inhaber eines Infanterie-Regimentes geworden, das aber 1725 reducirt wurde. — Wegen groben Subordinationsvergehens kam Bonneval, der 1723 zum Feldzeugmeister vorgerückt war, in Untersuchung und nach Spielberg bei Brünn in Haft. 1726 entlassen, ging er in die Türkei, nahm den Islam an, wurde 1732 Kumbaradsji, d. i. Chef der Bombardiere, hetzte die Pforte zum Kriege gegen Oesterreich und starb als Achmet Pascha zu Constantinopel am 24. März 1747 im 72. Lebensjahre. Fürst de Ligne sagt von ihm: „Keinen Tag war sein Kopf ohne Projecte", und Friedrich der Große schreibt über ihn: „ce fameux avanturier n'etait pas dépourvu des talens". Er schrieb Memoiren, die noch bei seinen Lebzeiten, 1740, erschienen. Interessante Details mit reichen Quellenangaben siehe von Wurzbach, Lexikon, II. Band, Seite 54—58.

Browne, Georg Graf, hatte sich in den Kriegen gegen die Türken, dann in Italien unter Prinz Eugen, am Rhein und in Spanien hervorgethan, erhielt 1715 das heutige 57. Infanterie-Regiment, zeigte im Türkenkriege 1716 und 1717, insbesondere bei Belgrad, bereits Feldmarschall-Lieutenant, seine militärischen Talente, rückte 1723 zum Feldzeugmeister vor und starb 1729 unvermält.

Corbelli, auch öfter Corbeille, Johann Andreas Graf, war seit 1693 Inhaber eines 1775 reducirten Cürassier-Regimentes, wurde 1701 General der Cavallerie und starb 1703.

Csaky, Emerich Graf, war seit 1724 Inhaber des heutigen 9. Hußaren-Regimentes, wurde 1735 General der Cavallerie und starb 1741.

Cusani, Jakob Marquis, wurde 1700 Inhaber eines 1775 reducirten Cürassier-Regimentes, 1710 General der Cavallerie und starb 1716.

Damnitz, Wolfgang Freiherr, einem vornehmen aus Ober-lausitz entstammenden Geschlechte entsprossen, geboren 1685 in Pommern, seit 1710 in der kaiserlichen Armee, 1732 Oberst beim heutigen 49. Infanterie-Regimente, damals Graf Walsegg, mit welchem er auf Corsica focht. 1734 errichtete er auf eigene Kosten das heutige 40. Infanterie-Regiment, wurde dessen Inhaber und General, 1738 Feld-marschall-Lieutenant und Commandant der Reichsfestung Freiburg, welchen Platz er nach zweimonatlicher heldenmüthiger Vertheidigung gegen die Franzosen 1744 mit ehrenvoller Capitulation zu übergeben gezwungen war; 1745 wurde er Feldzeugmeister und starb 1754.

Daun, Heinrich Richard Graf, geboren 1673, trat, zwar An-fangs zum Clerus bestimmt, 1697 in das kaiserliche Heer, gelangte stufenweise zur Würde eines Feldzeugmeisters, 1715, und starb als Sergeantmajor der Garnison zu Wien am 13. Juli 1729.

Diesbach, Johann Friedrich Graf, Fürst von St. Agatha, geboren zu Freiburg 1677, trat 1695 in französische Dienste bei dem Schweizer Garderegiment, nahm wegen Zurücksetzung seinen Abschied, nachdem er sich in den Niederlanden wiederholt ausgezeichnet hatte, und errichtete 1701 ein Schweizer Infanterie-Regiment für den öster-reichischen Dienst, in welchem er mit diesem als Oberst den spanischen Successionskrieg mitmachte. 1714 wurde er Generalmajor und zeich-nete sich im Türkenkriege 1716 und 1717 im Avantgardedienste bei Peterwardein, Temesvar und Belgrad als kühner, unternehmender An-führer aus, weshalb er von Kaiser Carl VI. 1718 in den Grafenstand erhoben wurde. Besonders aber that er sich 1719 und 1720 in Sicilien hervor, wo er die Festung Melazzo ruhmvoll vertheidigte, bei Francavilla verwundet wurde und bei der Einschließung von Messina zwei Stürme mit beispiellosem Muthe unternahm. Er erhielt nun statt des aufgelösten Schweizer Regimentes 1719 das heutige 20. Infanterie-Regiment und den Titel eines Fürsten von St. Agatha, auch wurde er Gouverneur von Syracus. Als Feldmarschall-Lieutenant befehligte Graf Diesbach in der Schlacht bei Parma 1734 den rechten Flügel der kaiserlichen Armee, wurde aber schwer verwundet. 1744 Feldzeugmeister, zog er sich nach Freiburg zurück und starb 1751.

Falkenstein, Franz Leopold Freiherr, geboren 1630, trat jung in den deutschen Ritterorden, wo er Balley-Comthur von Elsaß und Burgund wurde, stammte aus Schlesien und diente beim Beginne des spanischen Erbfolgekrieges als Oberstlieutenant in einem 1775 reducirten Cürassier-Regimente, dessen Inhaber er wegen wiederholter Auszeichnung bei San Vittoria und Luzzara 1702 wurde. Bei Turin 1706, später in den Niederlanden bei der Belagerung von Lille, 1708 in der Schlacht bei Malplaquet, rückte er zum Feldmarschall-Lieutenant vor. Im Türkenkriege 1716 zum General der Cavallerie ernannt, führte der würdige Greis 28 Schwadronen bei Peterwardein und Temesvar muthvoll an, erhielt in letzterer Schlacht eine schwere Verwundung, der er 1717 erlag.

Fels von Colonna, Carl Graf, wurde 1705 Inhaber des heutigen 11. Dragoner-Regimentes, zeichnete sich bei der Eroberung der Citadelle von Modena aus, wurde 1710 General der Cavallerie und starb 1713.

Fürstenberg, Prosper Ferdinand Graf von Stühlingen, geboren 1662, wurde im schwäbischen Kriegsdienste zum General-Feldwachtmeister des schwäbischen Kreises ernannt, erhielt 1701 ein kaiserliches Infanterie-Regiment, wurde 1702 Feldmarschall-Lieutenant, befehligte fünf schwäbische Regimenter im Rheinfeldzuge, und zeichnete sich namentlich bei Friedlingen aus. Im November 1702 zum Feldzeugmeister ernannt, starb er am 21. November 1704 bei der Belagerung von Landau den Heldentod.

Galbes, Emanuel Maria de Mendoza Graf, war als Inhaber eines spanischen Dragoner-Regimentes in den österreichischen Dienst

übernommen worden, wurde 1721 Inhaber eines damaligen Cürassier=
(heutigen 5. Dragoner=) Regimentes, 1723 General der Caval=
lerie und trat 1726 in die Dienste König Philipps V. von Spanien.

Guttenstein, Wenzel Hroznatha Graf, einer alten angesehenen
ursprünglich kroatischen, später in Böhmen ansässigen Familie entsprossen,
hatte sich früh dem österreichischen Kriegsdienste gewidmet, und war in
den Türkenkriegen unter Ludwig von Baden und Prinz Eugen bereits
Oberst. In der Schlacht bei Luzzara 1702 erwarb er sich als Gene=
ralmajor entschiedene Verdienste, da er die wankenden Truppen wieder
zum Stehen brachte. Weniger Geschick und Energie bewies er 1704
in Tirol. Indessen rückte er zum Feldmarschall=Lieutenant vor, wurde
später Stadtcommandant in Prag und Statthalter von Böhmen, 1710
Feldzeugmeister und starb zu Prag am 3. März 1716. Er war
von 1695 bis 1706 Inhaber des heutigen 42. Infanterie=Regimentes,
1706 hatte er ein 1748 reducirtes Regiment erhalten. Mit seinem
1747 als kaiserlicher Oberst verstorbenen Sohne Johann Joachim
erlosch sein Geschlecht.

Hamilton, Johann Andreas Graf, ein tapferer Soldat, er=
warb sich seine ersten Lorbeern in der Schlacht bei Villaviciosa
1710 und war im Türkenkriege bereits Feldmarschall=Lieutenant, wo
er sich bei Belgrad und Peterwardein 1716 besonders auszeichnete.
Er erhielt 1718 ein Cürassier= (das heutige 7. Dragoner=) Regiment,
wurde 1723 General der Cavallerie, erwarb sich 1734 bei der
Armee in Italien, insbesondere in der Schlacht bei Parma neue Ver=
dienste, wurde Geheimer Rath und Commandirender im Banat. Er
starb 1738 zu Wien als Capitän der Trabantengarde.

Harsch, Ferdinand Amadeus Graf, aus altem elsassischem Ge=
schlechte, geboren zu Freiburg 1664, focht erst bei den Schweizer
Truppen in Frankreich, 1688 aber mit den Venetianern auf Morea
gegen die Türken und später als Volontär in der kaiserlichen Armee.
Auf Empfehlung des kaiserlichen Botschafters Grafen Oettingen in
österreichischen Dienst übernommen, kämpfte er, vorzüglich bei Luzzara
1702, mit Auszeichnung und wurde General, bei Cassano wurde er
verwundet, aber die berühmte tapfere Vertheidigung Freiburgs 1713
hat seinen Ruhm verewigt. Er wurde in diesem Jahre Feld=

zeugmeister und 1714 in den Grafenstand erhoben, 1717 Inspector des Geniewesens, Hoftriegsrath, tehrte 1719 als Commandant nach Freiburg zurück, wo er am 5. April 1722 verschied. Er hinterließ über seine vielen Feldzüge und Reisen Memoiren als Manuscript in französischer Sprache.

Heindl Graf von Sonnenberg, Johann Franz Freiherr, war 1707 bis 1714 Inhaber des heutigen 18. Infanterie-Regimentes, wurde 1714 Feldzeugmeister und starb 1731.

Heister, Albert Graf, wurde 1718 Inhaber des Infanterie-Regimentes seines Vaters, des Feldmarschalls Grafen Sigbert Heister (siehe Seite 275), 1741 Feldzeugmeister und starb 1746 als Stadtcommandant von Graz; sein Regiment wurde 1748 reducirt.

Huhe, N., 1704 General der Cavallerie, Abgangsjahr unbekannt.

Jörger, Johann Franz Graf zu Tollet, aus der zur Zeit der Reformation bekannten oberösterreichischen Familie, geboren 1670, trat frühzeitig in die kaiserliche Armee und zeichnete sich unter Ludwig von Baden und Eugen so rühmlich aus, daß er schon 1706 Oberst und 1709 Inhaber des 1801 reducirten Dragoner-Regimentes Coburg wurde. Nach dem Siege bei Widdin 1689 schickte ihn der Markgraf Ludwig von Baden mit der Siegesnachricht nach Wien, „damit er, „nachdem er selbst in der Schlacht mit ausgezeichneter Tapferkeit ge-„fochten, mündlich Nachricht gebe von Allem, was er selbst gesehen". Später focht er in Italien und Spanien, wurde Generalmajor und 1716 Kämmerer. Im Türkenkriege 1716 und 1717 zeichnete er sich in den Schlachten bei Peterwardein und Belgrad vorzüglich aus. Durch einen kühnen Bajonnetangriff seiner Brigade, warf er die Türken in die Laufgräben zurück. 1723 wurde Graf Jörger Feldmarschall-Lieutenant und einige Jahre später Hoftriegsrath, 1735 Geheimer Rath und General der Cavallerie, zuletzt Festungs-Commandant zu Ofen, wo er 1738 starb. von Wurzbach, Lexikon, Band X, Seite 227.

Károly von Nagy-Károly, Alexander Graf, geboren zu Nagy-Károly 1668, stellte sich 1697 an die Spitze eines Comitats-Banderiums um einen im Lande ausgebrochenen Aufstand zu dämpfen wurde 1699 Baron der königlichen Tafel von Oberungarn, besiegte 1703 die aufständischen Kuruzzen bei Dohon. In Wien, als er die Nachricht dieses Sieges brachte, beleidigt, kehrte er, über solche Unbill erbittert, in sein Vaterland zurück und trat zur Partei Rakoczy's über, der den tapferen Magnaten besser zu würdigen verstand und ihn zu seinem Oberfeldherrn ernannte, welche Stellung Karoly benützte, um im Lande die Ruhe herzustellen. Nach der Romhoczer Schlacht nahm er auch wichtigen Antheil an den Friedensverhandlungen zu Szathmar. Sein vermittelnder Einfluß zog die Aufmerksamkeit des Wiener Hofes auf sich und Kaiser Carl VI. erhob ihn 1712 in den Grafenstand. Er unterdrückte noch 1719 die hie und da in Ungarn ausgebrochenen Unruhen, und brachte 1723 auf dem Landtage mehrere wichtige Angelegenheiten in Ordnung, wurde Geheimer Rath und am 4. October 1723 zum General der Cavallerie ernannt, und 1714 Vicepräsident der königlichen Statthalterei. Bei Ausbruch des Krieges 1734 errichtete Graf Karoly auf eigene Kosten das heutige 6. Hußaren-Regiment und schickte es unter Commando seines einzigen am Leben gebliebenen Sohnes zum Feldzuge an den Rhein. 1741 dämpfte er neuerdings jenseits der Theiß angezettelte Unruhen und starb im Alter von 75 Jahren am 8. September 1743. von Wurzbach, Lexikon, Band XI, Seite 1.

Kriechbaum, Georg Friedrich Freiherr, geboren 1667, ein ausgezeichneter Kriegsheld seiner Zeit, der schon 1683 als Hauptmann der Belagerung Wiens durch die Türken beiwohnte. In den Feldzügen 1689 und 1691 bereits General, focht er unter Ludwig von Baden und bewies großen Heldenmuth in der Schlacht bei Salankamen. 1701 wurde er Inhaber des heutigen 54. Infanterie-Regimentes und Feldmarschall-Lieutenant bei der Armee in Italien, wo er 1704 Ivrea im Piemontesischen tapfer vertheidigte. Dann ging er nach Baiern, wo er die Bauernunruhen dämpfte und die diesmal für ihren rechtmäßigen Fürsten und Herrn aufgestandenen Landleute bei München, 24. December 1709, und dann bei Aldenbach im Jänner 1705 aufs Haupt schlug, die festen Plätze Braunau, Schärding und Burghausen nahm und die Ruhe im Lande herstellte. Nun ernannte ihn 1708 Kaiser Joseph I. zum Feldzeugmeister und gab ihm das Obercommando in Siebenbürgen, wo Feldzeugmeister Kriechbaum mit Erfolg die Pacificirung dieses Landes vornahm, nachdem er noch einen 8000 Mann starken Haufen der Malcontenten geschlagen hatte. Zu Hermannstadt ereilte am 14. Februar 1710 der Tod diesen tapferen und meist glücklichen General.

Latour, Raymund Graf, wurde 1704 General der Cavallerie und erscheint 1711 wieder abgängig.

Leiningen=Westerburg, Philipp Ludwig Graf, geboren 1652, trat 1671 zum Katholicismus über, stand anfänglich in französischen Diensten, trat später in die des deutschen Kaisers und wurde 1704 General der Cavallerie und Inhaber des 1775 reducirten Jacquemin'schen Cürassier=Regimentes. Er focht mit Auszeichnung im Türken= und im spanischen Successionskriege. In der Schlacht bei Cassano 1705 wurde Graf Leiningen, als er eben seine Truppen selbst zum Sturme führte, todt niedergestreckt.

Limburg=Styrum, Otto Graf, geboren 1680, ein Sohn des im Treffen beim Schellenberge 1704 gefallenen Feldmarschalls Grafen Hermann, trat jung in den kaiserlichen Kriegsdienst und machte den ganzen spanischen Erbfolge= und den Türkenkrieg mit. Er brachte als Oberst und General=Adjutant die in der Schlacht bei Belgrad eroberten Siegeszeichen im August 1716 nach Wien an das kaiserliche Hoflager. 1734 wurde er Inhaber eines 1748 reducirten Dragoner=Regimentes, das einst sein Vater besessen, wurde 1739 General der Cavallerie, 1740 Stadtcommandant zu Ofen und Pest, wo er am 6. März 1754 starb. Sein Sohn August Philipp war von 1770 bis 1797 Fürstbischof von Speyer.

Livingstein, Alois Graf, focht als Generalmajor unter Prinz Eugen im Türkenkriege 1716 und 1717, und wurde bei Temesvar verwundet, 1722 erhielt er, mittlerweile zum Feldmarschall=Lieutenant vorgerückt, das heutige 16. Infanterie=Regiment, wurde 1735 Feldzeugmeister und starb 1741.

Löffelholz, Georg Freiherr, focht früh im österreichischen Dienste in den Türken= und Franzosenkriegen und erhielt 1706 das 1741 reducirte Infanterie=Regiment Schmettau, den größten Theil seiner Dienstzeit hatte Löffelholz auf dem ungarischen Kriegsschauplatz zugebracht und sich 1711 durch die Einnahme von Munkacs ausge=

zeichnet, 1716 wurde er Feldzeugmeister, that sich im Türken=
kriege, insbesondere bei Belgrad 1717 hervor, und genoß das Ver=
trauen des Prinzen Eugen. Er starb 1719.

Marck, Julius Graf von der, wurde 1734 Feldzeugmeister
und 1753 abgängig.

Martigny, Carl Graf, war seit 1704 Inhaber des 1768
reducirten Cürassier=Regimentes de Ville, wurde 1716 General der
Cavallerie, that sich im Türkenkriege bei Peterwardein 1716 und
in der Schlacht bei Belgrad 1717 vorzüglich hervor, wurde 1718 mit
mehreren Cavallerie=Regimentern zur Deckung von Oberungarn ent=
sendet und starb 1721.

Nadasdy, Franz IV. Graf, ein Sohn des 1671 wegen Hoch=
verrath zu Wien enthaupteten Judex curiae Grafen Franz III.;
derselbe trat in frühester Jugend in die kaiserliche Armee, wurde 1716
General der Cavallerie, befehligte in der Schlacht bei Peter=
wardein 1716 eine der fünf Heerescolonnen. Er war Inhaber eines
längst reducirten Hußaren=Regimentes, Kämmerer, Geheimer Rath und
Obergespan des Comorner Comitates und starb 1730.

Nassau=Weilburg, Carl August Fürst, geboren 1685, war
erst General des oberrheinischen Kreises, wurde 1735 General der
Cavallerie in der kaiserlichen Armee, nahm die vom Kaiser Carl IV.
1365 ertheilte, vom Kaiser Leopold I. 1688 bestätigte reichsfürstliche
Würde 1737 am 9. September an, und starb zu Weilburg am 9. No=
vember 1753.

Nehem, N. Freiherr von, zeichnete sich als Feldmarschall=
Lieutenant im Türkenfeldzuge 1697 unter Prinz Eugen sehr aus,
kämpfte später in Italien unter Guido Starhemberg; — war schon
seit 1682 Inhaber des 1725 reducirten Infanterie=Regimentes Bonne=
val und starb in hohem Alter 1713, nachdem er 1704 Feldzeug=
meister geworden war.

Pfeffershofen, Johann Freiherr, war bereits 1692 Feld=
marschall=Lieutenant und Inhaber des gegenwärtigen 7. Infanterie=
Regimentes, wurde 1710 Feldzeugmeister und starb 1714.

Pignatelli, Anton Joseph Fürst von Belmonte, General
der Cavallerie, siehe Seite 49.

Podstatzky, Carl Maximilian Graf, erhielt 1730 das 1768 reducirte Cürassier-Regiment Modena, wurde 1740 General der Cavallerie und starb 1743 als Commandant zu Raab.

Prié, Johann Anton Turinetti Marquis de, wurde 1725 Inhaber des heutigen 30. Infanterie-Regimentes, war Grand von Spanien, wurde 1744 Feldzeugmeister und erscheint 1753 abgängig.

Racoviani, Carl Ludwig Graf, war 1704 Inhaber des 1775 reducirten Cürassier-Regimentes Podstatzky, wurde 1706 General der Cavallerie und starb 1711.

Regal, Max Ludwig Graf, wurde im Jänner 1704 Oberst und kurz nachher Inhaber des heutigen 36. Infanterie-Regimentes, für welches er die ersten gedruckten Infanterie-Reglements herausgab. Er galt als ein ebenso wissenschaftlich gebildeter als tapferer General, wurde 1716 Feldzeugmeister, kämpfte im Türkenkriege 1716 und 1717 und erlag seiner in der Schlacht bei Belgrad 1717 erlittenen tödtlichen Verwundung.

Reventlow, auch Reventlau, Christian Detlev Graf, geboren 1671, errichtete 1694 für den Kaiser das 1746 reducirte Infanterie-Regiment Keuhl, welches er in dem niederländischen Kriege befehligte, führte 1702 die dänischen Truppen nach Italien, wurde Feldmarschall-Lieutenant, operirte später mit einem eigenen Corps am Inn, wurde bei Cassano 1705 schwer verwundet und 1706 Feldzeugmeister. Er nahm 1707 seinen Abschied, wurde später in Dänemark Général en chef, Oberkammerherr und Oberpräsident zu Altona, auch Geheimer Rath und Oberjägermeister und starb am 2. October 1738.

Rodt, auch Roth, Christof Freiherr, diente im spanischen Erbfolgekriege, wurde 1731 Feldzeugmeister und starb 1745.

Sachsen-Meiningen, Ludwig Ernst Herzog, geboren 1672, wurde 1704 Feldzeugmeister, trat die Regierung Meiningens im April 1706 an, und starb am 24. November 1724.

Sachsen-Weimar, Ernst August Herzog, geboren 1688, war seit 1728 regierender Fürst, Ritter des polnischen weißen Adlerordens, wurde 1733 General der Cavallerie und starb am 19. Jänner 1748 zu Eisenach.

Saint Ignon, Carl Graf, siehe Seite 229.

Salis, N. Freiherr, wurde 1706 Feldzeugmeister, Abgangsjahr unbekannt.

Savoyen, Ludwig Thomas Prinz, Graf von Soissons, geboren 1658, ältester Bruder des Prinzen Eugen, hatte bis 1695 in französischen Diensten gestanden, die er, müde des Hasses Louvois', und der schnöden Behandlung seiner Mutter von Seite Ludwigs XIV. verließ, und als General in jene Kaiser Leopolds I. übertrat. Er wurde 1702 Feldzeugmeister, erlag aber am 24. August d. J. einer bei der Belagerung von Landau erhaltenen Todeswunde.

Schmettau, Samuel Freiherr, siehe Seite 176.

Schönborn, Anselm Franz Graf, geboren 1681, erhielt 1706 das von seinem Vetter, dem Kurfürsten von Mainz Lothar Grafen von Schönborn errichtete, 1801 reducirte Dragoner-Regiment Modena, wurde 1723 General der Cavallerie und starb am 10. Juli 1726.

Schulenburg-Oyenhausen, Ludwig Graf, siehe S. 91.

Stampa, Franz Graf, wurde 1733 Feldzeugmeister und starb 1752.

Starhemberg, Ottokar Franz Graf, geboren 1681, war bereits 1709 Oberst, 1716 Inhaber des heutigen 59. Infanterie-Regimentes und 1717 Generalmajor, nachdem er sich im Türkenkriege 1716 und 1717 rühmlichst ausgezeichnet hatte. 1719 wohnte er in Sicilien der Schlacht bei Francavilla bei, später der Belagerung der Citadelle von Messina, wo er ungeachtet einer erhaltenen Schußwunde den Sturm mitmachte. 1720 wurde er Gouverneur vom Schlosse zu Palermo. 1723 wurde er Feldmarschall-Lieutenant und 1730 Feldzeugmeister und commandirender General in Böhmen, 1731 Geheimer Rath. Bei der Anwesenheit König Friedrich Wilhelms I. von Preußen zu Prag paradirte er vor diesem Monarchen mit seiner Besatzung. 1730 hatte er sein bisher innegehabtes Regiment mit dem 1748 reducirten Regiment O'Gilvi vertauscht. Er starb zu Prag am 11. Juli 1733 in einem Alter von 52 Jahren.

Succow, Heinrich Jakob Freiherr, war 1734 Feldmarschall-Lieutenant, vertheidigte 1739 Belgrad, wurde gleichzeitig Feldzeugmeister und starb 1740. Seit 1734 war er Inhaber des gegenwärtigen 22. Infanterie-Regimentes.

Tattenbach, Georg Graf, siehe Seite 66, 67.

Thüngen, Adam Freiherr, siehe Seite 154.

Tige, Carl Graf, kam als Page des tapferen Türkenbesiegers Herzog Carl von Lothringen nach Deutschland und trat früh in kaiserliche Kriegsdienste. Er stieg ziemlich rasch zum General empor, wurde 1723 General der Cavallerie und Commandirender in Siebenbürgen. Kaiser Carl VI. erhob ihn 1726 s. d. 6. October in den Reichsgrafenstand, welche Auszeichnung er nur kurz überlebte, da er 1727 starb.

La Tour et Taxis (recte Thurn und Taxis), Junicus Lamoral Graf, wurde 1703 Inhaber eines Cürassier- (heutigen 7. Dragoner-) Regimentes, kämpfte im spanischen Erbfolgekriege meist in Deutschland, zeichnete sich 1703 im Treffen bei Munderkingen aus, wurde 1708 General der Cavallerie, führte 1709 zeitweilig den Oberbefehl der kaiserlichen Truppen in Deutschland und commandirte im Winter von 1710 auf 1711 in den Etlinger Linien. Er starb 1713.

Traun, Julius Johann Wilhelm Graf, von der erloschenen Eschelberger Linie seines Hauses, ein Vetter des Feldmarschalls Grafen Otto Ferdinand, geboren 1670, trat früh in das kaiserliche Heer, und war nach den Standesausweisen von 1699 bereits Hauptmann im Infanterie-Regimente des Vertheidigers von Wien, Grafen Ernst Rüdiger Starhemberg (jetzt Nr. 54). Nachdem er alle Feldzüge seiner Zeit theils in Deutschland, Italien oder in Ungarn gegen die Türken mitgefochten hatte, rückte er 1735 zum Feldzeugmeister vor und starb am 15. Jänner 1739.

Veterani, Julius Graf, ein Sohn des 1695 bei Lugos heldenmüthig gefallenen Feldmarschalls Grafen Friedrich Veterani, hat sich, der Laufbahn seines Vaters früh folgend, im Erbfolgekriege 1703 bis 1713, im Türkenkriege 1716 und 1717, sowie im sicilianischen Kriege 1719 als würdiger Sohn eines Helden und tapferer Soldat bewährt, er wurde 1721 Inhaber des 1768 reducirten Cürassier-Regimentes de Ville, 1723 General der Cavallerie und starb 1736 zu Wien in hohem Alter.

Virmont, Damian Hugo Graf, war 1703 Inhaber des gegenwärtigen 16. Infanterie-Regimentes, der sich nicht nur in den

Kriegen jener Zeit ausgezeichnet hatte, sondern auch in diplomatischen Geschäften gut verwenden ließ. Er gehörte einem alten Jülichischen Adelsgeschlechte an, war einige Zeit kaiserlicher Botschafter in Polen, und wegen seiner treuen Anhänglichkeit an das Haus Oesterreich und des Eifers halber, mit dem er dessen Interessen vertrat, erfreute er sich der Gunst des Prinzen Eugen. Dieser General wurde bestimmt, bei den Friedensunterhandlungen zu Passarowitz 1718 als erster Botschafter des Kaisers aufzutreten, nachdem er 1717 zum Feldzeugmeister avancirt war. 1719 und 1720 fungirte Feldzeugmeister Graf Virmont als kaiserlicher Gesandter bei der Pforte, und hatte einen feierlichen prachtvollen Einzug in Constantinopel 1719 gehalten. Er starb 1722.

Bisconti, Julius Boromäus Marchese, siehe Seite 34, 64.

Wachtendonk, Carl Franz Freiherr, siehe Seite 80.

Walmerode, Franz Graf, 1723 General der Cavallerie, 1734 abgängig.

Walsegg, Otto Graf, war 1724 Inhaber des heutigen 49. Infanterie-Regimentes, wurde 1741 Feldzeugmeister und starb 1743.

Wetzel, Franz Joseph Freiherr, zeichnete sich im spanischen Erbfolgekriege bereits Oberst und General, bei jeder Gelegenheit vortheilhaft aus, wurde 1705 Inhaber des heutigen 18. Infanterie-Regimentes, belagerte und eroberte 1707 die Citadelle von Modena und die Festung Gaëta durch einen glücklichen Ueberfall, dagegen 1712 Girona ohne Erfolg, 1707 vertauschte er sein innehabendes Regiment mit dem gegenwärtigen 42. Infanterie-Regiment, 1713 wurde er Feldzeugmeister, führte 1719 einige Zeit das Truppencommando in Neapel und starb 1720.

Wurmbrand, Casimir Graf, geboren 1680, war früh in des Kaisers Dienst getreten, fungirte als einer der Untersuchungs-Commissäre im Seckendorf'schen Proceß 1737. Er war ein jüngerer Bruder des berühmten Genealogen und seit 1726 katholisch geworden. Seit 1728 war er Inhaber des 1809 reducirten 50. Infanterie-Regiments Stain, wurde 1741 Feldzeugmeister und als solcher dem Corps des Feldmarschalls Grafen Khevenhüller zugetheilt, mit dem er die Winterexpedition in Oberösterreich und Baiern mitmachte, 1745 wurde

er Gouverneur der Festung Ath an der Dender und starb am
20. Jänner 1749.

Wurmbrand-Stuppach, Christian Sigmund Graf, geboren 1673, lebte zuerst als Kammerherr an dem glänzenden Hofe
Friedrich Augusts von Sachsen, späteren Königs von Polen. Er trat
nach Ausbruch des spanischen Erbfolgekrieges in den österreichischen
Dienst und war 1704 bei der Rheinarmee in Deutschland eingetheilt.
Er kämpfte später in den Türkenkriegen 1716 und 1717 als Oberst
und General-Adjutant, wurde vom Prinzen Eugen mit der Nachricht
von der Eroberung Temesvars nach Wien geschickt, 1716, und 1723
zum Generalmajor und Commandanten von Leopoldstadt in Ungarn
befördert. 1734 befehligte Graf Wurmbrand als Feldmarschall-Lieutenant und Interims-Commandant der kaiserlichen Truppen in den
Niederlanden, und vertheidigte das feste Schloß Gräfenburg an der
Mosel gegen die französische Uebermacht des späteren Marschalls Belle-
Isle, 1735 wurde er General der Cavallerie, 1736 Inhaber
des 1775 reducirten Cürassier-Regimentes Thurn. Als er sich eben
zum Türkenkriege vorbereitete, überraschte ihn der Tod im 64. Lebensjahre am 21. Juli 1737.

Württemberg, Friedrich Ludwig Prinz, war der vierte
von vier Brüdern, von denen Jeder in die Kriegsdienste einer anderen
Macht getreten war. Carl Alexander hatte sich den österreichischen,
Friedrich den holländischen, Maximilian Emanuel den schwedischen und
Ludwig den sächsisch-polnischen Fahnen zugewendet. Den Türkenfeld-
zügen des Prinzen Eugen 1716 und 1717 wohnte Prinz Ludwig als
Freiwilliger bei und erhielt 1718 das heutige 10. Infanterie-Regiment
und Feldmarschall-Lieutenantsrang, 1723 wurde er Feldzeugmeister.
Doch erfolgte sein eigentlicher Uebertritt in das kaiserliche Heer viel
später. Ein großer schöner Mann, von einnehmendem Wesen, gefiel
er sich an dem üppigen Hofe von Dresden und Warschau, wegen
seiner vielen Siege über Weiberherzen sehr wohl. Er commandirte
1732 die kaiserlichen Truppen auf der Insel Corsica, als Kaiser
Carl VI. der Republik Genua seinen Beistand gegen die Corsen lieh,
und starb in der Schlacht bei Guastalla 1734 den Heldentod.

Württemberg, Friedrich Heinrich Prinz, war noch nicht
sechszehn Jahre alt in holländische Dienste getreten, und hatte in dem-

selben, dann in demjenigen seines Heimatlandes den spanischen Successionskrieg mitgekämpft, 1716 bei Ausbruch des Türkenkrieges begab
er sich als Feldmarschall-Lieutenant der Reiterei in des Kaisers Dienst,
in welchem er bereits seit 1710 Inhaber eines Infanterie-Regimentes,
jetzt Nr. 10, war, welches er 1717 abgab und das 1775 reducirte
Cürassier-Regiment Rothschütz erhielt. Beim Sturme auf Peterwardein wurde er verwundet. 1723 wurde er General der Cavallerie und starb 1734.

Wuttgenau, Gottfried Ernst Freiherr, geboren 1673 zu
Pielau im Fürstenthume Oels, studirte in Jena Mathematik, machte
vielfache Reisen und wurde hessischer Officier, später trat er in österreichische Dienste, in welchen er 1734 bereits Feldmarschall-Lieutenant
und Inhaber des heutigen 3. Infanterie-Regimentes war, das er aber
1736 mit dem gegenwärtigen 12. vertauschte, zugleich war er des
römischen Reiches Feldmarschall-Lieutenant. Im Feldzuge 1734 erwarb
er sich als Commandant der Reichsfestung Philippsburg durch deren
tapfere Vertheidigung gegen die Franzosen ungemeinen Ruhm. Nur
an der Stelle des eigentlichen Commandanten Feldzeugmeister Grafen
Seckendorf befehligte Wuttgenau daselbst. Bereits im Spätherbste
1733 hatte Seckendorf um die Erlaubniß gebeten, die Vertheidigung
dieser Festung zu leiten. Doch war ihm bedeutet worden, in dieser
wichtigen Zeit auf seinem Gesandtschaftsposten in Berlin zu verbleiben,
um nicht dem Einflusse der Feinde des Hauses Oesterreich freien Spiel-
raum zu gewähren, und Feldmarschall-Lieutenant Baron Wuttgenau
wurde mit dessen Stellvertretung beauftragt, der auch die ihm gewordene Aufgabe zur vollsten Zufriedenheit des Prinzen Eugen erfüllte.
Am 23. Mai 1734 begann die Umschließung von Philippsburg durch
den französischen General-Lieutenant d'Asfeld, der bald nachher, als
am 12. Juni in den Laufgräben eine Kanonenkugel dem Marschall
Berwick den Kopf abriß, zum Marschall von Frankreich ernannt wurde.
Erst am 18. Juli 1734 hatte Feldmarschall-Lieutenant Wuttgenau,
nachdem alle Hülfsmittel erschöpft waren, welche eine längere Vertheidigung möglich machten, die Capitulation gegen freien Abzug nach
Mainz abgeschlossen, und Prinz Eugen wiederholte seine schon während
der Belagerung öfter gemachte Erklärung auch jetzt: „Wuttgenau habe
„das Aeußerste und alles Dasjenige gethan, was man von einem

„rechtschaffenen Commandanten nur verlangen könne". 1735 ver=
theidigte der tapfere Wuttgenau die Festung Mantua, wurde 1735
Feldzeugmeister und mit der Aufsicht über alle kaiserlichen Festun=
gen betraut. Er bereiste nun Italien und Ungarn und starb auf der
Rückreise nach Wien am 23. December 1736 zu Raab.

Zante von Merl, Wilhelm Jakob Freiherr, war bereits 1695
Inhaber des 1801 reducirten Cürassier=Regimentes Zeschwitz, wurde
1704 General der Cavallerie und starb 1704.

d) Feldmarschall-Lieutenants, welche von 1701 bis 1748 ernannt wurden, in alphabetischer Ordnung.

Alcaudete, Anton Diego de Portugal Marchese de, war Oberst
im spanischen Successionskriege und befehligte das nach ihm benannte
spanische Infanterie=Regiment, zeichnete sich beim Sturme auf Temesvar
1716 besonders aus, erhielt nach Einverleibung jenes Regimentes 1721,
mit dem 48. Infanterie=Regimente das letztere (welches als Schmidt=
feld=Infanterie 1796 reducirt wurde), avancirte 1733 zum Feldmar=
schall=Lieutenant und starb 1734.

Andlau, Franz Joseph Maria Freiherr, geboren 1695, trat
jung in den kaiserlichen Dienst, wurde 1740 Oberst im Infanterie=
Regimente Hessen=Cassel (jetzt Nr. 27), focht mit besonderer Aus=
zeichnung in der Schlacht bei Mollwitz 1741 und wurde 1742 General.
In den folgenden Feldzügen des Erbfolgekrieges hatte er oft Gelegen=
heit, Proben seines Muthes und seiner Tapferkeit abzulegen, und that
sich insbesondere 1745 bei Erstürmung von Vilshofen mit seinen
Grenadieren ruhmvoll hervor. 1745 wurde er Feldmarschall=
Lieutenant und Inhaber des heutigen 57. Infanterie=Regimentes.
Am siebenjährigen Kriege nahm Baron Andlau noch ehrenhaften Antheil,
wurde 1758 Feldzeugmeister, später commandirender General in Inner=
österreich und starb als solcher 1767 zu Graz.

Anspach, Georg Friedrich Markgraf, geboren 1678, übernahm
1692 die Regierung seines Landes, trat als Volontär in kaiserliche
Dienste, kämpfte 1695 am Rheine, avancirte 1701 zum Feldmar=
schall=Lieutenant und befehligte unter Prinz Eugen ein Corps

in Italien. — Er wurde am 28. März 1703 in einem Gefechte bei Eichhofen an der Vils gegen die Baiern tödtlich verwundet und starb.

D'Arnant, Hubert Dominik Freiherr, Graf Du Sain, einer vornehmen burgundischen Familie angehörend, hatte sich, als Hauptmann im Infanterie-Regimente Mannsfeld (heute Nr. 24) dienend, im Feldzuge 1692 durch die außerordentliche Tapferkeit, mit der er die sogenannte veteranische Höhle vertheidigte und mit seinem nur 300 Mann zählenden Commando alle Stürme der türkischen Uebermacht zurückschlug, bis ihn Wassermangel nach 45 Tagen heldenmüthiger Gegenwehr zur Uebergabe nöthigte, einen weitberühmten Namen gemacht. Seither hatte Arnant alle Kriege des Hauses Oesterreich mitgefochten, sich von Stufe zu Stufe emporgeschwungen und galt zuletzt für den besten Infanterie-General, welchen der Kaiser nach Guido Starhemberg hatte. 1704 wurde er Inhaber des heutigen 12. Infanterie-Regiments, 1706 Feldmarschall-Lieutenant. Im Feldzuge 1713 deckte er mit 15 Bataillons die Sicherstellung der Linien im Schwarzwalde und unterstützte den Feldmarschall-Lieutenant Marquis Vaubonne. Er starb 1728.

Arnaut, Johann Marquis, wurde 1734 Feldmarschall-Lieutenant und 1740 abgängig.

Auffees, N. Freiherr, 1702 Feldmarschall-Lieutenant, ? abgängig.

Ayanza Urera, Anton Marchese de Campo Rosso, 1734 Feldmarschall-Lieutenant, gestorben 1737.

Babocsay, Paul Freiherr, 1733 Feldmarschall-Lieutenant, starb 1735.

Barbon, N. Graf, 1743 Feldmarschall-Lieutenant, starb 1745.

Bärenklau, Johann Freiherr, 1742 Feldmarschall-Lieutenant, siehe Seite 152.

Bazan von Herreti, Anton, 1742 Feldmarschall-Lieutenant, 1743 gestorben.

Beaufort, N. Graf, 1733 Feldmarschall-Lieutenant, starb 1752 (siehe unter General-Adjutanten).

Berzetti, Cäsar Graf, 1713 Feldmarschall-Lieutenant, starb 1718.

Bettendorf, Philipp Freiherr, wurde 1721 Inhaber des heutigen 42. Infanterie-Regimentes, 1733 Feldmarschall-Lieutenant und ist im selben Jahre gestorben.

Birkly, N. von, 1704, Feldmarschall-Lieutenant, abgängig (?).

Bournonville, N. Marquis, 1735 Feldmarschall-Lieutenant, 1740 gestorben.

Brandenburg-Baireuth, Friedrich Markgraf, geboren 1711, Ritter des preußischen schwarzen Adler-, des Elephanten-Ordens u. s. w., war seit 1733 Inhaber des heutigen 41. Infanterie-Regimentes, und 1744 Feldmarschall-Lieutenant. Er starb am 16. Februar 1763.

Brandenburg-Culmbach, Albrecht Wolfgang Markgraf, geboren 1689, erhielt von Kaiser Carl VI. 1723, das heutige 22. Infanterie-Regiment verliehen, wurde 1725 zum Generalmajor und 1733 zum Feldmarschall-Lieutenant befördert, und befehligte unter Feldmarschall Graf Mercy 1734 in Oberitalien eine Truppendivision. Am 29. Juni d. J. in der Schlacht bei Parma stand der Markgraf mit seiner Division in der ersten oder rechten Colonne und fand nebst seinem Feldherrn und vielen anderen tapferen Officieren den Heldentod. Feldzeugmeister Prinz Ludwig Württemberg, der nach Mercy's Tode den Oberbefehl übernahm, nennt den Markgrafen Albrecht Wolfgang in seinem Schlachtberichte unter den Tapfersten.

Brettlach, auch Pretlak, Franz Johann Freiherr, geboren 1709, trat 1732 als Volontär in kaiserliche Dienste und wurde im Türkenkriege 1737, bereits Oberst, mit Erfolg als General-Adjutant verwendet. Seit 1739 General, erhielt er 1743 eine wichtige Mission an den St. Petersburger Hof, und commandirte nach seiner Rückkehr eine Brigade im ersten schlesischen Kriege, rückte 1745 zum Feldmarschall-Lieutenant vor und wurde Inhaber eines Cürassier- (heutigen 2. Dragoner-) Regimentes. 1754 war er bereits General der Cavallerie und zeichnete sich im siebenjährigen Kriege, ebenso bei wiederholten diplomatischen Missionen vortheilhaft aus. Durch einige Zeit war er Botschafter am k. russischen Hofe. Nach dem Hubertsburger Frieden beim Hofkriegsrathe verwendet, erhielt er später das Gouvernement zu Ostende und starb am 15. November 1766.

Breuner, Ferdinand Ernst Graf, wurde am 3. August 1716 als k. Feldmarschall-Lieutenant (seit ?) bei einem Gefechte bei Peterwardein von den Türken gefangen und zusammengehauen.

Breuner, Maximilian Ludwig Graf, wurde 1716 Feldmarschall-Lieutenant, war Geheimer Rath und Hofkriegsrath, Ritter des Ordens vom heil. Jakob, endlich längere Zeit commandirender General der kroatischen und windischen Grenzen und starb, 73 Jahre alt, am 6. October 1716.

Browne, Max Ulysses Graf, siehe Seite 244.

Bürkel, N., 1723 Feldmarschall-Lieutenant, 1725 abgängig.

Cerda de Villa Longa, N. Graf, 1735 Feldmarschall-Lieutenant, gestorben 1750.

Chanclos de Rets-Brisuila Herr von Leves, Carl Urban Graf (Sohn des Herrn Denis François Chanclos rc., erst General im Dienste der Generalstaaten und späterer kaiserlicher Feldmarschall-Lieutenant), geboren zu Namur 1686, wurde 1726 Oberst und Commandant des wallonischen Fußregimentes Claude de Ligne (1809 reducirt), 1734 Generalmajor, 1738 Feldmarschall-Lieutenant und Gouverneur von Ostende, nachdem er im Türkenkriege 1737 und 1738 eine Truppen-Division commandirt hatte. Er wurde mit Patent vom 18. Juni 1740 in den Grafenstand erhoben. 1741 Feldzeugmeister, vertheidigte er 1745 Ostende gegen die Franzosen, wurde 1754 Feldmarschall und starb zu Brüssel 1761.

Chauviray, Carl Heinrich Graf, wurde 1733 Inhaber des 1775 reducirten Cürassier-Regimentes Thurn, 1735 Feldmarschall-Lieutenant und starb 1736.

Chimay, Alexander Fürst, wurde 1726 Feldmarschall-Lieutenant und starb 1745.

Ciceri, Joseph Graf, wurde 1740 Feldmarschall-Lieutenant und starb 1753.

Czeika, auch Czeka von Olbranowiz, Wenzel Joachim Freiherr, einer adeligen böhmischen Familie angehörig, hatte sich im spanischen Successionskriege unter Prinz Eugen mehrfältig hervorgethan, war 1705 Oberstlieutenant, bezwang im Juli 1796 die Stadt Messoca am Po, focht bei Cassano und Turin, war 1707 bei der Unternehmung gegen Toulon, dann in der Lombardie mit Erfolg verwendet worden, wurde später Commandant der Festung Leopoldstadt und erhielt 1733 ein 1748 reducirtes Dragoner-Regiment. 1733 zum Feldmarschall-Lieutenant vorgerückt, war er 1734 bei der Armee in Italien unter Feldmarschall Graf Mercy, befehligte den linken Flügel, 10 Infanterie-Bataillons, 12 Reiterschwadronen und 2 Carabinier-Compagnien, zeichnete sich am 29. Juni 1734 in der Schlacht bei Parma rühmlichst aus, verschied jedoch kurze Zeit darauf im Lager.

Czungenberg, Carl Freiherr, auch Czungenburg genannt, war ein Sohn des bei der Eroberung von Ofen 1686 in Gefangenschaft gerathenen Vicepaschas Tschenga Beg und kam im zarten Knabenalter nach Wien, wo er in der christlichen Lehre und sehr sorgfältig erzogen wurde und den obigen Geschlechtsnamen mit dem Freiherrnstand erhielt. Er erntete, sich dem Waffendienste widmend, im spanischen Successionskriege unter dem Prinzen Eugen seine ersten Lorbeern, 1730 war er bereits Oberst, Commandant und Inhaber des heutigen 8. Hußaren-Regimentes. 1734 zum Feldmarschall-Lieutenant avancirt, befehligte er längere Zeit die Reiterei der Reserve, zeichnete sich bei Parma, beim Ueberfalle von Quistello und in der Schlacht bei Guastalla aus, wo er schwer verwundet wurde. Er hatte das Unglück, 1735 im Ogliofluße zu ertrinken.

Daun, Leopold Graf, geboren 1705, gestorben 1766, der ruhmvolle Sieger von Kolin und Hochkirch, späterer Feldmarschall und erstes Großkreuz des Maria Theresien-Ordens, wurde 1739 Feldmarschall-Lieutenant, 1745 Feldzeugmeister und 1754 Feldmarschall, auch war er seit 1740 Inhaber des gegenwärtigen 59. Infanterie-Regimentes. Seine Thätigkeit unter Feldmarschall Grafen Traun im Feldzuge 1744 in Deutschland und Böhmen ist in diesen Blättern bei den betreffenden Affairen erwähnt; — sein ruhmvollstes Wirken aber gehört einer späteren Zeit an und ist welthistorisch; wir verweisen daher auf von Wurzbach, Lexikon, III. Band, Seite 168, wo genaue Quellen über Feldmarschall Daun angeführt sind, auch in Thürheims Feldmarschall Fürst Carl Joseph de Ligne, Wien 1877, Braumüller, Seite 19, 26, 29—31, 33—40, 44, 46, 48 und 64 finden sich Details und Urtheile über diesen ruhmvollen Feldherrn und Helden des siebenjährigen Krieges.

Dessewffy, Franz Stephan Graf, war seit 1727 Inhaber des gegenwärtigen 3. Hußaren-Regimentes, wurde 1733 Feldmarschall-Lieutenant und starb 1742.

Devenich, Marquis N., 1733 Feldmarschall-Lieutenant, 1745 abgängig.

Diemge, N. von, 1740 Feldmarschall-Lieutenant, 1746 abgängig.

Diesbach, Roman Graf, 1730 Feldmarschall-Lieutenant und 1742 gestorben.

Dorat von Morez, Nikolaus. Wir haben das traurige Schicksal dieses unglücklichen Generals in der von uns verfaßten, im Manuscripte bereits fertigen Lebensskizze des Feldmarschalls Grafen Khevenhüller besprochen, und verweisen auf dieses Buch, welches wir baldmöglichst der Oeffentlichkeit übergeben werden.

Draskovich, Johann Graf, welcher in den Jahren 1716 und 1717 als Locumtenens banalis und Generalmajor zuerst die Banalisten organisirte, muthig gegen die Türken focht und am 5. August 1716 mit den Banderien und Banalisten an der Unna fünf starke Thürme ohne Verlust wegnahm, die Türken über die Grenze trieb, und stufenweise zum Kämmerer, Geheimen Rath, Hofkriegsrath und Feldmarschall-Lieutenant erhoben wurde. 1730 mit der Würde eines Banus von Kroatien, Slavonien und Dalmatien bekleidet, starb er im Jänner 1731.

Draskovich, Johann Leopold Graf, 1748 Feldmarschall-Lieutenant, gestorben 1752.

Du Feigne, N. Freiherr, 1733 Feldmarschall-Lieutenant 1749 abgängig (erscheint bei den General-Adjutanten).

Ebergeny, Ladislaus von, war 1700 Oberst und Inhaber des gegenwärtigen 9. Hußaren-Regimentes, stand 1701 bei der Armee des Prinzen Eugen in Italien, hielt sich sehr tapfer bei Luzzara 1702, und wirkte mit einem Theile seines Regimentes bei dem Streifzuge des Marquis Avia gegen Mailand thätig mit. Er focht ferner 1706 bei Turin, Agnadello, 1707 in Neapel, dann wieder in Piemont, rückte zum Generalmajor vor, zeichnete sich im Türkenkriege 1716 und 1717, insbesondere in der Schlacht bei Belgrad aus, wo er verwundet wurde, in diesem Jahre Feldmarschall-Lieutenant, starb er 1723.

Egg, Johann Graf, siehe Seite 21.

Eichenbach, N. v., 1741 Feldmarschall-Lieutenant, gestorben 1743.

Elenfeld, Friedrich Freiherr, 1741 Feldmarschall-Lieutenant, gestorben 1744.

Eltze, N. Freiherr, 1723 Feldmarschall-Lieutenant, gestorben 1728.

Faber, Emerich Franz, war Inhaber eines 1701 errichteten italienischen Infanterie-Regimentes, das nach seinem Tode 1721 wieder reducirt wurde. Er war 1720 zum Feldmarschall-Lieutenant avancirt und starb 1721.

Fagel, N. v., 1703 Feldmarschall-Lieutenant, Abgangsjahr unbekannt.

Fellner von Feldeck, Christof Freiherr, aus einer adeligen böhmischen Familie abstammend, welche sich durch ihre großen Kenntnisse in der Feuerwerkskunst seiner Zeit bemerkbar machte, war in den ersten Jahren des 18. Jahrhunderts bereits bis zum Zeuglieutenant vorgerückt und zu Kaschau in Verwendung. Der Türkenkrieg jener Epoche, wo er sich bemerkbar machte, hob ihn 1718 zum Oberstlieutenant und 1726 zum Obersten. 1730 war er General und Commandant der Artillerie, 1733 Feldmarschall-Lieutenant und befehligte im Feldzuge 1734 die Artillerie bei der Rheinarmee des Prinzen Eugen. In allen Gelegenheiten des Türkenkrieges 1716 und 1717 leuchtete Feldmarschall-Lieutenant Fellner durch Unerschrockenheit und Tapferkeit voran und fand den Heldentod in der Schlacht bei Krotzka am 23. Juli 1739.

Finials, Pietro, 1738 Feldmarschall-Lieutenant, 1740 abgängig.

Fürstenberg, Carl Egon Graf von Mößkirch, geboren 1665, stand im Feldzuge 1687 gegen die Türken als Volontär beim kaiserlichen Heere, bei der Belagerung von Belgrad 1688 wurde er als Hauptmann bei einem Sturme gefährlich verwundet, rückte sodann zum Major, 1691 zum Obersten vor. 1692 von den Ständen des schwäbischen Kreises zum Generalmajor befördert, erhielt er auch diese Charge im April 1693 in der kaiserlichen Armee und 1694 die Inhaberstelle des gegenwärtigen 17. Infanterie-Regimentes; auch hatte er

das General-Commando über die Vorposten am Rheine und die vorder-
österreichischen Waldstädte, später die Commandantenstelle zu Constanz.
1700 rückte er zum Feldmarschall-Lieutenant vor, commandirte im spanischen Erbfolgekriege ein Corps am Rhein und wurde
im Treffen bei Friedlingen am 14. October 1702 gleich beim Beginne
durch zwei Schüsse getödtet. Er war auch seit 1697 Feldzeugmeister
des schwäbischen Kreises.

Fürstenberg, Ludwig Wilhelm August Landgraf, geboren
1705, erhielt 1724 mit dem Range eines Obersten das Enzenberg'sche
Infanterie-Regiment, rückte zum General vor, wurde 1739 Reichs-
und 1741 österreichischer Feldmarschall-Lieutenant. Er nahm
im österreichischen Erbfolgekriege ehrenvollen Antheil an den Feldzügen
von 1741 bis 1747 in Deutschland, Italien und den Niederlanden
und starb zu Linz am 10. November 1759. Seit 8. Juli 1754 besaß
er die Würde eines Reichs-Feldzeugmeisters.

Fürstenbusch, Johann Daniel Graf, war 1720 Oberst des
Max Starhemberg'schen, gegenwärtigen 24. Infanterie-Regimentes,
wurde 1730 Generalmajor und Inhaber des nunmehrigen 35. Infanterie-Regimentes, 1733 Feldmarschall-Lieutenant und
starb 1738.

Glöckelsberg, Dietrich Freiherr, hatte im Kriege gegen die
Rakoczy'schen Malcontenten sich mehrmals ausgezeichnet, machte Ende
Juli 1705 einen glücklichen Streifzug mit 450 Mann über die Donau
bei Szetsche, wobei viel Rind- und Schafvieh, sowie auch Pferde erbeutet wurden. Er avancirte 1705 zum Feldmarschall-Lieutenant, erhielt gleichzeitig das 1768 reducirte Cürassier-Regiment Klein-
holdt und starb 1707.

Gondrecourt, Ludwig Graf, wurde 1716 Feldmarschall-
Lieutenant und Inhaber eines Cürassier- (heutigen 4. Dragoner-
Regimentes und starb 1723. Er hatte in Spanien unter Guido
Starhemberg gedient.

Göldy von Tieffenau, Peter Freiherr, siehe Seite 71.

Greeven, Ludwig von, wurde 1716 Feldmarschall-Lieutenant und Inhaber des 1775 reducirten Cürassier-Regimentes Thurn,
jedoch schon 1717 abgängig.

Grünne, Nikolaus Franz Hemricourt de Mozet, aus einem uralten Lütticher Geschlechte, geboren 1701, kam zuerst mit dem späteren Kaiser Franz I. nach Wien, und erhielt 1745 bei dessen Krönung in Frankfurt für sich und seine Geschwister das Reichsgrafendiplom. Er diente im kaiserlichen Heere, wurde aber auch häufig zu diplomatischen Missionen verwendet, so als großherzoglich toscanischer Abgesandter bei der Thronbesteigung König Friedrichs II. 1740 nach Berlin, wie auch 1748 zum Aachener Friedensschlusse. 1737 wurde er Inhaber des gegenwärtigen 26. Infanterie-Regimentes und 1741 Feldmarschall-Lieutenant. Als solcher commandirte er 1745, wie bekannt, bei Kesselsdorf ein eigenes Corps in Verbindung mit der kursächsisch-polnischen Armee unter dem sächsischen General Grafen Rutowsky. Er rückte kurz nachher zum Feldzeugmeister vor, wurde Gouverneur von Ath und war k. Geheimer Rath und Kämmerer. Graf Grünne starb am 15. Februar 1751 auf seinem Schlosse zu Grünne an den Folgen seiner im schlesischen Kriege erhaltenen Wunden.

Haßlinger, Ignaz Freiherr, ein Sohn des Seite 285 erwähnten Feldmarschalls Freiherrn Heinrich, erhielt 1739 das ehemalige Infanterie-Regiment seines Vaters (jetzt Nr. 11), war seit 1735 Feldmarschall-Lieutenant und starb 1739.

Hatzfeld, Wolfgang Graf, wurde 1739 Feldmarschall-Lieutenant und starb 1755.

Hauben, Johann Friedrich Hartmann Graf, einer alten adeligen rheinischen Familie angehörig, hatte sich durch Tapferkeit in den Kriegen seiner Zeit mehrfältig hervorgethan und wurde 1708 für seine Verdienste in den Grafenstand erhoben. Er wurde Inhaber eines reducirten Dragoner-Regimentes, 1716 Feldmarschall-Lieutenant und kämpfte als solcher in dem Feldzuge dieses Jahres unter Prinz Eugen gegen die Türken. Im Feldzuge 1717 stand Feldmarschall-Lieutenant Graf Hauben längere Zeit mit einigen Reiterregimentern bei Peterwardein, später bei Semlin detachirt, und warf am 3. Juli die bei Semlin gelandeten Türken mit einem Verluste von 200 Mann unter die Kanonen der Festung Belgrad zurück. In der Schlacht bei Belgrad am 16. August fand Feldmarschall-Lieutenant Graf Hauben, seinen Reitern als glänzendes Beispiel der Tapferkeit vorleuchtend, an der Spitze derselben den Tod.

Havor, Nikolaus Baron, siehe Seite 105.

Herberstein, Ernst Gundaker Graf, geboren 1654, rückte stufenweise zum General, Hofkriegsrath, endlich 1708 zum Feldmarschall-Lieutenant und Commandanten der Festungen Essegg und Szegedin vor und starb am 15. April 1723.

Herberstein, Johann Ferdinand Graf, geboren 1663, trat 1672 in den Malthefer-Orden, focht unter dem Herzoge von Lothringen und dem Prinzen Eugen, und zeichnete sich 1686 zu Ofen bei der Erstürmung der Palissaden aus, 1687 berannte er das Schloß Butschim zwischen der Drau und Save und zwang die Janitscharen-Besatzung zur Uebergabe, ihr das Leben schenkend und die Beute unter ihre Weiber und Kinder vertheilend. Sowol vor Ofen als Butschim erhielt Herberstein schwere Wunden. 1718 wurde er Feldmarschall-Lieutenant, war zuletzt innerösterreichischer Hofkriegsraths-Vicepräsident, aus allen seinen Feldzügen den Ruhm eines ausgezeichneten Kriegers hinterlassend, und starb zu Graz 1721.

Herberstein, Johann Georg Graf, wurde 1744 Feldmarschall-Lieutenant und starb 1756.

Herberstein, Carl Leopold Graf, wurde 1720 Feldmarschall-Lieutenant und starb 1726.

Hessen-Darmstadt, Heinrich Prinz, geboren 1674, trat früh zum Katholicismus über, zog, in der kaiserlichen Armee dienend, mit König Carl III., späteren Kaiser, nach Spanien, wurde 1707 Feldmarschall-Lieutenant und hat sich im selben Jahre durch seine tapfere Vertheidigung Leridas in Catalonien berühmt gemacht. Er starb 1741.

Hessen-Philippsthal, Ludwig Carl Prinz, geboren 1682, Ritter des Elephanten-Ordens, wurde 1731 kaiserlicher Feldmarschall-Lieutenant, quittirte 1756 und starb zu Philippsthal am 8. Mai 1770.

Hohberg, N. Freiherr, wurde 1712 Feldmarschall-Lieutenant und starb bei der Belagerung von Temesvar 1716 den Heldentod.

Hohenzollern-Hechingen, Hermann Graf, geboren 1665, war anfänglich für den geistlichen Stand bestimmt, verließ aber denselben, trat in österreichische Kriegsdienste und wurde 1725 Feldmarschall-Lieutenant und Gouverneur im Breisgau. Er starb 1738.

Holstein-Beck, Friedrich Prinz, kämpfte im Türkenkriege 1716 und 1717 mit Auszeichnung, wurde 1717 Feldmarschall-Lieutenant und in der Schlacht bei Francavilla 1719 tödtlich verwundet.

Kavanagh, Demetrius Freiherr, diente von Jugend auf in der kaiserlichen Armee, wohnte den Feldzügen in Ungarn, Italien und Flandern bei, rückte 1735 zum Feldmarschall-Lieutenant vor und starb 1739.

Kettler, Christof Bernard Freiherr, wurde 1728 Feldmarschall-Lieutenant und Inhaber des gegenwärtigen 12. Infanterie-Regimentes, starb 1734.

Kohary, Andreas Graf, geboren in Ungarn 1694, trat zwanzigjährig in die kaiserliche Armee, machte den Türkenkrieg als Cürassier-Rittmeister, und bestieg in der Schlacht bei Peterwardein 1716, als ihm drei Pferde unter dem Leibe erschossen wurden, ein viertes, bei Belgrad 1717 wurde er verwundet. Bei Ausbruch des französisch-polnischen Wahlkrieges 1734 errichtete er ein 1768 redu-cirtes Dragoner-Regiment auf eigene, sich auf 150.000 Gulden be-laufende Kosten, und wurde Oberst und Inhaber desselben; 1736 Generalmajor und 1740 Feldmarschall-Lieutenant. Bei der Krönung der Kaiserin Maria Theresia als Königin von Ungarn versah er 1741 die Stelle eines Capitäns der zu dieser Feierlichkeit interimi-stisch zusammengestellten ungarischen Garde. 1754 zum General der Cavallerie befördert, starb er zu Szt. Antal in Ungarn am 4. De-cember 1758.

Kokorzowa, auch Kokorsowa, Ferdinand Franz Graf, wurde 1730 Inhaber eines 1734 reducirten Cürassier-Regimentes, 1733 Feldmarschall-Lieutenant und starb 1746.

Kollonitz, Adam Graf, geboren 1651, war seit frühester Jugend Soldat, wurde 1723 Feldmarschall-Lieutenant, war zugleich Kronhüter des Königreiches Ungarn und starb 1726.

Königsegg, Carl Graf, geboren 1675, ein jüngerer Bruder des Feldmarschalls Grafen Lothar, siehe Seite 289, wurde 1722 Feld-marschall-Lieutenant und starb am 17. Jänner 1731.

Königsegg-Rothenfels, Christian Moriz Graf von, geboren 1705, trat jung in das Fußregiment seines Oheims des Feldmarschalls Grafen Lothar Königsegg (jetzt Nr. 54) und stieg in demselben rasch zum Obersten empor, als welcher er in der Schlacht bei Guastalla 1734 verwundet wurde. Als Generalmajor machte er die Türkenkriege 1737 bis 1739 mit, wurde 1741 Feldmarschall-Lieutenant und Inhaber des gegenwärtigen 16. Infanterie-Regimentes. Mit Auszeichnung focht er in den Feldzügen 1741 bis 1745 in Baiern, am Rhein und in Böhmen, und wurde 1745 bei Soor verwundet; 1746 in Italien und 1748 am Rhein. Nach dem Aachener Frieden wurde Graf Königsegg Gesandter am kurkölnischen Hofe, 1754 Feldzeugmeister, befehligte im siebenjährigen Kriege ein Corps, und commandirte im Treffen bei Reichenberg, nicht vom Erfolge begünstigt. 1758 Feldmarschall, starb er zu Wien im Juli 1778. von Wurzbach, Lexikon, Band XII, Seite 223.

La Marche, Johann von, wurde 1723 Feldmarschall-Lieutenant und starb 1742.

Lanken, Friedrich Ludwig von, war seit 1713 Inhaber des gegenwärtigen 28. Infanterie-Regimentes und wurde in der Schlacht bei Peterwardein 1716 erschossen, nachdem er kurz vorher zum Feldmarschall-Lieutenant avancirt war.

Landriani, N. von, wurde 1733 Feldmarschall-Lieutenant und 1735 abgängig.

Langheim, N. Graf, wurde 1744 Feldmarschall-Lieutenant und starb 1746.

Langlet, Philipp Freiherr, wurde 1721 Inhaber des gegenwärtigen 25. Infanterie-Regimentes, 1723 Feldmarschall-Lieutenant und starb 1727.

Lannoy de Clervaux, Adrian, 1719 Feldmarschall-Lieutenant, Abgangsjahr unbekannt.

Le Beauffe, N. Graf, 1738 Feldmarschall-Lieutenant und auch gestorben, siehe bei den General-Quartiermeistern.

Leimbruck, Franz Freiherr, 1718 Feldmarschall-Lieutenant und 1722 gestorben.

Lentulus, Joseph Cäsar Freiherr, aus einem alten Berner Patriziergeschlechte, war 1735 Oberst und Commandant des Dragoner-Regimentes Graf Philippi (jetzt Hußaren Nr. 15), zeichnete sich als kühner Streifcorpsführer im Feldzuge 1737 gegen die Türken zu wiederholten Malen aus; so nahm er die Verschanzung Possega ein, recognoscirte und berannte die Festung Usitza im September 1737, und wurde 1740 Generalmajor, 1744 aber Feldmarschall-Lieutenant, Commandant der Festung Kronstadt in Siebenbürgen und hatte den österreichischen Freiherrnstand erlangt. Er starb 1747. Sein Sohn, der Anfangs unter ihm diente, Rupert Scipio Freiherr von Lentulus, trat 1745 in preußische Dienste, wo er zum General-Lieutenant vorrückte und des besonderen Vertrauens Friedrichs des Großen gewürdigt wurde.

Leutrum, Carl Magnus Freiherr, geboren 1680 zu Pforzheim, zeichnete sich als schwedischer General in den Feldzügen unter Carl XII. aus, trat später als Generalmajor in den österreichischen Dienst, wurde 1734 Feldmarschall-Lieutenant, nahm rühmlichen Antheil an den Feldzügen 1734 und 1735 in Italien und an den Türkenkriegen 1737 bis 1738. Er starb zu Wien am 24. Jänner 1739.

Liebenberg, Carl Freiherr, 1733 Feldmarschall-Lieutenant, gestorben 1753.

Ligne, Claudius Lamoral Fürst, 1734 Feldmarschall-Lieutenant, Mitglied des Staatsrathes zu Brüssel, Inhaber eines 1809 reducirten Infanterie-Regimentes, 1752 Feldmarschall, gestorben 1766 (siehe Thürheims Feldmarschall Carl Joseph Fürst de Ligne, Wien 1877, Braumüller, Seite 5, 10, 53, 54 und 284, wo alle Details zu finden).

Ligne, Ferdinand Prinz, geboren 1686, zeichnete sich als Capitän in spanischen Diensten 1706 in der Schlacht bei Ramillies aus, wurde im selben Jahre von dem im Interesse des Erzherzogs Carl, späterem Kaiser Carl VI., von den Seemächten eingesetzten niederländischen Staatsrathe zum Obersten und Inhaber eines eben errichteten wallonischen Dragoner-Regimentes ernannt, mit welchem er 1714 in kaiserliche Dienste übernommen wurde; 1732 wurde er Inhaber des Dragoner-Regimentes Westerloo (jetzt Fürst Windischgraetz

Nr. 14), 1733, Feldmarschall-Lieutenant, 1754 Feldmarschall und starb 1757 unvermält. (Siehe Thürheims Feldmarschall Carl Joseph Fürst de Ligne. Wien 1877. Wilhelm Braumüller.)

Ligneville, Leopold Graf, wurde 1727 Inhaber des gegenwärtigen 3. Infanterie-Regimentes, 1734 Feldmarschall-Lieutenant und blieb bei der Eroberung von Colorno 1734 todt am Platze.

Lindesheim, Georg Freiherr, war 1733 Oberst des Graf
Wilczek'schen Infanterie-Regimentes (jetzt Nr. 11), wurde 1734 bei
dem Rückzuge von Colorno verwundet, befehligte bei dem Ueberfalle
auf Quistello eine Colonne und half am 16. September bei Bocca di
Sechia zwei piemontesische Bataillons gefangen nehmen. In der Schlacht
bei Guastalla that er mit 12 Grenadier-Compagnien den ersten Angriff
und erhielt zur Belohnung das durch den Tod des in dieser Schlacht
gebliebenen Feldzeugmeisters Prinzen Ludwig von Württemberg eben
erledigte gegenwärtige 10. Infanterie-Regiment. 1735 Generalmajor,
1739 Feldmarschall-Lieutenant, starb er kurz nachher 1739.

Lingenheim, N. Freiherr, 1717 Feldmarschall-Lieutenant, 1719 abgängig.

Lippe, August Graf von der, 1735 Feldmarschall-
Lieutenant, 1739 abgängig.

Lobkowic, Joseph Fürst, geboren 1681, trat jung in das
kaiserliche Heer, stieg rasch von Stufe zu Stufe, wurde 1704 Oberst
und Inhaber des 1801 reducirten Cürassier-Regimentes Zeschwitz,
1716 Feldmarschall-Lieutenant und starb den Tod der Ehre
an einer in der Schlacht bei Belgrad 1717 erhaltenen Todeswunde.

Locatelli, Johann Graf, wurde 1723 Feldmarschall-
Lieutenant und starb als Festungs-Commandant zu Essegg 1732.

Löwenberg, N. Graf, 1705 Feldmarschall-Lieutenant, Abgangsjahr unbekannt.

Maffei, N. Marquis, 1743 Feldmarschall-Lieutenant,
1747 gestorben.

Malaspina, N. Marquis, 1733, Feldmarschall-Lieutenant, 1735 abgängig.

Maldeghem, Johann Graf, 1733 Feldmarschall-
Lieutenant, gestorben 1755. Er war Capitän der niederländischen
Hellebardiers-Compagnie und Staatsrath zu Brüssel.

Miglio, Franz Freiherr, hatte als Oberstlieutenant des Hessen-Darmstädt'schen Cürassier-Regimentes bei einem Ausfalle der Türken aus Belgrad am 17. Juli 1717 durch eine heftige Attaque an der Spitze von 300 Cürassieren auf die Janitscharen, welche die Infanterie des Marulli'schen Corps hart bedrängt hatten, diese gerettet und sich rühmlichst hervorgethan. Prinz Eugen rühmt in seinem Berichte an den Kaiser das heldenmüthige Benehmen des Cürassier-Regimentes Darmstadt (heute Dragoner Nr. 6), insbesondere die Umsicht und Unerschrockenheit ihres ausgezeichneten Commandanten des Oberstlieutenants Baron Miglio, um dessen Ernennung zum Obersten er bittet, damit durch dieses Beispiel „auch Andere zu derlei herrliche Thaten angefeuert würden". (Bericht vom 19. Juli 1717.) Dessenungeachtet wurde Miglio erst 1723 zum Obersten im Regimente befördert und 1731 zum bestellten (d. i. zweiten) Inhaber desselben Regimentes. 1733 Generalmajor, 1735 Feldmarschall-Lieutenant und 1737 wirklicher Inhaber, eroberte er im Feldzuge 1737 gegen die Türken die Palanken Rasna und Alexinka. Dieser verdienstvolle Krieger starb 1745.

Müffling, Heinrich Friedrich Baron, wurde 1724 Inhaber des gegenwärtigen 26. Infanterie-Regimentes, 1733 Feldmarschall-Lieutenant und starb 1737 an seiner im Feldzuge dieses Jahres im Treffen bei Jaskowacs in Bosnien erhaltenen schweren Wunde.

Nadasdy-Fogaras, Franz Leopold Graf, geboren 1708, hatte, seit frühester Jugend Soldat, schon in Corsica, Italien und am Rhein ausgezeichnete Beweise von Tapferkeit gegeben, und war 1736 Oberst im gegenwärtigen 8., 1739 aber im 9. Hußaren-Regimente, dessen Inhaber er 1741 wie auch zugleich Generalmajor wurde. Als Cavallerie- und Vorposten-General zeichnete sich Graf Nadasdy in allen Gelegenheiten des Erbfolge- und siebenjährigen Krieges aus, so beim Rheinübergange 1744 durch seine Ueberfälle in Baiern, seine Streifungen durch Oberschlesien 1745; in Italien 1746 machte er bei Guastalla den ersten Angriff, hatte den ehrenvollsten Antheil an den Siegen bei Piacenza und Rottofredo, — siegte bei Moys 1757 u. s. w. Seine Kriegerlaufbahn ist eine Reihe von Heldenthaten, und zu historisch bekannt, um hier noch eingehender besprochen und denn doch nur kurz abgethan zu werden. (Wir verweisen auf das vortreffliche Lexikon des

Herrn von Wurzbach und die daselbst angegebenen reichen Quellen, Band XX, Seite 6 bis 10). 1742 Feldmarschall-Lieutenant, 1754, General der Cavallerie, 1758 endlich Feldmarschall, später Großkreuz des Maria Theresien-Ordens und Ban von Kroatien starb dieser allbekannte Reiterführer und echte Hußaren-General zu Karlstadt am 22. März 1783.

Nassau-Siegen, Emanuel Ignaz Prinz, geboren 1678, wurde 1715 Ritter des goldenen Vließes, 1734 Feldmarschall-Lieutenant und starb als Hauptmann der Hartschierengarde der Erzherzogin Maria Elisabeth (Schwester Kaiser Carls VI.) und Statthalterin der Niederlande am 9. August 1735 zu Brüssel.

Nedolitzky, Wenzel Graf, 1744 Feldmarschall-Lieutenant, gestorben 1760.

Neuhauß, N. Graf, 1746 Feldmarschall-Lieutenant, 1748 abgängig.

Niedritz, N. von, wurde 1710 Feldmarschall-Lieutenant und Inhaber eines 1719 reducirten Schweizer-Regimentes. Er war in eben diesem Jahre 1719 abgängig.

Novati, N. Marquis, 1746 Feldmarschall-Lieutenant, 1748 abgängig, war seit 1743 Generalmajor und früher Oberst des 20. Infanterie-Regimentes.

Nutoni, N. von, 1701 Feldmarschall-Lieutenant, Abgangsjahr unbekannt.

O'Dewyer, Joseph Anton Graf, wurde 1711 Inhaber des 1746 reducirten Infanterie-Regimentes Reuhl. 1723 Feldmarschall-Lieutenant und starb 1731, war Commandant von Belgrad.

O'Dlone, Alexander Baron, errichtete als Oberstlieutenant bei dem 1801 reducirten damaligen Cürassier-Regimente Lobkowic im Jahre 1734 ein Dragoner-Regiment (1860 als Großherzog von Toscana reducirt), dessen Oberst und Inhaber er wurde, 1738 Generalmajor und 1745 Feldmarschall-Lieutenant, quittirte 1746 und trat in kursächsisch-polnische Dienste.

O'Relly, Alexander Graf, wurde 1734 Inhaber des gegenwärtigen 42. Infanterie-Regimentes, 1735 Feldmarschall-Lieutenant und starb 1743.

Palffy, Franz Graf, geboren 1686, war Maltheser-Ritter, wurde 1729 Inhaber des gegenwärtigen 51. Infanterie-Regimentes, 1732 Feldmarschall-Lieutenant und starb am 29. Juni 1734 in der Schlacht bei Parma den Heldentod.

Peroni, N. Graf von, hatte im Ingenieurfache gedient, schon 1690 Nissa in Serbien befestigt, von 1701 bei der Armee in Italien, rückte stufenweise bis 1724 zum Feldmarschall-Lieutenant vor und ist 1741 gestorben.

Petrasch, Ernst Freiherr. Ueber diesen ausgezeichneten Officier verweisen wir unsere geehrten Leser auf die von uns verfaßte, später erscheinende Lebensskizze des Feldmarschalls Grafen Ludwig Andreas Khevenhüller.

Pfalz-Sulzbach, Joseph Carl Emanuel August Erbprinz, geboren 1694, war Ritter des goldenen Vließes, wurde 1721 Feldmarschall-Lieutenant und starb am 18. Juli 1729.

Pfuhl, Ludwig Freiherr, wurde 1731 Feldmarschall-Lieutenant und ist 1744 gestorben.

Philipert, Philipp Freiherr, siehe Seite 226.

Pignatelli, Ferdinand Fürst, siehe Seite 49.

Piosasque, N. Graf, 1733 Feldmarschall-Lieutenant, 1740 abgängig.

Plischan, Georg Freiherr, 1717 Feldmarschall-Lieutenant, ist in dem Feldzuge dieses Jahres in einem Gefechte gegen die Türken geblieben.

De Prié, Hercules Marquis, 1719 Feldmarschall-Lieutenant, gestorben 1726.

Rabatta, Johann Joseph Graf, 1707 Feldmarschall-Lieutenant, gestorben 1722.

Ramos, N., 1745, Feldmarschall-Lieutenant, 1746 abgängig.

Rebinder, N. von, 1704 Feldmarschall-Lieutenant, Abgangsjahr unbekannt.

Reising, Thomas Graf, war zur Zeit des spanischen Erbfolgekrieges Generalmajor, wurde 1705 Inhaber des 1775 reducirten Cürassier-Regimentes Jacquemin, welches er aber 1706 mit dem ebenfalls 1775 reducirten Dragoner-Regimente Liechtenstein vertauschte, er wurde 1707 Feldmarschall=Lieutenant und starb 1711.

Reitzenstein, Friedrich Freiherr, commandirte als Oberst das gegenwärtige 7. Infanterie-Regiment, damals Neipperg, wurde 1735 Generalmajor, 1737 Feldmarschall=Lieutenant und Inhaber des dermaligen 12. Infanterie-Regimentes und starb 1739.

Renaud, Joseph Freiherr, wurde 1733 Feldmarschall= Lieutenant und 1736 abgängig.

Rodowsky, Wenzel Freiherr, siehe Seite 58.

Römer, Carl Joachim Freiherr, aus einem alten sächsischen Geschlechte, trat jung in das kursächsisch-polnische Heer, in welchem er bis zum Obersten vorrückte, 1731 aber seinen Abschied nahm, in den österreichischen Dienst übertrat und als Oberst in das Cürassier-Regi= ment Savoyen (gegenwärtiges 8. Dragoner-Regiment) eingetheilt wurde. 1735 wurde er Generalmajor, nachdem er in diesem Jahre den Zug an die Mosel unter Seckendorf mitgemacht hatte, im Türkenkriege 1737 bis 1739 zeichnete sich General Römer wiederholt aus, insbe= sondere 1737 im Gefechte bei Banjaluka, wurde 1738 Feldmar= schall=Lieutenant und erhielt das 1801 reducirte Dragoner= Regiment Coburg. In der Schlacht bei Mollwitz am 10. April 1741 commandirte Feldmarschall-Lieutenant Römer eine Cavallerie-Division und stürzte sich, ohne einen Befehl abzuwarten, in die feindliche Reiterei, die er durchbrach; jedoch sie sammelte sich, durch ihr vorzügliches Fuß= volk gedeckt, wieder von neuem. Bei dem vierten Angriff, den Römer unternahm, traf ihn eine tödtliche Kugel, und er war der erste öster= reichische General, der in den Kämpfen des Erbfolgekrieges den Tod auf dem Schlachtfelde fand.

Rost, Johann Freiherr, 1733 Feldmarschall=Lieute= nant, 1745 abgängig.

Roth, Wilhelm Freiherr, zeichnete sich als Oberstlieutenant des gegenwärtigen 12. Infanterie-Regimentes im Türkenkriege 1738 durch tapfere Vertheidigung des Postens Ratscha vortheilhaft aus und wurde 1739 Oberst bei Browne-Infanterie (jetzt Nr. 36). Im öster= reichischen Erbfolgekriege hatte er die Festung Neisse gegen den preußi= schen Feldmarschall Grafen Schwerin sehr tapfer vertheidigt und wurde 1741 Generalmajor, auch Inhaber des gegenwärtigen 22. Infanterie=

Regimentes. Er vertheidigte 1742 Brünn, rückte 1746 zum Feld=
marschall=Lieutenant vor, zeichnete sich im Feldzuge dieses
Jahres bei Guastalla aus, und übernahm in der Schlacht bei Rotto=
fredo nach der tödtlichen Verwundung des Feldmarschall=Lieutenants
Bärenklau den Oberbefehl, starb aber schon 1747.

Routord, N. Freiherr, wurde 1733 Feldmarschall=
Lieutenant und starb 1755.

Rumpf, Franz Graf, wurde 1734 Inhaber des gegenwärtigen
12. Infanterie=Regimentes, 1736 Feldmarschall=Lieutenant
und starb 1745.

Rziczansky, Johann Freiherr, war 1709 Oberst und Com=
mandant des Schlik'schen Dragoner=Regimentes (jetzt Uhlanen Nr. 6),
wurde 1716 Generalmajor, 1717 Feldmarschall=Lieutenant
und starb 1724.

Sachsen=Gotha, Friedrich Herzog, geboren 1676, trat die
Regierung seines Landes 1693 an, war Ritter des Elephanten=Ordens,
wurde 1704 Feldmarschall=Lieutenant und starb am 23. März
1732 zu Altenburg.

Sachsen=Gotha, Johann Wilhelm Herzog, geboren 1677,
wurde 1705 Feldmarschall=Lieutenant und starb am 15. August,
erst 30 Jahre alt, bei der Belagerung von Toulon 1707 den
Heldentod.

Sachsen=Gotha, Johann August Prinz, erhielt 1726 ein
Dragoner=Regiment (jetzt Uhlanen Nr. 8), war Ritter des Elephanten=
Ordens, wurde 1754 Feldmarschall und starb als solcher und
Ritter des kgl. preußischen schwarzen Adlerordens in seiner Residenz
zu Roda am 8. Mai 1767.

De Saint, N. Graf, 1744 Feldmarschall=Lieutenant,
1746 abgängig.

Saint Amour, Sylvius Graf, wurde 1711 Inhaber des
1775 reducirten Dragoner=Regimentes Liechtenstein, 1716 Feldmar=
schall=Lieutenant und starb 1734.

Saint Croix, Franz Freiherr, wurde 1712 Feldmar=
schall=Lieutenant und 1720 abgängig.

Saint Erasmo, N. Graf, 1744 Feldmarschall=Lieute=
nant, 1746 abgängig.

Saint Ignon, Franz Graf, wurde 1742 Feldmarschall-Lieutenant, 1743 Inhaber des gegenwärtigen 4. Dragoner, damals Cürassier-Regimentes, und starb an seiner in der Schlacht bei Striegau erhaltenen tödtlichen Verwundung.

Salburg, Ferdinand Graf, 1701 Feldmarschall-Lieutenant, diente auch im Türkenkriege der Republik Venedig, Abgangsjahr unbekannt.

Salm-Reifferscheidt-Heinsbach, Leopold Graf, geboren 1699, war 1730 bereits Oberst und Commandant des Infanterie-Regimentes Prinz Alexander Württemberg (jetzt Nr. 17), wurde 1733 Generalmajor, 1744 Feldmarschall-Lieutenant und starb 1760.

Salm, Wilhelm Graf, 1700 Feldmarschall-Lieutenant, 1707 abgängig.

Savoyen, Thomas Emanuel Prinz, ein Neffe des Prinzen Eugen, war Ritter des goldenen Bließes, seit 1710 Inhaber eines Cürassier-Regimentes (jetzt Dragoner Nr. 8), wurde 1724 Feldmarschall-Lieutenant und starb 1730.

Schram von Otterfels, N. Freiherr, wurde 1733 Feldmarschall-Lieutenant und 1741 abgängig.

Sereny, Franz Graf, war seit 1692 Inhaber des gegenwärtigen 11. Dragoner-Regimentes, wurde 1801 Feldmarschall-Lieutenant und ist 1705 im Oglioflusse ertrunken.

Sinzendorf, Franz Rudolf Graf, 1716 Feldmarschall-Lieutenant, 1742 gestorben.

Spleny de Mihaldy, Gabriel Freiherr, wurde 1734 Oberst und zugleich Inhaber eines 1767 reducirten Hußaren-Regimentes, 1738 Generalmajor, machte den Türkenkrieg 1737 bis 1739 mit, wurde 1743 Feldmarschall-Lieutenant, 1754 General der Cavallerie und starb 1762.

Spleny de Mihaldy, Stephan Freiherr, wurde 1706 Inhaber des gegenwärtigen 8. Hußaren-Regimentes, 1723 Feldmarschall-Lieutenant und starb 1730.

Stein, Friedrich Freiherr, war 1717 im Türkenkriege Hauptmann im Dragoner-Regimente Schönborn, wurde bei einem Recognoscirungsritte von den Türken gefangen, schmachtete ein Jahr in ben sieben Thürmen zu Constantinopel, 1718 nach dem Passarowitzer Frieden ausgewechselt, wurde er Oberstlieutenant, 1727 Oberst des Regimentes (1801 als Modena reducirt), 1733 Generalmajor, 1737 Feldmarschall-Lieutenant und starb 1738.

Stappel, N. von, 1733 Feldmarschall-Lieutenant, gestorben 1740.

Steinperg, Johann Anton, stand als Artillerie-Oberst 1711 bei der Armee in Italien, 1713 am Rhein, diente im Türkenkriege 1716 und 1717 mit Auszeichnung, wurde 1717 Generalmajor, 1723 Feldmarschall-Lieutenant und starb 1730.

Steinville (fels), Carl Marquis, 1705 Feldmarschall-Lieutenant, Abgangsjahr unbekannt.

Stubenberg, Franz de Paula Graf, geboren 1688, wurde 1733 Feldmarschall-Lieutenant und commandirender General an der kroatischen Grenze, auch wirklicher Geheimer Rath und starb 1747.

Thurn, Rahmund Graf, 1705 Feldmarschall-Lieutenant, 1711 abgängig.

Tillier, Johann von, Oberst des Niederitz'schen Schweizer Regimentes, 1723 Feldmarschall-Lieutenant, 1739 gestorben als Commandant von Freiburg.

Tilly, Claudius Graf, 1701 Feldmarschall-Lieutenant, 1723 gestorben.

Topf, N. von, 1701 Feldmarschall-Lieutenant, Abgangsjahr unbekannt.

Trips, Adolf Freiherr de Berghe, siehe Seite 248.

Tunderfeld, Georg Freiherr, 1733 Feldmarschall-Lieutenant, gestorben 1748.

Uffeln, Georg Freiherr, wurde 1726 Feldmarschall-Lieutenant und Inhaber des gegenwärtigen 2. Dragoner, damals Cürassier-Regimentes, starb 1733.

Valparaiso, Bartolomeo d'Andia Marchese, wurde 1731 Inhaber des 1809 reducirten Infanterie-Regimentes Simb'schen Nr. 43, 1733 Feldmarschall-Lieutenant und starb 1734 an seiner in der Schlacht bei Guastalla erlittenen schweren Verwundung.

Vaubonne, Joseph Marquis, war bei Ausbruch des spanischen Erbfolgekrieges bereits Generalmajor und fügte im September 1701

durch kühne Streifzüge den Franzosen in Italien vielen Schaden bei;
so nahm er ihnen am 15. September bei Orzinovi 300 mit Proviant
beladene Wägen und eine feindliche Standarte ab, ebenso im November
1702 jagte er, als der Feind sein Lager bei Luzzara verließ, demselben
einige Beute ab. Der Markgraf Ludwig von Baden nannte Vaubonne
„einen kecken, unternehmenden Officier". Im Sommer 1704 war
Vaubonne in dem unglücklichen Gefechte bei Trino in die Gefangenschaft der Franzosen gerathen, welche ihn als französischen Unterthan
nicht als Kriegsgefangenen, sondern als Hochverräther behandeln wollten.
Nur die scharfen Erklärungen des Prinzen Eugen und seine Drohung,
Repressalien zu ergreifen, hielt sie davon ab. Aber erst spät war
Vaubonne, der 1704 zum Feldmarschall-Lieutenant vorrückte,
frei geworden, um sogleich wieder an dem Zuge des Feldzeugmeisters
Daun nach Neapel theilzunehmen 1707, wo dieser wackere Reitergeneral, dessen Körper mit vielen rühmlich empfangenen Wunden bedeckt war, zur vollsten Zufriedenheit des Prinzen Eugen die Cavallerie
befehligte. Im Feldzuge 1713 erhielt der mittlerweile zum General
der Cavallerie beförderte Marquis Vaubonne den ehrenvollen Ver-
trauensauftrag des Prinzen Eugen, die Ettlinger Linien, und zwar
die sogenannten oberen, welche sich im Schwarzwalde befanden, gegen
einen etwaigen Durchbruch der Franzosen zu decken, und wurde mit
8 Bataillons und 15 Schwadronen dahin entsendet, jedoch bei dem
am 20. September erfolgten Angriffe Villars wurden jene Linien
durchbrochen. Vaubonne wurde der Nachlässigkeit, von Vielen des
Verrathes beschuldigt, und bat den Prinzen Eugen im Bewußtsein
gekränkter Unschuld flehentlich, sich seiner verletzten Ehre anzunehmen,
was ihm der Prinz auch zusagte. Aber Vaubonne, in immer tiefere
Schwermuth versunken, endete, 60 Jahre alt, am 2. August 1715 in
Wien durch einen Sprung aus dem Fenster sein an ruhmvollen Ver-
diensten immerhin reiches Leben.

Vettes, Ladislaus Baron, hatte eine bewegte Laufbahn. Anfangs kaiserlicher Hauptmann, kehrte er 1704 nach Ungarn zurück,
wurde in den Strudel des Rakoczy'schen Aufstandes gezogen und wirkte
im Interesse desselben als politischer Agent, theils bei der französischen
Regierung, theils in Warschau 1707 und selbst in Rußland 1710. In
Paris 1711 sollte er auf Rakoczy's Ansuchen verhaftet und in die

Bastille gebracht werden. Er wurde von diesem beschuldigt, dem Fürsten seine Diamanten vorenthalten und über 200.000 Livres Subsidiengelder keine Rechnung gelegt zu haben, überhaupt treulos geworden zu sein. Während der Rabstädter Friedensunterhandlungen näherte sich Vettes dem Prinzen Eugen, und wurde ungeachtet seines abenteuerlichen früheren Treibens, seines makelhaften Rufes in das kaiserliche Heer aufgenommen. Aber auch jetzt erhielt er keine ehrenhafte Verwendung, er wurde nämlich als Spion gebraucht, um den Umtrieben Rakoczy's und seiner einstigen Gesinnungsgenossen gegen das Kaiserhaus nachzuspüren. Seine früheren Verbindungen mögen Vettes hiebei sehr viel genützt haben, und er scheint in dieser Richtung sehr gute Dienste geleistet zu haben, denn 1734 bereits Oberst, errichtete er das gegenwärtige 34. Infanterie-Regiment, dessen Inhaber er bis zu seinem Ableben blieb, wurde General um 1740? Feldmarschall-Lieutenant, Freiherr, 1754 Feldzeugmeister und starb 1756.

Biard, Peter Freiherr, wurde 1711 Inhaber des gegenwärtigen 7. Dragoner-, damals Cürassier-Regimentes, 1716 Feldmarschall-Lieutenant und starb 1718.

Wachtendonk, Bertram Freiherr, deutscher Ordens-Comthur, wurde 1710 Inhaber des gegenwärtigen 54. Infanterie-Regimentes, 1719 Feldmarschall-Lieutenant und starb 1720.

Waldeck, Ludwig Prinz, wurde 1738 Feldmarschall-Lieutenant und blieb in der Schlacht bei Krotzka 1739.

Wallenstein, Johann Hannibal Freiherr, wurde 1714 Inhaber des gegenwärtigen 57. Infanterie-Regimentes, 1715 Feldmarschall-Lieutenant und ist in der Schlacht bei Peterwardein 1716 gefallen.

Wallis, Franz Wenzel Graf, geboren 1696, trat früh in das kaiserliche Heer und focht bereits im Türkenkriege 1716 und 1717. In einer Relation über die Finanzen und militärischen Kräfte Oesterreichs, welche der englische Bevollmächtigte St. Saphorin, ein strenger Beurtheiler, 1727 an seinen Hof sandte, wurde Franz Wenzel Wallis als einer der begabtesten und unterrichtetsten Officiere der kaiserlichen Armee genannt, obwol er damals erst 31 Jahre alt und die Oberstencharge bekleidete. Seit 1733 General-Feldwachtmeister, wurde er bei

Parma am 29. Juni 1734 verwundet. Schon 1731 hatte er das heutige 59. Infanterie-Regiment erhalten, vertauschte es aber 1740 mit dem Haßlinger'ſchen Nr. 11. Zum Feldmarſchall-Lieutenant befördert, machte er 1735 den Rheinfeldzug und unter Feldzeugmeiſter Graf Seckendorf einen Streifzug an die Moſel. 1736 wirklicher Hofkriegsrath, rückte Graf Wallis 1737 zu der gegen die Türken operirenden Armee und zeichnete ſich bei der Belagerung von Uſitza, ſowie in den Feldzügen 1738 und 1739 vortheilhaft aus. Im November 1739 erhielt er das Commando der Feſtung Glogau in Schleſien und wurde 1740 Geheimer Rath. Sowol Graf Wallis, als der unter ihm befehligende Generalmajor Reisky waren unabläſſig bemüht, die verfallenen Feſtungswerke von Glogau nach Möglichkeit auszubeſſern. Die Anfangs Jänner 1741 geſtellte Aufforderung zur Uebergabe des Platzes lehnte Wallis ſogleich ab, desgleichen denſelben unter vortheilhaften Bedingungen zwei Monate ſpäter wiederholten Antrag. In der Nacht des 8. März 1741 verſuchten die Preußen unter dem Erbprinzen von Deſſau einen Sturm, gelangten in der ſtockfinſteren Nacht ohne entdeckt zu werden bis an die Paliſſaden, und ſtanden auf den Wällen, ohne daß es noch zu ernſtem Widerſtande kam. Wallis und Reisky eilten als der erſte Lärm entſtand, nach den ſchwächſten Punkten. Um ſie ſammelte ſich der Kern der Beſatzung. Reisky wurde ſogleich durch zwei Kugeln und einen Bajonnetſtich ſchwer verwundet, Wallis verſuchte noch Widerſtand, wurde aber von der Uebermacht gezwungen, ſich zu ergeben und ſammt der Beſatzung kriegsgefangen gemacht. Er wurde nun nach Berlin gebracht, wo ihm Friedrich der Große alle Ehren, die einem tapferen Kriegsmann gebühren, erwies. Am 10. Auguſt wurde er ausgewechſelt und aus der Kriegsgefangenſchaft entlaſſen. Im Mai 1742 war Wallis bei der Armee in Baiern, wurde Feldzeugmeiſter und ſtand in den Feldzügen 1743 und 1744 am Rhein, in der Oberpfalz und in Böhmen unter den Befehlen des Herzogs Carl von Lothringen. Am 15. November 1743 wurde Feldzeugmeiſter Graf Wallis nach dem von den Franzoſen beſetzten Leitmeritz geſchickt, das ſich acht Tage ſpäter ergab. Im Feldzuge 1745 focht er im Treffen bei Habelſchwerdt und in der Schlacht bei Hohenfriedberg. 1754 wurde Graf Franz Wenzel Wallis Feldmarſchall und erhielt ſpäter (der erſte in ſeiner Familie) das goldene Bließ. Hochbetagt starb er im 79. Lebensjahre zu Wien am 4. Jänner 1774.

Weinbold, N. Freiherr, 1733 Feldmarschall-Lieutenant, gestorben 1745.

Wittorf, Johann Georg Freiherr, 1739 Feldmarschall-Lieutenant, ist in diesem Jahre in der Schlacht bei Krotzka geblieben.

Wittorp, Johann Gottlieb Freiherr, 1735 Feldmarschall-Lieutenant, 1740 abgängig.

Wolf, Leopold Freiherr, diente im Dragoner-Regimente Althann (jetzt Uhlanen Nr. 6), zeichnete sich bei Peterwardein, Temesvar 1716 und in der Schlacht bei Belgrad 1717 aus, wurde im letzteren Jahre Oberst im Regimente, 1728 General, 1735 Feldmarschall-Lieutenant und starb 1740.

Wuschetitz, Heinrich Freiherr, leistete sowol im spanischen Erbfolgekriege als in den späteren Feldzügen gegen die Türken gute Dienste, wurde 1723 Oberst und Commandant des 29. Infanterie-Regimentes, damals Braunschweig-Wolfenbüttel, 1733 General, 1735 Feldmarschall-Lieutenant und starb, nachdem er seit 1734 Inhaber eines 1809 reducirten Infanterie-Regimentes war, im Jahre 1737.

Zobel, N. Freiherr, aus dem alten fränkischen Geschlechte, 1735 Feldmarschall-Lieutenant, 1739 abgängig.

e) General-Feldwachtmeister (wie sie damals, und zwar in der correcten historischen Bezeichnung genannt wurden) oder Generalmajors, welche von 1701 bis 1748 ernannt wurden, in alphabetischer Ordnung.

Albani, Michael Graf, 1733 Generalmajor, 1744 abgängig.

Althann, Michael Ferdinand Graf, 1725 Generalmajor, 1733 abgängig.

Andrassy de Szt. Kiraly, Adam Johann Freiherr, geboren 1698, betrat, erst fünfzehnjährig, die militärische Laufbahn, war mit 26 Jahren bereits Stabsofficier im gegenwärtigen 40. In-

fanterie-Regimente (damals Baron Damnitz), 1738 Oberst und Commandant desselben, wurde aber 1741 erst zum 34., kurz nachher aber
zum 33. Infanterie-Regimente übersetzt und gleichzeitig zu dessen Inhaber ernannt. In den Feldzügen 1742 und 1743 wirkte er mit
seinem Regimente in Baiern, Böhmen und am Rhein in hervorragen-
der Weise, ebenso 1744 bei der Unternehmung gegen Neapel, wurde
Generalmajor, zeichnete sich als solcher 1746 in der Schlacht bei
Rottofredo aus und machte den Zug in die Provence mit. Seit 1752
Feldmarschall-Lieutenant, ereilte ihn der Tod 1753 im noch nicht erreichten 58. Lebensjahre.

Anhalt-Dornburg, Johann Friedrich Prinz, 1733 Generalmajor, 1742 abgängig.

Anspach, Carl Wilhelm Friedrich Markgraf, geboren 1702,
war 1734 Generalmajor, Inhaber eines 1801 reducirten Cürassier-
Regimentes, Ritter des rothen und schwarzen Adler-, des Hosenband-
Ordens und starb 1757.

Anspach, Wilhelm Friedrich Markgraf, geboren 1686, trat in
den kaiserlichen Dienst, ward 1717 Generalmajor und errichtete
das 26. Infanterie-Regiment und 1718 ein Dragoner- (heutiges
8. Uhlanen-) Regiment, welches sogleich den Feldzügen 1719 und
1720 in Sicilien beiwohnte. Der Markgraf starb 1723.

Aremberg, Carl Herzog, geboren 1721, Sohn des Feldmarschalls Herzog Leopold Philipp, (Seite 230), focht als Oberstlieutenant
des wallonischen Infanterie-Regimentes d'Arberg mit Auszeichnung in
der Schlacht bei Dettingen 1743, errichtete ein wallonisches Infanterie-
Regiment in den Niederlanden, dessen Oberst und Inhaber er zugleich
wurde. 1746 als Oberst zu Roth-Infanterie (jetzt Nr. 12) übersetzt,
machte er mit diesem die Feldzüge in den Niederlanden und 1748
die Belagerung von Mastricht mit. 1748 wurde Prinz Aremberg
Generalmajor, 1754 Feldmarschall-Lieutenant und Inhaber des
gegenwärtigen 21. Infanterie-Regimentes, 1770 Feldmarschall u. s. w.
Er starb 1778. Nähere Details siehe Thürheims Feldmarschall
Fürst Carl Joseph de Ligne, Wien 1877, Wilhelm Braumüller,
8°, Seite 23, 33, 73, 80, 97, 208.

Aspremont-Linden, Ferdinand Graf, erscheint sehr häufig
in Ordres de batailles oder anderen gedruckten Geschichtswerken jener

Zeit einfach als Linden bezeichnet. Derselbe, geboren 1689, war 1723 Oberst und Commandant des Dragoner-Regimentes Prinz Eugen von Savoyen, mit welchem er 1734 und 1735 unter seinem Inhaber die Rheinfeldzüge mitmachte, 1735 wurde er Generalmajor und nach dem Tode des Prinzen Eugen Inhaber des Dragoner-Regimentes. Generalmajor Aspremont-Linden zeichnete sich 1743 in der Schlacht bei Campo Santo, 1744 bei der Unternehmung gegen Neapel, vorzüglich aber im Feldzuge 1746 beim Ueberfalle auf Velletri und in der Schlacht bei Piacenza aus, wo er mit seiner aus drei Cavallerie-Regimentern formirten Brigade, den rechten Flügel bei Po Morte bildend, die spanische Infanterie zersprengte. Nicht minder ruhmvoll focht er bei Rottofredo und wurde in Anerkennung seiner Verdienste Feldmarschall-Lieutenant. Graf Aspremont-Linden starb, seit 1754 Feldmarschall, Ritter des goldenen Vließes und Capitän der Arcierengarde zu Wien am 14. August 1772.

Auersperg, Maximilian Graf, 1715 Generalmajor, abgängig 1719.

Auvergne, Herzog von, 1703 Generalmajor, Abgangsjahr unbekannt.

Avelino, Ambrosius von, 1746 Generalmajor, Abgangsjahr unbekannt.

Baboczay, Adam Freiherr, wurde 1702 Generalmajor und Inhaber des sogenannten Baboczay'schen Hayduken-Regimentes, welches in der Stärke von 2000 Mann in Siebenbürgen errichtet wurde und das heutige 51. Infanterie-Regiment Erzherzog Heinrich ist. General Baboczay, der bei Graeffer I, 221, auch als Feldmarschall-Lieutenant erscheint, starb 1707.

Baden-Durlach, Christof Prinz, wurde 1715 Inhaber des gegenwärtigen 49. Infanterie-Regimentes, 1717 Generalmajor und starb 1723.

Baden-Durlach, Christoph Prinz, siehe Seite 168.

Batton von Martinetz Peter, 1733 Generalmajor, 1741 abgängig.

Bechinie von Laschan, Ignaz Freiherr, war 1740 Oberst und Commandant des Batthyani'schen Dragoner-Regimentes (jetzt Nr. 10) wurde 1744 Generalmajor und starb 1753.

Beneda, Anton Freiherr, wurde 1742 Oberst des Infanterie=
Regimentes Vettes (jetzt Nr. 34) und während der Belagerung von
Prag beim Ausfalle der Franzosen am 22. August verwundet. 1745
Generalmajor, starb er 1774.

Bentheim, Ludwig Franz Graf, wurde 1741 General=
major, 1745 Inhaber des 1775 reducirten Cürassier=Regimentes
Podstazky und starb 1751.

Berner, N. von, 1735 Generalmajor, 1738 abgängig.

Berolleus, N. von, 1739 Generalmajor, 1743 gestorben.

Bethlen, Wolfgang Graf, hatte 1741 in Siebenbürgen das
gegenwärtige 52. Infanterie=Regiment errichtet, dessen Inhaber, Com=
mandant und Oberst er wurde, 1745 zum Generalmajor avancirte
und 1763 starb.

Bibra, Johann Freiherr, 1704 Generalmajor, 1705
abgängig.

Bornemissa de Cassoni, N., 1744 Generalmajor,
1746 abgängig.

Botta d'Adorno, Anton Otto Marquis, geboren 1688,
empfand von früher Jugend Neigung zum Waffenhandwerk und wurde
vom Prinzen Eugen am Wiener Hofe empfohlen. Mit den öster=
reichischen Truppen in Flandern, Ungarn und Italien gegen Franzosen,
Türken und Spanier kämpfend, zeichnete er sich bei wiederholten An=
lässen aus. Hierauf übertrug man ihm einen Gesandtschaftsposten in
Berlin, wo er die Thronbesteigung Friedrichs des Großen und den
Ausbruch des ersten schlesischen Krieges erlebte; er kam nun nach
Petersburg, an welchem Hofe er Anfangs mit Glück die Unterhand=
lungen leitete. 1745 wurde er plötzlich abberufen und von Rußland
in Folge der Intriguen des französischen Gesandten beschuldigt eines
Einverständnisses mit Braunschweig gegen die Interessen der Kaiserin
Elisabeth. Er kam in Folge dessen sogar auf kurze Zeit in Haft nach
Graz, erhielt aber dann ein Commando über die Truppen in Italien,
schlug am 10. August 1746 die französisch=spanische Armee bei Rotto=
fredo und wurde nach der Einnahme Genuas Gouverneur daselbst.
Als er dem Aufstande dieser Stadt weichen mußte, wurde er abberufen
und fiel in Ungnade, wurde aber später wieder als kaiserlicher Com=
missär in Italien verwendet und 1754 Feldmarschall. Auch war er

Ritter des goldenen Bließes, des Malthefer-Ordens und seit 1733 General, 1739 Feldmarschall-Lieutenant und Inhaber des gegenwärtigen 12. Infanterie-Regimentes. Er starb nach einem bewegten Leben im 86. Lebensjahre am 30. December 1774.

Bourscheidt, N. Freiherr, 1700 Generalmajor, Abgangsjahr unbekannt.

Braunschweig-Lüneburg zu Hannover, Christian Prinz, war 1692 Inhaber eines Cüraffier- (gegenwärtigen 7. Dragoner-) Regimentes und Generalmajor, focht in den Türkenkriegen, namentlich bei Zenta 1697, wohnte 1702 der Belagerung von Landau bei, wurde im Treffen bei Munderkingen 1703 schwer bleffirt, fiel bei Ehingen vom Pferde und ertrank in der Donau.

Braunschweig-Wolfenbüttel, Carl Herzog, wurde 1733 Oberst und Inhaber eines Cüraffier- (gegenwärtigen 2. Dragoner-) Regimentes, 1735 Generalmajor, übernahm am 3. September d. J. die Regierung des Herzogthums Braunschweig-Wolfenbüttel und erhielt 1736 das gegenwärtige 29. Infanterie-Regiment. Als er sich 1760 mit dem Könige von Preußen alliirte, gab er sein Regiment ab und legte seinen österreichischen Generalscharakter ebenfalls nieder. Er starb als Ritter des schwarzen Adlerordens am 26. März 1780.

Breitwitz, Johann Freiherr, machte als Oberst die Feldzüge 1734 und 1735 in Italien mit, wurde öfters zu diplomatischen Aufträgen im letzteren verwendet, 1739 Generalmajor und starb 1745.

Breuner, Ferdinand Graf, war in den Jahren 1701 bis 1706 General-Adjutant des Prinzen Eugen und Oberst, focht bei Chiari 1701 und überbrachte die Siegesnachricht nach Wien. Im December d. J. wurde er bei einer Recognoscirung am Oglio bleffirt, wohnte 1702 dem Ueberfalle bei Cremona bei und deckte am 26. Juli 1705 mit einigen hundert Reitern den Rückzug der Kaiserlichen aus Settineo über den Po. Er wurde 1705 Inhaber eines Cüraffier- (jetzigen 8. Dragoner-) Regimentes, 1707 Generalmajor und blieb 1709 im Treffen bei Rumersheim vor dem Feinde.

Buchholz, N. Freiherr, 1746 Generalmajor, gestorben 1755.

Bueste, N. von, 1743 Generalmajor, 1745 abgängig.

Buquoi, Carl Emanuel, Fürst von Longueval, 1702 Generalmajor, 1703 gestorben.

Burmann, N. von, 1735 Generalmajor, 1737 abgängig.

Buzzacarini, N. Graf, 1733 Generalmajor, 1736 abgängig.

Caraffa, Johann Joseph Graf, 1736 Generalmajor, in der Schlacht bei Krotzka 1739 vor dem Feinde geblieben.

Careati, Juguin, 1740 Generalmajor, 1750 gestorben.

Carioulle, erscheint auch als Corioulle, Carl Anton Graf, war 1733 Oberst des Cürassier-Regimentes Miglio (jetzt Dragoner Nr. 6), wurde 1744 Generalmajor und starb 1753.

Castel, Alexander Graf, 1733 Generalmajor, 1736 abgängig.

Castellengo, N. von, 1740 Generalmajor, 1755 gestorben.

Clerici, Anton Georg Marquis, geboren 1717 zu Mailand, Grand von Spanien, Ritter des goldenen Bließes, reich, mächtig und Einfluß nehmend, nahm er im Erbfolgekriege Partei für Maria Theresia und errichtete im Februar 1744 auf seine Kosten das gegenwärtige 44. Infanterie-Regiment, zu dessen Inhaber, Oberst und Commandanten er von der Kaiserin ernannt wurde. Im April desselben Jahres bemächtigte er sich mit seinem Regimente der spanischen, in kaiserlichen Sold übernommenen Miquelets, welche mit 400 Rekruten in Mailand eine Conspiration angefangen hatten, und zeichnete sich bald darauf im Treffen bei Coni rühmlich aus. Er wurde 1745 Generalmajor, 1754 Feldmarschall-Lieutenant und commandirte bei Ausbruch des siebenjährigen Krieges eine Truppen-Division, 1757 focht er bei Prag mit Auszeichnung, mußte aber, schwer verwundet, das Schlachtfeld verlassen, erst dann räumten seine Truppen das Feld, und das Geschick vom 6. Mai war entschieden. Die Kaiserin ernannte den umsichtigen Clerici zum Feldzeugmeister, und er starb, ausgezeichnet von seiner Monarchin und in der Armee hochgeachtet am 11. Juni 1768.

Cöhorn, N. von, 1703 Generalmajor, Abgangsjahr unbekannt.

Colmenero, Ludwig Graf, war 1730 Oberst des Max Starhemberg'schen Infanterie-Regimentes (jetzt Nr. 24) und hat auf eigene Kosten 1734 das gegenwärtige 21. Infanterie-Regiment errichtet, deſſen Inhaber, ſowie auch Generalmajor er zugleich wurde, jedoch kurz nachher iſt er in der Schlacht bei Guaſtalla 1734 vor dem Feinde geblieben.

Copons y Baxados, Roman Marquis, wurde 1744 Oberſt im Infanterie-Regimente Los Rios (jetzt Nr. 9); 1745 Generalmajor und ſtarb 1753.

Coſa von Radiſch, Ferdinand Baron, diente im Infanterie-Regimente Browne Nr. 36, wurde 1737 Major, 1739 Oberſtlieutenant, in der Schlacht bei Krotzka 1739 verwundet, 1744 Oberſt und am 19. Auguſt 1742 bei einem Ausfalle der Franzoſen aus Prag mit 300 Mann gefangen. 1745 wurde er Generalmajor und ſtarb 1763.

Courieres, N. Graf, 1741 Generalmajor, 1758 geſtorben.

Creenburg, Bernard von, 1740 Generalmajor, 1742 abgängig.

Cujus, N. Graf, wurde 1738 Oberſt bei Bayreuth-Infanterie (jetzt Nr. 41), 1745 Generalmajor und ſtarb 1752.

Czobor, Markus Graf, wurde 1717 Oberſt und Commandant des Ebergenÿ'ſchen Huſaren-Regimentes (jetzt Nr. 9), hatte in der Schlacht bei Belgrad 1717 gefochten und ſtand dann mit ſeinem Regimente auf Vorpoſten in Bosnien. Im Mai 1719 nach Sicilien eingeſchifft, trug Czobor zum Entſatze von Melazzo, 27. Mai, weſentlich bei, focht noch bei Francavilla mit Auszeichnung, wurde 1723 Generalmajor und ſtarb 1728.

Dalberg, Daniel Freiherr, aus der berühmten Familie der Kämmerer von Worms ſtammend, geboren 1685, war ſchon 1716 Oberſt bei Deutſchmeiſter-Infanterie. 1717 zum Generalmajor befördert, führte er ein Commando bei der Armee und wurde in der Schlacht bei Belgrad am 16. Auguſt d. J. tödtlich verwundet in Folge deſſen er einige Tage darnach verſchied.

Daun, Johann Benedikt Graf, geboren 1700, war im November 1740 Oberſt in dem reducirten Dragoner-Regimente Preyſing und ſeit 1735 k. Kämmerer; im Juni 1745 wurde er Generalmajor und 1754 Feldmarſchall-Lieutenant. Wegen ſeines Wohlverhaltens in der Schlacht bei Kolin erhielt er das Dragoner-Regiment de Ligne (jetzt Nr. 14), welches er aber 1758 mit dem 1801 reducirtem Cürassier-Regimente Czartoryski vertauschte. Er rückte im Jänner 1758 zum General der Cavallerie vor und starb am 6. September 1766 unvermält zu Wien.

Dazelhofen, N. von, 1735 Generalmajor, 1755 gestorben.

Dessewffy, Emerich Graf, wurde 1733 Generalmajor, 1735 Inhaber des gegenwärtigen 8. Hußaren-Regimentes und starb 1739.

Dillher, Franz Freiherr, 1716 Generalmajor, 1745 gestorben.

Draskovich, Johann VIII. Graf, besiegte die Türken bei Castanowitza 1689 und zeichnete sich bei der Erstürmung von Fünfkirchen aus. Er wurde zum Geheimen Rath und Oberstkämmerer des Königreiches Ungarn ernannt, erhielt 1705 den Rang eines Generalmajors und starb im selben Jahre.

Dufont, N. von, 1738 Generalmajor, 1743 abgängig, commandirte von 1730 bis 1738 das Batthyani'sche Dragoner-Regiment (jetzt Nr. 10).

Dumesnil, Simon von, 1733 Generalmajor, 1735 abgängig.

Duran, N. von, 1733 Generalmajor, 1734 abgängig.

Egg, Christian Graf, siehe Seite 15.

Elberfeld, Hermann Freiherr, gehörte während der zweiten Belagerung von Prag 1742 mit einem Bataillon des von ihm als Oberst seit 1741 commandirten Schulenburg'schen, gegenwärtigen 21. Infanterie-Regimentes zur dortigen Besatzung. Auf sein Ansuchen und in Anerkennung seiner Tapferkeit hatte bei der Uebergabe der preußische Feldmarschall Graf Schwerin allen Officieren die Beibehaltung der Degen bewilligt. Elberfeld wurde 1744 Generalmajor und starb, eben zum Feldmarschall-Lieutenant befördert, 1757.

Elster, N. Freiherr, 1716 Generalmajor, Abgangsjahr unbekannt; siehe bei den General-Quartiermeistern.

Engelhardt, Christof Freiherr, war in Schlesien gebürtig und stammte aus einer alten ursprünglich schweizerischen Familie. Er trat zuerst in preußische, dann in kaiserliche Dienste und wurde als Oberstlieutenant ins Geniecorps (1715) eingetheilt. Seine großen

Kenntnisse in der Fortification entwickelte er zum Wohle des Staates durch längere Jahre und bewies diese zuerst bei der Belagerung von Temesvar. Als 1717 die Ingenieur-Akademie zu Wien gestiftet wurde, erhielt Engelhardt den Directorsposten, kam jedoch schon 1721 auf Ansuchen der Stände des Herzogthumes Mailand als General-Sur-Intendant aller Ingenieure und Geometer dahin, rückte später zum Obersten und Commandanten von Orsova vor, wurde endlich General-major und Commandant der Stadt Kaschau. Jedoch seine viel-fältigen Blessuren zwangen ihn 1737 in den Ruhestand zu treten, 1754 erhielt er nachträglich den Feldmarschall-Lieutenants-Charakter und starb 80jährig 1768.

Eröß, Adam von, wurde 1740 Oberst des Stephan Ghulay-Infanterie-Regimentes (jetzt Nr. 51), 1745 Generalmajor und starb 1764.

Esterhazy, Nikolaus Joseph Fürst, geboren im December 1714, war im Alter von 30 Jahren (1744) Oberst und Com-mandant des Ghylani'schen, 1767 reducirten Hußaren-Regimentes und zeichnete sich bei Striegau und Trautenau 1755 besonders aus, sowie auch später in den Niederlanden. Nachdem er 1746 dem Con-gresse von Dresden als Gesandter beigewohnt hatte, wurde er 1747 Generalmajor und 1753 Inhaber des gegenwärtigen 33. Infan-terie-Regimentes. 1747 war er nach Wien berufen worden, das erste Exercier-Reglement für die Hußaren abzufassen. Bei Kolin 1757 erkämpfte er sich an der Spitze einer Infanterie-Brigade durch einen dreimaligen entscheidenden Bajonnetangriff das Ritterkreuz des Maria Theresien-Ordens. In Anerkennung seines ausgezeichneten Verhaltens in den folgenden Feldzügen erhielt Fürst Esterhazy 1765 das eben gestiftete Commandeurkreuz dieses Ordens, nachdem er bereits 1757 zum Feldmarschall-Lieutenant, 1762 zum Capitän der ungarischen Leibgarde, 1764 zum Feldzeugmeister befördert worden war. Im selben Jahre hatte er auch den Ritterorden des goldenen Bließes erhalten, 1771 erfolgte seine Ernennung zum Feldmarschall. 1783 wurde die bis nun blos auf die männliche Erstgeburt beschränkte Fürsten-würde auf alle männlichen und weiblichen Nachkommen ausgedehnt. Kaiser Joseph II. schätzte ihn sehr hoch. Feldmarschall Fürst Ester-hazy starb am 28. September 1790 zu Wien. — Ueber seine Bauten,

Musik- und Kunstsinn u. s. w. siehe von Wurzbach, Lexikon, IV. Band, Seite 103.

Falaise, Franz Baron, 1733 Generalmajor, 1749 gestorben.

De Fin, 1742 Generalmajor, 1744 abgängig.

De Fin, Alexander Freiherr, 1733 Generalmajor, 1740 abgängig.

Finale, N. Graf, 1732 Generalmajor, 1749 gestorben.

Fischern, Franz von, diente im Türkenkriege 1716 und 1717 als Oberstuckhauptmann, wurde 1718 Oberstlieutenant und kam nach Belgrad, 1719 zum Artilleriecorps nach Böhmen, war später in Neapel, wurde 1726 Oberst, diente im Türkenkriege 1737 und 1738, wurde 1739 Generalmajor und Artillerie-Commandant, war 1742 als solcher bei der Belagerung von Prag und starb in diesem Jahre.

Forgacs, Ignaz Graf, siehe Seite 164.

Forgacs, Sigmund Graf, wurde 1702 Generalmajor und zugleich Commandant und Inhaber des eben errichteten gegenwärtigen 3. Hußaren-Regimentes und wurde 1704 abgängig.

Frankenberg, N. Graf, wurde 1741 Generalmajor und ist am 17. Mai 1742 in der Schlacht bei Czaslau geblieben.

Freitag von Platzegg, N., 1742 Generalmajor, 1744 abgängig.

Fugger, Eustach Graf, geboren 1665, wurde 1703 Generalmajor und starb 1739.

Galler, Carl Graf, wurde 1733 Generalmajor, machte als solcher die Feldzüge 1734 und 1735 in Italien mit und starb 1746.

Gelhay, Carl Baron, hatte sich als Generalmajor vorzüglich am 7. Jänner 1745 bei Einschließung von Amberg ausgezeichnet, indem er mit zwei Escadrons des Regimentes Balahra-Dragoner (jetzt Hußaren-Regiment Nr. 15) 1100 Franzosen, die zum Entsatze jener Stadt herangerückt waren, bei Drenzoll mit starkem Verluste zurücktrieb. Er wurde 1751 Inhaber des 1768 reducirten Cürassier-Regimentes de Ville, auch zugleich Feldmarschall-Lieutenant, 1758 pensionirt und starb 1769.

Geminiani, N. Freiherr, wurde 1734 Generalmajor und starb 1745.

Geyer, Ferdinand Freiherr, wurde 1719 Inhaber und Oberst des 1809 reducirten ehemaligen 43. Infanterie-Regimentes Thurn, 1723 Generalmajor und starb 1727.

Geyersberg, Johann Graf, 1735 Generalmajor, 1738 gestorben.

Ghilanyi, Johann Freiherr, siehe Seite 196.

Gibson, N., 1742 Generalmajor, 1752 gestorben.

Globitz, N. Freiherr, 1704 Generalmajor, Abgangsjahr unbekannt.

Gomboß, N. von, 1702 Generalmajor, Abgangsjahr unbekannt.

Gorani, Johann Graf, ein geborner Mailänder, ein ebenso ausgezeichneter als tapferer Officier, war bei Ausbruch des Erbfolge-krieges Oberstlieutenant und General-Adjutant des Feldmarschalls Grafen Khevenhüller, und forderte unter andern im Jänner 1742 den französischen Commandanten von Linz, Grafen Segur, zur Ueber-gabe auf. 1743 war Gorani in der Schlacht bei Campo Santo, wurde 1744 Oberst beim Infanterie-Regimente Diesbach (jetzt Nr. 20), war bei der Unternehmung gegen Neapel, zeichnete sich 1746 in der Schlacht bei Piacenza aus, wurde als Generalmajor im Gefechte bei Ventimiglia an der Turbia am 10. October 1746 durch einen Musketenschuß getödtet.

Gravenried, Johann von, 1717 Generalmajor, ist am 27. Mai 1719 im Treffen von Melazzo vor dem Feinde geblieben.

Grenada, N. von, 1741 Generalmajor, 1742 abgängig.

Ghulai, Franz Graf, wurde 1707 Generalmajor und Inhaber des gegenwärtigen 51. Infanterie-Regimentes und starb 1729.

Haiden von Dorf, Christof von, 1733 Generalmajor, 1735 abgängig.

Handko, Friedrich von, 1733 Generalmajor, 1740 gestorben.

Haußler, Julius Graf, 1745 Generalmajor, 1754 gestorben.

Heister, Hannibal Graf, 1703 Generalmajor, 1719 gestorben.

Herberstein, Ferdinand Hannibal Graf, geboren 1662, Generalmajor 1715 und gestorben 1718.

Hohenau, N. Freiherr, siehe Seite 128.

Hohenfeld, Otto Ignaz Graf, geboren 1682, wurde 1718 Generalmajor, gestorben 1760.

Horspruck von Gehüllen, N., wurde 1710 Generalmajor und blieb 1716 in der Schlacht bei Peterwardein.

Jeheneck, N. von, 1733 Generalmajor, 1742 gestorben.

Jehnick, Friedrich von, 1735 Generalmajor, 1745 gestorben.

Jörger zu Tollet, Anton Graf, war 1704 Oberst und zugleich Inhaber des gegenwärtigen 59. Infanterie-Regimentes, wurde 1705 Generalmajor und starb 1716.

Joyeuse, Johann Graf, wurde 1743 Oberst des Dragoner-Regimentes Württemberg (jetzt Nr. 11), 1748 Generalmajor und starb 1774.

Kalkreuth, Georg Freiherr, auch nach damaliger Sprechart, welche irriger Weise in die Schriftsprache überging, Kalkreuther genannt, aus der noch blühenden bekannten preußischen Familie abstammend, diente frühzeitig im Dragoner-Regimente Sachsen-Gotha, jetzt Uhlanen Nr. 8, und rückte in diesem 1726 zum Major, 1730 zum Oberstlieutenant und 1735 zum Obersten und Regiments-Commandanten vor. Zuerst im Königreiche Neapel garnisonirend, 1728 nach Oberitalien marschirt, focht er im obigen Regimente bei Parma, Quistello und Guastalla 1734, sowie im Feldzuge 1735 daselbst. Im Spätherbste 1741 führte Oberst Kalkreuth sein Regiment aus Italien über Tirol und Kärnten zum Khevenhüller'schen Corps nach Oberösterreich, wurde 1742 Generalmajor, erhielt 1750 das 1775 reducirte Cürassier-Regiment Graf Thurn, welches er jedoch 1760 dem Prinzen Albert von Sachsen-Teschen abgab. Baron Kalkreuth, seit 1754 General der Cavallerie, starb 1763.

Keglevich, Adam Graf, 1705 Generalmajor, Abgangsjahr unbekannt.

Keglevich, Peter Graf, 1705 Generalmajor, 1754 gestorben.

Kiseghem, N. Freiherr, 1742 Generalmajor, 1756 gestorben.

Kolb von Rheindorf, Johann Freiherr, wurde 1739 Oberst und Commandant des 1801 reducirten Dragoner-Regimentes Modena, 1746 Generalmajor und starb 1753.

Kolowrat-Krakowsky, Emanuel Wenzel Graf, geboren 1700, wurde schon als Kind in den Malthefer-Orden aufgenommen, begann als Rittmeister bei Birkenfeld-Cüraffier (reducirt) seine militärische Laufbahn, wurde 1738 Vice-Admiral und Commandant der Malthefer-Ordens-Galeere und im 41. Lebensjahre Oberst bei dem reducirten Cüraffier-Regimente Palffy. In der Schlacht bei Krotzka 1739 schwer verwundet, nahm er wieder thätigen Antheil an der Schlacht bei Czaslau 1742 im Erbfolgekriege. Auch war er in diesem Jahre bei der Belagerung von Prag. Im Juni 1745 wurde er Generalmajor und bei der Armee in Italien verwendet, 1753 Inhaber des 1801 reducirten Dragoner-Regimentes Coburg, im August 1754 Feldmarschall-Lieutenant und Geheimer Rath, und commandirte bei Ausbruch des siebenjährigen Krieges eine Truppen-Division. In der Schlacht von Kolin wurde er unter den Ausgezeichneten genannt und in Folge dessen 1758 zum General der Cavallerie befördert. Nach dem Hubertsburger Frieden 1763 war Graf Kolowrat Gesandter des Malthefer-Ordens am kais. Hofe zu Wien und starb als Großprior von Böhmen am 12. Juni 1769 auf der Ordens-Commende zu Strakonitz.

Könitz, Carl Freiherr, wurde 1744 Generalmajor und blieb 1745 am 4. Juni in der Schlacht bei Striegau.

Kuefstein, Johann Paul Graf, geboren 1673, war kurze Zeit in seiner Jugend in französischen Kriegsdiensten, weshalb ihn sein Vater Johann Georg vom Majorate, welches er errichtete, ausgeschlossen hatte. Später kehrte Johann Paul in sein Vaterland zurück, trat in das kaiserliche Heer, wurde im Türkenkriege wegen Auszeichnung 1717 Generalmajor und starb am 3. October 1719 zu Wien.

Kuefstein, Johann Anton Graf, geboren 1688, trat früh in den kaiserlichen Kriegsdienst, in welchem er 1744 zum Generalmajor vorrückte und in der Schlacht bei Striegau am 4. Juni den Heldentod für das Vaterland gestorben ist.

Kuefstein, Preißgott Graf, wurde 1744 Generalmajor und starb 1750. Mit ihm erlosch der Mannesstamm der jüngeren oberösterreichischen Linie seines Hauses.

Lamberg, Franz Anton Fürst, geboren 1678, war in seiner Jugend Domicellar zu Passau, trat aber, als seine beiden älteren Brüder starben, in kaiserliche Kriegsdienste und rückte 1733 zum Generalmajor vor, später (?) quittirte er diese Charge und wurde Oberststallmeister der verwitweten Kaiserin Elisabeth Christine, auch war er Ritter des goldenen Bließes. Er starb zu Wien am 23. August 1759.

Lamberg, Sigmund Graf, war 1704 Generalmajor, Abgangsjahr unbekannt.

Latour, Maximilian Graf, 1733 Generalmajor, ist am 29. Juni 1734 in der Schlacht bei Parma geblieben.

Lecharaine, 1706 Generalmajor, Abgangsjahr unbekannt.

Leeven, Johann von, 1733 Generalmajor, 1735 abgängig.

Lehoczky, Theodor von, wurde 1704 Oberst und Inhaber des gegenwärtigen 3. Hußaren-Regimentes und erbeutete mit seinen Hußaren 1704 in Schwaben einen Convoi von Lastthieren und 400 Pferden nebst der Kriegskanzlei des Kurfürsten Max Emanuel von Baiern, ebenso machte er aus dem Feldlager bei Ermingen im Juni desselben Jahres einen glücklichen Streifzug gegen den Feind und brachte französische Gefangene ein. Lehoczky erhielt hiefür seine Beförderung zum Generalmajor 1704, focht mit seinem Regimente in den Feldzügen 1705 bis 1711 in Baiern, am Rhein, ward zum Schutze der Festung Landau, sowie der Ettlinger Linien 1710 verwendet und starb 1712.

Lengheim, Max Graf, 1705 Generalmajor, Abgangsjahr unbekannt.

Leysner, N. Freiherr, wurde 1735 Generalmajor und ist 1739 in der Schlacht bei Krotzka geblieben.

L'Huillier, N. Baron, 1703 Generalmajor, 1725 abgängig.

Lochsteedt, Johann von, wurde 1730 Generalmajor und Inhaber des unter der Nummer 43 im Jahre 1809 reducirten Infanterie-Regimentes, 1732 abgängig.

Loewenwalde, Friedrich Graf, wurde um 1740 General=
major, stieg 1754 zum General der Cavallerie und starb 1769.

Luchese, Joseph Graf, siehe Seite 219.

Luzan, Emanuel Graf, Seite 56.

Machurgo de Burgos, N., 1744 Generalmajor, 1754
gestorben.

Macquire von Innisklin, Johann Sigmund Graf, von
irischer altadeliger Familie abstammend, war er in früher Jugend in
das kaiserliche Heer getreten und hatte sich, in mehreren Infanterie=
Regimentern dienend, öfters in den Feldzügen seiner Zeit ausgezeichnet.
1747 wurde er Generalmajor. Seine Hauptthätigkeit gehört einer
späteren Epoche, dem siebenjährigen Kriege an, wo er 1756 bei Lobositz,
1757 bei Prag und Breslau sich jedesmal neuen Ruhm erwarb; bei
Leuthen wurde er blessirt. Im August 1759 leitete er die Belagerung
von Dresden und erzwang die Capitulation. In der fünften Promo=
tion vom 23. Jänner 1760 wurde er mit dem Großkreuz des
Maria Theresien=Ordens ausgezeichnet. Im Juli 1760 von
Friedrich dem Großen in Dresden eingeschlossen und zehn Tage be=
schossen, feierte Macquire in Folge des durch andere Kriegsereignisse
veranlaßten Rückzuges des Königs in einer freilich stark verwüsteten
Stadt — den Sieg. Nach dem Hubertsburger Frieden, seit 1759
Feldzeugmeister, erhielt er das Festungs=Commando in Olmütz und
starb am 12. Jänner 1767 zu Troppau. Er war als Generalmajor
von 1747 bis 1751 Inhaber des Warasdiner Grenzregimentes, von
1752 bis 1763 Inhaber des 1809 reducirten 46. damaligen Tiroler
Landregimentes und von 1763 bis zu seinem Ableben des gegenwär=
tigen 35. Infanterie=Regimentes. Nähere Details siehe von Wurz=
bach, Lexikon, XVI. Band, Seite 222 bis 225.

Marialva, N. von, Seite 65.

Mayersfeld, Woldemar Graf, 1733 Generalmajor,
1739 abgängig.

Meligni, N. von, seit 1741 Generalmajor, derselbe com=
mandirte 1746 bei der Eroberung des Passes Bochetta 12 Grenadier=
Compagnien und starb 1747.

Menzel, Johann Daniel von, 1744 Generalmajor, blieb
bei Stockstadt am Rhein 1744, von den Franzosen erschossen. Wir

23*

verweisen über nähere Details von diesem berühmten Parteigänger auf unsere baldmöglichst erscheinende Lebensskizze des Feldmarschalls Grafen Ludwig Andreas Khevenhüller.

Minsky von Strattendorf, Anton Freiherr, Seite 205.

Miserony de Lison, 1733 Generalmajor, ist 1738 bei Alt=Orsowa vor dem Feinde geblieben.

Mittschefall, N. Freiherr, 1735 Generalmajor, 1756 gestorben.

Moltke, Philipp Ludwig Freiherr, wurde 1737 General= major und Inhaber des 1809 reducirten Regimentes Guido Starhemberg, war 1741 Feldmarschall=Lieutenant und commandirender General von Innerösterreich, wurde 1754 Feldmarschall, welche Würde er noch 26 Jahre bis zu seinem 1780 im hohen Alter erfolg= ten Tode bekleidete.

Möringer, N. Freiherr, 1744 Generalmajor, 1754 gestorben.

Nostitz, N. Graf, 1736 Generalmajor, 1737 abgängig.

Oczkay, N. von, 1709 Generalmajor, 1710 abgängig.

O'Donel, Carl Graf, 1746 Generalmajor. Siehe von Wurzbach, Lexikon, Band XXI, Seite 6, und Thürheims Feld= marschall Fürst Carl Joseph de Ligne, Wien 1877 bei Wilhelm Braumüller, Seite 40, 43—46; Thürheims Reiter= regimenter der kaiserlichen Armee, I. Theil: Die Cürassiere und Dragoner, Wien 1862, Geitler, 8°, Seite 144, 240, 265.

O'Neullau, Patricius Freiherr, wurde 1728 Oberst und Inhaber des gegenwärtigen 57. Infanterie=Regimentes, 1733 General= major und ist 1734 gestorben.

Orsetti, N. von, 1716 Generalmajor, 1722 abgängig.

Oudaille, Carl Graf, 1733 Generalmajor, 1748 gestorben.

Pallavicini, Centurioni Lucas Graf, 1735 Generalmajor, siehe Seite 46.

Palffy, Leopold Graf, 1742 Generalmajor, s. S. 81.

Pallant, N. von, wurde 1740 Generalmajor und am 17. Mai 1742 in der Schlacht bei Czaslau tödtlich blessirt. Mehrere

Historiker, so Carlyle, VII, 192, Hormayr in seinen Anemonen u. m. a. behaupten, General Pallant habe auf seinem Schmerzenslager Friedrich II., der ihn besuchte, wichtige politische Geheimnisse in Betreff der Politik Frankreichs gegen Preußen enthüllt, und zur Bekräftigung derselben auf ein Schreiben des französischen Ministers Cardinal Fleury hingewiesen, um ihn zum Frieden geneigt zu machen. Ein neuerer Historiker, Ritter von Arneth, weist diese ganze Erzählung in seinem Werke: Maria Theresiens erste Regierungsjahre, Wien 1864, Wilhelm Braumüller, Band II, Seite 481, in das Gebiet der Fabel.

Pavia, N. Prinz, 1741 Generalmajor, 1747 abgängig.

Petazzi, Benvenuto Graf, war im Erbfolgekriege bereits Generalmajor, machte im November 1746 die Expedition gegen die Provence mit und war am 3. mit zwei Bataillons Karlstädter beim Uebergange über den Varo in der sonst größtentheils aus Grenadieren formirten Avantgarde eingetheilt, im December war er bei der Blockade von Antibes. Er wurde im selben Jahre Inhaber des späteren Szluiner Grenzregimentes, welches er 1754 mit dem Likkaner Regimente vertauschte, 1764 wurde er Feldzeugmeister. Er starb 1786, nachdem er noch die Erlangung der Feldmarschallswürde, des Großkreuzes des Maria Theresien-Ordens nebst einer Reihe glänzender Ruhmesthaten von Seite eines Mannes erlebte, den er als einfachen Oberstlieutenant bei den Likkanern einst mit giftigem Hasse verfolgt und gänzlich unfähig geschildert hatte, nämlich des Feldmarschalls Baron Loudon, Oesterreichs glücklichsten Feldherrn seit Eugen! — Auch dies hat Petazzi eine, wenn auch traurige Berühmtheit gegeben.

Pestaluzzi, Franz von, war 1731 Oberst des gegenwärtigen 22. Infanterie-Regimentes, wurde 1741 Generalmajor und commandirte im Feldzuge 1744 eine Brigade in der Armee des Feldmarschalls Fürsten Lobkowic. Bei einem Ueberfalle des Feindes in der Nacht vom 16. auf den 17. Juni auf die Stellung der Oesterreicher auf dem Monte Piccolo, dem Monte Spina und dem Artemisio commandirte Generalmajor Pestaluzzi die Vorposten, welche vollkommen von den Neapolitanern überrumpelt und größtentheils gefangen wurden. Pestaluzzi wurde in der Wohnung eines Winzers gefangen. Später ausgewechselt und in Ruhestand versetzt, starb er 1752.

Pfefferkorn von Ottenbach, Johann, wurde 1733 Oberst des Dragoner-Regimentes Philippi (jetzt Hußaren Nr. 15), 1735 Generalmajor und 1737 abgängig.

Pfefferkorn, Otto von, war 1706 Generalmajor und Inhaber des 1775 reducirten Cürassier-Regimentes Jacquemin und blieb 1707 bei der Belagerung von Toulon.

Pickel, Johann Sebastian, war einer der tüchtigsten Artillerie-Officiere seiner Zeit, diente als Oberstlieutenant 1739 in der Festung Belgrad, wo er von der Bastion Elisabeth den Türken großen Schaden zufügte und sich sehr auszeichnete, so daß er zum Obersten befördert wurde. Am 31. December 1741 deckte er durch das wohlangebrachte Feuer seiner Geschütze bei dem Schlosse Dorf an der Enns den Uebergang des Khevenhüller'schen Corps über diesen Fluß. 1746 Generalmajor, ist Pickel 1757 zu Bruck an der Leitha gestorben.

Platz, Joseph Graf, wurde 1737 Generalmajor und Inhaber eines 1809 reducirten Regimentes, entsetzte 1746 die blockirte Citadelle von Alessandria, wurde in der Folge, 1754, Feldzeugmeister, nachdem er wegen Auszeichnung bei Simbach im Mai 1743 die Feldmarschall-Lieutenantscharge erhalten hatte, und starb 1768.

Portia, Carl Graf, geboren 1683, wurde 1717 Generalmajor und starb 1722.

Preysing, Ernst Freiherr, Seite 209.

Quadagni, Ascanius Alexander Marchese, reiste im Gefolge Carls III. von Spanien im September 1703 als königlicher Page von Wien nach Spanien, nahm später Kriegsdienste, stieg rasch empor, war mehrere Jahre Grenztruppen-Commandant in Slavonien und wurde in Rücksicht seiner langen Dienstleistung 1754 Feldmarschall. Er starb 1759.

Rabutin de Bussy, Amadeus Graf, Sohn des Feldmarschalls Grafen Johann, diente in desselben Dragoner-Regimente (jetzt Nr. 10), dessen Oberst und Inhaber er 1716 wurde. Er brachte 1717 die Nachricht von der erfolgten Capitulation der Festung Belgrad nach Wien und wurde 1723 Generalmajor. Schon früher hatte er sich in den Schlachten bei Peterwardein und Temesvar mit

Ruhm bedeckt. Hierauf wurde er als Gesandter am preußischen, später aber am russischen Hofe verwendet, wo er, der letzte seines Stammes, 1727 im 40. Lebensjahre starb. Er hatte sich das Vertrauen der Kaiserin Katharina I., des einstigen Mädchens von Marienburg, derart zu erwerben gewußt, daß sie ihn durch die Verleihung des höchsten russischen Ordens, des St. Andreas-Ordens auszeichnete.

Radicati, Alois Graf, diente im Cürassier-Regimente Bernes, jetzt Dragoner Nr. 7, in welchem er die Feldzüge 1734 und 1735 in Italien, sowie die Türkenkriege 1737 bis 1739 mitmachte, in letzterem die Schlacht bei Krotzka. 1740 wurde er Oberst und Commandant dieses Regimentes, welches er in den Feldzügen 1742 bis 1743 in Baiern und am Rhein commandirte. 1745 General-major, 1754 Feldmarschall-Lieutenant, wurde er in der Schlacht bei Lobositz tödtlich verwundet. Er verbesserte das Khevenhüller'sche Exercier-Reglement für die Cavallerie.

Raigecourt, N. Graf, wurde 1741 Oberst des 1775 reducirten Cürassier-Regimentes Jacquemin, 1747 Generalmajor und starb 1761.

Rebisch, N. von, 1701 Generalmajor, Abgangsjahr unbekannt.

Reisky von Dubnitz, Franz Freiherr, wurde 1735 Oberst des gegenwärtigen 20. Infanterie-Regimentes, damals Diesbach. 1738 wurde er mit diplomatisch-militärischen Aufträgen zur russischen Armee in die Tartarei geschickt, und 1739 Generalmajor. Seiner tödtlichen Verwundung bei der Belagerung von Glogau, 1741, siehe Seite 340, ist Reisky erlegen.

Riedesel, Johann Freiherr, wurde 1737 Generalmajor und quittirte 1741 den kaiserlichen Dienst.

Rocavioni auch Rocaviani, Carl Ludwig Graf, war 1702 Oberst und Commandant des Dragoner-Regimentes Prinz Eugen, wurde 1704 Generalmajor und erhielt das 1775 reducirte Cürassier-Regiment Pobstatzky. Er starb 1711.

Rogendorf, Franz Anton Graf, geboren 1707, war 1734 bereits Oberst im Infanterie-Regimente Sachsen-Hildburghausen (jetzt Nr. 8), wurde 1736 Generalmajor, 1754 Feldmarschall-Lieutenant und starb am 31. Mai 1781.

Rohr, N. von, 1717 Generalmajor, 1724 abgängig.

Rottenhan, N. Freiherr, 1716 Generalmajor, 1718 abgängig.

Rottern, N. von, war 1742 Oberst und Commandant des 1775 in Galizien reducirten Dragoner-Regimentes Liechtenstein, wurde 1747 Generalmajor und starb 1754.

Rudolphi, N. von, wurde 1716 Oberst und Commandant des Alt-Württemberg'schen Infanterie-Regimentes, jetzt Nr. 17, führte beim Sturme auf die Palanka bei Temesvar 1716 fünf Grenadier-Compagnien und wurde dabei verwundet; 1723 Generalmajor, erscheint er bereits 1726 abgängig.

Rudowsky von Husticzan, Wenzel, 1733 General-major, Abgangsjahr unbekannt.

Rüdt von Callenberg, Philipp Freiherr, 1705 General-major, 1706 abgängig.

Sachsen-Hildburghausen, Prinz Ludwig Friedrich, ge-boren 1710, vertrat im Feldzuge 1737 gegen die Türken als Oberst bei dem am Timokflusse operirenden Corps die Stelle eines General-Quartiermeisters, wurde 1738 Generalmajor, machte den Feld-zug 1739 gegen die Türken in Ungarn mit und trat 1741 in kur-baierische Dienste, später ging er nach Holland, wo er als General der Infanterie und Gouverneur von Nymwegen am 10. Juni 1759 gestorben ist.

Savoyen, Eugen Johann Prinz, geboren 1692, ein Neffe des Prinzen Eugen, war Ritter des goldenen Bließes, seit 1730 Oberst und Inhaber eines Cürassier-Regimentes (jetzt Dragoner Nr. 8), wurde 1733 Generalmajor, starb aber schon 1734.

Savoyen, Ludwig Pio Prinz, wurde 1740 Generalmajor und starb 1753.

Schärfenberg, N. Graf, 1730 Generalmajor, ist am 29. Juni 1734 in der Schlacht bei Parma vor dem Feinde geblieben.

Schauenstein, N. Graf, 1743 Generalmajor, 1756 gestorben.

Scherzer, Leopold Freiherr, wurde 1743 Oberst und Com-mandant des Infanterie-Regimentes Daun (jetzt Nr. 59), blockirte im Jänner 1745 die Stadt Amberg in der Oberpfalz, welche der

Feind in der Nacht vom 25. auf den 26. jenes Monats räumte, und erhielt zur Belohnung dieser Waffenthat die Beförderung zum Generalmajor, 1745, behielt jedoch als solcher noch das Regiments=Commando bis 1748, wo er eine Brigade übernahm. Er starb 1754.

Schilling, Hannibal Freiherr, wurde 1716 Generalmajor, und blieb in der Schlacht bei Peterwardein 1716.

Schleswig=Holstein, Herzog Ernst, geboren 1684, wurde katholisch, war Grand von Spanien; er starb zu Plön, seiner Residenz, am 21. Mai 1722 und war seit 1718 Generalmajor.

Schmerzing, Friedrich Hannibal, war 1730 Major bei Sachsen=Gotha=Dragoner (jetzt Uhlanen Nr. 8), wurde 1735 Oberst=lieutenant im Regimente, in welchem er die Feldzüge 1734 und 1735 in Italien mitgekämpft hatte, 1738 wurde er Oberst bei Lubomirski=Cürassiere (jetzt Dragoner Nr. 2) und nach der Schlacht bei Czaslau am 17. Mai 1742 in das preußische Lager zu den Unterhandlungen bezüglich des Austausches der Gefangenen geschickt. Er wurde 1742 Generalmajor, 1745 Inhaber eines Cürassier=Regimentes (jetzt Dragoner Nr. 6), und endlich 1754 General der Cavallerie. Er war auch Balley=Comthur des deutschen Ritter=Ordens zu Göttingen und starb 1762.

Schmidt von Goldenberg, N., 1736 Generalmajor, 1756 gestorben.

Schrattenbach, N. Freiherr, 1702 Generalmajor, Ab=gangsjahr unbekannt.

Scotti, Johann Graf, 1733 Generalmajor, 1747 ge=storben.

Seebach, Carl von, war Oberst des gegenwärtigen 16. In=fanterie=Regimentes, wurde 1735 Generalmajor und 1736 abgängig.

Seenus, N. Freiherr, wurde 1742 Oberst des Cürassier=Regimentes Lubomirski, 1747 Generalmajor und starb 1763.

Serbelloni, Johann Graf, aus einem alten mailändischen Geschlechte, trat sehr jung in die Dienste Kaiser Carls VI., wurde 1738 Oberst im Dragoner=Regimente d'Ollone (1860 als Großherzog Toscana=Dragoner reducirt), 1742 Generalmajor. Im öster=reichischen Erbfolgekriege wiederholt mit Auszeichnung genannt, erhielt er 1745 ein Cürassier=Regiment (jetzt Dragoner Nr. 4). In der

Schlacht bei Piacenza 1746 als Feldmarschall=Lieutenant, hatte er, mit dem General Luchese vereint, durch einen kühnen Reiterangriff wesentlich zum Siege beigetragen, ebenso in der Schlacht bei Kolin 1757 durch mehrere Cavallerie=Attaquen in die feindliche Flanke ruhmvoll mitgewirkt, wurde aber schwer verwundet. Im Feldzuge 1758 befand er sich mit einem österreichischen Truppencorps bei der Reichsarmee. 1759 wurde Graf Serbelloni zum Feldmarschall befördert, und übernahm 1761 den Oberbefehl der Reichstruppen, erlangte aber gegen den Prinzen Heinrich von Preußen keine Erfolge und übergab im Herbst 1762 das Commando dem General der Cavallerie Grafen Hadik. Feldmarschall Graf Serbelloni verlebte seine letzten Jahre als Commandirender in der Lombardie, wo er 1778 in Mailand starb. Er war auch Malthefer=Ordens=Comthur.

Sinzendorf, August Graf, geboren 1671, wurde 1705 Generalmajor und fiel 1707 in einem Zweikampfe von dem kaiserl. Kammerherrn Grafen Colalto getödtet. Letzterer starb auch noch in derselben Nacht.

Sinzendorf, Octavianus Graf, geboren 1702, Malthefer=Ritter, über sein Wirken im Feldzuge 1734 in Italien siehe S. 72. Er wurde 1741 Generalmajor und später Grandbailli und Großprior des Malthefer=Ordens von Ungarn. Er war der dritte Sohn des Hofkanzlers Philipp Ludwig Grafen Sinzendorf, und wurde von seinen Zeitgenossen als ein Mann von vielem und lebhaftem Geiste geschildert, der sich durch seine scharfen Bemerkungen hie und da beliebt, aber auch gefürchtet machte. Er starb im 65. Lebensjahre zu Wien am 19. Juli 1767.

Solari, Lorenz Graf, wurde 1694 Oberst und Inhaber des gegenwärtigen 47. Infanterie=Regimentes, 1701 Generalmajor und ist am 11. Jänner 1704 beim Uebergange über die Bormida vor dem Feinde geblieben.

Soyer von Brugspurg und Edling, Johann Freiherr, wurde 1743 Oberst und Commandant des Dragoner=Regimentes Althann (jetzt Uhlanen Nr. 6), wurde 1747 Generalmajor und starb 1763.

Spada, N. Graf, war längere Zeit General=Adjutant und forderte im Türkenkriege 1737 am 24. Juli den türkischen Comman-

danten von Banjaluka zur Uebergabe dieses Platzes auf, wurde 1741
Generalmajor, 1758 General der Cavallerie und starb 1767.

Sprecher von Bernegg, Salomon, wurde 1744 Inhaber
eines in diesem Jahre in der Landschaft Graubündten errichteten schwei=
zerischen Infanterie=Regimentes. Er war 1741 Oberst beim Infanterie=
Regimente Diesbach (jetzt Nr. 20) und wurde 1745 General=
major. Sein schweizerisches Regiment wurde 1748 reducirt und er
erhielt 1757 das gegenwärtige 22. Infanterie=Regiment. In der
Schlacht bei Breslau 1757 machte Sprecher, seit 1754 Feldmarschall=
Lieutenant, mit 21 Grenadier=Compagnien einen Angriff auf das ver=
schanzte Dorf Grabisch, welches er durch seinen ausdauernden Muth
vieler Hindernisse ungeachtet eroberte. Er starb 1758.

Stampach auch Kager von Stampach, wurde 1739
Oberst des 1801 als Zeschwitz reducirten Cürassier=Regimentes, 1744
Generalmajor und in den Freiherrnstand erhoben, 1754 General
der Cavallerie. Seit 1751 war er Inhaber des 1775 reducirten
Cürassier=Regimentes Podstatzky, welches er aber 1753 dem Feldmar=
schall=Lieutenant Prinzen Anhalt=Zerbst abtrat, dagegen 1763 das
Cürassier=Regiment Zeschwitz, wo er Oberst war, erhielt. Er war
ein tapferer Reiterführer im siebenjährigen Kriege, wurde 1757 in
den Grafenstand erhoben und starb 1768.

Starhemberg, Erasmus Graf, geboren 1685, trat früh in
die kaiserlichen Kriegsdienste, kämpfte in Spanien unter seinem Oheim
Guido; später gegen die Türken in Ungarn, 1716 und 1717, und
gegen die Spanier in Sicilien 1719, wurde 1725 Generalmajor
und Inhaber eines 1809 reducirten Infanterie=Regimentes. Auch war
er deutscher Ordens=Comthur zu Großsonntag und k. k. Kämmerer.
Er starb im November 1729.

Starhemberg, Heinrich Franz Graf, geboren 1659, ein
jüngerer Bruder des Feldmarschalls Grafen Guido, widmete sich nach
dessen Beispiele früh dem Dienste der Waffen, wurde zuerst Haupt=
mann im Fußregimente seines Vetters Ernst Rüdiger, des helden=
müthigen Vertheidigers von Wien (jetzt Nr. 54), und commandirte
dasselbe als Oberstlieutenant in der Schlacht bei Szalankamen 1691.
In dieser Affaire schwer verwundet, erhielt er den Oberstenrang und

die Festungs-Commandantenstelle von Neuhäusel, wurde General-major und starb zu Linz am 31. December 1715.

Starhemberg, Johann Winulph Graf, geboren 1710, wurde 1739 Oberst des 1747 reducirten Keuhl'schen Infanterie-Regimentes, 1746 Generalmajor. Bei der Krönung der Kaiserin Maria Theresia in Prag 1743 war er, damals Oberst, einer der zur Er-haltung der Ordnung ernannten zehn Kammerherren. Er wurde 1758 Feldzeugmeister und starb als commandirender General von Oberöster-reich am 21. Jänner 1765 zu Linz.

Stentzsch, Georg Freiherr, wurde 1729 Oberst bei Nikolaus Palffy-Infanterie (jetzt Nr. 8), vertheidigte 1734 Mirandola sehr tapfer und wurde Generalmajor. Im Erbfolgekriege bereits Feld-marschall-Lieutenant, nahm er am 30. März 1742 Reichenhall in Baiern ein und machte die Besatzung kriegsgefangen, hatte dagegen München, zwei Monate später, zu früh geräumt. Es wurde von Wien aus eine strenge Untersuchung wider ihn angeordnet, der Feldmarschall Graf Khevenhüller beschränkte sich jedoch darauf, ihn nach Tirol, wo er früher commandirt war, zurückzuschicken. Er wurde 1754 Feldzeug-meister und starb 1761.

Sternthal, Johann Freiherr, war 1735 Oberst des 1809 reducirten Baden'schen Infanterie-Regimentes, wurde 1735 General-major und 1740 abgängig.

Storm, N. Freiherr, wurde 1743 Generalmajor und starb 1754.

Stubenberg, Christian Graf, 1732 Generalmajor, 1745 gestorben.

Taldo, N. von, führte als Oberst bei Thürheim-Infanterie (jetzt Nr. 28) in der Schlacht bei Schibo gegen die Rakoczy'schen Malcontenten ein Bataillon seines Regimentes tapfer an und wurde 1710 Generalmajor. Abgangsjahr unbekannt.

Tana, Ludwig Marquis, 1734 Generalmajor, 1736 abgängig.

Teuffenbach, Maximilian Ernst Freiherr, machte als Fähn-rich zwei Feldzüge im deutschen Reiche beim Infanterie-Regimente Baron Stadl (jetzt Nr. 17), sodann als Lieutenant und Hauptmann in dem 1748 reducirten Infanterie-Regimente Heister gegen die Türken und ungarischen Malcontenten zwölf Campagnen, 1695 bis 1707, mit, wurde nachher Oberhauptmann zu Carlstadt in Croatien und 1711 (unterm 27. März) zum Oberhauptmann in Zengg ernannt. Derselbe bekleidete damals den Rang eines Oberstlieutenants. In dieser Anstellung hatte er im April und Mai ein Commando von 400 Grenzern zu Fuß und 200 zu Pferd in das görzische Gebiet abzusenden zur Unterdrückung eines zu Tollmein ausgebrochenen Bauernaufstandes, desgleichen erhielt Oberstlieutenant Baron Teuffenbach die Mission, einige mit der Republik Benedig wegen Grenzverletzungen von Seite der likanischen Unterthanen ausgebrochene Differenzen zu untersuchen und mit den venetianischen Repräsentanten zur gegenseitigen befriedigenden Ausgleichung diese Angelegenheit zu ordnen, welcher Aufgabe sich derselbe zur vollen Zufriedenheit entledigte. Während des Türkenkrieges 1716 drang Teuffenbach mit 2000 Croaten (Grenzern) bei Motschila in das türkische Gebiet und brachte, nachdem die Oerter Ostraschatz und Perkowitza von diesen angezündet wurden, viel Hornvieh und Schafe über Rakowitza zurück. Nach Graeffer, Geschichte der Regimenter, I. Band, Wien 1800, Seite 262, war Baron Teuffenbach damals Oberst und Oberhauptmann zu Zengg. 1724 zum General=Feldwachtmeister befördert, starb dieser verdiente Officier 1739.

Thiery, N. von, 1735 Generalmajor, 1740 abgängig.

Trautsohn, Johann Carl Graf, wurde 1721 Oberst und Inhaber des gegenwärtigen 35. Infanterie=Regimentes, 1725 Generalmajor und ist um 1730 gestorben.

Trigliano, N. Prinz, 1747 Generalmajor, 1756 abgängig.

Trzebinsky, N., wurde 1740 Oberst und Commandant des 1775 reducirten Dragoner=Regimentes de Ville, 1745 Generalmajor und ist 1755 gestorben.

Ueberacker, N. Freiherr, wurde 1736 Generalmajor, 1747 gestorben.

Ujváry, Ladislaus Baron, wurde 1741 Oberst und Commandant des neu errichteten gegenwärtigen 2. Infanterie=Regimnetes, 1746 Generalmajor und starb 1749.

Uribe, N. von, 1735 Generalmajor, 1754 gestorben.

Venerie, N. von, 1735 Generalmajor, 1744 gestorben.

Bilona, N. von, 1735 Generalmajor, 1753 gestorben.

De Bins, N. von, 1734 Generalmajor, im selben Jahre am 29. Juni in der Schlacht bei Parma geblieben.

Vogt von Reineck, N., 1735 Generalmajor, 1740 abgängig.

Voisin, N. von, 1735 Generalmajor, 1756 gestorben.

Waha, Carl Graf, 1733 Generalmajor, 1737 abgängig.

Wailles, N. von, 1741 Generalmajor, 1763 gestorben.

Walbrunn, Peter Christof Freiherr, wurde 1740 Oberst und Commandant des 1774 reducirten Cürassier-Regimentes Podstatzky, 1745 Generalmajor und ist 1772 gestorben.

Waldburg-Zeil, Carl Graf, Truchseß, machte als Hauptmann und Adjutant den Türkenkrieg 1716 und 1717 mit, und brachte die in der Schlacht bei Peterwardein eroberten Trophäen und Siegeszeichen, als: 150 Fahnen, 5 Roßschweife und 3 Paar Pauken an das kaiserliche Hoflager nach Wien, 1716. Er wurde Stabsofficier und 1723 aggregirter oder zweiter Oberst bei dem 1768 reducirten Cürassier-Regimente de Ville, damals Veterani, 1733 Generalmajor und ist 1738 gestorben.

Waldeck, Carl Graf, 1733 Generalmajor, ist 1734 in der Schlacht bei Guastalla geblieben.

Walderode, Johann Graf, 1724 Generalmajor, 1733 abgängig.

Waterborn, Joseph Graf, 1723 Generalmajor, 1731 gestorben. Er war seit 1727 Inhaber des gegenwärtigen 10. Dragoner-Regimentes.

Weiß, Peter von, wurde als Oberstlieutenant im Cürassier-Regimente Hohenzollern (1801 als Kronprinz-Dragoner reducirt) in der Schlacht bei Belgrad 1717 verwundet und rückte bis 1733 zum Generalmajor vor, 1736 erscheint er als abgängig.

Weitersheim, N. Freiherr, 1709 Generalmajor, Abgangsjahr unbekannt.

Weltz, Sigmund Graf, 1740 Generalmajor, ist am 17. Mai 1742 in der Schlacht bei Czaslau geblieben.

De Wend, Johann Adam Alexander Graf, wurde 1704 Oberst und Commandant des neu errichteten gegenwärtigen 29. Infanterie-

Regimentes, 1706 Generalmajor und erscheint 1716 als abgängig.

Wetzel, N. Freiherr, wurde 1738 Oberst des gegenwärtigen 42. Infanterie-Regimentes, 1744 Generalmajor und 1748 abgängig.

Wetzel, Friedrich Freiherr, wurde 1737 Oberst und Commandant des Infanterie-Regimentes O'Gylwi (1748 reducirt), zeichnete sich in der Schlacht bei Mollwitz (10. April 1741) am linken Flügel unter Feldmarschall-Lieutenant Gölby rühmlichst aus, gerieth aber in Kriegsgefangenschaft, wurde 1745 Generalmajor, 1754 Feldmarschall-Lieutenant und starb 1759.

Wild, N. von, 1735 Generalmajor, 1756 gestorben.

Wildenfels, Wilhelm Freiherr, 1733 Generalmajor, 1739 abgängig.

Wilson, Eduard Baron, 1710 Generalmajor, 1712 abgängig.

Windisch-Graetz, Adam Ferdinand Graf, geboren 1675, wurde 1716 Generalmajor, focht am 16. August 1717 in der Schlacht bei Belgrad und starb 1730.

Winkelmann, Friedrich Arnold von, hatte im Dragoner-Regimente Sachsen-Gotha (jetzt Uhlanen Nr. 8) gedient und in diesem Regimente die Feldzüge 1734 und 1735 in Italien mitgemacht, wurde 1735 Major, 1738 Oberstlieutenant, 1742 Oberst und Commandant desselben, 1746 Generalmajor und starb 1757.

Winkelmann, N. von, war 1740 Oberst und Commandant des Infanterie-Regimentes Thüngen (jetzt Nr. 57), wurde 1745 Generalmajor und starb 1751.

Wittgenstein, Sahn Carl Graf, geboren 1691, diente in der kaiserlichen Reiterei, wurde 1741 Generalmajor und starb am 21. April 1759.

Wittingham, N. von, 1723 Generalmajor, 1732 gestorben.

Wolkenstein, Jakob Graf, 1734 Generalmajor, 1763 gestorben.

Wobeser, N. von, 1717 Generalmajor, 1721 abgängig.

Wöllwarth, Philipp Freiherr, wurde 1741 Oberst und Commandant des Cürassier-Regimentes Fürst Hohenzollern (1801 als

Kronprinz-Dragoner reducirt), 1747 Generalmajor, rückte bis 1758 zum General der Cavallerie vor und starb 1770.

Zoll, Emanuel von, 1745 Generalmajor, 1753 gestorben.

Zschock, Christian von, wurde 1742 Oberst und Commandant des Infanterie-Regimentes Sachsen-Hildburghausen (jetzt Nr. 8), 1745 Generalmajor und starb 1767.

General-Quartiermeister in der Epoche von 1701 bis 1748.

1705.

Ried, Philipp Anton Freiherr, diente als General-Adjutant 1698 in Ungarn, 1701 in Italien und wurde 1705 Generalmajor und General-Quartiermeister. Als solcher führte er in der Schlacht bei Caffano 1705 die Avantgarde, traf bei Telviglio auf feindliche fouragirende Truppen, von welchen er viele tödtete und gefangen nahm, 1706 auf dem Marsche nach Piemont war er abermals Commandant der Avantgarde. Ort und Jahr seines Abganges unbekannt.

1716.

Elster, N. Freiherr, Generalmajor, eröffnete am 1. September 1716 vor der Festung Temesvar die Laufgräben und wurde am 29. von einer Granate schwer am Kopfe verwundet. Siehe S. 348.

1737.

Engelshofen, Franz Freiherr, Generalmajor, wurde Ende August 1737 mit wichtigen Ordres vom Feldmarschall Grafen Seckendorf nach Widdin an den Feldmarschall Grafen Khevenhüller geschickt, und commandirte Anfangs September d. J. in Orsowa, später in Effegg, 1738 wurde er Hoffkriegsrath und machte sich um die Organisation der Grenztruppen sehr verdient. 1754 zum Feldzeugmeister ernannt, starb er 1761. — Seit 1750 war er Inhaber des 1780 reducirten slavonischen Grenz-Hußaren-Regimentes.

1738.

Le Bauffe, N. Graf, war als Ingenieur-Oberst 1717 bei der Belagerung von Belgrad sehr thätig, er leitete daselbst den Bau der Linien und die Errichtung der Tranchéen, wurde 1724 Generalmajor und Director der niederländischen Ingenieurs und der Artillerie, 1738 wurde er Feldmarschall-Lieutenant, in den Grafenstand erhoben und General-Quartiermeister. Als solcher vertheidigte er 1738 Orsowa, übergab es jedoch später gegen Capitulationsbedingnisse und starb im selben Jahre. Siehe Seite 328.

1739.

Bärenklau, Johann Leopold Freiherr, siehe Seite 152.

1741.

Gramlich, N. von, versah im Feldzuge 1741 bei der Armee in Böhmen die General-Quartiermeistercharge, wurde im selben Jahre Generalmajor und 1756 abgängig.

Als Oberste des General-Quartiermeisters fungirten in den Jahren 1701 bis 1748:

Nicoleti, N., war 1707 bei der Belagerung von Toulon.

Pouchon, Christian von, war General-Quartiermeister-Lieutenant, diente 1716 im Türkenkriege und wurde in der Schlacht bei Peterwardein erschossen.

Bärenklau, Johann Freiherr, Seite 152.

Sachsen-Hildburghausen, Ludwig Friedrich Prinz, S. 360.

Gramlich, bereits weiter oben erwähnt.

General-Adjutanten in der Epoche von 1701 bis 1748 in chronologischer Reihe.

a) Oberste.

Ried, Joseph Freiherr, Seite 368.

Breuner, Ferdinand Graf, Seite 320.

Hamilton, Gundaker Graf, diente 1701 in Italien, wurde 1704 bei Verrua schwer verwundet, 1705 Generalmajor, Abgangsjahr unbekannt.

Althann, Ludwig Gundaker Graf, war 1701 General-Adjutant des Prinzen Eugen, besetzte im December d. J. die Festung Mirandola, wurde 1705 Generalmajor, siehe Seite 297.

Sereny, N. Graf, 1709 Generalmajor, Abgangsjahr unbekannt.

Khevenhüller=Frankenburg, Ludwig Andreas Graf, Seite 293.

Du Feigne, N. Baron, diente 1716 als General-Adjutant im Türkenkriege und begleitete im September d. J. nach der Einnahme der Festung Temesvar die türkische Besatzung unter einer Escorte von 500 Reitern nach Belgrad. Er wurde 1723 Generalmajor und 1733 Feldmarschall=Lieutenant, siehe Seite 322.

Wurmbrand=Stuppach, Christian Sigmund Graf, S. 312.

St. Pierre de Montfalcon, Marquis, war 1734 General-Adjutant bei der Armee in Italien und brachte die Nachricht von dem glücklichen Ueberfalle von Quistello an den Prinzen Eugen nach Deutschland. Er wurde im Laufe des österreichischen Erbfolgekrieges Generalmajor, Abgangsjahr unbekannt.

Grünne, Nikolaus Franz Graf, Seite 324.

Pertusati, Christof Graf, diente 1734 als General-Adjutant bei der Armee des Prinzen Eugen in Deutschland, 1737 bei der kaiserlichen Armee in Ungarn. Er brachte von der Besetzung der Festung Nissa und 1738 von dem Siege bei Kornia die Nachricht an das kaiserliche Hoflager nach Wien und wurde Generalmajor, Abgangsjahr unbekannt.

Macquire, Dominik Freiherr, diente im Türkenkriege 1737 in Ungarn und starb im Juni d. J. zu Possegga.

Spada, N. Graf, Seite 362.

Brettlach, Johann Franz Freiherr, Seite 317.

Althann, Michael Graf, Seite 136.

Buccow, Adolf Freiherr, Seite 210.

Montoja de Cardona, Franz Graf, wurde 1753 Generalmajor, 1759 Feldmarschall=Lieutenant, 1782 gestorben.

Ponce de Leon, Peter Graf, wurde 1746 in der Schlacht bei Piacenza verwundet und ist 1748 in genuesische Kriegsgefangenschaft gerathen. Er wurde 1753 Generalmajor, 1784 Feldzeugmeister, und starb 1789.

Petrasch, Ernst Freiherr, geboren 1708, trat 1728 als Cornet in ein Cürassier-Regiment, machte mit Auszeichnung den Türken-krieg 1737 bis 1739 mit, wurde Rittmeister, war in den letzten Feldzügen des österreichischen Erbfolgekrieges bereits Oberst und Ge-neral-Adjutant und rückte 1752 zum Generalmajor vor. 1760 wurde er erster Lieutenant (Oberlieutenant) der Arcieren-Leibgarde und starb zu Wien im hohen Alter von 84 Jahren am 30. Juni 1792.

Plonquet auch Plunquet, Thomas Freiherr, 1746 Oberst und General-Adjutant. Siehe von Wurzbach, Lexikon, Band XXII, Seite 443 und 444, und Thürheims Feldmarschall Carl Joseph Fürst de Ligne, Wien 1877, Wilhelm Braumüller, Seite 24, Anmerkung.

b) Oberstlieutenants und Majors.

Doria, Marquis, diente 1701 in Italien als General-Adjutant.

La Charré erhielt 1701 im Treffen bei Carpi eine Schuß-wunde und wurde auf dem Marsche der Armee nach Turin 1706 zur Uebermittelung der gegenseitigen Kriegsnachrichten zwischen dem Prinzen Eugen und dem Herzoge von Savoyen verwendet.

D'Avia, Marquis, General-Adjutant, war einer der verwegen-sten und glücklichsten Parteigänger in den Feldzügen 1701 bis 1704 in Italien und fügte den Franzosen und Spaniern auf seinen kühnen Streifzügen vielen Schaden zu, theils durch Ueberfälle, Wegnahme von Proviant, Munitionstransporten und Geldrimessen, Bagagen, Gefangennahme kleiner Commanden und einzelner Detachements, Er-beutung von Pferden u. s. w. Einmal hatte er sogar den Marschall Herzog von Vendôme zu Rivalta aufheben wollen, jedoch mißglückte dies Wagniß. Er starb an einer erhaltenen schweren Verwundung am 18. November 1704 zu Gavoldo im Brescianischen, und hatte 4000 fl. für kranke und verwundete Soldaten in seinem Testamente legirt.

Starhemberg, Max Adam Graf, Seite 289.

24*

Behlen, Christof Graf, Seite 290.

Hohendorf, Georg, war 1702 als General-Adjutant des Prinzen Eugen in der Schlacht bei Luzzara und 1706 bei dem Entsatze von Turin, von welchem Siege er die Nachricht an die Königin Anna von England, die Generalstaaten im Haag und an den König von Preußen überbrachte. Er wurde Oberst und bald außerordentlicher Gesandter am französischen Hofe, in den Freiherrnstand erhoben, dann Gouverneur zu Cortehk in Flandern und ist 1719 zu Berg op Zoom gestorben.

Molkenberg, N. Freiherr, General-Adjutant des Prinzen Eugen, brachte 1704 vor dem Angriffe auf Schellenberg bei Donauwörth vom Prinzen Eugen an den Herzog von Marlborough die Nachricht von dem Anmarsche der französischen Marschälle Villeroy und Tallard gegen Straßburg und dem Anrücken französischer Hülfstruppen für den Kurfürsten Max Emanuel von Baiern durch den Schwarzwald. Später diente Baron Molkenberg als General-Adjutant des Feldmarschalls Grafen Heister in Ungarn und brachte die Meldung von dem Siege bei Szt. Niklas an das kaiserliche Hoflager nach Wien.

Ugletorpe, James, war im spanischen Erbfolgekriege Adjutant des Prinzen Eugen und kam 1706 zur englischen Garde, 1716 wieder als General-Adjutant nach Ungarn und 1718, zum Oberstlieutenant befördert, nach Sicilien. Später trat er wieder in englischen Dienst und ist als ältester General in England und ganz Europa zu Essex 102 Jahre alt, am 1. Juli 1785 gestorben.

Dietrichstein, Gundaker Graf, Malthefer-Ritter, brachte 1704 die erste Siegesnachricht von Höchstädt an das kaiserliche Hoflager nach Wien.

Guyard von St. Julien, Johann Leopold, Graf von Walfee, geboren 1683, focht bereits 1701 in den Schlachten bei Carpi und Chiari als Rittmeister im Cürassier-Regimente Baudémont (1768 als de Ville reducirt). In einem Gefechte bei Cassano am 31. October, beim Angriffe des Prinzen Baudémont auf ein französisches Reitercorps, wurde er durch einen Säbelhieb am Kopfe blessirt; kämpfte jedoch 1702 wieder beim Ueberfalle auf Cremona und in der Schlacht bei Luzzara, 1705 wurde er für seine ausgezeichneten Kriegsdienste Major und General-Adjutant des Kaisers, blieb jedoch ungeachtet dieser

Anstellung bei der operirenden Armee in Italien, und wohnte im selben Jahre der Schlacht bei Cassano bei. Als 1706 beim Angriffe auf Turin Prinz Eugen mit seinem schwer verwundeten Pferde stürzte, und in einen Graben geschleudert wurde, half ihm Graf St. Julien mühsam aus demselben heraus. Im December 1707 wurde dieser zum Oberstlieutenant bei Martigny-Cürassieren, demselben Regimente, wo er früher diente, befördert, kam 1709 mit diesem nach Flandern und kämpfte bei Malplaquet, wo er zwei Pferde unter dem Leibe verlor; 1712 wurde er Oberst im Regimente und erhielt nach abgeschlossenem Frieden, wegen seiner durch Kriegsstrapazen geschwächten Gesundheit, den erbetenen Abschied, der ihm vom Prinzen Eugen in ehrendster Weise gewährt wurde. Er starb am 30. Jänner 1719. — Graf Clemens Gundaker St. Julien hat in seinen zu Linz 1876 herausgegebenen: „Erinnerungen aus dem Kriegerleben, 1618—1866, dem gräflichen Geschlechte St. Julien-Walsee entnommen und seiner Sippe gewidmet", ein schönes und würdiges Monument seinen tapferen Vorfahren gewidmet, in welchem Seite 16 bis 25 der eben besprochene Oberst Graf Johann Leopold abgehandelt wird und dessen Porträt beigegeben ist.

Göritz, Eustach Freiherr, ist als General-Adjutant 1706 bei der Belagerung von Turin todt geblieben.

Windisch-Graetz, Ferdinand Hartwig Graf, geboren 1681, war Anfangs Domherr zu Mainz, trat in kaiserliche Kriegsdienste und ist als Oberstlieutenant und General-Adjutant am 10. Mai 1706 gestorben.

Savohen, Ludwig Pio Prinz, brachte im September 1706 die Nachricht von der Unterwerfung des mailändischen Gebietes an das kaiserliche Hoflager nach Wien und wurde Generalmajor.

Andenne, Oberstlieutenant (?).

Beaufort, N. Graf, war 1707 General-Adjutant des Prinzen Eugen und brachte anläßlich einer Streifung bei St. Laurent gegen die Provence viele Gefangene ein. Er wurde 1717 Oberst, 1723 Generalmajor, 1733 Feldmarschall-Lieutenant, siehe Seite 318.

Czobor, Markus Graf, Seite 347.

Thürheim, Carl Graf, geboren 1685, überbrachte als General-Adjutant im Auftrage des Prinzen Eugen die Nachricht der Capitulation der aus 19 Bataillons und 34 Escadrons bestandenen feindlichen Garnison von Gent Anfangs Jänner 1709 an das kaiserliche Hoflager zu Wien, ist aber auf der Rückreise unterwegs im 24. Lebensjahre gestorben.

Althann, Michael Graf, war 1711 General-Adjutant beim Prinzen Eugen, wurde 1723 Oberst bei Württemberg-Dragoner (jetzt Nr. 11) und 1724 General der polnischen Kronarmee.

Lamberg, Johann Ferdinand Graf, geboren 1689, brachte als Oberstlieutenant und General-Adjutant 1714 die Nachricht von dem Friedensabschlusse zu Radstadt an das kaiserliche Hoflager nach Wien. Er trat später in den kaiserlichen Hofdienst über und ist als k. k. Hofmusik- und Kammerdirector, sogenannter Musikgraf am 16. October 1764 in hohem Alter gestorben.

Palffy von Erdöd, Johann Graf, geboren 1685, diente als General-Adjutant in Ungarn und fand als solcher den Heldentod in der Schlacht von Peterwardein am 5. August 1716.

Limburg-Styrum, Otto Graf, diente im Türkenkriege 1716 als General-Adjutant in Ungarn und wurde bei dem Angriffe auf Temesvar vom Feldmarschall Grafen Palffy mit 1000 Hußaren vorausgeschickt, auch brachte er im August 1717 die in der Schlacht bei Belgrad eroberten Siegeszeichen nach Wien. Er rückte zum Obersten und in der Folge zum General der Cavallerie vor, siehe S. 309.

Rasponi, 1717 (?).

Castelbarco, Scipio Graf, Grand von Spanien, diente 1734 im Feldzuge in Italien als General-Adjutant und ist seinen in der Schlacht bei Parma erhaltenen Wunden erlegen.

Breuner, N. Graf, diente 1734 als General-Adjutant bei der Rheinarmee und commandirte im Feldzuge 1737 als Oberstlieutenant zu Ratscha bei dem Einflusse der Drina in die Save.

D'Attalaja, Graf, diente als General-Adjutant 1734 bei der Rheinarmee und 1737 in Ungarn.

Cirath, Oberstlieutenant, General-Adjutant, hat 1734 am Rhein, 1737 in Ungarn gedient.

Schirnding auf Chotimirz, Franz Joseph Freiherr, diente im Dragoner-Regimente Jörger (als Coburg 1801 reducirt) und machte in diesem den Türkenkrieg 1716 und 1717 mit, wurde 1734

General-Adjutant und diente als solcher 1734 am Rhein, 1737 in
Ungarn, er wurde sodann als Oberstlieutenant zum Dragoner-Regimente Prinz Eugen eingetheilt und trat kurz nachher aus dem Heere.
Während der Occupation Böhmens durch den Kurfürsten Carl Albert
von Baiern gab Schirnding ein glänzendes Beispiel der Treue, indem
er sich im Spätherbste 1741 an die Spitze des Aufgebotes im Pilsener
Kreise stellte, das für Maria Theresia die Waffen ergriff. Er starb
in hohem Alter 1765.

San Giuliano, Graf, Oberstlieutenant, General-Adjutant,
diente im Feldzuge 1734 am Rhein, in jenem von 1737 in Ungarn.

Guyard von St. Julien, Graf von Walsee, Johann
Leopold, geboren 1708, trat als zwanzigjähriger Jüngling in das
Cürassier-Regiment Thomas Emanuel von Savoyen (jetzt Dragoner
Nr. 8), war bereits 1729 Rittmeister in diesem Regimente, 1734
wurde er Major und General-Adjutant im Stabe des Prinzen Eugen,
bei der kaiserlichen Rheinarmee, 1737 Oberstlieutenant, befand sich
Graf St. Julien bei der Armee in Ungarn, führte in der Schlacht
bei Krotzka im Juli 1739 die Colonne des Generals der Cavallerie
Grafen Styrum, wurde gleich Anfangs der Vorrückung tödtlich verwundet, in Folge dessen er nach wenigen Tagen starb. Nähere Details
siehe: Erinnerungen aus dem Kriegerleben von 1618 bis
1866 vom Grafen Clemens St. Julien, Linz 1876, schon weiter
oben erwähnt, Seite 26 und 27, mit Porträt.

Ostein, Ludwig Graf, Oberstlieutenant und General-Adjutant,
wurde 1738 nach München und Bamberg geschickt, um mit dem baierischen Hofe wegen Ueberlassung von Hülfstruppen zum Türkenkriege
zu unterhandeln, er wurde Oberst, später Generalmajor, rückte bis
1753 zum Feldmarschall-Lieutenant vor und starb 1757.

Mandelli, Oberstlieutenant, General-Adjutant, diente 1737
in Ungarn.

Schmettau, Carl Freiherr, geboren 1696, Oberstlieutenant,
jüngerer Bruder des Seite 176 besprochenen Feldzeugmeisters Freiherrn Samuel, diente 1737 als General-Adjutant in Ungarn, vertheidigte 1738 Ujpalanka, wurde aber am 20. September von den
Türken zur Capitulation gezwungen, deckte am 1. August 1739 mit
einem Commando die Brücke bei Schemnitza unweit Belgrad, wo er

sich verschanzte, wurde mit mehreren wichtigen Aufträgen an den Festungs-Commandanten Baron Succow nach Belgrad geschickt, und verließ 1741 mit seinem Bruder den österreichischen Dienst, um in jenen seines eigentlichen Herrn, des Königs von Preußen überzutreten. Er wurde 1742 mit seinem Bruder in den Reichsgrafenstand erhoben, vertheidigte 1759 als kgl. preußischer General-Lieutenant Dresden und starb in hohem Alter 1775 in Brandenburg.

Gorani, Johann Graf, Seite 351.

Gastheim, Ludwig Freiherr, war 1744 Oberstlieutenant und General-Adjutant, wurde Oberst, 1757 Generalmajor und ist 1785 gestorben.

Stampa, Cajetan Graf, geboren 1716, begleitete als Oberstlieutenant und General-Adjutant den Feldzeugmeister Grafen Browne 1748 zu einem in Nizza abgehaltenen Congresse, wurde 1750 Oberst bei Radicati-Cürassieren (1801 reducirt), 1754 Commandant des Cürassier-Regimentes Erzherzog Leopold (1801 als Kronprinz-Dragoner reducirt), 1757 Generalmajor, 1758 Feldmarschall-Lieutenant und 1761 Inhaber des 1775 reducirten Cürassier-Regimentes Jacquemin, 1770 General der Cavallerie. Die Unternehmung bei Maxen 1759 kam meist auf seinen Vorschlag in Anwendung, er wirkte auch thatsächlich zu dem glücklichen Ausgange mit, indem er durch einen herzhaften Angriff mit einem Cavallerie-Regimente die preußische in der Ebene ralliirte Reiterei, welche die Bataillone des Generals Brentano zurückzuwerfen drohte, in ihrem Vorhaben hinderte. Ebenso zeichnete er sich bei Torgau 1760, sowie in dem Gefechte bei Teplitz durch gut ausgeführte Attaquen und gegebene Proben militärischer Umsicht und Tapferkeit aus und erhielt in der sechsten Ordenspromotion vom 22. December 1761 das Ritterkreuz des Maria Theresien-Ordens. Er starb als Commandirender von Mähren zu Brünn am 16. September 1773.

Stappel, Heinrich Freiherr, diente 1744 als Major und General-Adjutant bei der Armee des Herzogs Carl Alexander von Lothringen am Rhein und wurde von diesem mit der Nachricht des glücklich vollführten Rheinüberganges an das Hoflager der damaligen Königin Maria Theresia nach Wien abgeschickt, er avancirte 1746 zum Oberstlieutenant im Dragoner-Regimente Sachsen-Gotha (jetzt Uhlanen

Nr. 8), wurde 1748 dessen Oberst und Commandant, 1753 General=major und ist 1760 gestorben.

Außer ihm führen die Standeslisten der Jahre 1744 und 1745 noch als Majors und General=Adjutanten auf:

Hochburg, Johann Freiherr, der später Oberstlieutenant im Dragoner=Regimente d'Ollone (1860 reducirt) und 1752 Oberst und Commandant desselben, aber 1757 wieder abgängig wurde.

Audrzky von Audrz und von Stocken.

1746 N. Graf Goeß, Graf Castiglione, Ladislaus Amadei und von Vitremont.

Die Regimenter und Corps des kaiserlichen Heeres in der Epoche vom Ausbruche des spanischen Erbfolgekrieges 1701 bis zum Aachener Frieden 1748.

Wir wollen die Regimenter, und zwar nach den Waffengattungen und den Errichtungsjahren geordnet, hier aufzählen, ebenso die Namen, mit welchen sie in der bezeichneten Epoche nach ihren Inhabern genannt wurden.

Vorher jedoch seien hier die Kriege des Hauses Oesterreich in der ersten Hälfte des 18. Jahrhunderts aufgezeichnet, und zwar:

Spanischer Successionskrieg von 1701 bis 1714, Kriegsschauplatz in Italien, Deutschland, Spanien und Flandern (Niederlande).

Ungarischer Rakoczy'scher Malcontentenkrieg, 1704 bis 1711, Kriegsschauplatz in Ungarn und Siebenbürgen.

Erster Türken- oder venetianischer Auxiliarkrieg, 1716 bis 1718, Kriegsschauplatz Süd-Ungarn, Banat, Serbien und Bosnien.

Sicilianischer Krieg mit Spanien, 1719 und 1720, Kriegsschauplatz Sicilien.

Krieg wegen der polnischen Königswahl mit Frankreich, Spanien und Sardinien, 1733 bis 1735, Kriegsschauplatz Ober- und Unter-Italien, am Rhein und in Deutschland.

Zweiter Türken- oder erster russischer Auxiliarkrieg, 1737 bis 1739, Kriegsschauplatz Süd-Ungarn, Siebenbürgen, Banat, Bosnien, Serbien und die Walachei.

Oesterreichischer Erbfolgekrieg mit Frankreich, Spanien, Preußen, Baiern und Sachsen, 1741 bis 1748, Kriegsschauplatz Oberitalien, Böhmen, Mähren, Schlesien, Oberösterreich, Baiern, am Rhein, Elsaß, Deutschland und in den Niederlanden.

Bei Ausbruch des Erbfolgekrieges 1701 bestanden folgende:

Infanterie- oder Fußregimenter:

1619 errichtet; seit 1689 Feldzeugmeister Baron Haßlinger (jetzt Prinz Georg von Sachsen Nr. 11).
1717 Feldmarschall Graf Wilczek, 1739 Feldmarschall-
Lieutenant Baron Haßlinger, 1740 bis 1774 Feldzeugmeister
Graf Franz Wenzel Wallis.

1620 errichtet; seit 1691 Feldmarschall Graf Herberstein
(1809 reducirt als 50. Infanterie-Regiment Stain). 1728
bis 1749 Feldzeugmeister Graf Wurmbrand.

— errichtet; Feldzeugmeister Kriechbaum seit 1701
(jetzt Baron Grueber Nr. 54). 1710 Feldmarschall-Lieutenant
Baron Wachtendonk, 1717 bis 1751 Feldmarschall Graf
Lothar Königsegg.

1629 errichtet; Holke'sche Jäger, seit 1700 Graf Niklas
Palffy (jetzt vacant Nr. 8). 1732 bis 1787 Feldmarschall
Prinz Hildburghausen.

— errichtet; seit 1695 Feldmarschall-Lieutenant Graf
Sigmund Joachim Trautmannsdorf (der aber 1702
ein Dragoner-Regiment erhielt). 1704 mit dem ehemaligen
Salm'schen Fußregimente, welches in den Türkenkriegen sehr
viel gelitten hatte, vereint. 1704 Feldmarschall Carl Theodor
Fürst von Salm, 1711 bis 1761 Feldmarschall Heinrich
Joseph Graf Daun. (Es wurde als 45. Baron De Vaux
Infanterie-Regiment 1809 reducirt.)

1632 errichtet; seit 1675 Feldmarschall und Hofkriegs-
raths-Präsident Heinrich Franz Fürst von Mannsfeld und Fondi (jetzt Herzog von Parma Nr. 24). 1702
Oberst Jakob Ernst von Gehlen, 1703 Feldmarschall Maximilian Adam Graf Starhemberg, 1742 bis 1771 dessen

Sohn Feldzeugmeister Emanuel Michael Graf Starhemberg.

1632 errichtet; seit 1694 Feldzeugmeister Carl Egon Graf Fürstenberg-Mößkirch, blieb in der Schlacht bei Frieblingen 1702 (jetzt Feldzeugmeister Baron Kuhn Nr. 17). 1702 Generalmajor Carl Emanuel Graf Buquoi, Fürst von Longueval, 1703 Carl Alexander Prinz, 1733 aber Herzog von Württemberg (Feldmarschall), 1737 bis 1773 Feldmarschall Cajetan Franz Xaver Graf Kollowrath.

1640 errichtet; seit 1688 Feldmarschall Guido Graf Starhemberg. 1737 bis 1780 Feldmarschall Philipp Ludwig Baron Moltke. (Es wurde 1809 als 13. Infanterie-Regiment Baron Reisky reducirt.)

1656 errichtet; seit 1691 Feldmarschall Wilhelm Johann Graf von Daun. 1706 Feldzeugmeister Wenzel Hroznata Graf von Guttenstein; 1716 Feldmarschall Damian Philipp Freiherr von Sickingen; 1730 Feldmarschall-Lieutenant Ottokar Graf Starhemberg; 1733 bis 1748 Feldmarschall Carl Hermann Graf von O'Gilvy (als solches 1748 nach dem Aachener Frieden reducirt).

1673 errichtet; seit 1676 General-Lieutenant Ludwig Wilhelm Markgraf von Baden-Baden. 1707 bis 1761 Feldzeugmeister Wilhelm Ludwig Georg Markgraf von Baden-Baden. (Es wurde 1809 als 23. Infanterie-Regiment Kurfürst von Würzburg reducirt.)

— errichtet; seit 1693 Feldzeugmeister Scipio Graf Bagni (jetzt Baron Mamula Nr. 25). 1723 Feldmarschall-Lieutenant Carl Graf Lucini; 1731 Feldzeugmeister Carl Franz Baron Wachtendonk; 1741 bis 1757 Feldzeugmeister Octavius Aeneas Fürst Piccolomini.

1682 errichtet; seit 1694 Feldmarschall Hans Carl Graf von Thüngen (jetzt Kronprinz von Preußen Nr. 20). 1710 Feldmarschall-Lieutenant Friedrich Wilhelm Prinz von Holstein-Beck, blieb in der Schlacht bei Francavilla 1719; 1719 Feldzeugmeister Joseph Friedrich Graf von Diesbach, Fürst von St. Agatha, trat es gegen Jahrgeld ab an den folgenden, 1744 bis 1785, Feldmarschall Anton Grafen Colloredo.

1682 errichtet; seit 1688 Feldmarschall Leopold Joseph Carl Prinz von Lothringen (jetzt Großfürst Constantin von Rußland Nr. 18). 1705 Generalmajor Joseph Baron Wetzel; 1707 Feldzeugmeister Franz Xaver Graf Heindl; 1714 Feldmarschall Damian Philipp Freiherr von Sickingen; 1716 Generalmajor Johann Hermann Graf von Nesselrode; 1719 Feldmarschall Friedrich Heinrich Graf Seckendorf; 1742 bis 1773 Feldmarschall Ernst Dietrich Graf von Marschall.

— errichtet und sogleich Feldzeugmeister Sigmund Graf von Nigrelli (jetzt König der Belgier Nr. 27). 1703 Feldmarschall Johann Hieronymus Freiherr von Zum Jungen; 1732 bis 1753 Feldmarschall Maximilian Prinz von Hessen-Kassel.

— errichtet; seit 1691 Generalmajor Alois Graf von Marsigli (jetzt Erzherzog Rainer Nr. 59). 1704 Oberst Johann Quintin Graf Jörger zu Tollet; 1716 Feldmarschall-Lieutenant Ottokar Graf von Starhemberg; 1731 Feldmarschall-Lieutenant Franz Wenzel Graf Wallis; 1740 bis 1766 Feldmarschall Leopold Graf Daun.

— errichtet; Feldzeugmeister Freiherr von Nehem. 1713 Feldzeugmeister Claudius Alexander Graf von Bonneval (der berühmte Kriegsheld, aber auch berüchtigte Abenteurer und Renegat). (Nach der Entlassung seines Inhabers Grafen von Bonneval, 1725, wurde dies Regiment reducirt.)

— errichtet; Feldmarschall Sigbert Graf von Heister. 1718 bis 1748 dessen Sohn Feldzeugmeister Albert Graf Heister. (Es wurde 1748 nach dem Aachener Frieden reducirt.)

— errichtet; seit 1700 Feldmarschall-Lieutenant Wilhelm Florentin Rheingraf von Salm. 1704 Generalmajor Georg Olivier Graf Wallis; 1745 bis 1748 Feldmarschall-Lieutenant Jakob Joseph Ignaz Freiherr von

Hagenbach. (Es wurde 1748 nach dem Aachener Frieden
reducirt.)

1682 errichtet; seit 1694 Generalmajor Lorenz Graf
Solari, blieb 1704 beim Uebergange über die Bormida (jetzt
Feldzeugmeister Hartung Nr. 47). 1704 bis 1764 Feld-
marschall Johann Joseph Philipp Graf Harrach.

— errichtet; seit 1693 Feldmarschall Johann Martin
Geschwind Freiherr von Pöckstein (jetzt Feldzeugmeister
Baron Joseph Philippovic Nr. 35). 1721 General-
major Johann Carl Graf Trautsohn; 1730 Feldmarschall-
Lieutenant Johann Daniel Graf Fürstenbusch; 1739 bis
1763 Feldmarschall Carl August Fürst von Waldeck.

1683 errichtet; seit 1692 Feldmarschall-Lieutenant Philipp Erasmus Fürst von Liechtenstein, blieb 1704
beim Uebergange über die Bormida (jetzt Feldmarschall-Lieutenant Freiherr von Zimiecki Nr. 36). 1704 Feldzeugmeister
Graf Regal, blieb 1717 vor Belgrad; 1718 Feldzeugmeister
Franz Paul Graf von Wallis; 1737 bis 1757 Feldmarschall
Max Ulysses Graf Browne.

1684 errichtet; seit 1699 Feldmarschall Wirich Philipp
Lorenz Graf Daun (jetzt Feldmarschall-Lieutenant von
Baumgarten Nr. 56). 1742 bis 1767 Feldmarschall Anton
Ignaz Graf von Merch d'Argenteau.

1685 überließ der Fürstbischof von Würzburg (Johann
Gottfried von Guttenberg) dem Kaiser Leopold I. ein 1675
errichtetes Regiment. Seit 1695 Feldzeugmeister
Wenzel Hroznatha Graf von Guttenstein (jetzt
König von Hannover Nr. 42). 1707 Feldzeugmeister
Joseph Baron Wetzel; 1721 Feldmarschall-Lieutenant Lothar
Carl Freiherr von Bettendorf; 1734 Feldmarschall-Lieutenant
Alexander Graf O'Nelly; 1743 bis 1769 Feldmarschall
Franz Sigmund Graf Gaisruck.

1689 errichtet; seit 1698 Oberst Benedict Graf von
Gratz (jetzt Friedrich Großherzog von Mecklenburg-
Schwerin Nr. 57). 1704 Feldmarschall-Lieutenant Damian
Johann Philipp Freiherr von Sickingen; 1714 Feldmarschall-

Lieutenant Johann Hannibal Freiherr von Wallenstein, blieb 1716 in der Schlacht von Peterwardein; 1716 Feldzeugmeister Georg Graf von Browne; 1728 Feldmarschall-Lieutenant Patrik O'Neulau; 1738 Feldzeugmeister Adam Sigmund Freiherr von Thüngen, blieb 1745 in der Schlacht bei Striegau; 1745 bis 1769 Franz Joseph Freiherr von Anblau.

1691 errichtet; seit 1700 Feldmarschall Eberhard Friedrich Freiherr von Neipperg (jetzt Feldzeugmeister Baron Maroicic Nr. 7). 1717 bis 1774 Feldmarschall Wilhelm Reinhard Graf von Neipperg.

1694 errichtet; sogleich Herzog Adolf Johann von Pfalz-Zweibrücken. 1702 Feldzeugmeister Heinrich Graf Friese; 1706 Feldzeugmeister Georg Wilhelm Freiherr von Löffelholz; 1720 Feldzeugmeister Carl Hermann Graf von O'Gilvy; 1733 bis 1741 Feldzeugmeister Samuel Freiherr von Schmettau. (Es wurde 1741 nach dem Austritte seines letzten Inhabers aus den österreichischen Kriegsdiensten reducirt.)

— 1694 errichtet und sogleich Feldzeugmeister Graf von Reventlau oder Reventlow. 1711 Feldmarschall-Lieutenant Joseph Anton Graf von Odewyer; 1731 Feldmarschall-Lieutenant Freiherr von Göldy, blieb 1741 in der Schlacht bei Mollwitz; 1741 bis 1747 Feldzeugmeister Carl Gustav Freiherr von Reuhl. (Es wurde, nachdem es bei dem Aufstande in Genua 1747 viel gelitten hatte, noch im selben Jahre reducirt.)

1696 errichtet; Hoch- und Deutschmeister (jetzt unter demselben Namen Nr. 4). Seit 1696 Inhaber Franz Ludwig Herzog von Baiern, Kurfürst von Mainz. 1732 bis 1761 Clemens August Kurfürst von Köln.

1698 errichtet und sogleich Oberst, späterer Feldmarschall Franz Sebastian Graf Thürheim (jetzt Ritter von von Benedek Nr. 28). 1713 Feldmarschall-Lieutenant Friedrich Ludwig von der Lanken, blieb 1716 in der Schlacht bei Peterwardein; 1716 bis 1754 Feldmarschall Leopold Philipp Herzog von Aremberg.

1701 errichtet und sogleich Feldmarschall Christian Ernst Markgraf von Bayreuth (jetzt Baron Kellner Nr. 41). 1712 Feldmarschall Georg Wilhelm Markgraf von Bayreuth, 1727 Oberst Wilhelm Ernst Prinz von Bayreuth; 1733 bis 1763 Oberst Friedrich Markgraf von Bayreuth.

— errichtet und sogleich Carl Joseph Prinz von Lothringen, Bischof von Osnabrück (jetzt Herzog Adolf von Nassau Nr. 15). 1716 Feldzeugmeister Herzog Leopold Joseph Carl von Lothringen; 1726 Oberst Carl Alexander Herzog von Lothringen; 1736 bis 1773 Feldmarschall Johann Lucas Conte de Pallavicini.

Cüraffier-Regimenter:

1618 errichtet: seit 1697 Generalmajor Joseph Prinz von Lothringen, blieb 1705 in der Schlacht bei Cassano (jetzt Prinz Carl von Preußen=Dragoner Nr. 8). 1705 Feldmarschall=Lieutenant Ferdinand Graf Breuner; 1710 Feldmarschall=Lieutenant Thomas Emanuel Prinz von Savoyen; 1730 Feldmarschall=Lieutenant Eugen Johann von Savoyen; 1735 bis 1756 Feldmarschall Franz Wilhelm Rudolf Graf von Hohenembs. Dieses noch bestehende älteste Cavallerie=Regiment der kaiserlich österreichischen Armee ist, da es am 11. Juni 1619 Kaiser Ferdinand II., hart bedrängt von den protestantischen Ständen, rettete, damals Dampiere=Cüraffiere, mit vielen Privilegien ausgestattet (siehe Militär=Schematismus) und hat die Zusicherung, von jener Zeit an niemals reducirt zu werden.

— errichtet; seit 1697 Generalmajor Christian Prinz Braunschweig=Lüneburg und Hannover, blieb 1703 im Treffen bei Munderkingen (jetzt Herzog von Braunschweig Nr. 7). 1703 La Tour und Taxis Raymund, Graf, Oberst, später General der Cavallerie; 1711 Feldmarschall=Lieutenant Peter Baron von Viard; 1718 General der

Cavallerie Andreas Graf Hamilton; 1738 bis 1751 General
der Cavallerie Joseph Graf Bernes.

1632 errichtet; seit 1700 Feldmarschall Hannibal Marquis Visconti. (War einst das Regiment Octavio Piccolomini's und des großen Feldherrn Fürsten Montecuccoli. 1729
bis 1734 General der Cavallerie Joseph Fürst Belmonte-
Pignatelli. (In der Schlacht bei Bitonto 1734 beinahe
ganz aufgerieben, wurde der Rest unter andere Cürassier-
Regimenter vertheilt.)

Im dreißigjährigen Kriege (Jahreszahl nicht zu eruiren)
errichtet; seit 1700 General der Cavallerie Jakob
Marquis Cusani. 1716 Feldmarschall-Lieutenant Ludwig
von Graeven; 1717 Feldmarschall-Lieutenant Johann Carl
Graf Egg, 1719 bei Francavilla geblieben; 1719 Feldmarschall-
Lieutenant Johann Anton Graf von Locatelli; 1733 General
der Cavallerie Carl Heinrich Graf Chauvirah; 1736 General
der Cavallerie Christian Sigmund Graf Wurmbrand; 1737
bis 1750 General der Cavallerie Carl Graf St. Ignon.
(Es wurde 1775 als Thurn-Cürassiere reducirt.)

1633 errichtet; seit 1690 Feldmarschall Friedrich Wilhelm Fürst von Hohenzollern-Hechingen. 1712 bis
1750 Feldmarschall Friedrich Ludwig Fürst von Hohenzollen-
Hechingen. (Seit 1775 zum Dragoner-Regimente übersetzt,
wurde es 1801 als Kronprinz Ferdinand-Dragoner
reducirt.)

Im dreißigjährigen Kriege errichtet; seit 1676 Feldmarschall Franz Graf Taaffe. 1704 General der
Cavallerie Philipp Ludwig Graf Leiningen-Westerburg,
blieb 1705 in der Schlacht bei Cassano; 1705 Generalmajor
Thomas Graf von Reising; 1760 Generalmajor von Pfefferkorn; blieb 1707 bei Toulon; 1707 Feldmarschall-Lieutenant,
später Feldmarschall Joseph von Browne Graf von Hautois;
1740 bis 1761 Feldmarschall Wilhelm Prinz von Pfalz-
Birkenfeld. (Es wurde 1775 als Baron Jacquemin-
Cürassiere reducirt.)

1673 errichtet; seit 1693 Braunschweig-Lüneburg-Hannover, Maximilian Wilhelm Prinz (jetzt Graf Wrangel-Dragoner Nr. 2). 1726 Feldmarschall-Lieutenant Georg Ludwig Freiherr von Uffeln; 1733 Oberst Carl Prinz von Bevern, nachher Herzog zu Braunschweig-Wolfenbüttel; 1736 Feldmarschall Theodor Fürst Lubomirski; 1745 bis 1768 General der Cavallerie Johann Baron Bretlach.

— errichtet; seit 1700 Feldmarschall Leo Graf Ulefeld (jetzt Erzherzog Albrecht-Dragoner Nr. 4). 1716 Feldmarschall-Lieutenant Graf Ludwig Gondrecourt; 1723 Oberst Johann Friedrich Ernst Prinz von Modena-d'Este; 1732 Feldmarschall Johann Christof Freiherr von Scher; 1743 Feldmarschall-Lieutenant Franz Graf von St. Ignon; 1745 bis 1778 Feldmarschall Johann Baptist Graf Serbelloni.

1680 errichtet; seit 1693 General der Cavallerie Johann Andreas Graf Corbelli. 1704 Generalmajor Carl Ludwig Racoviani; 1711 Feldmarschall-Lieutenant Franz Baron St. Croix; 1720 General der Cavallerie Johann Friedrich Graf Lanthieri; 1745 bis 1751 Generalmajor Ludwig Franz Graf Bentheim. (Es wurde 1775 als Graf Podstatsky-Cürassiere reducirt.)

1681 errichtet; seit 1698 Stephan Graf von Stainville (und nach dessen Tode 1720 reducirt).

— errichtet von dessen Inhaber Feldmarschall Carl Philipp Prinzen von Pfalz-Neuburg, nachherigen Kurfürsten von der Pfalz. 1716 Feldmarschall-Lieutenant Joseph Carl Emanuel August Prinz von Pfalz-Sulzbach; 1730 bis 1734 Feldmarschall-Lieutenant Ferdinand Franz Graf Kokorzowa. (Da es in der Schlacht bei Bitonto fast ganz aufgerieben wurde, 1734, so vertheilte man den Rest in andere Cavallerie-Regimenter.)

1682 errichtet; seit 1691 Feldmarschall Carl Thomas Prinz von Vaudemont. 1704 General der Cavallerie Carl Graf Martigny; 1721 General der Cavallerie Julius Graf Veterani; 1737 Feldmarschall-Lieutenant Freiherr von

Stein; 1738 bis 1751 General der Cavallerie Johann Friedrich Freiherr von Berlichingen. (Es wurde 1768 als de Ville-Cürassiere reducirt.)

1682 errichtet; seit 1686 Feldmarschall Carl Prinz zu Lothringen-Commercy, blieb 1702 in der Schlacht bei Luzzara. 1702 General der Cavallerie Franz Leopold Freiherr von Falkenstein; 1717 General der Cavallerie Heinrich Friedrich Prinz von Württemberg; 1737 bis 1774 Feldmarschall Carl Paul Graf Palffy von Erdöd. „Als dieser das „Regiment bekam, wurde zugleich bekannt gemacht, daß zwanzig „Grafen aus diesem Hause ihr Leben im Dienste des Erzhauses „Oesterreich verloren, aber nie einer an den Rebellionen gegen „dasselbe theilgenommen." (Es wurde 1775 als von Rothschitz-Cürassiere reducirt.)

— errichtet; seit 1700 Feldmarschall Johann Graf Palffy von Erdöd (gestorben 1751). (Es wurde 1801 als Fürst Czartoryski-Cürassiere reducirt.)

— errichtet; seit 1691 Feldmarschall Johann Franz Graf von Gronsfeld (jetzt Feldmarschall-Lieutenant Baron Piret-Dragoner Nr. 9). 1719 bis 1766 Emanuel Prinz von Portugal. (Seit 1779 Dragoner-Regiment.)

1683 errichtet; seit 1695 General der Cavallerie Franz Joseph Baron Zante. 1704 Feldmarschall-Lieutenant Joseph Anton August Fürst von Lobkowic, blieb 1717 in der Schlacht bei Belgrad; 1717 bis 1753 Feldmarschall Georg Christian Fürst Lobkowic. (Es wurde 1801 als Baron Zeschwitz-Cürassiere reducirt.)

1684 errichtet; seit 1691 Feldmarschall Georg Prinz Hessen-Darmstadt, blieb 1705 im Sturme von Barcellona. 1705 Feldmarschall-Lieutenant August Freiherr von Glöckelsberg; 1707 Feldmarschall Johann Graf Caraffa 1734 bis 1757 General der Cavallerie Joseph Graf Luchese, blieb 1757 bei Leuthen. (Es wurde 1768 als Baron Kleinholdt-Cürassiere reducirt).

1701 kurz vor Ausbruch des Krieges wurden aus den beiden Hälften des schon 1629 errichteten und seiner sprüch-

wörtlichen Tapferkeit wegen in allen Kämpfen seiner Zeit bewährten Regimentes Caprara=Cürassiere zwei neue
Cürassier=Regimenter formirt, und zwar erhielt jedes
dieser Beiden 5 Compagnien Caprara=Cürassiere. Das eine
wurde dem Feldmarschall Herkules Grafen Monte-
cucculi 1701 verliehen. 1730 General der Cavallerie Carl
Graf Podstatzky, 1743 bis 1755 General der Cavallerie
Theobald Graf Czernin. (Es wurde 1768 als Herzog
Modena=Cürassiere reducirt.) Das zweite aber erhielt
sogleich nach der Errichtung 1701 der Feldmarschall Phi-
lipp Prinz Hessen=Darmstadt (jetzt Prinz Alexander
Hessen=Dragoner Nr. 6). 1737 Feldmarschall=Lieutenant
Franz Baron Miglio, 1745 bis 1762 General der Cavallerie
Friedrich Hannibal Freiherr von Schmerzing.

Dragoner-Regimenter:

1631 errichtet; seit 1689 Feldmarschall Johann Ludwig
Graf Rabutin=Bussy (jetzt General der Cavallerie Fürst
Montenuovo=Dragoner Nr. 10). 1716 Generalmajor
Amadeus Graf Rabutin=Bussy; 1727 Generalmajor Peter
Graf Waterborn; 1731 bis 1773 Feldmarschall Carl Graf,
später Fürst Batthyani. Die beiden im dreißigjährigen
Kriege errichteten Regimenter Cavriani und
Magni wurden um 1702 reducirt.

1682 errichtet; seit 1693 Generalmajor Franz Adam
Graf Dietrichstein, blieb 1702 beim Ueberfalle auf Cremona. 1702 Feldmarschall Sigmund Joachim Graf Trautmannsdorf; 1706 Thomas Graf Reising; 1711 Feld-
marschall=Lieutenant Sylvius Graf Saint Amour; 1725
bis 1772 Feldmarschall Joseph Wenzel Fürst Liechtenstein.
(Es wurde 1775 als Fürst Johann Liechtenstein=Dragoner
reducirt.)

1682 errichtet; 1684 Prinz Eugen von Savoyen, dessen
ruhmvollen Namen es noch heute trägt (jetzt Nr. 14). Inhaber

von 1736 bis 1773 war der General der Cavallerie Ferdinand Graf Aspremont=Linden.

1683 errichtet und sogleich Feldmarschall Ludwig Graf Herbeville. 1709 General der Cavallerie Franz Anton Graf Jörger; 1738 Feldmarschall=Lieutenant Baron Römer, blieb 1741 in der Schlacht bei Mollwitz; 1741 bis 1753 Feldmarschall=Lieutenant Philipp Freiherr von Philipert. (Es wurde 1801 als Prinz Josias Coburg=Dragoner reducirt.)

1688 vom bekannten Reitergeneral Donat Häußler errichtet; seit 1692 Feldmarschall=Lieutenant Graf Sereny (jetzt Kaiser Franz Joseph=Dragoner Nr. 11). 1705 General der Cavallerie Graf Carl Colonna von Fels; 1715 Feldmarschall Eberhard Ludwig Herzog von Württemberg; 1734 Carl Alexander Herzog von Württemberg; 1737 Feldmarschall Carl Rudolf Herzog von Württemberg=Neustadt; 1743 bis 1793 Herzog Carl Eugen von Württemberg.

—   errichtet; seit 1690 General der Cavallerie Leopold Graf Schlik (jetzt Kaiser Franz Joseph=Uhlanen Nr. 6). 1705 bis 1748 Feldmarschall Gundaker Ludwig Graf Althann. (Es wurde 1767 zum Chevauxlegers=, 1851 zum Uhlanen=Regimente umgewandelt.)

1701 errichtet vom Feldmarschall Christian Ernst Markgrafen von Bayreuth (jetzt Graf Moriz Pallfy=Hußaren Nr. 15). 1712 Feldmarschall Georg Wilhelm Markgraf von Bayreuth; 1727 Feldmarschall Victor Graf Philippi; 1740 bis 1754 General der Cavallerie Ludwig Graf Balayra. (Es wurde 1860 zum Cürassier=, 1867 wieder zum Dragoner= und 1873 zum Hußaren=Regimente umgestaltet.)

Hußaren-Regimenter:

1688 vom General der Cavallerie Grafen Adam Czobor, einem der reichsten Magnaten, errichtet; seit 1700 Feldmarschall=Lieutenant Ladislaus von Ebergeny (jetzt Fürst Franz Liechtenstein Nr. 9). 1724 General der Cavallerie Emerich Graf von Csaky; 1743 bis 1783 Feldmarschall Franz Graf Nadasdy.

1689 errichtetes und 1730 reducirtes Hußaren-Regiment des Generals der Cavallerie Grafen Franz Nadasdy.

— errichtetes und 1730 reducirtes des Grafen Simon Esterhazy (3000 Mann stark).

1696 von dem Parteigänger Oberst Paul Deak errichtet (jetzt Baron Koller-Hußaren Nr. 8). 1706 Oberst Sigmund von Bißlay, 1706 Feldmarschall-Lieutenant Stephan Baron Spleny; 1730 Feldmarschall-Lieutenant Carl Joseph Freiherr von Czungenberg; 1735 Generalmajor Emerich Baron Dessewffy; 1739 bis 1766 General der Cavallerie Johann Baron von Baranyay.

Nach dem Ausbruche des spanischen Erbfolgekrieges 1701 bis zum Aachener Frieden 1748 wurden folgende Regimenter errichtet, und zwar unter Kaiser Leopold I. noch sechs Infanterie-Regimenter, ein Cürassier- und ein Hußaren-Regiment, diese sind:

Infanterie-Regimenter.

1701 zwei schweizerische, 1719 wieder reducirte Infanterie-Regimenter, deren eines 1701 den Feldmarschall-Lieutenant Hieronymus von Erlach, 1710 Feldmarschall-Lieutenant Niedritz, das zweite aber dem Feldzeugmeister Johann Friedrich Grafen von Diesbach zu Inhabern hatte.

1702 ein 2000 Mann starkes Haiduken-Regiment errichtet und dem Feldmarschall-Lieutenant Adam Baron Baboczay verliehen, daher Baboczay'sche Haiduken genannt (jetzt Erzherzog Heinrich Nr. 51). 1707 Franz Graf Gyulay; 1729 Franz Graf Palffy, blieb in der Schlacht bei Parma; 1735 bis 1759 Feldmarschall-Lieutenant Stephan Graf Gyulai.

1702 errichtet und dem Feldmarschall Johann Adolf
Herzog von Holstein=Plön verliehen (jetzt Erzherzog
Wilhelm Nr. 12).   1704 Feldmarschall = Lieutenant Albert
Baron von Arnaut, Graf du Sain; 1728 Feldmarschall=
Lieutenant Christof Baron Kettler;   1734 Feldmarschall=
Lieutenant Franz Graf Rumpf; 1736 Gottfried Ernst Baron
Wuttgenau; 1737 Feldmarschall=Lieutenant Friedrich Freiherr
von Reitzenstein;   1739 bis 1775 Feldmarschall Anton
Marquis Botta d'Adorno.

1703 errichtet und dem Feldmarschall=Lieutenant Damian
Hugo Grafen Birmond verliehen (jetzt Feldmarschall=Lieutenant
Baron Wetzlar Nr. 16).   1722 Feldmarschall=Lieutenant Alois
Graf Livingstein; 1741 bis 1778 Feldmarschall Christian
Moriz Graf Königsegg.

1704 errichtet, dem Generalmajor Alexander Grafen
von Wend verliehen (jetzt Baron Scudier Nr. 29). 1709
Feldmarschall Ferdinand Albert Herzog von Bevern, später
von Braunschweig=Wolfenbüttel;   1736 bis 1760 Feld=
marschall=Lieutenant Carl Herzog von Braunschweig= Wolfen=
büttel.

Cürassier-Regiment.

1702 errichtet und dem späteren Feldmarschall Claudius
Florimund Grafen Mercy verliehen, der 1734 in der
Schlacht bei Parma geblieben ist.   1734 Feldmarschall Carl
Wilhelm Friedrich Markgraf von Anspach;   1735 bis 1752
Feldmarschall Hartmann Freiherr von Diemar. (Es wurde
1801 reducirt als Anspach=Cürassiere.)

Hußaren-Regiment.

1702 errichtet und dem Generalmajor Sigmund Grafen
von Forgacs verliehen (jetzt General der Cavallerie Prinz
Emerich Thurn = Taxis Nr. 3).   1704 Generalmajor
Theodor von Lehoczky; 1712 Feldmarschall=Lieutenant Paul

Baron Baboczay; 1727 Feldmarschall-Lieutenant Stephan Baron Dessewffy; 1742 bis 1757 General der Cavallerie Joseph Baron, später Graf Festetics.

———

Unter Kaiser Joseph I. (1705 bis 1711) wurden drei Infanterie- und zwei Dragoner-Regimenter errichtet, von welch letzteren das eine jedoch sogleich wieder reducirt wurde, und zwar die

Infanterie-Regimenter.

1708 errichtet und dem Feldmarschall-Lieutenant Georg Jakob von Plüschau verliehen (jetzt Baron Weber Nr. 22). 1718 Generalmajor Franz Carl Freiherr von Leimbruck; 1723 Feldmarschall-Lieutenant Albert Wolfgang Prinz von Brandenburg-Culmbach, blieb 1734 in der Schlacht bei Parma; 1734 Feldzeugmeister Jakob Heinrich Baron Succow; 1741 bis 1748 Feldmarschall-Lieutenant Wilhelm Moriz Baron Roth.

1710 errichtet und dem Feldmarschall Ludwig Heinrich Friedrich Prinzen von Würtemberg verliehen (jetzt Freiherr von Handel Nr. 10). 1718 Feldzeugmeister Friedrich Ludwig Prinz Württemberg, blieb 1734 in der Schlacht bei Guastalla; 1734 Feldmarschall-Lieutenant Georg Anton Baron Lindesheim; 1740 bis 1790 Feldmarschall Ludwig Ernst Prinz von Braunschweig-Wolfenbüttel.

— errichtet und dem Generalmajor Christian Friedrich Grafen von Egg verliehen, der 1712 in der Belagerung von Cordona blieb. 1712 bis 1748 Feldmarschall Otto Ferdinand Graf Abensperg und Traun. (Es wurde 1748 reducirt.)

Dragoner-Regiment.

1706 errichtete es der Kurfürst von Mainz Lotharius Franz (aus dem Hause der Grafen von Schönborn) und dessen Vetter General der Cavallerie Anselm Franz Graf

von Schönborn wurde Inhaber. 1726 der spätere Feld=
marschall Ludwig Andreas Graf Khevenhüller=Frankenburg;
1744 bis 1756 General der Cavallerie Joseph Maximilian
Baron Holly. (Es wurde 1775 zum Chevaurlegers=
Regimente übersetzt, 1798 wieder zum leichten Dragoner=
Regimente und 1801 reducirt.)

———————

Unter Kaiser Carl VI. (1711 bis 1740) wurden sowohl
an Infanterie als Reiterei mehrere Regimenter errichtet, wie folgt:

Infanterie-Regimenter.

1713 (recte 1725) wurden aus den durch den Besitz der Niederlande in
österreichische Dienste übernommenen drei wallonischen Regimentern
Ligne, Holstein und Gand eines errichtet, welches von 1713
bis 1766 den späteren Feldmarschall Claudius Fürsten de Ligne
zum Inhaber hatte. (Es wurde 1809 als Feldmarschall Prinz
Ferdinand Württemberg=Infanterie reducirt.)

1715 errichtet und dem Feldmarschall Carl Wilhelm
Markgrafen von Baden=Durlach verliehen (jetzt Frei=
herr von Heß Nr. 49). 1724 Feldzeugmeister Otto Graf
Walsegg; 1743 Feldmarschall=Lieutenant Johann Leopold
Baron Bärenklau, blieb 1746 in der Schlacht bei Rotto=
fredo; 1747 bis 1758 Feldzeugmeister Carl Gustav Graf Keuhl.

1715 errichtet und dem Prinzen Franz Joseph von Loth=
ringen verliehen (jetzt Erzherzog Carl Nr. 3). 1716
Franz Stephan Prinz von Lothringen (nachheriger Kaiser
Franz I.); 1726 Generalmajor Carl Ludwig Graf Ligneville,
blieb 1734 im Treffen bei Colorno; 1734 Feldzeugmeister
Gottfried Ernst Freiherr von Wuttgenau; 1736 Feldmarschall=
Lieutenant Lucas Conte Pallavicini; 1736 bis 1780 Carl
Alexander Herzog von Lothringen.

1716 errichtet und dem Erbprinzen Leopold von Loth=
ringen verliehen; 1726 bis 1765 Herzog Franz Stephan

von Lothringen, seit 1745 Kaiser Franz I. (jetzt Kaiser Franz Joseph I. Nr. 1).

1717 errichtete es der regierende Markgraf Friedrich Wilhelm zu Brandenburg-Anspach (jetzt Großfürst Michael von Rußland Nr. 26). 1724 Feldmarschall-Lieutenant Heinrich Ferdinand Freiherr von Müffling; 1737 bis 1751 Niklas Franz Graf von Grünne.

1718 errichtet und dem Feldzeugmeister Franz Paul Grafen Wallis verliehen. 1719 Feldmarschall-Lieutenant Ferdinand Leopold Freiherr von Geyer; 1725 Generalmajor Erasmus Graf Starhemberg; 1730 Generalmajor Johann Adrian von Lochstadt; 1731 Feldmarschall-Lieutenant Bartholomäus d'Andia Markgraf von Valparaiso, blieb 1734 in der Schlacht bei Guastalla; 1734 Feldmarschall-Lieutenant Heinrich Freiherr von Wuscheltitz; 1737 bis 1767 Feldzeugmeister Joseph Anton Graf Platz. (Es wurde 1809 als Baron Simbschen-Infanterie reducirt.)

1721 wurde aus den beiden italienischen Regimentern Faber und Marulli ein neues errichtet und dem späteren Feldmarschall Franz Grafen von Marulli verliehen (1752 aber wieder reducirt).

— wurde aus der übriggebliebenen Mannschaft der spanischen Regimenter, welche Kaiser Carl VI. aus Spanien mitbrachte, namentlich Ahumada und Alcaudete ein neues errichtet und dem Feldmarschall-Lieutenant Anton Diego Marquis d'Alcaudete verliehen. 1734 bis 1755 Feldmarschall Johann Hyacinth Graf von Vasquez-Pino. (Es wurde 1796 als Baron Schmidfeld-Infanterie reducirt.)

1725 wurde aus der übriggebliebenen Mannschaft der beiden wallonischen Regimenter Los Rios und Bournonville ein neues errichtet und dem Feldmarschall-Lieutenant Franz Marquis von Los Rios verliehen, der es bis zu seinem Ableben 1775 behielt (jetzt Feldmarschall-Lieutenant Freiherr von Pakeny Nr. 9.)

— wurde aus den drei wallonischen Regimentern Maldeghem, Lannoy und Pancarlier ein neues errichtet und dem Feldmarschall-Lieutenant Johann Anton Marquis de Prié verliehen, der es bis zu seinem Ableben 1753 behielt (jetzt Feldmarschall-Lieutenant Freiherr von Ringelsheim Nr. 30).

1733 errichtet von dem Obersten, späteren Generalmajor Ludwig Grafen Colmenero, der in der Schlacht bei Guastalla 1734 geblieben ist (jetzt Feldzeugmeister Freiherr von Reischach Nr. 21). 1734 bis 1754 Feldzeugmeister Ferdinand Ludwig Graf von Schulenburg-Oynhausen.

— errichtet von dem späteren Feldmarschall Niklas Leopold Rheingrafen, nachherigen Fürsten von Salm-Salm, der es bis zu seinem Ableben 1771 behielt (jetzt vacant Großherzog von Hessen Nr. 14).

— errichtet vom Generalmajor, späteren Feldzeugmeister Wolfgang Sigmund Baron Damnitz, bis zu seinem Ableben 1754 Inhaber (jetzt Feldmarschall-Lieutenant von Rupprecht Nr. 40).

— errichtet von dem späteren Feldmarschall Grafen Leopold Palffy, bis zu seinem Ableben 1773 dessen Inhaber (jetzt Kronprinz Rudolf Nr. 19).

— errichtet von dem späteren Feldzeugmeister Ladislaus Baron von Bettes, gestorben als Inhaber desselben 1756 (jetzt Kaiser Wilhelm I. von Deutschland, König von Preußen Nr. 34).

Cürassier-Regimenter.

1714 aus spanischen Diensten übernommen Vasquez und Cordova-Cürassiere und

1721 nebst dem Dragoner-Regimente Galbes, gleichfalls aus spanischen Diensten, zu einem Cürassier-Regimente formirt, verliehen dem General der Cavallerie Emanuel Maria de Mendoza Grafen von Galbes, der 1726 wieder in spanische Dienste trat (jetzt Kaiser Nikolaus-Dragoner Nr. 5). 1726 bis 1756 Feldmarschall Caspar Ferdinand Graf von Cordova.

Dragoner-Regimenter.

1714 aus spanischen Diensten übernommen Graf Galbes (siehe oben).

— in den Niederlanden errichtet, Marquis von Westerloo.

— in den Niederlanden errichtet Prinz Ferdinand de Ligne.

1718 errichtete der Markgraf Friedrich Wilhelm von Brandenburg-Anspach auf eigene Kosten für den kaiserlichen Dienst ein Dragoner-Regiment, dessen Inhaber er gleichzeitig wurde (jetzt Graf Bigot de St. Quentin-Uhlanen Nr. 8; siehe Thürheims Geschichte des k. k. 8. Uhlanen-Regimentes, Wien, Staatsdruckerei, 1860, 8°). 1726 bis 1767 Feldmarschall Johann August Prinz von Sachsen-Gotha. (Es wurde 1779 zum Chevauxlegers-, 1798 zum leichten Dragoner-, 1802 wieder zum Chevauxlegers- und 1851 zum Uhlanen-Regimente umgestaltet.)

1725 wurden die beiden oben erwähnten wallonischen Dragoner-Regimenter Westerloo und Ferdinand de Ligne zu Einem umgestaltet und dem Feldmarschall Marquis Johann Philipp von Westerloo, Grafen von Merode verliehen (jetzt Fürst Windisch-Graetz-Dragoner Nr. 14). 1732 bis 1757 Feldmarschall Ferdinand Prinz de Ligne. (Es wurde 1802 Chevauxlegers- und 1851 wieder Dragoner-Regiment.)

1733 errichtete der General der Cavallerie Joseph Andreas Graf von Koharh ein Dragoner-Regiment, dessen Inhaber er gleichzeitig wurde und bis zu seinem Ableben 1758 blieb. (Es wurde als Graf Althann-Dragoner 1768 reducirt.)

— errichtete der Oberstlieutenant Alexander Graf d'Ollone des Lobkowic'schen Cürassier-Regimentes ein Dragoner-Regiment, wurde dessen Oberst und Inhaber, in der Folge Feldmarschall-Lieutenant. Bei seinem Austritte aus der kaiser-

lichen Armee erhielt es 1746 der Feldmarschall Landgraf Lud=
wig von Hessen-Darmstadt und war Inhaber desselben
bis zu seinem Tode 1768. (Es wurde 1860 als Großherzog
von Toscana-Dragoner reducirt.)

Hußaren-Regimenter.

1733 errichtete der General der Cavallerie Baron Gabriel Spleny
de Milhady ein Hußaren-Regiment, dessen Inhaber er
bis zu seinem Tode 1762 war. (Es wurde 1767 als Graf
Emerich-Esterhazy-Hußaren reducirt.)

— errichtete der Generalmajor, nachmalige General
der Cavallerie Johann Baron Ghilany ein Huß=
ren-Regiment, dessen Inhaber er bis zu seinem Tode
1752 blieb. (Es wurde 1767 als Graf Hadik-Hußaren
reducirt.)

1734 errichtete Oberst, später Feldmarschall-Lieutenant
Nikolaus Baron Havor ein Hußaren-Regiment,
dessen Inhaber er wurde (jetzt General der Cavallerie Baron
Edelsheim Nr. 4). 1744 bis 1768 Feldmarschall-Lieutenant
Joseph Baron Dessewffy.

— errichtete der General der Cavallerie Alexander
Graf von Karoly ein Hußaren-Regiment und wurde
dessen Inhaber (jetzt König von Württemberg Nr. 6).
1742 bis 1759 General der Cavallerie Franz Graf von
Karoly.

— errichtete Oberst Magnus Gottlieb von Helldorf
ein Hußaren-Regiment, gewöhnlich das illyrische ge=
nannt und wurde dessen Inhaber. 1736 Prinz Rudolf Canta=
cuzeno. (Es wurde 1739 reducirt.)

— wurde ein Hußaren-Regiment errichtet und Oberst,
später Generalmajor N. von Pestvarmagy Inhaber.
1743 bis 1748 Generalmajor, nachher Feldmarschall-Lieutenant
Adolph Freiherr von Berghe de Trips. (Es wurde 1748
reducirt.)

Unter der Kaiserin Maria Theresia wurden während des Erbfolgekrieges (1741 bis 1748) mehrere (größtentheils ungarische) Infanterie=, einige Grenz=Infanterie=Regimenter errichtet, ebenso drei Hußaren=Regimenter. (Die nach dem Aachener Frieden 1748 errichteten Regimenter gehören nicht mehr in den Bereich vorliegender Skizze des kaiserlichen Heeres 1701 bis 1748.) Es folgen nun:

Infanterie-Regimenter.

1741 errichtet vom späteren Feldmarschall=Lieutenant Adam Niklas Baron Andrassy, dessen Inhaber er bis zu seinem Tode 1753 blieb (jetzt Feldzeugmeister Baron Kussevich Nr. 33).

— errichtet; Oberst, späterer Feldmarschall=Lieutenant Ignaz Graf Forgacs von 1741 bis 1773 Inhaber (jetzt Freiherr von Rosenzweig Nr. 32).

— errichtet und bis 1749 Inhaber Generalmajor Ladislaus Baron Ujvary (jetzt Kaiser Alexander Nr. 2).

— errichtet und bis 1774 Inhaber Feldmarschall=Lieutenant Samuel Freiherr von Haller (jetzt Großherzog von Mecklenburg=Strelitz Nr. 31).

— errichtet und bis 1744 Inhaber Thomas Graf Szirmay, Oberst (jetzt Erzherzog Joseph Nr. 37). 1744 bis 1762 Feldmarschall=Lieutenant Joseph Graf Esterhazy.

1742 errichtete Prinz Carl Aremberg, später Feldmarschall, in den Niederlanden, ein wallonisches Infanterie=Regiment, dessen Inhaber er als Oberst wurde, und welches zum Unterschiede von jenem seines Vaters, des Feldmarschalls Herzog Leopold Philipp (jetzt Nr. 28) den Namen Jung=Aremberg führte. (Es wurde 1748 wieder reducirt.)

— ein wallonisches Regiment und zum Unterschiede von den übrigen anfangs Neu=Wallon genannt, bis 1768 In=

haber Feldmarschall-Lieutenant Carl Anton Graf
von Arberg. (Es wurde 1809 als Fürst Reuß-Greitz-
Infanterie reducirt.)

1743 errichtet und bis 1763 Inhaber Generalmajor
Wolfgang Graf Bethlen (jetzt Erzherzog Franz
Carl Nr. 52).

1744 errichtet von seinem Inhaber, späteren Feldzeug-
meister Anton Georg Marquis Clerici, dessen
Namen es bis 1770 trug (jetzt Erzherzog Albrecht
Nr. 44).

— ein vom Feldmarschall-Lieutenant Salomon
Sprecher von Bernegg in Graubündten errichtetes
und 1748 wieder reducirtes Regiment.

1745 in Tirol errichtet und bis 1748 Oberst Ernst Graf
Spauer Inhaber. 1748 bis 1751 Feldmarschall Carl
Hermann Graf O'Gylvi. (Es wurde 1809 als Chasteller-
Infanterie oder sogenanntes Tiroler Landregiment re-
ducirt.)

1746 wurden folgende Grenz-Infanterie-Regimenter
errichtet:

a) die Liccaner, Inhaber bis 1753 Oberst Joseph Philipp
Graf Guicciardi.

b) die Otocaner, Inhaber bis 1753 Carl Joseph
Graf Herberstein, Oberst.

c) die Oguliner, Inhaber bis 1750 von Dillis,
Oberst.

d) die Szluiner, Inhaber bis 1753 Feldmarschall-Lieutenant Graf Benvenuto Petazzi.

e) die Warasdin-Creuzer, Inhaber bis 1747 Generalmajor Anton Freiherr Minsky von Strattendorf. 1747
bis 1750 Generalmajor Joseph Sigmund Graf Macquire.

f) die Warasdin-St. Georger, Inhaber bis 1756
Generalmajor Nikolaus Freiherr von Kengyel.

g) 1. Banal-Grenzregiment, hatte damals keinen Inhaber.

h) 2. Banal-Grenzregiment, hatte damals keinen Inhaber.

(Die Liccaner, Otocaner, Oguliner, Szluiner, sowie die beiden Banal=Regimenter wurden am 1. October 1873 reducirt, die beiden Warasdiner Regimenter waren schon zwei Jahre früher, am 1. October 1871 mit dem 16. Linien=Infanterie= Regimente verschmolzen worden.)

Infanterie-Freicorps während des Erbfolgekrieges waren:

1741 das bekannte, aber auch berüchtigte Pandurencorps des Obersten Freiherrn von Trenk, aus welchem 1756 das heutige 53. Infanterie=Regiment Erzherzog Leo= pold formirt wurde.

1743 errichtet; das italienische Freicorps des Obersten Johann Sebastian Grafen Soro, wurde 1748 wieder re= ducirt. Ferner die im Anfange des Erbfolgekrieges errichteten Freicompagnien des Hauptmannes von Bethune, nach diesem benannt, und jene des Hauptmanns Pfeiler, die sogenannte deutsche Jäger=Compagnie.

Hußaren-Regimenter.

1741 errichtet; Inhaber bis 1754 Feldmarschall=Lieute= nant Johann Baron Belesznay (jetzt König Friedrich Wilhelm III. von Preußen Nr. 10).

—   errichtet; Inhaber bis 1762 der spätere Feldmar= schall Paul Anton Fürst Esterhazy. (Es wurde 1775 als Graf Wurmser=Hußaren reducirt.)

1743 von den siebenbürgischen Ständen errichtet, In= haber bis 1784 der nachherige General der Cavallerie Anton Graf Kalnoky (jetzt Großfürst Nikolaus Nr. 2).

1746 ein Grenz=Hußaren=Regiment, das Karlstädter Re= giment, ohne Inhaber. (Es wurde 1780 reducirt und in die Infanterie=Regimenter der Karlstädter Grenze vertheilt.)

Als Hußaren=Freicorps bestand ein 1743 von Oberst Johann Daniel Menzel errichtetes und 1748 wieder reducirtes, dessen Inhaber und zugleich Oberste 1743 Menzel und 1744 Graf Bartelloti waren, nach welchen es auch benannt wurde.

Die österreichische Artillerie von 1701 bis 1748.

Die kaiserliche Artillerie war zu Ende des 17. Jahrhunderts, ungeachtet einer großen Anzahl Geschütze und Büchsenmeister in keinem besonders guten Stande. Selbst der Historiker Wagner, der Lobredner Leopolds I., sagt: „daß keine Armee in diesem Fache der Kriegskunst so schlecht bestellt gewesen sei, wie die kaiserliche". Unter Kaiser Carl VI. wurde sie zwar um vieles verbessert, doch legte erst die Kaiserin Maria Theresia nach dem österreichischen Erbfolge= kriege den Grund zu jener Größe, zu welcher sie bis in unseren Tagen gelangt ist. Fürst Joseph Wenzel Liechtenstein, der damalige General=Feldzeugmeister und Artillerie=Director, hob diese Waffe in nur wenig Jahren so sehr, daß Oesterreichs großer Gegner, König Fried= rich II., nach der Schlacht bei Kolin 1757 an Lord Keith schrieb: „Die Feinde hatten den Vortheil einer zahlreichen und wohlbedienten Artil= lerie, sie machte dem Fürsten Liechtenstein Ehre, der die Aufsicht dar= über hat", — doch die Zeit der Reorganisation und Verbesserung dieser wichtigen Waffe fällt bereits in eine Epoche, die außerhalb der Grenzen dieser Darstellung liegt.

General- Feld-, Land- und Hauszeugmeister oder Directoren der Artillerie waren von 1701 bis 1748 folgende:

1701 Feldmarschall Niklas Graf Palffy von Erdöd, Seite 288.
1710 Feldmarschall Carl Ernst Graf von Rappach, Seite 286.
1720 Feldmarschall Maximilian Adam Graf Starhemberg, S. 289.
1723 Feldmarschall Wirich Philipp Lorenz Graf von Daun, S. 17.
1741 Feldmarschall Lothar Joseph Graf von Königsegg, S. 289.
1744 bis 1772 Joseph Wenzel Fürst von Liechtenstein, S. 300.

Artillerie-Generale und Commandanten waren von 1701 bis 1748.

Berner, Christof Baron, Seite 302.
Weillern, Christian Ernst von, seit 1699 Generalmajor, kam aus
    kurbrandenburgischen Diensten in das kaiserliche Heer, zeichnete

sich in den Feldzügen 1703 in Baiern und von 1704 bis 1709 in Ungarn aus und erscheint 1711 als abgängig.

Berzetti de Barenzo, Cäsar Graf, commandirte als General-major bei der Belagerung des Castells von Mailand 1706 die Batterien, diente 1710 in Deutschland, wurde 1713 Feldmar-schall-Lieutenant und Artillerie-Commandant, war im Türken-kriege 1716 und 1717 bei den Belagerungen von Temesvar und Belgrad. Seite 318.

Steinberg, Johann Anton von, Seite 337.

1736 Fellner von Feldeck, Christof, Seite 323.

1739 Fischern, Franz von, Seite 350.

1742 Feuerstein, Anton Ferdinand von, Seite 211.

1746 Pickel, Johann Sebastian von, Seite 358.

Artillerie-Oberste von 1701 bis 1748.

Berzetti und Steinberg wie oben.

1718 Molk, Hartwig Siegbert. — Mayer, N.

1726 Köchly, war Hofkriegsrath in Wien und starb am 3. Juni 1733. — Schmidt von Pillenhoven, Wolf Philipp, war in Mantua.

Fellner von Feldeck und Fischern wie oben.

In Luxemburg diente Oberst Joseph d'Agria, ein geborner Türke, gestorben 1739.

1736 Bugnetti, Joseph, gestorben 1738 in Casal Maggiore.

1738 Feuerstein wie oben.

— Kornhof, Johann Valentin, war in Mantua commandirt, starb 1743 in Casal Maggiore.

1741 Pickel wie oben.

1746 Schrembs, Wenzel, war 1746 bei der Armee in Italien, er wurde am 10. December bei dem Aufstande in Genua von den Aufrührern gefangen gehalten, später ranzionirt, starb er 1756.

1746 Feuerstein, Andreas Leopold, wurde 1753 wegen seiner Verdienste in den Freiherrnstand erhoben, führte 1757 in der Schlacht bei Kolin die Artillerie mit Ruhm und wurde General, zeichnete sich 1758 bei der Belagerung von Sonnenstein aus; 1759 mit Feldmarschall = Lieutenants = Charakter pensionirt starb er 1773 zu Natikau in Böhmen.

Zur Artillerie gehörte damals die sogenannte Mineurbrigade und die Roßpartei. Erstere wurde von einem Stabsofficier commandirt, letztere von einem Rittmeister.

Das kaiserliche Ingenieur-Corps.

Dieses Corps hatte sich im 18. Jahrhundert in allen feindlichen Gelegenheiten sehr ausgezeichnet, so zwar im spanischen Erbfolge= kriege bei den Belagerungen und Vertheidigungen von Landau, bei Vertheidigung der Stollhofener Linien und der Stadt Freiburg; im Türkenkriege 1716 und 1717 bei den Belagerungen von Temes= var und Belgrad, im französischen Kriege 1734 und 1735 bei der Vertheidigung von Philippsburg und Mantua, im österreichi= schen Erbfolgekriege 1744 und 1745 bei den Vertheidigungen von Freiburg und Ostende.

1717 waren in den österreichischen Ländern zwei Ingenieur= Akademien, eine zu Brüssel, die andere zu Wien errichtet worden, daher die Ingenieure in die Deutschen und in die Niederländer abgetheilt wurden. Superintendanten dieser beiden Ingenieur=Akademien waren: zu Wien der Feldmarschall Max Adam Graf Starhem= berg, Seite 289, und zu Brüssel Feldmarschall Adrian Graf Wrangel, Seite 292.

Genie=Inspectoren, wie sie damals hießen, waren 1717 der heldenmüthige Vertheidiger von Freiburg Feldzeugmeister Ferdinand Graf Harsch, Seite 304, und jener von Philippsburg, Feldzeugmeister Freiherr von Wuttgenau, Seite 316.

Ingenieur-Generäle von 1701 bis 1748.

1724 Le Beauffe, Seite 369.
1733 Doxat von Morez, Seite 320.

1742 Monti, General, wurde bei der Belagerung von Prag ge=
fangen.

1748 Bohn, Paul Wilhelm von, hatte von 1748 bis 1756 die
Stadt Wien befestigt, wurde 1754 Feldmarschall=Lieutenant und
Prodirector des Geniewesens, 1758 Feldzeugmeister und ist 1759
gestorben.

Ingenieur-Oberste von 1701 bis 1748.

1717 Le Beauffe wie oben.

Ghelau, Kollöfel, Dorat wie oben, und

1735 Bunkau Baron von Kornberg, leitete 1735 den Bau
der Rheinschanzen, wurde 1737 Vice=Commandant der Reichs=
festung Kehl, 1738 commandirte er in der Festung und Insel
Orsowa, wurde von den Türken belagert, vertheidigte sich aber
tapfer und wurde am 10. Juli von der heranrückenden Armee
entsetzt; im August ward er wieder angegriffen und capitulirte
am 17. gegen freien Abzug nach Belgrad. Er kam darüber in
Untersuchungshaft und ist im Gefängniß gestorben. Erst nach
seinem Tode von der Untersuchungs=Commission für schuldlos
erkannt, wurde er mit allen Kriegsehren begraben.

Schiffwesen oder Marine in den Türkenkriegen (1716 und 1717 und 1737 bis 1739).

Im Türkenkriege 1716 und 1717 waren auf der Donau:

Ein Admiralschiff unter dem Vice=Admiral Peter von
Andersohn, der während der Belagerung von Belgrad einige vortheil=
hafte Gefechte der türkischen Schiffsarmada auf der Donau geliefert
hatte. Dieses Admiralschiff hieß Santa Maria und hatte   64 Kanonen
ferner waren noch folgende Schiffe:

St. Leopold, Capitän Buckelmann . . . . . mit   54   „

Fürtrag 118 Kanonen

	Uebertrag	118	Kanonen
St. Joseph, Capitän Schwendimann, 1731			
zu Belgrad gestorben . . . . mit		40	"
San Carlo, Capitän Sildo . . . . . . "		40	"
San Francesco, Capitän Stark . . . . . "		40	"
San Steffano, Capitän Königsfeld . . . "		30	"
	Zusammen	268	Kanonen

Im Jahre 1728 bestanden 28 theils große, theils kleine Kauffahrteischiffe, 17 Galeeren, 9 Fregatten, 8 Schiffe zum Wallfischfange, 3 Aviso= und 4 Kriegsschiffe auf dem Stapel, im Ganzen 69 Schiffe.

1737 waren auf der Donau 8 Kriegsschiffe, nämlich: San Francesco mit 40, San Teresa mit 30, San Carlo, St. Elisabeth, St. Leopold, St. Joseph, St. Eugen, St. Johann Nepomuk jedes mit 22 Kanonen, dann 6 Galeeren, als: St. Maria, St. Leopold, St. Johann Baptist, St. Michael, St. Joseph, St. Carl, jede mit 22 Kanonen.

Am 8. August 1737 sind die Schiffe St. Carl und Elisabeth die eiserne Pforte zur Belagerung von Widdin passirt. Als sich das Khevenhüller'sche Corps wegen der feindlichen Uebermacht von dort zurückziehen mußte, hat sich das Kriegsschiff St. Carl durch die Feinde durchgeschlagen, und ungeachtet es stark beschossen wurde, ist es nach Orsowa in Sicherheit gekommen. Ende August 1739 transportirten die Schiffe jene Truppen, welche die Redoute Borcsa eingenommen und behauptet haben.

1727 war ein Baron Teichmann Vice=Admiral in dem österreichischen Littorale bei Fiume und Triest und hatte das Seewesen in Istrien unter sich. Er starb 1732.

1732 war ein Herr von Merville Intendant am österreichischen Littorale und 1736 Vice=Admiral an der Donau.

1736 Johann Lucas Marchese Pallavicini, Admiral an der Donau u. s. w., siehe Seite 46.

———

Die Pontoniers wurden meist aus Schiffleuten, Fischern, Müllern und Zimmerleuten recrutirt und haben im spanischen und österreichischen Erbfolgekriege bei verschiedenen Gelegenheiten sehr nützliche Dienste geleistet.

1702 war ein gewisser Becker aus Hannover Oberst-Schiffamts-Oberstlieutenant, ein sehr tüchtiger Mathematiker und Mechaniker. Er erfand die ledernen Pontons, die inwendig von Holz und mit Leder überzogen waren. Die Probe ward damit 1702 mit Ueberführung einer Karthaune über die Donau gemacht. Becker wurde nun Brücken-Oberstlieutenant und führte diese Pontons bei den Armeen ein, sie erwiesen sich aber in der Folge nicht zweckmäßig, das Leder wurde theils von den Mäusen zernagt, theils von der Sonne vertrocknet.

1709 war Paul Hetzer Oberst-Schiffslieutenant.

1730 wurde Claude Le Fort du Plessy Rath, Oberst-Schiffamts-Oberstlieutenant, Feldschiff- und Pontons-Brücken-Oberhauptmann und Commandant derselben bei den Armeen in Ungarn, Slavonien und im Banate. 1757 erscheint er als abgängig.

Wir haben hiemit unsere kleine historische Skizze über die Haupttheile der kaiserlichen Armee in dem Zeitraume von 1701 bis 1748, also nahe der ersten Hälfte des 18. Jahrhunderts beendet; wenn wir auch nicht auf Vollständigkeit dieser Listen und biographischen Noten Anspruch erheben, so glauben wir doch sagen zu können, keinen denkwürdigen General jener Epoche vergessen und mit den gegebenen Daten dem Militärhistoriker mindestens einiges Rohmateriale zur Verfassung einer tiefer eingehenden Geschichte des kaiserlichen Heeres in dem durch politische Stürme und Umwälzungen, Kriege und Schlachten so reichhaltigen 18. Jahrhundert geliefert zu haben. Die Schwierigkeiten selbst dieser nur kurzen skeletartigen Darstellung — den Verbrauch von Zeit und Fleiß zu würdigen, überlassen wir dem fachmännischen Urtheile des Historikers — und wir glauben denn getrost hoffen zu können, daß er den guten Willen und die Mühe dieser Arbeit mit wohlwollender Nachsicht anerkennen werde.

Namen-Register.

Druck von Adolf Holzhausen in Wien
k. k. Universitäts-Buchdruckerei.

Historische Werke

aus dem Verlage

von W. Braumüller, k. k. Hof- und Universitätsbuchhändler in Wien.

Prokesch-Osten, A. Graf von, ehem. Botschafter in Constantinopel. Denkwürdigkeiten aus dem Leben des Feldmarschalls Fürsten Carl zu Schwarzenberg. Neue Ausgabe. Mit Porträt. 8. 1861. 2 fl. — 4 M.

— — Mehmed Ali, Vize-König von Aegypten. Aus meinem Tagebuche. 1826—1841. 8. 1877. 2 fl. — 4 M.

Radics, P. von. Herbard VIII., Freiherr zu Auersperg (1528 bis 1575), ein krainischer Held und Staatsmann. Mit einer Einleitung: Die Auersperge in Krain, einem Porträt und der facsimilirten Handschrift Herbard's. gr. 8. 1862. 4 fl. — 8 M.

Schönhals, Carl von, k. k. österreichischer Feldzeugmeister. Biographie des k. k. Feldzeugmeisters Julius Freiherrn von Haynau. Dritte unveränderte Auflage. Neue Ausgabe. 8. 1875. 1 fl. — 2 M.

Thielen, Maximilian Ritter von, weil. k. k. Major. Erinnerungen aus dem Kriegerleben eines 82jährigen Veteranen der österreichischen Armee mit besonderer Bezugnahme auf die Feldzüge der Jahre 1805, 1809, 1813, 1814, 1815; nebst einem Anhange, die Politik Oesterreichs vom Jahre 1809 bis 1814 betreffend. Mit dem Porträt des Feldmarschalls Fürsten Carl zu Schwarzenberg. gr. 8. 1863. 3 fl. 50 kr. — 7 M.

— — Der Feldzug der verbündeten Heere Europa's 1814 in Frankreich unter dem Oberbefehle des k. k. Feldmarschalls Fürsten Carl zu Schwarzenberg. Nach authentischen österreichischen Quellen dargestellt. Mit 2 Ueberfichtskarten. gr. 8. 1856. 3 fl. — 6 M.

Vivenot, Dr. Alfred Ritter von, weil. k. k. Legationsrath. Herzog Albrecht von Sachsen-Teschen als Reichs-Feldmarschall. Ein Beitrag zur Geschichte des Reichsverfalles und des Baseler Friedens. Nach Original-Quellen bearbeitet. 3 Abtheilungen. Mit 2 Porträts und 1 Karte. gr. 8. 1864—1865. 18 fl. — 36 M.

— — Thugut, Clerfayt und Wurmser. Original-Documente aus dem k. k. Haus-, Hof- und Staats-Archive und dem k. k. Kriegs-Archive in Wien, vom Juli 1794 bis Februar 1797. Mit einer historischen Einleitung. gr. 8. 1869. 6 fl. 50 kr. — 13 M.

Weyhe-Eimke, Arnold Freiherr von. Karl Bonaventura von Longueval, Graf von Buquoy, Retter der habsburgisch-österreichischen Monarchie. Eine Episode aus dem dreißigjährigen Kriege. Quellenstudie aus dem Schloßarchive zu Gratzen. Mit dem Bildnisse des Grafen von Buquoy nach dem Originalbilde v. P. P. Rubens. gr. 8. 1876.
1 fl. 20 kr. — 2 M. 40 Pf.

Druck von Adolf Holzhausen in Wien
k. k. Universitäts-Buchdruckerei.

Lightning Source UK Ltd.
Milton Keynes UK
UKOW011926040512

192055UK00004B/6/P